AF814312

गोंडवाना की लोककथाएँ

गोंडवाना की लोककथाएँ

डॉ. विजय चौरसिया

राजकमल प्रकाशन

ISBN : 978-81-267-1546-6

मूल्य : ₹ 995

© राजकमल प्रकाशन प्रा.लि.

पहला संस्करण : 2008
तीसरा संस्करण : 2019
This book is printed on **Print on Demand** Technology : 2026

प्रकाशक : राजकमल प्रकाशन प्रा.लि.
1-बी, नेताजी सुभाष मार्ग, दरियागंज
नई दिल्ली-110 002

शाखाएँ : अशोक राजपथ, साइंस कॉलेज के सामने, पटना-800 006
पहली मंजिल, दरबारी बिल्डिंग, महात्मा गांधी मार्ग, प्रयागराज-211 001
1, अनमोल सोराबजी संतुक लेन, धोबी तलाव, मरीन लाइंस, मुम्बई-400 002

वेबसाइट : www.rajkamalprakashan.com
ई-मेल : info@rajkamalprakashan.com

GONDVANA KI LOKKATHAYEN
by Dr. Vijay Chaurasiya

इस पुस्तक के सर्वाधिकार सुरक्षित हैं। प्रकाशक की लिखित अनुमति के बिना इसके किसी भी अंश को, फोटोकॉपी एवं रिकॉर्डिंग सहित इलेक्ट्रॉनिक अथवा मशीनी, किसी भी माध्यम से, अथवा ज्ञान के संग्रहण एवं पुनःप्रयोग की प्रणाली द्वारा, किसी भी रूप में, पुनरुत्पादित अथवा संचारित-प्रसारित नहीं किया जा सकता।

भूमिका

वन्या प्रकाशन द्वारा प्रारंभ से ही आदिवासी अंचलों में शिक्षा के प्रति रुचि जाग्रत करने हेतु रोचक साहित्य उपलब्ध कराया जाता रहा है। उसी शृंखला की कड़ी में वन्या प्रकाशन द्वारा पहली बार प्रदेश की बहुचर्चित जनजाति बैगा एवं गोंड की लोककथाओं के संग्रह को प्रकाशित किया जा रहा है। इनकी संस्कृति और लोककथाएँ प्राचीन और रोचक हैं।

गोंड तथा बैगा जनजाति के अनेक पहलू अभी भी शेष समाज के लिए अविदित हैं। इनकी प्रथाएँ परम्पराएँ, धार्मिक आस्थाएँ, लोक-नृत्य एवं संगीत कला आदि, हममें न केवल कौतूहल उत्पन्न करते हैं, बल्कि हमें आहलादित भी करते हैं। इन कथाओं के साथ-साथ इस जनजाति के पास विशिष्ट लोककथाएँ, गाथाएँ, किंवदंतियाँ एवं मिथकों आदि का भी विपुल भंडार है। यह धरोहर पीढ़ी-दर-पीढ़ी हस्तांतरित होते हुए सदियों से अक्षुण्ण बनी हुई है। इनकी कथाओं में जहाँ समाज के स्वरूप, संगठन एवं सामाजिक आस्थाओं के दर्शन होते हैं वहीं ये व्यक्ति व समाज को सृष्टि तथा सृष्टि के रचयिता के साथ भी जोड़ती हैं।

तथाकथित अशिक्षित समझे जानेवाले इन बैगा एवं गोंड आदिवासियों से मेरा विगत तीस वर्षों से घनिष्ट संपर्क है। मुझे उनके साथ उनके जीवन में सहभागी होने के अनेक अवसर मिले हैं। इसी दौरान उनके किस्से कहानी सुनकर इन लोककथाओं का संग्रह करने का प्रयास किया है। मैं स्वयं भी श्रोता के रूप में इनसे अभिभूत होकर अवर्णनीय आनंद उठा चुका हूँ। आशा है, आप भी उस निराले आनंद का अनुभव कर इनकी चमत्कारिता, घटना प्रवाह की वर्णन शैली, भाव-प्रवणता, चरम परिणति, अनूठेपन आदि विशिष्टताओं से अवश्य प्रभावित होंगे। लोककथाओं की मौलिक व यर्थाथ प्रस्तुति पर विशेष घ्यान रखते हुए यथा-तथ्य उद्घाटित करने का प्रयास किया है। कहानी की श्रुत परंपरा के शब्दों को ज्यों का त्यों प्रस्तुत किया गया है, वहाँ भाषा के परिष्कार एवं व्याकरण संबंधी सुधार करने का प्रयास नहीं किया गया है। कुछ कथाएँ एक-दूसरे से मिलती जुलती लगेंगी लेकिन फिर इस पुनरावृत्ति में नूतन सर्जना एवं प्रयोग दिखाई देंगे।

लोककथाओं को एकत्रित करने में जिन लोगों ने प्रत्यक्ष व परोक्ष रूप से सहयोग

दिया है। उनका ऋण शब्दों में चुका पाना संभव नहीं है तथापि कुछ महानुभावों का उल्लेख न कर पाना भी मेरे हृदय को संतोष न दे सकेगा। श्री देवलाल तेकाम, फुन्दो बाई, विश्राम सिंह तेकाम, बुधराम सिंह रठूड़िया, प्रेम सिह उफरिया, घिसला सिंह रठूड़िया, भभूला दुनिया, समारु सिंह रठूड़िया एवं बुद्धू सिंह भुसंड़िया का मैं विशेष रूप से आभारी हूँ।

डॉ. श्रीराम तिवारी (संचालक वन्या प्रकाशन), श्री अजीत चौधरी (एस.पी. ड़िंड़ौरी), श्री राजेन्द्र चंद्रकांत राय, श्री डी.पी. सारमे का योगदान इस पुस्तक को आकार देने में अविस्मरणीय है।

गोंड एवं बैगा जनजाति की लोककथाओं के भंडार में से कुछ रोचक लोककथाएँ यहाँ प्रस्तुत की जा रही हैं। यह कार्य मैंने भरपूर परिश्रम अनन्य आस्था और परिपूर्ण शोधवृत्ति से किया है। आशा है, जनजातीय संस्कृति में रुचि रखनेवालों और सहृदय पाठकों को गोंडवाना की लोककथाएँ के रूप में मेरा यह प्रयास अवश्य ही पसंद आएगा।

चौरसिया सदन
5 जून 2008

–डॉ. विजय चौरसिया

अनुक्रम

बैगा जनजाति की कहानियाँ

1. संसार केर जनम

शुरु मा जले जल रहीस। सफा संसार मा जले जल रहीस। न भगवान रहीस, न भूत रहीस, न हवा, जंगल, पेड़, कोइच नइको रहय। उप्पर आगास अर नीचे जल रहीस। पुरान पान मा भगवान बैठे रहीस। ता वा अपन मन मा घोखे दिल मा विचारे अपन जले जल रहीस। या संसार नइको रहीस। धरती नइको मिले रहीस।

तफेर भगवान ब्रह्मा अपन छाती के मैल ला निकारिनस। अर ओखर कागा ला बनाइस। ऐखर बाद वा कागा ला बोलिस की जा रे कागा धरती के माटी के पता बतावे। मोला या संसार की रचना करनें हवें। कागा उड़ गयीस उड़त-उड़त ओला ककरामल कुँवर के डाढ़ा दिखायी दयीस वा डाढ़ा पै कागा बैठ गयीस।

कागा ककरामल कुँवर से बोलिस—ककरामल कुँवर, ते झूठ नइको बोलवे। मोला ब्रह्मा जी भेजिस हवय मोला धरती की माटी के पता वतावे। अर मोला धरती के माटी दे। ककरामल कुँवर, कागा ला अपन चोंच मा दबाइस, अर पाताल ला चले गयीस। धरती के माटी किचकमल राजा के पास रहीस। राजा किचकमल वा माटी ला खाय गए रहीस। तफेर ककरामल कुँवर किचकमल राजा की गरे ला दबाइस। ता वा माटी उगलिस। किकरामल कुँवर वा माटी ला कागा ला दयीस। कागा उड़त-उड़त भगवान के पास वा माटी ला लेस के दयीस। भगवान ने ओहिच माटी केर अक बरतन बनाइस अर सरप के गेरी बनाइस। अऊर ओइच के मथेनी बनाइस। अर वा माटी ला बरतन मा ड़रिस। अर डार के माँथन लागिस। पूरा माँथन के बाद वा माटी ला पूरे पानी मा बिखेर दयीस। तफेर धरती बन गयीस। ऐखर बाद भगवान धरती के चारों खूंट मा घूम के देखिस। ता धरती इत्थे-उत्थे डोलत रहीस।

ता भगवान ने फेरय अपन छाती के मैल ला निकारिनस। अर पाँच ठन जीव ला बनाइस। सबसे पहले ब्रह्मा जी ने अगरिया बनाइस, तफेर नागा बैगा, ऐखर बाद बैला, कूकर अर उल्लू ला बनाइस। अगरिया ने लोहा केर चार ठन खीला बनाइस। तफेर भगवान बैगा ला बोलिस की—जा रे बैगा, तै धरती केर चारों खूंट में खीला ठोंक दे। ता बैगा गयीस अऊर धरती केर चारों खूंट मा खीला ठोंकिस। तफेर धरती अक जगा रुक गयीस।

तफेर भगवान ने अगरिया, बैगा, बैला, कूकर अर उल्लू ला बुलाइस। अऊर सबन ला चालीस साल के उमर दयीस। ब्रह्माजी ने सबले पहले बैला ला बुलाइस। अऊर ओला कहिस कि–जा रे बैला, ते जायके अगरिया, अर बैगन के काम आवे। अऊर उनखर लाने दाना लावे जावे मा सहयोग करवे। वा दाना उगाही। ता उनखर दाना लाद के काम आवे। उनखर घर गिरसथी वनावे। ऐखर लाने तोर उमर चालीस साल ला देथों। ता वा बैला बोलिस–महाराज, जब ते मोला या धरती मा भेजथस। अऊर मोला या ढेर सारे काम ला रांधे हाय। तो मोर उमर कछु कम कर दै होतस। या अगरिया अऊर बैगन के साथ मोला बहोत मेहनत करवे पड़ही। जब ब्रह्मा ने बैला की या बात सुनिस तो ओला दया आय गयीस। अर तफेर बैला ला बोलिस–जा रे मैं, तोर उमर बीस साल करथों। ते बीस साल तक जीवे। तफेर ब्रह्मा जी ने कूकर ला बुलाइस। अऊर ओला बोलिस–तै धरती मा जावे अर अगरिया, अर बैगा के साथ मा रहवे। अऊर ओखर रकक्षा करवे। हुनन ला कोइच कसट झय होवे। ते रात-दिन जागत रहवे। सोवे ता थोड़ेच आहट मा जग जावे। वा तोला मारही पीटही अर दुत्कारही तबले खाना दैहिच। ऐहिच ले ते ओखर साथ झय छोड़वे।

ऐखर मारे तोर उमर चालीस साल करथों। ता वा कूकर ब्रह्मा जी के आँगू हाथ जोड़ के खड़े हो गयीस। अर कहथय–ब्रह्माजी, जब मोला रात-दिन जागे पड़ही। अर इनके मारपीट अर दुत्कार सुनवे पड़ही। तो काय ना मोर उमर कछु कम कर दै रहे होतस। ता ब्रह्मा बोलिस–जा रे कूकर, तोरव उमर बीस बरस करथों। ऐखर बाद ब्रह्मा जी उल्लू ला बलाइस। अऊर ओला बोलिस–जा रे उल्लू, ते अगरिया अर बैगन के साथ रहवे। उनखर गुनयायी के काम आवे। ते दिन-भर सोवे अर रात-भर जगवे। रात मा ते उनखर भूत-प्रेत, चुड़ैल, डायन से रक्षा करवे। ऐखर लाजें तोर उमर चालीस साल करथों।

ता उल्लू अपन दुन्नों हाथ जोड़ के खड़े हय गयीस। अर कहिस–महाराज, जब मोला सारी रात जागवे पड़ही। अर उनखर देवी-देवता भूत, प्रेत से बचावे पड़ही। ता ते मोर उमर कछु कम कर दए रहे होतस। ता ब्रह्मा जी फेरय सोच मा पड़ गयीस। अर ओखर भी उमर बीस बरस कर दयीस

तफेर आखिर मा अगरिया, अर बैगा के बारी आयीस। ता ब्रह्मा बोलिस जा तुम दुन्नों झन ला मैं या धरती के राज पाट ला देवत हों। जाय के पूरो पिरथवी मा राज करवे। तोर सेवा के लाजे मैं तोर साथ बैला, कूकर अर उल्लू ला भेजथों। तै जा अर इनखर खियाल रखवे। या तोर सहारे जीहें। अर तोला चालीस साल के उमर देथों।

ता वा बैगा अर अगरिया ब्रह्मा जी के आँगू हाथ जोड़ के खड़े हय गयीस। अर कहिस–महाराज, कछु दया करवे। जब मोला पिरथवी लोक मा राजय करना हाय। ता या चालीस साल मा का होही। ते मोला कछु उमर अऊर दै दे।

ता ब्रह्मा फेर सोचन लागिस। वा मन मा सोचिस की मैं तो बैला, कूकर अर उल्लू के बात माने हों। आखेर ऐखर बात नहीं माँनहूँ। ता या बुरा मान जाही। तफेर ब्रह्मा जी बहोत सोचिस विचारिस।

अर बैगा ला बोलिस बैगा मोर पास अब उमर बचे नइको हाय। मोर पास बैला, कूकर अर उल्लू से उमर बचे हाय। ते चाही ता उनखर उमर लै ले। अर चालीस साल तोर, बीस साल बैला के, अर बीस साल कूकर के, अऊर बीस साल उल्लू के उमर भी मैं तोला देथौं।

तफेर ब्रह्मा जी ने बैगा अर अगरिया के उमर सौ साल कर दयीस। तफेर हुन चारों झन ला पिरथवी लोक मा भेज दयीस जब बैगा अर अगरिया पिरथवी लोक मा आवत रहीस। ता ब्रह्मा जी ओला फेर रोकिस।

अर कहिस की जा मोर वरदान हाय की तैं पिरथवी लोक मा जाय के चालीस साल अपन जीवन जीवे। चालीस से साठ साल तक बैला के काम करवे साठ साल से अस्सी साल तक ते कूकर के जीवन जीवे। थोड़े से आरो पाके जग जाएँ। सब तोला दुत्कारहीं। तबहूँ ला खाना खावे ला जरूर देही। अर अस्सी से सौ साल तक रात-भर जागके काटवे। रात मा तोला नींद नईको आही।

तबय से बैगा अर अगरिया जइसे या पिरथवी के सबला मानुस जनम से चालीस साल तक खेलत खात शैल शिकारी के जीवन जीयत हय। ओखर बाद चालीस से साठ साल तक बैला के गुन मा घर केर सँभालन मा लगे रहत हय। अर साठ साल से अस्सी साल तक कूकर के गुन मा थोडिच आहट पाय के उठ जाथय। घर केर सब मनसे ओला दुतकारत हाय। पर ओला खाना जरूर देवत हाय। एखर बाद वा अस्सी से सौ साल तक के उमर मा रात-भर नहीं सोय। रात-भर जागत रहत हाय। अर खाँसत रहत हाय। अर हुन सब जानवरन से मिलिस उधार के जिनदगी गुजारत भय मर जाथय। अतनी बड़ किस्सा आय जानवे ता तोर, अर ना जानवे ता मोर कहई।

संसार का जन्म

पूरे संसार में प्रारंभ में जल ही जल था। जल के सिवाय कुछ नहीं था। न भगवान थे, न भूत थे, न हवा, जंगल, फल, फूल, पेड़ कोई नहीं था। रहा तो मात्र ऊपर आकाश और नीचे जल।

उसी जल में एक कमल के विशाल पत्ते पर भगवान ब्रह्मा जी विराजे थे। एक दिन भगवान ब्रह्मा जी ने अपने मन में सोचा कि क्यों न सृष्टि का निर्माण किया जाए। क्योंकि पूरे संसार में पानी ही पानी था। धरती का कहीं अता-पता नहीं था। तब भगवान ब्रह्मा जी ने अपनी छाती का मैल निकालकर उससे एक कौआ बनाया।

इसके बाद ब्रह्माजी उस कौआ से बोले–जा रे कौआ, धरती का पता लगाकर आ? मुझे इस संसार की रचना करनी। तब वह कौआ ब्रह्मा जी के पास से उड़कर आकाश में चला गया। वह बहुत दिनों तक आकाश में उड़ता रहा। परन्तु उसे धरती कहीं नहीं मिली।

एक दिन वह आकाश में उड़ रहा था। उसी समय उसे एक टीला दिखा। वह आकाश से नीचे आया और उस टीले पर बैठ गया। उसने समझा की यही धरती है। परन्तु वह जैसे ही वहाँ पहुँचा। तो मालुम पड़ा की वह तो ककरामल कुँवर (कैंकड़ा) की पीठ थी। वह कौआ ककरामल कुँवर की पीठ पर बैठ गया।

तब कौआ ककरामल कुँवर से बोला–ककरामल कुँवर, तुम झूठ बिलकुल मत बोलना, मुझे ब्रह्मा जी ने भेजा है। तुम धरती की मिट्‌टी का पता बता दो। तुम कहीं से भी धरती की मिट्‌टी लाकर मुझे दो। ब्रह्मा जी को सृष्टि का निर्माण करना है।

ऐसा सुनकर ककरामल कुँवर ने कहा–धरती की मिट्‌टी, तो किचकमल राजा के पास में है। वह पाताल लोक में धरती की मिट्‌टी को खा रहा है। तब ककरामल कुँवर ने कौआ को अपनी पीठ पर बैठाया और उसे किचकमल राजा के पास पाताल लोक में ले गया। क्योंकि धरती की मिट्‌टी किचकमल राजा के पास थी। राजा किचकमल (केंचुआ) उस मिट्‌टी को खा रहा था।

अब ककरामल कुँवर (केंकड़ा) ने किचकमल राजा की गर्दन को दबाया। तो किचकमल राजा ने धरती की मिट्‌टी उगली। तंब किकरामल कुँवर ने वह धरती की

मिट्टी कौआ को दी। कौआ ने मिट्टी अपने पास रख ली और वह उड़ते-उड़ते ब्रह्मा जी के पास आया। उसने वह धरती की मिट्टी ब्रह्मा जी को दे दी।

तब ब्रह्मा जी ने उस मिट्टी का एक बर्तन बनाया। इसके बाद उन्होंने नाग देवता की गेरी और उसी की मथेनी बनाई। फिर उस बरतन में मिट्टी डालकर साँप की गेरी और मथानी से खूब मँथा। जब मिट्टी अच्छे से मिल गई। तब ब्रह्मा जी ने उस मिट्टी को समुद्र के जल में बिखेर दिया। जिससे धरती का निर्माण हो गया।

इसके बाद ब्रह्मा जी ने धरती की चारों दिशाओं में घूमकर देखा तो धरती यहाँ-वहाँ हिल रही थी। तब ब्रह्मा जी ने फिर से अपनी छाती का मैल निकाला और उससे पाँच जीवों का निर्माण किया। सबसे पहले ब्रह्मा जी ने अगरिया फिर नागा बैगा, बैला, कुत्ता और उल्लू का निर्माण किया। तब अगरिया ने चार लोहे के मजबूत कीला का निर्माण किया।

तब ब्रह्मा जी ने बैगा से कहा—जा रे नागा बैगा, जाकर धरती के चारों खूंट में कीला ठोंक दे। तब बैगा गया और धरती के चारों खूंट में खीला ठोंककर आ गया। जिसके कारण धरती एक जगह पर रुक गई। इसके बाद ब्रह्मा जी ने पुनः अगरिया, बैगा, कुत्ता और उल्लू को बुलाया। ब्रह्मा जी ने उन सभी से कहा—की तुम लोगों को धरती पर जाकर राज्य करना है।

इसके बाद ब्रह्मा जी ने सबसे पहले बैल को बुलाया और बैल से कहा—तुम धरती, पर जाकर अगरिया और बैगा के कामों में सहयोग करना। उनके लिए जंगल से लकड़ी और खेत से अनाज लाने, ले जाने का काम करना है। उनकी घर गृहस्थी बनाने का काम करना है। इसके लिए तुम्हें, चालीस वर्ष की उम्र दी जाती है।

ऐसा सुनते ही बैल अपने दोनों हाथ जोड़कर खड़ा हो गया और बोला—प्रभू, जब मुझे धरती पर जाकर अगरिया और बैगा की घर गृहस्थी में सहयोग करना है। आपने इनके ढेर सारे कार्य मेरे भरोसे में छोड़ दिए हैं। वहाँ जाकर मुझे जी तोड़ मेहनत करनी है। तो क्यों न मेरी उम्र कुछ कम कर देते!

ब्रह्मा जी ने बैल की बात सुनी, तो उन्हें उस पर दया आ गई। तब ब्रह्मा जी बोले—जा रे बैल, मैं तेरी उम्र बीस वर्ष करता हूँ।

इसके बाद ब्रह्मा जी ने कुत्ते को बुलाया और कुत्ता से बोले—जा रे कुत्ता, तुम पृथ्वी लोक में जाकर बैगा और अगरिया के साथ रहना, हमेशा उनकी रक्षा करना, उनके स्वामी भक्त बनकर रहना, तुम रात-दिन जागकर उनकी रक्षा करना, थोड़ी-सी भी आहट पाकर तुम उठ जाना, वे तुम्हें मारेंगे, पीटेंगे, फिर भी तुम्हें दो वक्त का भोजन जरूर देंगे। तुम इसका साथ कभी नहीं छोड़ना। इसलिए तुम्हें मैं चालीस वर्ष की उम्र देता हूँ।

ऐसा सुनते ही कुत्ता अपने दोनों हाथ जोड़कर खड़ा हो गया। वह ब्रह्मा जी से निवेदन करने लगा—प्रभु, जब मुझे रात-दिन जागना ही है, इनकी मार-पीट, दुत्कार

सुनना ही है। तो क्यों न मेरी उम्र कुछ कम कर देते। तब ब्रह्मा जी बोले—जा रे कुत्ता, तुम्हारी भी उम्र बीस वर्ष कर देता हूँ।

इसके बाद ब्रह्मा जी ने उल्लू को बुलाया और उससे कहा—जा रे उल्लू, तुम पृथ्वी लोक में जाकर अगरिया और बैगा के साथ रहना। ये लोग तुम्हें निकृष्ट समझेंगे। फिर भी तुम रात-भर जागकर भूत, प्रेत, पिशाच, डायन, चुड़ैलों से इनकी रक्षा करना। उनके तंत्र-मंत्र और गुनयायी में सहयोग करना। इसके लिए तुम्हें चालीस वर्ष की उम्र देता हूँ।

तो उल्लू भी ब्रह्मा जी के सामने हाथ जोड़कर खड़ा हो गया। वह ब्रह्मा जी से कहता है—भगवान जी, जब मुझे सारी रात जागना ही है, तब क्यों न मेरी उम्र कुछ कम कर दो। ऐसा हो जाए तो अच्छा रहेगा। तब ब्रह्मा जी फिर सोच में पड़ गए और उल्लू की उम्र भी बीस वर्ष कर दी।

इसके बाद ब्रह्मा जी ने सबसे अन्त में अगरिया और बैगा को बुलाया। ब्रह्मा जी ने अगरिया और बैगा से कहा—तुम लोगों ने मुझे पृथ्वी लोक बनाने में सहयोग दिया है। इसलिए तुम पृथ्वी लोक पर राज्य करना। तुम्हारी सेवा के लिए मैं तीन प्राणियों को पृथ्वी लोक में तुम्हारे साथ भेज रहा हूँ। तुम पृथ्वी लोक में इन प्राणियों का सहयोग करना। इसके लिए मैं तुम्हें चालीस वर्ष की उम्र देता हूँ।

इतना सुनते ही अगरिया और बैगा अपने दोनों हाथ जोड़कर खड़े हो गए। वे ब्रह्मा जी से निवेदन करने लगे और कहने लगे भगवान हम दोनों पर दया करें, जब हमें पृथ्वी लोक पर ज़ाकर राज्य करना है। तो चालीस साल में क्या होगा? भगवान, हमारी उम्र कुछ और बढ़ा देते तो बड़ी कृपा होती।

ब्रह्मा जी असमंजस में पड़ गए और सोचने लगे की मैंने बैल, कुत्ता और उल्लू की उम्र कम की है। उनकी बात मानी है, इन दोनों ने तो पृथ्वी के निर्माण में सहयोग भी किया है। यदि मैं इनकी बात नहीं मानता तो ये लोग बुरा मान जाएँगे।

सबसे बड़ी बात यह है कि मेरे पास उनको देने के लिए उम्र नहीं बची है। तब ब्रह्मा जी उन दोनों से बोले—मेरे पास तो तुम्हें देने के लिए उम्र नहीं बची है। अगर तुम चाहो तो बैल, कुत्ता और उल्लू ने जो उम्र वापस की है, वही मेरे पास बची है। चाहो तो उसे ले सकते हो।

तब बैगा बोला—ठीक है महाराज, हमें उन्हीं की उम्र दे दो। तब ब्रह्मा जी ने बैल के बीस वर्ष, कुत्ता के बीस वर्ष, एवं उल्लू के बीस वर्ष बची हुई। वह उम्र उन्हें दे दी।

तब ब्रह्मा जी ने कहा—जा रे बैगा और अगरिया, तुमको आज से इनकी बची हुई उम्र देता हूँ।

आज से तुम जन्म से लेकर चालीस साल तक मानव का जीवन, चालीस से साठ साल तक बैल का जीवन, साठ से अस्सी साल तक कुत्ता का जीवन और अस्सी से सौ साल तक उल्लू का जीवन व्यतीत करोगे।

तब से ब्रह्मा जी के वरदान के कारण मनुष्य जन्म से चालीस वर्ष तक मानव का जीवन व्यतीत करता है। इस उम्र में उसे किसी भी प्रकार की चिन्ता नहीं रहती है। निश्चिन्त होकर खेलता कूदता रहता है।

चालीस वर्ष से साठ वर्ष तक की उम्र में मानव घर-गृहस्थी के जंजाल में फँस जाता है। वह बैल के समान अपनी गृहस्थी बनाने में लग जाता है। वह दिन-रात मेहनत करता है।

साठ से अस्सी वर्ष के बीच मानव में कुत्तों के गुण आ जाते हैं। थोड़ी-सी आहट पाकर वह उठ जाता है। परिवार के सदस्य उसकी ओर ध्यान देना कम कर देते हैं। वह रात-दिन वफादारी से अपने घर की रक्षा करता है। परिवार के सदस्य उसे दुत्कारते रहते हैं। फिर भी सुबह-शाम उसे भोजन अवश्य देते हैं।

अस्सी से सौ वर्ष की उम्र तक मानव अत्यंत वृद्ध हो जाता है। उसको रात में नींद नहीं आती। रात-भर खांस-खांस कर बैल, कुत्ता और उल्लू से मिला उधार का जीवन व्यतीत करते हुए स्वर्ग सिधार जाता है। कितनी बड़ी किस्सा है, समझोगे तो तुम्हारी और नहीं समझे तो हमारी।

2. अमरकंटक केर अमर किस्सा

एक गाँव में रेवा नायक अऊर रेवा नायकिन रहय। हुन लाद के काम करत रहय। एक जिघन हुन दुन्नों झन सुस्तावयं, अऊर गोनन ला मडाय दय रहय। नर्मदा मैया बाँस ले निकर के ऊखर रखे हरा गोनन मा खेलत रहय। ता हुन ओला देख के डरराय गईन। डरराय के हुन दुन्नों झन कहथय कि ये अईसना होतय रहथय ता हम खाये ला जाही, कहके हुन खाना खाएला बैठ जाथंय।

ऐखर बाद वा अपन रूप ला धर के गोन के ऊपर फेरय दिखाई देथय। हुन दुनौ झन अपनई अपन कहथय की कलजुग आय गयीस। ता हम ईहाँ कल्पक्ष हुई जायी कहथय। रेवा नायकिन रेवा नायक ला पूछथय की हम ईहाँ कल्पक्ष हुई जावो। ता ऐखर का नाम चलहि। वो ही समय शंकर भगवान परगट हुई जाथय। ता शंकर भगवान कहथय की तुम मोर बात ला सुनों। तुमन ला शंका करे के कोई बात नहि आय। शंकर भगवान हुन ला पूँछथय की तुम या डोंगर मा अपन आंखिन ला कछु जात देखे हवो।

ऐखर बाद भगवान कहिस—अब तुम ईहाँ ला झय जाहो, मोर पूजा करत तक। मैं पूजा करथूं। अऊर कहथय जैयसना तुम हव बैइसना पूजा के थोडी देर बाद तुमन ला दिखही। ता डरराहो झय। ऐखर बाद मा शंकर भगवान कल्पक्ष हुई गयीस। कल्पक्ष होतई से वा डमरु बजात फेरई प्रगट हय गयीस। शंकर भगवान डमरु बजात-बजात लट जाथय।

ता भगवान अपन आंखिन कान के ऊपर घोंघा के घुटकी ले पसीना ला पोंछ के फेंक दयीस। ता ओखर पसीना के बूँद जहाँ टिपकथैं। उहाँय ले पानी के धार बहन लगथें। ता शंकर भगवान ला रेवा नायक और रेवा नायकिन पूँछन लागीन की महाराज या धारा के काहिन नाम रहही। तफेर शंकर भगवान कहथय—चाही कन्नों एला कछु कहें। ऐखर जगह के नाम अमरकंटक रहहि। ऐखर बाद शंकर भगवान फेरय कल्पक्ष हुइ जाथय। ऊंहय जब मन्दिर अपनय अपन बन जाथय, ता भगवान फेरय परगट हुइ जाथय।

जब भगवान शंकर पूजा करत रहय। ऊँहा अक ठन खुसरा नाम के चिरैया रहय। तेन ओला चिढ़ात रहय। जैइसे-जैइसे डमरू, बजत रहय। वैसे-वैसे खुसरा

नरयावत रहय। वोही समय ऊँहा पार्वती मैया परगट हुई जाथय। अर कहथय–तोला, अभी कछु के पता नहीं हाय। तफेर शंकर भगवान कहथय–हाँ, नहीं आय। पार्वती मैया हने भगवान ला डमरू बजाय ला कहथय। तफेर भगवान डमरू फेरय बजाथय। तेनय खुसरा नाम के चिरैया फिर नरियाथय।

ऐखर बाद शंकर भगवान गुसाय जाथय, डमरू के सहिउ ओखर मुँह बजय। तबय वा गुस्सा होत रहिन। शंकर भगवान पार्वती ला कहथय–पार्वती, पूजा मा विघ्न होथय। ता मैं तोला एक अमर कथा बताय दऊ। ऐखर बाद पार्वती कहयथ-ठीक है भगवान, तोला जोन कथा वनय तेन कथा सुनाय डार। ता शंकर भगवान कहथय–मैं तोला या अमर कथा सुनाथों। तय एला सुनवे के पहले आगू पीछे ला देख लेवे। कि कहूँ-कहूँ चिरई चिनगुन रहय। ते झयी।

तफेर शंकर भगवान अपन कथा सुनाय ला शुरू करथय। तो एक ठन रूखवा के कोठर मा एक ठन सुआ रहीस। तेन वा रात-भर नहीं सोईस। वा सुआ हने शंकर भगवान के अमर कथा ला धियान लगाय के सुनत रहय। उर पार्वती मैया सोय गयस। तफेर शंकर अर पार्वती ने आधा-आधा अंग जुड़ के देखिन। ता नहीं जुड़िन। वा कथा सुआ सुनत रहय। ता शंकर भगवान हनें। धुनी ले दुआ उठाय के मारिस। अर अपन तरसूल ला ओला फेंक के मारिस, ता नहीं पाईस, वा सुआ सफा अमर कथा सुन लईस। शंकर भगवान पार्वती के ऊपर गुसआय गयीस। तैं मोर अमर कथा काहे ला नहीं सुनिसे। पार्वती मोर अमर कथा ला वा चिरई सुन लईस। तफेर हुन दुन्नो झन एक दूसर ऊपर गुसयान लगीन।

तफेर शंकर भगवान हने उंहयं रहय। एक लकडी के छिलपा तेला फेंकिस। ता वा छिलपा शेर बन के खडे हय गयीस। तेला पार्वती देख के अपन देह के मैल ला रगड़ के निकार फेंकिस। ता वा सुनहर कुत्ता बन गयीस। शेर हनें कुत्ता ला देख के लुकन लागिस। तफेर कहथय–तय बडे हस की मैं। तफेर शंकर भगवान कहथस–देवी, गलती ला माफ करवे। शंकर भगवान कहथय–में शेर के खड़री के लिंगोटी पहनहों। तफेर पार्वती कहथस कि जब तक तैं नहीं पहनवे तब तक तोर मोर नहीं बनही।

ऊँहाँ से हुन अतका कहके कल्पक्ष हईन गईन। उखर कल्पक्ष होन के बाद शेर और सुनहर कुत्ता के बीच मा बातचीत होन लगिनस की तय हस बडे की मैं। अतका कह के शेर लुक गयीस। सुनहर कुत्ता ओला खोज देखिस। अखर नहीं पाइस, तबले आज तक शेर ऊखर आगू लुकत रहथय।

कछु दिन बाद नर्मदा मैया सयान होन लागिस। ता शंकर भगवान अर पार्वती मैया अमरकंटक मा घूम फिर के देखिस। ता ओखर शिवलिंग स्थिर हईन गयीस। अऊर दुन्नों झन उहाँ ले कल्पक्ष हय गयन।

तफेर माई नरबदा के बिहाव के रचना होबन लगिनस। तेन समय मा जहिला

हनें। अपन बहिनी के सफा गहनन ला माँगिस। उर अपन उप्पर लगाइस। अऊर बारात ला देखन लागिस। अतना मा सफा बरतिया कहन लगीन कि सोनभद्र ला ईहय रोको। दुलहिन तो आय गयीस। तब सबके कहना ला मान के बारात ऊहयं रुक गयीस और या बात ला जायके ओखर संगी-साथी नरबदा ला बताय दयीन।

तफेर नरबदा हनें अपन बहनी ला भांकिस। अर कहिस की आज ले तैं मोर बहनी नहोस न मैं तोर बहनी आओं। अइसना कहके उर अपनाहिन-अपनाहिन आक-बाक हय के अलग-अलग दिशा मा ऊहंच ले भागिन। ता नर्मदा ला रोके ला भीमसेन अपन कांवर ला मडाय दयीस। ता गुसियाय हरा नर्मदा मईया। वा कते माने वा कांवर ला ढकेल के अर भगाइच करीस। ता कते बाजा और कते काहिन। उर कच्छू सब के सब अलगे-अलगे छोड़-छाड़ सब ऊहाँ ले भग गईन।

तबैले आय नरबदा उर जहिला और सोनभद्र अलगे-अलगे उपकारा लई। तबैले आय जहिला हने जलेश्वर मा उपकारा लईस। अर सोनभद्र हने सोनमूडा मा उपकारा लईस। ता ना नर्मदा के बिहाय हय पाइस न जहिला के बिहाव हय पाइस।

अमरकंटक की अमर कहानी

एक गाँव में रेवा नायक अपनी पत्नी के साथ रहता था। वह पल्लेदारी का काम करता था। एक दिन रेवा नायक अपनी पीठ से अनाज के बोरे उतार कर अपनी पत्नी के साथ आराम कर रहा था। उसी समय नर्मदा जी बाँस से निकलकर बाहर आईं और उनके रखे हुए अनाज के बोरों पर खेलने लगीं। वे पति-पत्नी नर्मदा जी को देखकर डर गए। तब दोनों ने सोचा की ऐसा तो होता ही रहता है। रेवा नायक ने अपनी पत्नी से कहा—चलो, खाना खाने चलते हैं। वे दोनों खाना खाने बैठते हैं। तो उन्हें नर्मदा जी पुनः उन बोरों के ऊपर खेलती दिखीं।

तब रेवा नायक और उसकी पत्नी रेवा नायकिन आपस में कहते हैं—अब कलजुग आ गया है। क्यों न हम दोनों यहाँ अदृश्य हो जाएँ! तब रेवा नायकिन रेवा नायक से कहती है—यदि हम यहाँ पर अदृश्य हो जाते हैं तो इस जगह का नाम क्या होगा?

उसी समय वहाँ शंकर भगवान प्रगट हो जाते हैं। शंकर भगवान को देखकर वे दोनों डर जाते हैं। शंकर जी उन्हें समझाते हैं कि—उन्हें डरने और शंका करने की कोई बात नहीं है। वे उनसे पूछते हैं कि उन्होंने यहाँ से कुछ जाते देखा है? इसके बाद शंकर जी उन दोनों से कहते हैं—वे अदृश्य होने की ना सोचें और वे यहाँ से कहीं नहीं जाएँ। मैं पूजा करने बैठता हूँ। पूजा करते समय यदि तुम्हें कुछ दिखाई दे तो डरना नहीं। तुम्हें कुछ नहीं होगा। तब शंकर जी पूजा करने बैठते हैं और बैठते ही तुरन्त अदृश्य हो जाते हैं।

थोड़ी देर बाद वे पुनः प्रगट हो जाते हैं। वे हाथ में डमरु लेकर तांडव नृत्य करने लगते हैं। डमरु बजाते-बजाते और नृत्य करते-करते वे थक जाते हैं। उनके कंठ और शरीर से पसीना बहने लगता है। उनका पसीना जहाँ गिरा वहाँ पानी की धार बहने लगी। तब रेवा नायक शंकर जी से पूछते हैं—महाराज, आपके पसीने की धार जो इस स्थान से प्रगट हुई है, इस स्थान का नाम क्या होगा? तब शंकर जी कहते हैं, कोई कुछ भी कहे, इस स्थान का नाम अमरकंटक होगा। ऐसा कहकर शंकर जी पुनः अदृश्य हो जाते हैं।

उनके अदृश्य होते ही उस स्थान पर तुरन्त मन्दिरों का निर्माण हो जाता है। इसके बाद शंकर जी पुनः प्रगट हो जाते हैं। वे उस मन्दिर में पूजा करने बैठ जाते

हैं। उसी जंगल में खुसरा नाम का एक पक्षी रहता था। जब शंकर जी तांडव करते हुए डमरु बजा रहे थे, तो खुसरा डमरु की आवाज निकालकर उन्हें चिढ़ा रहा था।

उस पक्षी को ऐसा करते देख उसी समय पार्वती जी प्रगट हो जाती हैं। वे शंकर जी से कहती हैं—आपको कुछ पता नहीं। तब शंकर जी कहते हैं कि—हाँ, मुझे कुछ पता नहीं है। तब पार्वती जी शंकर जी से पुनः डमरु बजाने के लिए कहती हैं। तो शंकर जी पुनः डमरु बजाने लगते हैं। तो खुसरा फिर से उनकी नकल उतारता है।

ऐसा होते देख शंकर जी को गुस्सा आ जाता है। क्योंकि वह खुसरा पक्षी डमरु की आवाज अपने मुँह से निकालकर उन्हें चिढ़ा रहा था। तब शंकर जी पार्वती जी से कहते हैं—पार्वती जी, इस पक्षी के कारण अपनी पूजा में विघ्न हो रहा है। इसलिए मैं तुम्हें एक अमर कथा सुनाता हूँ। उसे तुम ध्यान से सुनना और आस-पास जंगल में देख लो कहीं कोई पशु-पक्षी तो नहीं है, जो अपनी कथा सुन ले। इसके बाद शंकर जी पार्वती जी को अमर कथा सुनाते हैं।

जिस पेड़ के नीचे शंकर जी बैठकर अमर कथा सुनाते हैं, उसी पेड़ में एक तोता घोंसला बनाकर रहता था। उसने पूरी रात जागकर शंकर जी की अमर कथा का श्रवण किया और पार्वती जी को अमर कथा सुनते-सुनते नींद आ गई।

शंकर जी ने कथा सुनाने के बाद आधा-आधा अंग जुड़कर देखा तो वे अर्ध नारीश्वर न बन सके। क्योंकि उस कथा को पेड़ में बैठे उस तोता ने सुन लिया था। पार्वती जी सो गई थीं। तो शंकर जी पार्वती जी के ऊपर नाराज हो गए।

शंकर जी ने नाराज होकर भभूत उठाकर तोता पर फेंकी, तो तोता उड़ गया। फिर शंकर जी ने त्रिशूल से तोता को मारना चाहा, परन्तु तोता फिर उड़ गया।

शंकर जी नाराज होकर पार्वती जी से कहते हैं—पार्वती, तुमने मेरी कथा नहीं सुनी। पूरी कथा उस तोते ने सुन ली। तब वे एक-दूसरे के ऊपर नाराज होने लगे। उसी समय शंकर जी ने एक लकड़ी का छिलपा उठाकर फेंका। वह छिलपा शेर बनकर खड़ा हो गया। तब पार्वती जी ने अपने शरीर का मैल निकालकर शेर के पास फेंका। तो वह मैल सुनहा कुत्ता बन गया। शेर सुनहा कुत्ता को देखकर यहाँ वहाँ छुपने लगा।

तब पार्वती जी कहती हैं—क्यों प्रभु, अब आप ही बतलाइए आप बड़े हो की मैं। ऐसा सुनकर शंकर जी चुप हो गए, वे पार्वती जी से कहते हैं—हे देवी, मुझसे गलती हो गई। मुझे माफ करना। तब पार्वती जी शंकर जी से कहती हैं—प्रभु, जब तक आप शेर की खाल की लंगोटी नहीं पहनेंगे, हमारा तुम्हारा समझौता नहीं होगा। तो शंकर जी कहते हैं—हाँ देवी, मैं जीवन-भर शेर के खाल की लंगोटी ही पहनूँगा। अब तो माफ कर दो। ऐसा कहकर दोनों अदृश्य हो जाते हैं।

उनके अदृश्य होते ही सुनहा कुत्ता और शेर में बहस छिड़ जाती है। कुत्ता

कहता है–मैं बड़ा हूँ, तो शेर कहता है–मैं बड़ा हूँ। इतना कहकर शेर जंगल में छुप गया।

कुछ दिनों बाद नर्मदा जी जवान होने लगीं। तब एक दिन शंकर और पार्वती दोनों अमरकंटक में घूम रहे थे। उसी समय एक जगह पर शिवलिंग स्थापित हो गया। शंकर पार्वती पुनः अदृश्य हो जाते हैं।

फिर शंकर और पार्वती दोनों नर्मदा जी की शादी की व्यवस्था करने लगे। जब नर्मदा जी की शादी की तैयारी हो रही थी। उसी समय जुहिला ने अपनी बहन नर्मदा से जेवर-कपड़े माँगे। नर्मदा जी ने जुहिला को जेवर-कपड़े दे दिए। जुहिला को जेवर-कपड़े मिलते ही उसने अपने शरीर में धारण कर लिए। वह नर्मदा जी के जेवर-कपड़े पहनकर बारात देखने चली गई।

तो सभी बारातियों ने समझा, यही नर्मदा है। तो बारातियों ने कहा–सोनभद्र, को यहीं रोक लो। दुल्हन यहीं आ गई है। सभी बाराती जुहिला को नर्मदा समझकर वहीं रुक गए। तब नर्मदा जी की सहेलियों ने जब यह बात जाकर नर्मदा जी को बतलायी। तो नर्मदा जी गुस्से में उफनने लगीं और जुहिला के पास आकर कहा–जुहिला, आज से न तुम मेरी बहन, न मैं तुम्हारी बहन हूँ।

ऐसा कहकर जुहिला और नर्मदा अकबका के वहाँ से भागीं। तब जुहिला उत्तर की ओर भागी और नर्मदा पश्चिम की ओर भागीं। नर्मदा को रोकने भीमसेन ने अपनी कांवर नर्मदा के रास्ते में रख दी। पर नाराज नर्मदा जी उस कांवर को ढकेलकर कर आगे बढ़ गईं। फिर कहाँ की शादी और कहाँ के बाजे, सब बाराती अपने-अपने घर चले गए। तभी से जुहिला, नर्मदा और सोनभद्र अलग-अलग दिशा में चले गए। तभी से जुहिला जलेश्वर में प्रगट हुईं और सोनभद्र सोनमूड़ा में प्रगट हुए। इस प्रकार न नर्मदा की शादी हो पायी न ही जुहिला की।

3. लक्षमन जती अऊर बासिन कन्या

एक झन राजा रहय। ओखर एक झन टूरी रहय। तेखर खाँ एक टूरा लमसेना राखे रहय। ता बा राज मा मेन के लकड़ी, अऊर सोन के टंगिया रहय। ता बा लकड़ी ला राजा हने चिरेला कहथ रहय। कि जेन एला चीर देही। तेन ला मोर टूरी के साथ बिवाह कर देंहूँ। ता वा लकड़ी ला लमसना हनें चीर दयीस। ता वा टूरी ला जीतर गए। ओला चुकरइया मा भर के बिवाह दै दयीन। जीत के लईजे ता हस्तो नाव के नंदी रहय। उंहा खाना खावय। ता वा ओला बताइस की जब मैं बारा बरस के लमसनाई रहों। ता मोला डिबिया मा चिन ला देइन। ता वा टूरा हने डिबिया ला खोल के देखिस। ता उंहा बासिन कन्या रहय। ता वा उठाय के भगय लंका मा। ओखर लमसना आय लक्षमन। बासिन कन्या बहनिन आय ओखर।

जब लक्षमन जती बान उचाइस, ता ओखर जिनगी बीतन लागिस। तबले बासिन कन्या ला नहीं पाईस। चार लाख चौरासी जोनी ला फिर गयन। तब ले नही पाँव। जब बान उचाय के मारथय, ता ओखर आगू-पीछू मा लगथय। अखर ओला नही परय। वा हने जिनगी बीत जाही, अखर पाही नही लक्षमन जती के बान, कहँ परथय पत्ताल लोक मा, यह लोक ले दूसर लोक मा जाहूँ। तबले ओखर हाथ नहीं लगहूँ।

लक्ष्मण जती और बासिन कन्या

एक राज्य में एक राजा राज करता था। उसकी एक लड़की थी। राजा ने अपनी लड़की के लिए एक लमसेना लड़का रखा था। उस राजा के पास मोम की लकड़ी और एक सोने की कुल्हाड़ी थी। उस राजा ने लमसेना से कहा—उस मोम की लकड़ी को सोने की कुल्हाड़ी से फाड़ना है। तब उस लमसेना लड़के ने उस मोम की लकड़ी को सोने की कुल्हाड़ी से फाड़ दिया। जिससे उस लड़के ने उस राजा की लड़की को जीत लिया। वह लड़का बारह वर्ष तक राजा के यहाँ लमसनाई कर चुका था। तब उस राजा ने अपनी लड़की की शादी उस लड़के के साथ कर दी।

वह लड़का उस जीती हुई लड़की को लेकर अपने घर जा रहा था तो रास्ते में उसे भूख लगी। तब वह एक नदी के किनारे बैठकर खाना खाने लगा। खाना खाते समय उस लड़के ने एक डिब्बी निकाली। वह डिब्बी उसे राजा ने दहेज में दी थी। उसने उस डिबिया को खोलकर देखा, तो उसके अंदर एक बासिन कन्या थी। उस डिबिया के खुलते ही वह बासिन कन्या लंका की ओर भागने लगी।

उस बासिन कन्या के पास लक्ष्मण जी लमसनाई कर रहे थे। लक्ष्मण जी ने जैसे ही बासिन कन्या को भागते देखा तो लक्ष्मण जी ने बासिन कन्या के ऊपर बाण छोड़े, पर बाण बासिन कन्या को नहीं लगते थे। इस प्रकार लक्ष्मण जी की पूरी जिंदगी बीत गई। तब भी वे कभी भी बासिन कन्या को तीर नहीं मार सके। क्योंकि बासिन कन्या लक्ष्मण जी की बहन थी। चार लाख चौरासी युग बीत गए। तब भी लक्ष्मण जी का बाण बासिन कन्या को नहीं लगा। लक्ष्मण जी जब भी बाण चलाते तो वह बासिन कन्या के आजू-बाजू से निकलकर चला जाता पर उसे नहीं लगता था। तब लक्ष्मण जी ने अपना बाण पाताल-लोक में चलाया। फिर भी उनका बाण बासिन कन्या को नहीं लगा।

4. नागदेव अऊर दसमोतिन कन्या

एक झन डकरी अर डकरा रहय। तेखर सात बेटा रहय। ता जब हुन बेटा बडे हय गईन। ता हुखर बिहाव कर दईन। अर हुन सात भाइन के एक झन बहनी रहय। तेखर नाम दसमोतिन कन्ना रहय। ता हुन भाईन के बिहाव हय गय रहय। और ओखर दाई-ददा मर गईन। ता वा टूरी अपन भाईन अर भउजाइन के साथ मा रहथ रहय। ता एक दिन ओखर भाई सैल शिकारी खेलेला डोंगर मा गयीस। अऊर अपनाही-अपनाही डयकीन ला कहिन की हमार बहनी ला तुम कहूँ झय भेजहो। ऐखर नितन घरमा सब चीज लान दए हौं। ता हूखर भउजाई ओखर पूरा-पूरा धियान देत रहय।

ता वा टूरी हनें एक दिन बाहर फिरेला ओखर मन हईनस। ता जब वा फिरेला गयीस। ता ओखर मन कहिस की या तलवा मा नहाय लेंतव। अर वा टूरी हने वह तलवा मा नहान लागिस। तफेर ओखर मूड के चुन्दी वा तलवा मा गिर गयीस। तेला फेर डोंडिया हने पाइस। ता वा डोंडिया चुन्दी ला धरके मनमा सोचय की जब ओखर चुन्दी अतना खुलथय। ता वह कतना नहीं खुलथ होही। ता वा हने अपन मामा नागदेव ठन गयीस। अर कहन लागिस मामा मै एक झन फुआ खोजे हवंय। ता या हने ओखर चुन्दी आय। तब नागदेव हने ओखर चुन्दी ला देख के अपन मन मा विचार करन लागिस की सही आय भांचा, वा कतना खुले रहे होही। तब एला कैसे के हम पाईन।

तफेर फेर नागदेव ला डोडिया कहथय—सफा नदिया-नाला, कुआँ, वावली, झोडी, झाँकर, अर सब संसार भर के पानी ला अटवाय दईन। ता संसार भर के आदमी पानी-पानी खा तरसन लगहि। तफेर तो ओला लानहिच। ता अइसनय-अयसनय एक दिन कट गयीस, दो दिन कट गयीस। जब एक हफता कटों-कटों मा सब जगन के पानी आपय आप सुखन लागिस। ता अर कुछ दिन मा बिलकुल सूखा हय गयीस। तफेर फेर आदमिनन मा हाहाकार मच गयीस।

तफेर सब झन भगवान ला मनाए ला कनों तो पूजा करय। ता कोनय रामधुन करय। अर या सब खेल डोंणिया अर नागदेव के आय रहय। ता कोट उपाय कर देखिन अखर पानी नहींच मिलन लागिस। तफेर एक दिन ओखर भउजाइन ला पता

भेजिस। वा डोंणिया हनें की तुम्हार घर भर के आहीं तबय पानी मिलही। अखर मा धरती के जतना भी जीव-जन्तु हवय तेन सब के जिम्मेदार तुम्हार घर के होंहीं कहके पता भेजिस।

ता का करय फेर अपन घर ले बढ़िया कलशा सजाय के अर वा तलवा के डहर गईन। जहाँ वा टूरी हनें नहाय रहय। ता वा टूरी के सफा भउजायी उहाँ पहुँच गईन। तेखर बाद वा डोंणिया हनें। तेन वा नागदेव के दुवार मा बैठ के देखत रहय। तफेर फेर ओखे पीछू वारे भउजी ला भेजिन। ता फेर वा आइनने हूखर मझलिन भउजायी। तेखर बाद तीसरइया भउजायी गयीस। ता ओहू ला डोंणिया हनें अयसनयी कहथय। अयसनयी-अयसनयी पूरा भउजायन ला, वा डोंणिया हनें कहय। तफेर फेर आखिर मा वा टूरी ला लइजिन।

ता ओला बीच तलवा मा कलशा ला धरके खड़े करिन। ता वा डोंणिया हनें कहथय की–'तुम पानी ढ़िलो मामा आइनने मामी हमार।' अतना मा नागदेव हने वा अपन घर ले निकर के देखिस। अर तन्नक हस पानी वा तलवा मा चुहचुहाईस। अतना मा सब जीव जन्तु पेट भर पानी पीइन। तफेर फेर अयसनयी-अइसनयी पहली ओखर टंघरा तक पानी पहुचिस। तेखर बाद पूरा तलवा भर गयीस। ओखर बाद दसमोतिन कन्ना ला वा नागदेव हनें झिंक लेयीस। ता ओखर बाद ओखर सफा भाई हनें रोइन गायीन। वा तलवा के बीच भीट माँ ऐखर बाद अप्पन घर खा लहुट गईन। तेखर बाद वा नागदेव के डहर ले सातय ठन साँप टूरा हयीस।

तेखर बाद दसमोतिन कन्ना कहथय–कि चल मोर मयके ला घुमाय के लाआन। तफेर फेर ओखर टूरा कोनों जद्दू, डंडा, करैत, करिया डोभी, सिर पिट्टी, गउहाँ, असड़िया, अऊर दवरी बँधन हिन सब दसमोतिन कन्ना ला पिछयावत रहिन। ता ओखर दाई हनें हुनन ला बरजय। सबले जादा मुड़पेल करिया डोभी ला अपन अचरा के छोर ला चीर के बाँध छयिस। ता वा नागदेव हनें अपन लरकन ला समझाइस की में अपन ससुरार जाथूँ। आय ले लेवं। तफेर तहूँ ला लइजाहूँ, या पता ला डोंणिया हनें दसमोतिन कन्ना के भाइन तक पहुचाय दयीस। तफेर ओखर भाई हनें सात हाडिन मा ठंठा पानी अऊर सात हाडिन मा लकलकाय हरा पानी धरके ओखर सवागत मा रहय। ता दसमोतिन कन्ना अऊर नागदेव अपन ससुरार आइनन। ता अपन बहनिन ला ठंठा पानी मा गोड धुवाइन। अर वा नागदेव ला लकलकाय हरा पानी मा सउर ले उसन दइन। ता वा मर गयीस। तेखर बाद दसमोतिन कन्ना ला अपन लिघन रखन लगीन।

अऊर इत्थी उखर टूरा अभी आहीं, तभी आंहीं कहके रहय। ता बहुत दिन हईन गईन। ता डोंणिया हनें अपन मामा के पता लगाय ला आइनस। ता ईहा देखत की ओला मार डारिन। तेला जायके डोंडिया हनें बताथयं। तोर ददा नागदेव ला मार डारिन बाबू। तफेर फेर हुन टूरा जब नहीं खुटी ने रिसी-रिसा झन आइनन।

आय-आय के मामा के घर आय कह के कनो टूरा मा गुड़मुई आय हरा सच्चे रहय। तेन सब बात ला हूखर दायी दसमोतिन कन्ना हनें जानत रहय। की हुन आहीं। ता एइसे-एइसे होही। ता तुम झय डरराहो, मोला लाड़ आय दिखाही, तेनय समय मा तुम लकलकाय हरा पानी ला, हूँखर उप्पर सीचे जाहो। ता एक झन टूरा अँगना मा आय के घिरयाय गयीस। ता हुन दसमोतिन कन्ना के भाई लकलकाय हरा पानी ला लानके ओखर उप्पर छींछ दयीस। ता वा उसनाय के मर गयीस। ता ओला उठाय के धरती मा गड़याय दइन। तेखर बाद एक झन अऊर आइनस उर अंगना मा लम गयीस। ता ओहू ला एसनयी कर दइन उर ओहू ला गड़याय दइन। अयसनय-अयसनय हयों सब मन ला मार डारिनन।

ऐखर बाद फेरय वा डोंणिया हनें पता लगावय। तफेर बताइनन की सब मन ला मार डारिस। अइसना गाँव बारे बतयावें। ता वा डोंणिया हनें उहाँ ले फिर लहुट के आइनस। ता वा सबले जादा गुस्सा वारे साँप टूरा ला बतायस। ता डोंणिया ला कहथय वा टूरा हनें की ले बाबू मोर बँधना ला छोर दे। मैं दाई ला देखें जाथूँ। ता डोंणिया हनें ओखर बँधना छोरिस। तो वा तलवा ले सरराटा पहुँच गयीस। अपन मामा के घर मा, अक तो ओला बहुत गुस्सा रहय। अक तो मोर ददा ला मार डारिन। ता हिन मोर सबसे बड़े बैरी आय। ता ओहू हनें आय के घर के दुवार मा लमें रहय। ता ओखर भाई मारे ला होवेंय की वा चाब दयीस। ता ओखर दवाई-बूटी करवाय के मारे ओला नहीं मारीन।

अतना चीज देख के वा फेरय भग गयीस। उर जाय के डोंडिया ला बताय दयीस। ता नय बाबू हमार दाई ला कइसे के बोलाई। ता डोंडिया फेरय उपाय सोचथय, ता एक दिन वा दसमोतिन कन्ना के भाई व भउजाई सब के साथ वही ले गयीस। ता एक ठन नदियाला बाँधे रहय। ता बहुत मछरी पाय रहय। अऊर वा साँप टूरा हनें अपन दाई के गोडय गोड मा होवय। ता वा हनें अपन भाई ला वताय दयीस। ता ओखर भाई मारे ला होय, ता वा छमा-छम कूँद देवय। अर आखिर मा दसमोतिन कन्ना ला चाब दयीस तेन वा मर गयीस।

नागदेव और दसमोतिन कन्या

एक गाँव में एक बूढ़ा और एक बुढ़िया रहते थे। उनके सात बेटे और एक बेटी थी। जब उसके बेटे जवान हुए तो उसने अपने सातों बेटों की शादी कर दी। उन सात भाईयों की जो एक बहन थी उसका नाम दसमोतिन कन्या था। उसके भाई अपनी इकलौती बहन से बहुत प्यार करते थे, दसमोतिन कन्या अपने भाई-भौजाईयों के साथ ही रहती थी।

एक दिन दसमोतिन कन्या के भाई जंगल में शिकार खेलने जा रहे थे। सभी भाईयों ने शिकार पर जाते समय अपनी पत्नियों से कहा–हम लोग शिकार खेलने जा रहे हैं। तुम लोग हमारी बहन का ध्यान रखना। उसको कहीं बाहर नहीं जाने देना। इसलिए हम लोगों ने इसके उपयोग की सभी चीजें घर में लाकर रख दी हैं। हमारी बहन को किसी भी प्रकार की तकलीफ नहीं होने देना।

उस लड़की की भौजाईयाँ अपनी ननद का पूरा ख्याल रखती थीं। एक दिन वह लड़की बाहर टहलने निकली। वह टहलते-टहलते तालाब के किनारे पहुँच गई। उसकी इच्छा हुई की वह इस तालाब में स्नान कर ले। फिर वह लड़की स्नान करने तालाब में चली गई। स्नान करते समय उस लड़की के सिर के कुछ बाल उस तालाब में गिर गए। उसी तालाब में एक डोंडिया साँप रहता था। उस लड़की के बाल उस डोंडिया साँप को मिल गए। साँप ने जब उस लड़की के बाल देखे तो वह आश्चर्य में पड़ गया कि जब उस लड़की के बाल इतने सुन्दर हैं तो वह लड़की कितनी सुन्दर होगी!

ऐसा सोचकर वह साँप उन बालों को रखकर अपने मामा नागदेव के पास गया और नागदेव से कहने लगा–मामा, मैंनें आपके लिए एक मामी तलाश की है। ये देखो उसके सिर के बाल कितने सुन्दर हैं। जब नागदेव ने उस लड़की के बाल देखे तो उसने कहा–भाँजे जी, तुम ठीक कह रहे हो। जब उस लड़की के बाल इतने सुन्दर हैं, तो वह लड़की न जाने कितनी सुन्दर होगी! तब नागदेव अपने भाँजे डोंडिया साँप से कहते हैं–भाँजे, उस सुन्दर लड़की को हम कैसे हासिल कर सकते हैं?

डोंडिया साँप कहता है–मामा, हम लोग सभी कुँए, तालाब, नदी, झरने आदि

पूरे संसार के पानी को ओंट देते हैं। पानी को ओंटने के बाद संसार में सूखा पड़ जाएगा। संसार के सभी आदमी एक-एक बूँद पानी के लिए तरसने लगेंगे। जब तक उस लड़की के माता-पिता उस लड़की को हमारे पास नहीं ले आते हैं। तब तक पूरे संसार में सूखा रहेगा।

तब नागदेव जी ने ऐसा ही किया। जिससे पूरे संसार का पानी सूख गया। सभी ओर पानी के लिए हाहाकार मच गया। एक दिन कटा, दो दिन कटे, जब हमतों बिना पानी के कटने लगे और सब जगह का पानी सूखने लगा तो लोगों में हाहाकार मच गया।

सभी लोग भगवान को प्रसन्न करने के लिए पूजा-पाठ करने लगे। कोई रामधुन कराने लगा। परन्तु इससे कुछ नहीं हुआ। क्योंकि यह काम तो नागदेव और उस डोंडिया साँप का था। जब पूरे संसार में पानी के लिए हाहाकार मच गया। तो एक दिन उस डोंडिया साँप ने उस लड़की की भाभियों के पास संदेश भेजा की जब तक तुम्हारे परिवार के सभी सदस्य इस तालाब के किनारे नहीं आ जाते। तब तक सूखा पड़ा रहेगा। संसार के जितने भी जीव-जन्तु हैं, उनकी मृत्यु के जिम्मेदार तुम्हारा परिवार होगा।

जब उस साँप का संदेश उसके सातों भाईयों और भाभियों को मिला तो उस परिवार के सभी लोग एक कलश सजाकर पूजा का समान रखकर उस तालाब के किनारे गए जहाँ उस लड़की ने स्नान किया था। वहाँ उस लड़की की सभी भाभियाँ पहुँच गईं। जब वे तालाब के किनारे पहुँचीं तो उस समय डोंडिया साँप अपने नागदेव मामा के साथ अपने घर के द्वार पर बैठकर यह सब देख रहा था।

इसके बाद सबसे छोटी भाभी पूजा करने उस तालाब में उतरी। वह वहाँ पूजा करके वापस आ गई इसके बाद एक-एक करके सभी भाभियाँ उस तालाब में पूजा करने गईं। पर उस डोंडिया ने किसी से कुछ नहीं कहा सबसे आखिर में उस लड़की को कलश लेकर पानी में भेजा तो डोंडिया साँप उस लड़की से कहता है—तुम बीच तालाब में कलश लेकर आ जाओ। जब वह लड़की बीच तालाब में कलश लेकर जाती है। उसी समय डोंडिया अपने नागदेव मामा से कहता है—मामा, पानी छोड़ो, मामी आईं हैं। इतना सूनते ही नागदेव अपने घर से बाहर निकले तब उन्होंने थोड़ा-थोड़ा पानी टपकाया। जिससे पानी के सभी जीव-जन्तुओं ने भरपेट पानी पिया।

इसके बाद धीरे-धीरे उस तालाब में पानी आने लगा। ऐसा होते-होते पानी उस लड़की के घुटनों तक आ गया। इसके बाद धीरे-धीरे उस तालाब का पानी बढ़ने लगा तो दसमोतिन कन्या उसमें डूबने लगी। उसी समय नागदेव ने दसमोतिन कन्या को पकड़कर अपनी तरफ खींच लिया। उस दसमोतिन कन्या के सभी भाई और भाभियाँ उस तालाब के किनारे खड़े होकर यह सब देख रहे थे। जब दसमोतिन कन्या उस तालाब में डूब गई। तब उसके भाई और भाभियाँ फूट-फूटकर रोने लगे।

वे सभी लोग रोते-रोते अपने घर वापस आ गए।

तब नागदेव ने दसमोतिन कन्या के साथ शादी कर ली। कुछ समय बाद दसमोतिन कन्या ने सात साँप बच्चों को जन्म दिया। एक दिन दसमोतिन कन्या अपने पति नागदेव से कहती है—नागदेव जी, मैं बहुत दिनों से अपने मायके नहीं गई हूँ। आप मुझे मेरे मायके घुमा कर ले आते तो अच्छा रहता। ऐसा सुनकर नागदेव दसमोतिन कन्या की बात मान गया। दसमोतिन कन्या अपने मायके जाने की तैयारी करने लगी। दसमोतिन कन्या के सातों पुत्र साँप के रूप में थे। कोई जद्दू, तो कोई ड़ड़ा करैत, करिया ड़ोभी, सिर पिट्टी, गेंहुंआ, असड़िया और दवरी बँधन साँप थे। ये सभी साँप अपने मामा के घर जाने के लिए तैयार हो गए। दसमोतिन कन्या उन सभी को वहाँ जाने के लिए मना करती रही। परन्तु किसी भी साँप ने उनकी बात नहीं मानी। सबसे ज्यादा शरारत करिया डोभी साँप कर रहा था। तब दसमोतिन कन्या ने अपनी साड़ी को फाड़कर उस साँप को बाँध दिया। नागदेव भी अपने बच्चों को समझाने लगे की अभी माँ को जाने दो तुम लोगों को फिर ले चलेंगे। हम लोग अपनी ससुराल से थोड़ी देर में वापस आ जाएँगे। तुम लोग यहीं रुको। बहुत मनाने के बाद साँप मान गए और वे उनके साथ नहीं गए।

जब नागदेव अपनी ससुराल जाने लगे। तो डोंडिया साँप ने दसमोतिन कन्या के भाईयों के यहाँ खबर भिजवा दी की उनके बहन और बहनोई मिलने आ रहे हैं। इतना सुनते ही दसमोतिन कन्या के सातों भाईयों ने सात मटकों में ठंडा पानी और सात मटकों में खौलता हुआ पानी उनके स्वागत के लिए भर कर रखा। जब दसमोतिन कन्या और नागदेव अपनी ससुराल पहुँचे तो सातों भाईयों ने अपनी बहन के पैर ठंडे पानी से धोए और नागदेव के ऊपर खूब खौलता हुआ पानी डाल दिया। जिससे नागदेव तड़प-तड़प कर वहीं मर गया। इसके बाद सातों भाईयों ने दसमोतिन कन्या को अपने घर में रख लिया। उधर तालाब में दसमोतिन कन्या के सातों साँप बच्चे अपने माता-पिता के आने का रास्ता देखते रहे कि उनके माता-पिता आज आएँगे, कल आएँगे। इस प्रकार बहुत दिन बीत गए पर नागदेव और दसमोतिन कन्या वापस नहीं आए। तब डोंडिया साँप अपने मामा का पता लगाने दसमोतिन कन्या के घर जाता है। तो डोंडिया को मालुम पड़ता है कि दसमोतिन कन्या के सातों भाईयों ने उसके नागदेव मामा को मार डाला।

तब डोंडिया साँप वापस अपने घर आता है और सातों साँपों को बताता है की बच्चो, तुम्हारे पिता नागदेव को तुम्हारे मामाओं ने मार डाला है। इतना सूनते ही उन सातों साँप बच्चों को बहुत गुस्सा आया। तब दो साँप उचटते कूदते-फाँदते अपने मामा के घर आए। दसमोतिन कन्या ने देखा कि कोई साँप यहाँ लटका है, तो कोई साँप वहाँ लटका है। साँप उदास हैं। दसमोतिन कन्या को यह बात मालुम थी की उसके बच्चे अपने माता-पिता की खोज में जरूर आएँगे। यह बात उसने अपने सातों

भाईयों को बतला दी थी कि उसके साँप बच्चे यहाँ आएँगे और घर में उपद्रव करेंगे तो तुम लोग बिलकुल मत डरना। क्योंकि वे मुझसे प्यार, दुलार करेंगे। उसी समय तुम लोग खौलता हुआ पानी उन साँपों के ऊपर डाल देना। जिससे वे मर जाएँगे। तभी एक साँप वहाँ आया और दसमोतिन कन्या के पास आकर गुड़मुड़ा कर बैठ गया। उसी समय उनके भाईयों ने उसके ऊपर खौलता हुआ पानी डाल दिया। जिससे वह वहीं पर मर गया। इसके बाद उसके भाईयों ने एक और साँप पर खौलता पानी डाल दिया। जिससे वह भी मर गया। उनके मरने के बाद उन सभी सातों भाईयों ने उन साँपों को वहीं जमीन में गाड़ दिया।

तब डोंडिया ने सोचा की साँप बच्चे अपने मामा के घर गए हैं और अभी तक वापस नहीं आए। तब वह डोंडिया दसमोतिन कन्या के घर उन साँप बच्चों को देखने गया। तब उसे मालुम पड़ा की उनके मामा ने अपने साँप भाँजों के ऊपर खौलता पानी डालकर मार डाला है। इसके बाद वह डोंडिया साँप वापस अपने घर आया और बाकी बचे बच्चों को बतलाया की उसके मामा ने उनके भाईयों पर खौलता पानी डालकर मार डाला है। तब सबसे ज्यादा गुस्सेवाले साँप को जब इस बात का पता चलता है। तो वह गुस्से में आकर कहता है–डोंडिया बाबू, तुम मेरा बँधन छोड़ दो। मैं अपनी माँ को देखने जाऊँगा। तब डोंडिया साँप ने उस साँप का बँधन छोड़ दिया। बँधन छूटते ही वह साँप फर्राटे से तालाब से निकला और अपने मामा के घर पहुँच गया। वह बहुत गुस्से में था क्योंकि उसके मामा ने उसके पिताजी को मार डाला था। उसके मामा उसके सबसे बड़े दुश्मन थे। वह साँप उनके घर पर जाकर उनके दरवाजे के ऊपर लटक गया। जब दसमोतिन कन्या के भाईयों ने उस साँप को देखा तो वे उसे मारने दौड़े। तभी उस साँप ने एक भाई को डस लिया। तब उसके बाकी भाईयों ने झाड़-फूँक कराने के कारण उसको नहीं मारा। तब वह साँप वहाँ से भागा और जाकर डोंडिया को बतलाया। उसने डोंडिया से कहा–डोंडिया बाबू, मैं अपनी माँ से किस प्रकार बदला लूँ? तब डोंडिया बाबू उसका उपाय सोचने लगे।

एक दिन दसमोतिन कन्या अपने भाईयों और भाभियों के साथ एक नदी में मछली पकड़ने गई। उन्होंने मछली पकड़ने के लिए नदी को बाँध दिया। जिससे उन्होंने ढेर सारी मछली पकड़ी। सबसे छोटा और शैतान साँप का बच्चा वहाँ पहुँच गया। वह अपनी माँ दसमोतिन कन्या के पैरों के पास बार-बार लिपटने लगा, तो दसमोतिन कन्या ने अपने भाइयों को बतलाया। तो उसके भाई उस साँप को मारने दौड़े। तब वह साँप उचटकर एक तरफ छिप जाता। आखिर थोड़ी देर बाद उस साँप ने दसमोतिन कन्या को डस लिया और वह मर गई।

5. बड़े देव केर गुट्टी पुजाई

गोंड अऊर परधान दुन्नों भाई आयं। जैसे की गोंड भाई के काम खेत मा अनाज उगाई। अर अपन भाई के साथ मिल के खवायी। जब-जब परधान भाई ऐखर लिघन गयीस। तब-तब हिन ओखर आदर सतकार करिन। एक दिन वा गोंड भाई हनें। अपन परधान भाई ला कहिस—भइया, हमार दुन्नों झन के देवी दिवाला एक ठन आय। ता तोर लिघन ज्ञान के भंडार हवय ता ते हमन ला अऊर हमार देव दिवाला के पूजा के साथ हम तोरो पूजा कर लेबो। तैं हमार बड़े भाई आयस। तबले परधान के उखर घर जाए बिना हूँखर घर अशुद्ध। अऊर ओखर बिना ओखर सफा कामय रुक जाथय। अइसना-अइसना परधान के गोंड भाई ला काम परथय। अर परधान के देवन मा सबले बड़े बाना देव आय। जेखर मधुर आवाज सफा दुनिया के मन ला मोह ड़ारथय।

जब गोंड भाइन ला पता चलिस की हमार परधनिया आइनसे। ता हुन आरती सजाय के अर वा परधनिया के आरती उतारथय हूँखर मरना हरना मा हिन परधनिया उंखर पीढ़ी ला जैइसे तारथय हर चार साल मा गोंड भाई अपन पुरखा के मानत देवता के पुजाई करथय तेला गुट्टी पुजाई कहथय। अर यह पुजाई मा चार बरस मा जतना झन हूँखर बिरादरी मा मरथय। तेखर हाड़न ला कुंड़ा मा मिलाथय। तब या सब काम ला ओही परधनिया करथय या पुजाई मा दारु महुआ अर सुरा बकरा-मुरगा अऊर खाना पिआना करवाए जाथय।

एमा गोंड बिरादरी के बारा गाँव के सयाना रहथय, जेन सब मिलके काम करथय। ता वा उजीर हनें हूँखर पुरखन के नाम पता अऊर कुंड़ा मिलाई के काम करथय। वा उजीर हनें बाहर ले आय हरा पहुना के देख रेख हूँखर आदर सतकार सब चीज के हिसाब उजीर के ऊपर रहथय उजीर हनें आखर कह दयीस तयसनई होतहस। अऊर वा उजीर हनें के साथ वा परधनिया रहथय तफेर फेर वा कुंड़ा नदियाके तीर रेता मा, ता कहूँ नदिया के भीत्तर पानी मा, ता कहूँ अंगना मा, ता कहूँ घर के भीत्तर मा, हुन हाड़न ला लुकोथय। ता या बात के कन्नों ला पता नहीं रहय। सिरिफ उजीर अऊर ओखर साथ दुई झन सिआना रहथय तेन भर जानथें। ता लुकोत समय वह उजीर हनें। उन सियानन ला भी नहीं बतावय कि वह दिन

पुजाई होवइया हवय कहके तफेर फेर जेन दिन पुजाई होथय तेन दिन उजीर के साथ ओखर बरुआ भी रहथय तफेर उहाँ पर परधनिया भी रहथयं। अऊर हूँखर बिरादरी के मनसे रहथय अऊर गाँव-भर के दिखइया आथय कि केखर केखर कुड़न मा हाड़ा ला मिलाथय।

जब उहाँ जतना झन के हाँड़ा गड़ियाय रहथय तेन सब मिल गई। ता तो पुजाई ला अच्छा हईनस कहथय। नहीं ता परधनिया हनें उन सब के नाताकारी करके। अर हुन सुरा, बकरा,मुरगन ला पुजवाथय।

तेखर बाद कुंड़ा मिलवाई के खरचा वा परधनिया ला दान देथंय। दान मा ओला एक सूपा धान, लोटा, हड़िया, ओखर पहनत के कपड़ा, जूता सोना चांदी, अऊर गाय देथयं। अऊर फिर आखिर मा सबके मूड़ ला मुड़वाथें। अऊर नवा कपड़ा पहनाय के घरमा नांनथयं। घर मा आय के बाद खवाना-पिवाना करथय। ऐखर बाद परधानिन ला घर के बारे मा बताथय कि रहय। उहाँ रहथय। उर हुन हुन ओखर टूरा आय। तइसना या बड़े देव के गुट्टी पुजाई होथय।

बड़े देव की गुट्टी पूजा

गोंड और प्रधान दोनों भाई-भाई हैं। जैसे की गोंड भाई का काम खेत में अनाज पैदा करना और अपने भाईयों के साथ मिल बांटकर खाना है। जब-जब प्रधान भाई गोंड भाई के पास गया तब-तब गोंड भाई ने उसका खूब आदर सत्कार किया। एक दिन गोंड भाई ने अपने प्रधान भाई से कहा—भाई, हम दोनों के देवी-देवता एक ही हैं। परन्तु तुम्हारे पास ज्ञान का भंडार है। इसलिए आज से हम अपने देवी-देवताओं के साथ आपकी भी पूजा करेंगे।

उसी समय से प्रधान भाई का गोंड भाई के घर जाए बिना गोंड भाई का घर अशुद्ध रहता है। उसके बिना गोंड भाई के सारे काम ही रुक जाते हैं। इस प्रकार प्रधान और गोंड भाई एक-दूसरे के पूरक हैं।

प्रधान भाई देवताओं का सबसे प्यारा वाद्य् 'बाना' जिसकी सुरीली धुन सभी दुनियावालों का मन मोह लेती है। वह बाना प्रधान भाई का सबसे प्रिय वाद्य है।

जब प्रधान भाई किसी गोंडों के गाँव में जाता है और उसके गोंड भाईयों को जब पता चलता है कि उसका प्रधान भाई गाँव में आया है। तब गोंड भाई अपने प्रधान भाई की आरती उतारते हैं। उसे सम्मान सहित अपने घर में बुलाते हैं। गोंड भाईयों के जीवन-मृत्यु जैसे हर अवसर पर प्रधान उनके घर आता है। प्रधान भाई गोंडों के कुल गुरु होते हैं। वे गोंड भाईयों के पुरखों को तारते हैं। वे उनके पुरखों को स्वर्ग पहुँचाते हैं। गोंड भाई अपने पुरखों के लिए हर चार साल में सभी देवी-देवताओं की पूजा अपने प्रधान भाई से करवाते हैं। इस पूजा को गुट्टी पुजाई कहते हैं। इस पूजा में गोंड भाई के खानदान के जितने लोग मरते हैं। उनकी अस्थियों को उस परिवार के सदस्य एक छोटे से घड़े में एकत्र करके रख लेते हैं।

पूजावाले दिन उस परिवार के लोग मृतक की अस्थियों को उस दिन एक छोटे से कलश में लेकर आते हैं। जिसे कूड़ा मिलाई कहते हैं। कूड़ा मिलाई की पूरी पूजा प्रधान भाई कराता है। इस पूजा में प्रधान भाई गोंड भाईयों से पूजा के लिए महुआ की शराब, सूअर, मुर्गा, बकरा और सभी को भोजन कराने की व्यवस्था करवाते हैं।

इस गुट्टी पुजाई में गोंड जाति के बारह गाँव के गोंड मुखिया और बुजुर्ग लोग तथा सभी रिश्तेदार शामिल होते हैं। तब गृहस्वामी अपने परिवार के बीच में से एक

मुखिया को चुनता है। जिसे उजीर कहते हैं। उजीर सभी लोगों के नाम, पता और उनके ठहरने और भोजन की व्यवस्था देखता है। जहाँ-जहाँ से कूड़ा (अस्थि कलश) आता है। उसका हिसाब उस उजीर के पास रहता है। उजीर की हैसियत घर के मुखिया के बराबर की होती है। इस पूरी पूजा में जैसा उजीर कह दे, वैसा ही होता है। इस उजीर के साथ ही प्रधान भाई रहता है।

पूजा के समय उजीर सभी रिश्तेदारों से कूड़ा मंगाने के लिए कहता है। सभी कूड़ों को एक जगह एकत्र किया जाता है। इसके बाद उन कूड़ों को उजीर कहीं-कहीं छिपा कर रख देता है, जैसे कोई कूड़ा को नदी किनारे, तो कोई कूड़ा को किसी मकान में या जमीन के अंदर गड्ढा खोदकर ऐसे स्थानों में छुपाकर रख दिया जाता है। उस समय प्रधान भाई उजीर के साथ नहीं रहता। इन स्थानों का पता सिर्फ उजीर और उसके साथ गाँव के दो बुर्जुगों को ही रहता है। उन्हें पता होता है कि उन्होंने किसका कूड़ा कहाँ रखा है। उन कूड़ों को छिपाते समय उजीर उन बुर्जुगों को भी नहीं बतलाता की किस दिन पूजा होनी है।

जिस दिन पूजा होती है उस दिन उजीर के साथ उसका बरुआ (जिसे देवताओं के भाव आते हैं) साथ में रहता है। उन सभी के साथ ही प्रधान भाई भी रहता है। पूजा करानेवाले और देखनेवालों की पूजावाले दिन बहुत भीड़ हो जाती है। इसके बाद प्रधान भाई और बरुआ सभी लोगों के छुपे हुए कूड़ा खोजता है। जब सभी कूड़े मिल जाते हैं तो उस पूजा को अच्छा माना जाता है। पूजा के बाद प्रधान भाई को सभी नाते-रिश्तेदार दान देते हैं। कूड़ा मिलाई का खर्च भी उसी प्रधान भाई को मिलता है। सभी गोंड भाई प्रधान भाई को परिवार का एक हिस्सा समझकर मरनेवाले का हिस्सा उसे देते हैं। उस हिस्से में एक सूपा धान, लोटा, हंडिया, बरतन, मृतक के पहनने के कपड़े, उसके जूते, सोना, चांदी, गाय, बछड़े तथा जमीन भी आती है।

पूजा के समापन के बाद परिवार के सभी सदस्य नदी या तालाब के किनारे एकत्र होते हैं। वहाँ पर परिवार के सदस्यों का मुंडन-संस्कार होता है। मुंडन-संस्कार के बाद स्नान करके सभी लोग नए वस्त्र पहनते हैं। इसके बाद परिवार के सभी सदस्य घर आते हैं। घर में प्रधान भाई को बिठाकर उसे अपने परिवार, रिश्तेदारों और धन-दौलत की संपूर्ण जानकारी उसे परिवार का सदस्य मानकर देते हैं।

ऐसी होती है, बड़े देव की गुट्टी पुजाई।

6. राजा, रानी अऊर चार बेटी

अक समय के बात आय एक राजा अऊर रानी रहय। ता उखर समय बहुत बुरा कटत रहय। वा राजा के चार झन टूरिच-टूरिच रहय। ता हुन ओखर बुरा समय मा खाना-पीना के बारे मा सोचिन लगीन। रानी के बाप के अइसना समय आइनस की उखर ठन न खाना के जुगाड़ रहय। न पानी के, वा रानी अतना सती रहय। की ओखर बाप जेन दाइज ठोला मा दय रहय। तेन चीज ला वा एक हाड़ी केर माटी मा गडियाय दय रहय। ओला मूसा खनत-खनत बहुत तरी मा गिराय दइन। अब वा हाड़ी ला बहुत खोज-खोज देखन ओला पाँवेच नहीं। अर उखर ठन ओहिच आय एक सहारा रहय। अक दिन चारों झन उखर टूरी भूख मा तड़फन लगीन। ता वा रानी के दाई आइनस। ता ओहूँ उखर खाँ कच्छू नहीं नानिस। तफेर राजा कहथय कि अब तो बहुत समय ला काट लयीस। अर कहथय हिन दुई टूरी ला तय डोंगर मा भुलवाए ला लइजा। अऊर दुई झन ला मैं दुन्नों झन, दुई-दुई झन टूरिन ला डोंगर मा भुलवाए ला ले गई। हुन डोंगर मा पहुँच गइन।

दूसर राज के राजा कोई जमाना मा डोंगर के भीतर मा अक तलवा खुदवाय रहय। दुन्नों झन राजा अऊर रानी टूरिन ला डोंगर मा छोड़ दईन। हुन टूरी डोंगर मा रोवन गावन लगिन। उनन ला अन्न न मिलत रहीस। वोही डोंगर ले एक डकरी निकरिस। ता वा डकरी बहुत दयालू रहीस। हुन टूरिन ला डकरी कहथय आय लेवो चार खाय लेवो। डोंगर मा चारों झन एक मा मिल जाथयं। बड़े बहिन ला कहथय चलो वो दीदी केन आय चार खाय ला कहथय खाय लेयी। चारों झन चार के पास पहुँच गईन। हुन चारों झन पेट भर चार खाइन। तफेर हुनन ला पानी पियास लगी ता बड़े टूरी रुखवा के लिंगहा रोवन लगीस। तफेर वा डकरी कहथय–झय रो बेटी, खायले महू भुलाय रहा आँव। चार खाय ली चारों झन टूरी चार के रुखवा मा चग गईन। चगन के बाद हुनन ला पियास लगी। पियास से हुन तड़फन लागिस।

ऐखर बाद वा डकरी जेन चार खवाय ला चगाय रहें। एक लठिया बनायके धरे रहे। वा डहर अक रुखवा मा अक तूमा लयके रहय। ओखर सामने बोलन लागीस। राजा के बड़े टूरी जब रुखवा ले ददा रे कहके आवाज करीसे। ता वा तूमा हनें भों-भों, ठक-ठक कहत रहय। जब ओखर छोट टूरी आवाज करत रहय। ता वा तूमा

फिर भों-भों, ठक-ठक कहय। जब तिसरिया टूरी आवाज करिस। ता वा तूमा सामे सुन्दरिया कहय। आखिर ला सबले छोट टूरी आवाज करिस। ता जेन जादा पियास मरे रहय। तेन रुखवा ले कूँद गयीस जेन रुखवा मा चगे रहीस। तेन अपन दीदी जेन कूँद गए रहीस। तेला फेरय रुखवा मा चगान लागिस। अऊर कहथय–आय जावो दीदी। वा दे केन आय तलवा खुदवायस ता वा टूरी आईस। अइसनय-अइसनय हुन तीनन बहिनों के बिहाव देवतन के संग हयीन गयीस।

तफेर फेर बिहाव मा बरतिया आइन। तेन वाही तलवा डहर नहान ला गयीस। ता वा तलवा मा वहुत बढ़िया फूल फूले रही। ता एक झन मनसे के जिव लग गयीस। ता वा फूल ला टोरे ला गयीस। ता ओहू वा तलवा मा बूड़ गयीस। तेखर बाद बहुत झन आदमी गई। ता वा साथी ला खोजन तलवा मा घुसिस। ता सबके सब मर गईन। ता वा कहूँ मामूली फूल नहाय। वा तिरिया फूल आय। जिन ला सिरिफ देवता भर पाय सकथें। मानुस तन नाहीं पाय सकय। ता जितना आदमी रहय। तेन कोशिश कर ड़रिस। अर घबराय गईस।

ऐखर बाद सब मन वा मड़वा वारे घर मा आइनन गइन। अर उँहाय आय के सब आदमिन ला बताय दइन। ता सब आदमी वा तलवा मा गइन। अऊर उँहाय बड़े तप करन लगीन। आदमी के हाहोकार मरना ला सुन के भगवान इंद्र आयीस। ता इंद्र हनें वा फूल ला टोर के इंद्र लोक मा ले गयीस। जहाँ वा फूल ला टोरे रहीस उहाँ एक अच्छा हस रुखवा जमिस! या सब बात ला ओखर सब बहनी जानत रहय। तहाँ ले हुन तीनों बहनिन के बिहाव बिधन हइ गयीस। अर फेर हुनन ला देवता अपनाय लइ। या सब बातन ला हुन टूरीन के दाई ददा जानिन। जे हुनन ला डोंगर मा छोड़ के आय रहय। ता हुन अपन टूरा वरदान ला सुन के हुन टूरिन के खोज मा निकरि। रहय। तो देव हइ गए रहय। अर वा तिरिया फूल हनें हुन राजा रानिन ला शाप दए रहय। ऐखर बाद हुन अपनाहीं देवन के साथ अपनाहीं लोक मा रहत रहय। इन सब झन के मुखिया राजा इंद्र रहय।

राजा, रानी और चार बेटी

एक राज्य में एक राजा और उसकी रानी राज करते थे। उनका खराब समय आ गया। उस राजा की चार लड़कियाँ थीं। उनका इतना बुरा समय आया की वे दाने-दाने को मोहताज हो गए। उस राजा की रानी बहुत समझदार और सत्यवती थी।

रानी की शादी के समय रानी के माता-पिता ने दहेज में जो सोना, चांदी, हीरे, जवाहरात दिये थे। रानी ने खराब समय के लिए उस धन को एक घड़े में रखकर जमीन में गाड़ दिया था। उस घड़े को भी चूहे जमीन के अंदर-अंदर न जाने कहाँ ले गए। राजा-रानी ने उस घड़े को जमीन में बहुत खोजा पर वह नहीं मिला। राजा-रानी के इस संकट की घड़ी में वही घड़ा एक मात्र सहारा था।

एक दिन ऐसा आया की राजा-रानी और उसकी लड़कियाँ भूख से तड़पने लगे। तब एक दिन रानी की माँ आई। वह भी अपनी बेटी के लिए कुछ नहीं लायी थी। राजा-रानी दोनों परेशान हो गए। तब एक दिन राजा ने रानी से कहा—हम दोनों तो किसी प्रकार मुसीबत के दिन काट लेंगे। ये तो जवान हो रही हैं क्यों न इन लड़कियों को कहीं बाहर छोड़ दिया जाए जिससे ये अपनी जिन्दगी जी लें। राजा ने रानी से फिर कहा—तुम दो लड़कियों को जंगल में ले जाकर छोड़ देना और दो लड़कियों को मैं जंगल में छोड़ आऊँगा। ऐसा कहकर राजा दो लड़कियों को जंगल में ले गया। रानी भी दो लड़कियों को लेकर दूसरे जंगल में उन्हें छोड़ने चली गई। तब राजा और रानी ने अपनी चारों बेटियों को ले जाकर जंगल में छोड़ दिया।

राजा जंगल में अपनी लड़कियों को छोड़कर वापस आ गया। जिस जंगल में राजा ने लड़कियों को छोड़ा था। उसी जंगल में किसी राजा ने एक बहुत बड़ा तालाब खुदवाया था। उसी तालाब के पास बैठकर दोनों लड़कियाँ रोने लगीं। वे बहुत भूखी थीं। उनके पेट में अनाज का एक दाना भी नहीं था। तभी उस जंगल में कहीं से एक बुढ़िया आई। वह बुढ़िया बहुत दयालू थी। उस बुढ़िया ने उन लड़कियों से कहा—बेटी तुम्हें भूख लगी है, चार खा लो। वे बुढ़िया से खाने के लिए चार लेती हैं। उसी समय उन लड़कियों की दोनों बहनें जिन्हें रानी ने जंगल में छोड़ दिया था। वे भी उस जंगल में आकर मिल जाती हैं। तब फिर एक बार वह बुढ़िया उन चारों

लड़कियों से कहती है–आ जाओ बेटी, आ जाओ, चार खा लो। तो सबसे बड़ी बहन कहती है–दीदी, देखो तो कौन हमें चार खाने को बुला रहा है।

ऐसा कहकर चारों लड़कियाँ चार के पेड़ के पास पहुँच गईं। वहाँ पहुँचकर बड़ी लड़की चार के पेड़ के नीचे खड़े होकर रोने लगी। तो बुढ़िया ने कहा–बेटी, तुम बिलकुल चिन्ता मत करो। सब ठीक हो जाएगा। मैं भी इस जंगल में एक बार गुम हो गई थी। तभी से यहीं हूँ। इसके बाद चारों लड़कियाँ चार के फल तोड़ने चार के पेड़ पर चढ़ गईं और उन पेड़ों से उन्होंने पेट भरकर चार खाए। चार खाने के बाद उन लड़कियों को बहुत जोर से प्यास लगी। वे प्यास के मारे तड़पने लगीं। तब वह बुढ़िया जिसने लड़कियों को चार का पेड़ दिखाया था। वह एक डगाल रखकर उन लड़कियों के पास आई। तब बड़ी लड़की उस चार के पेड़ के पास खड़ी होकर बहुत जोर से आवाज करती है। उसी समय उस लड़की को एक पेड़ पर लटका हुआ तूमा दिखाई दिया। बड़ी लड़की की आवाज सुनते ही उस तूमा से भों-भों, ठक-ठक की आवाज निकलती है। उसके बाद दूसरी और तीसरी लड़की ने भी आवाज की तो उस तूमे से आवाज आती है–सुंदरियाँ। तब सबसे आखिर में सबसे छोटी बहन ने आवाज लगाई। क्योंकि वह सबसे ज्यादा प्यास से तड़प रही थी। वह उस पेड़ के ऊपर से कूद गई। तो दूसरी बहन फिर से उसको पेड़ पर चढ़ाने लगी और कहती है–दीदी, यहाँ आ जाओ।

वो देखो किसने इतना बड़ा तालाब खुदवाया है। तब चारों बहन उतरकर उस तालाब के पास पहुँची। वहाँ उन्हें देवता मिले। उसकी बहन ने अपनी तीन बहनों की शादी उन देवताओं से करवा दी। वहीं उन लड़कियों की शादी हो गई। उनकी शादी में जो बाराती थे। वे वहीं तालाब के किनारे बैठकर नहा रहे थे। उस तालाब में बहुत अच्छे-अच्छे कमल के फूल खिले थे। तब एक बाराती को वह फूल बहुत अच्छा लगा। तो वह बाराती उस फूल को तोड़ने तालाब में उतरा। वह बाराती उस तालाब में डूब गया। इसी प्रकार एक-एक करके बहुत से बाराती उस तालाब में अपने साथियों को ढूँढ़ने निकले। तो वे सभी उस तालाब में डूबकर मर गए।

तब उन लोगों को समझ में आया की वह फूल कोई मामूली फूल नहीं था। वह तो तिरिया फूल था। जिसे सिर्फ देवता ही ग्रहण कर सकते हैं। मानव उस फूल को कभी नहीं पा सकता है। बारातियों ने उस फूल को खूब तोड़ने की कोशिश की पर वह फूल किसी को नहीं मिला। तब बचे हुए बाराती मंड़पवाले घर में वापस आ जाते हैं। वहाँ आकर वो लोग तालाब में हुई घटना के बारे में घरवालों को बताते हैं। ऐसा सुनकर सभी घरों के लोग उस तालाब के किनारे बैठकर तपस्या करने लगते हैं। उनकी तपस्या से खुश होकर भगवान इंद्र प्रकट हो जाते हैं।

तब भगवान इंद्र ने आकर उस तालाब से वह फूल तोड़ा और उस फूल को इंद्रलोक ले गए। इंद्र देवता ने जिस जगह से वह फूल तोड़ा था। उस जगह पर एक

विशाल वृक्ष आ गया। इन बातों को वे तीनों बहनें जानती थीं कि उनकी शादी में विघ्न होना ही है। फिर भी उन तीनों बहनों की शादी हो गई। देवताओं ने उन तीनों बहनों को अपनी पत्नी के रूप में स्वीकार कर लिया। कुछ दिनों बाद इन बातों के बारे में जब राजा-रानी को मालुम पड़ा जो उन्हें जंगल में छोड़कर आ गए थे। तब राजा और रानी दोनों अपनी लड़कियों को ढूँढ़ने निकले। परन्तु वे लड़कियाँ उनको नहीं मिलीं क्योंकि वे लड़कियाँ तो देवता हो गई थीं। राजा-रानी को उस तिरिया फूल ने शाप दिया था। वे लड़कियाँ अपने देवता पतियों के साथ देवलोक में रहने लगीं थीं। उस देवलोक के राजा भगवान इंद्र थे।

7. राजा, रानी अर ओखर बेटा

बहुत पुराने समय के बात आय कि एक झन राजा रहय। तेखर दुई झन रानी रहय। ता एक झन रानी के अको झन टूरा नहीं रहय। अर अक झन रानी के अक झन टूरा रहय।

ता वा राजा के राज मा अक बहुत बड़े ज्ञानी महाराज रहत रहय। तेन राजा के सफा परीवार के जोतिष देखत रहय। वा महाराज हनें फिरत-फिरत राजा के घर मा आयीस। ता राजा हनें ओखर नितन बड़िया-बड़िया सुआगत करिस। अऊर ओखर खाँ दान-दक्षिणा के नितन बड़िया तयारी करवाइस। ता वा महाराज हनें राजा के अक्कय झन टूरा के बारे मा जोतिष देखन लागिस।

अतना मा वा महाराज हनें अक घटना के बारे मा हुन ला कहिस की तोर या टूरा मा अक गिरहा हबय। ता तुम एला सावधान रखवे। अक दिन ऐसे आही के या टूरा ला बघवा हनें खाय जाही। तेखर ला तुम एला बचाहो। ता राजा हनें अपन बगिया मा आनी बानी के तार रुधवाइस। अर सैकड़ों ठन नौकर-चाकर वा टूरा के देख रेख मा लगा दयीस।

अइसनइ, अइसनइ बीस साल बीत गयीस वा टूरा हनें जवान हईन गयीस। ता राजा हनें ओला युवराज बनाए ला कहत रहय। तबले वा टूरा धियान नहीं देत रहय। अऊर वा राजा के बेटा गाना, बजाना, चित्र कला, घुमाई, फिराई, मनोरंजन करायी मा माहिर रहय।

ता वा समय मा राजा महाराजा शिकार खिलाई मा, दूसरन राजा के राज ला हड़पाई, लड़ाई कराई। एसना काम करत रहय। ता वा राजा हनें लड़ाई करेला दूसर के राज मा गए रहय। अपन जान के पहले राजा हनें अपन टूरा के बढ़िया विवसथा करके गयीस। वा टूरा के नितन अक ठन लोहय लोहा के महल बनवाइस। अक तलवा के भित्तर! जेमे न चींटी आय सके न बाहरी आदमी घुस सकें। अइसना विवसथा करवाइस। तेखर बाद राजा हनें अपन राज नौकर-चाकर ला सौंप के दूसर राज मा लड़ाई ला चल दयीस।

ता हुन नौकर चाकर वा टूरा के पूरा-पूरा धियान देन लगीन। समय-समय मा वा टूरा के दाई रानी साहिबा महल मा जाय जाय के देख लेत रहीस। अक दिन वा टूरा कहथय दाई मोला नाच गाना देखे के सोंख है।

ता रानी हनें नौकरन के दुवारा अपन राज के नौटंकी अऊर गवइया, बजवइया, अऊर नचइया ला बलवाइस। ता हुन कलाकार आयला आय गई। फेर वा बीच तलाव मा कइसे जावो। अतना मा रानी कहथय। जावो रे नौकर पाँच ठन नांव, अऊर पाँच झन चलेया लानहो। अतना मा नोकर अपन राज के पाँच ठन नांव, अऊर पाँच ठन चलेया खोज के लानिन। तफेर फेर हुन नावन मा सफा गवैया बजैया, अऊर नचैया बैठ-बैठ के वा राजा टूरा के महल मा पहुँचिसन। ता उहाँ हुन सब झन के खाय-पिए के! अर हुनन ला इनाम दए के विवसथा राजा के टूरा रानी के दुआरा करवाए रहीस।

अब संझा के समय राजा के टूरा हुन गवैइया बजैइया अऊर नचइयन ला पारी-पारी ला मौका दय के अलगे-अलगे समय दय दयीस। ता सबले पहले गवैया तयार हयीनन अऊर अपन गाना गायीन। तेखर बाद हिन बाजा वारे ढलकी, टिमकी, मादर, नागाड़ा, तबल डुग्गी, हारमोनियम, चिकाड़ा, ड़फला, गुदुम, झांझ, मजीरा हिन सबके अलगे अलग धुन बजाय के राजा के टूरा ला सुनवाइन। ता सबले पीछे ला नचैया तयार हयीन। अर पहिले अक-अक कर के नाचिन। ता जा के टूरा कहथय देखो भाई या अलगे-अलगे अपनाही कलाकारी दिखाई मा मजा नहीं आवय। तेखर ला सब झन गाना अऊर बजाना, अऊर नाचना तीनों ला एक सुर ताल मा होही। ता कितना मजा आही। ता हुन बाहर के आय हरा कलाकार राजा के टूरा के बातन ला मानिस। अर तीनों झन मिलके नाच गाना शुरू करिन।

ता संझा के बैठे-बैठे पूरी रात बहाय गयीस। तब ले राजा के टूरा के पेट नहीं भरिस। दुसरैया दिन वा महल मा नाच गाना शुरू रहीस। तेन मा राजा के टूरा हीरा, मोती, जवाहरात, रुपया, पैसा, गाय, भैसी, दाना, कपड़ा, लत्ता, दान, दक्षिणा करिस। अर उखर खाना पीना के बढ़िया विवसथा करिस। जेन मा पुड़ी, चीला, रोटी, साग, भाजी, दार अऊर खीर ला वनवाइस। सफा कलाकार छप्पन परकार के भोजन खाय के अपनाहीं-अपनाहीं, देश-राज, गाँव खाँ लहुट गयीस। सब झन खुश रहीन। अर राजा ला आशीरवाद दयीन। अइसनइ-अइसना सात महिना बीत गयीस।

तब ओखर बाप राजा हनें लड़ाई करके अपन राज मा लहुटे रहय। ता वा राजा हनें लड़ाई मा अक सुन्दर टूरी जीतिस रहय। ता राजा हनें अपन बेटा खाँ ओखर फोटो ला लाने रहीस। तेन ला अपन बेटा ला छयिस। ता वा टूरा हनें महल मा फोटू ला धरके रहत रहय।

ता अक दिन वा राजा के टूरा चित्र बनावत रहय। ता या काहिन बन गयीस। अब ओला मिटायला आवत रहे की बघवा के परछायी, वा टूरा ला खाय ड़रिस। ता वा टूरा मर गयीस। तफेर फेर या खबर सुन के राजा बहुत घबराय गयीस। अर नाह मा चढ़ के टूरा के महल मा गयीस कि या बात सत आय की गलत आय। वा जायके देखथें। ता अपन बेटा के मुरदा पाथें।

तब राजा ला जोतिष के बात के विशवास हयीन गयीस। अर नौकर-चाकर के दवारा अपन टूरा के लहास ला लनवाइस। तेन समय मा राजा के सफा परिवार के मानत के महाराज आइनस। अर कहथय देखो राजन मोर मुंह के निकरे। अर कहत हैं भगवान ला लिखे कोई नहीं काट सकें। मोर कहे हरा बात सत हइसे की नहीं। राजा हनें अपन सिर पटक-पटक के रोवत रहय।

राजा, रानी और उसका बेटा

बहुत पुराने समय की बात है। एक राज्य में एक राजा राज्य करता था। उस राजा की दो रानियाँ थीं। एक रानी का एक लड़का था, पर दूसरी रानी की एक भी सन्तान नहीं थी। उस राजा के राज्य में एक बहुत बड़े ज्ञानी पंडित रहा करते थे। वे उस राज परिवार का ज्योतिष देखते थे। एक दिन वह पंडित जी घूमते-घूमते राजमहल में पहुँचे। राजा ने उनका खूब आदर-सत्कार किया। राजा ने उस ज्ञानी पंडित को अच्छा-अच्छा सामान उपहार में दिया। इसके बाद उस पंडित ने राजा के इकलौते बेटे का भविष्य देखा।

पंडित ने राजा के लड़के के भविष्य में होनेवाली एक घटना के बारे में राजा को बताया। उसने राजा से कहा—राजाजी, आपके लड़के में एक ग्रहण लगा है। इसका हमेशा ध्यान रखना। एक दिन ऐसा आएगा। जब तुम्हारे लड़के को शेर खा जाएगा। जिससे तुम्हें इसे बचाना होगा। तब राजा ने अपने महल की चारों ओर कटीले तारों की बाड़ लगवा दी। उसने अपने लड़के की सुरक्षा में सैकड़ों सेवकों को रख लिया। वे सेवक रात-दिन राजा के लड़के की देख-रेख करते थे। इस प्रकार बीस वर्ष व्यतीत हो गए। राजा का लड़का जवान हो गया। तब राजा ने अपने लड़के से कहा—अब तुम राजपाट सँभालो। तुम्हें हम युवराज बनाना चाहते हैं। परन्तु राजा का बेटा इस ओर बिलकुल ध्यान नहीं देता था। वह गाना, बजाना, चित्रकारी, घूमने-फिरने और मनोरंजन पर ज्यादा ध्यान देता था।

उस समय के राजा दूसरे राजा के राज्यों को हड़पने में ज्यादा लगे रहते थे। उसी समय यह राजा एक-दूसरे राज्य में युद्ध करने गया था। राजा ने युद्ध में जाने से पहले अपने पुत्र की सुरक्षा के लिए एक तालाब के बीचों-बीच लोहे का महल तैयार करवाकर अपने पुत्र को दे दिया। उस राजा ने ऐसा महल बनवाया था जिसमें चींटी तक नहीं जा सकती थी। उस महल में कोई भी बाहरी आदमी प्रवेश नहीं कर सकता था। राजा अपने बेटे के लिए इतनी अच्छी सुरक्षा व्यवस्था करके युद्ध करने दूसरे राज्य में चला गया। राजा के नौकर-चाकर उसके बेटे की सेवा में लगे रहे। समय-समय पर रानी अपने पुत्र को देखने उसके महल में आती रहती थी।

एक दिन उस राजा के बेटे ने अपनी माँ से कहा—माँ, मुझे नाच, गाना देखने

का शौक है। तो रानी ने अपने नौकरों से उसी राज्य के नौटंकी, गाने-बजानेवालों तथा नाचनेवालों कलाकारों को बुलाने को कहा राजा के सेवक गण उन कलाकारों को महल में ले आए। परन्तु वे कलाकार राजा के बेटे के महल में कैसे जाते। क्योंकि उसका महल तो बीच तालाब में था। उनके आने के बाद रानी अपने नौकरों से कहती है—जाओ रे, तुम लोग पाँच नाव और पाँच नाव चलानेवाले नाविकों को लेकर आओ। तब नौकरों ने अपने ही राज्य के पाँच नाव चलानेवाले नाविकों तथा पाँच नावों का इन्तजाम किया। इसके बाद उन्हीं नावों से गाने, बजानेवाले सभी कलाकार उस राजा के लड़के के महल में पहुँचे। वहाँ राजा के लड़के ने उन कलाकारों के लिए खाना-पीना और इनाम की व्यवस्था रानी से करवा दी थी।

उसी दिन शाम को महल में नाच-गाने का कार्यक्रम प्रारंभ किया गया। राजा के लड़के ने सभी कलाकारों को बारी-बारी से अपनी कला दिखाने का मौका दिया। सबसे पहले गायकों को मौका दिया गया। उन गायकों ने राजा के लड़के को अपने अपने गाने सुनाए। इसके बाद बाजावालों की बारी आई। उन बाजावालों में ढोलक, टिमकी, नगाड़ा, मादर, तबला, हारमोनियम, चिकाड़ा, ड़फला, गुदुम, झांझ और मजीरावालों ने अलग-अलग अपने बाजों की धुन, ताल राजा के लड़के को सुनाई। इसके बाद नाचनेवालों को बुलवाया गया। सभी नाचनेवालों ने अलग-अलग अपनी कलाकारी दिखलाई। तब राजा के लड़के ने कलाकारों से कहा—तुम लोग अलग-अलग अपनी कलाकारी बतला रहे हो। उसमें बिलकुल मजा नहीं आ रहा है। इसलिए सभी कलाकार एक साथ गाना, बजाना और नाचना तीनों एक साथ सुर ताल में करोगे तो बहुत मजा आएगा। तो उन बाहर से आए हुए सभी कलाकारों ने एक साथ गाना, बजाने और नाचने का कार्यक्रम प्रस्तुत किया।

वह कार्यक्रम राजा के लड़के को इतना पसंद आया कि वह शाम से बैठा-बैठा पूरी रात-भर कार्यक्रम देखता रहा। फिर भी राजा के लड़के का पेट उस कार्यक्रम से नहीं भरा तो दूसरे दिन तक महल में कार्यक्रम चलता रहा। राजा के लड़के ने उन कलाकारों की कलाकारी से खुश होकर उन कलाकारों को हीरा, मोती, जवाहरात, रुपया, पैसा, गाय, भैंस, अनाज, कपड़ा, लत्ता दान में दिया। राजा के लड़के ने उन कलाकारों के लिए भोजन व्यवस्था बहुत अच्छी रखी थी। उनके खाने में पुड़ी, चीला, रोटी, साग, भाजी, दाल और खीर बनवायी थी। सभी कलाकारों ने महल में छप्पन प्रकार के भोजन करके राजा के लड़के को आशीर्वाद दिया और सभी कलाकार अपने-अपने देश, गाँव, राज को लौट गए।

इस प्रकार सात माह गुजर गए। सात माह बाद उस राज्य का राजा युद्ध में जीतकर वापस आ गया। राजा युद्ध में एक सुन्दर युवती को जीतकर लाए थे। तो राजा ने उस सुन्दर युवती की फोटो अपने बेटे को दिखलाई। तो राजा के लड़के को वह फोटो बहुत अधिक पसंद आई। वह लड़का उस युवती की फोटो को हमेशा

अपने पास रखा रहता था। एक दिन राजा का लड़का महल में बैठकर एक कागज पर चित्र बना रहा था। वह कुछ बनाता तो कुछ बन जाता। तब राजा का लड़का उस चित्र को साफ कर रहा था। उसी समय उस कागज में एक शेर की आकृति उभरकर आई और राजा के लड़के को घायल कर दिया। जिससे राजा का लड़का मर गया।

राजा ने जब अपने लड़के के मरने की खबर सुनी तो वह बहुत घबरा गया। राजा उसी समय एक नाव में सवार होकर अपने लड़के के महल में गया। उसने सोचा कि यह बात सत्य है की गलत, वह खुद जाकर देखना चाहता था। जब राजा ने महल में प्रवेश किया। तो उसे उसके बेटे की लाश पड़ी मिली। अब उस राजा को ज्योतिषी की बात का विश्वास हो जाता है। तब राजा ने अपने नौकर-चाकर के सहारे वहाँ से लाश उठवाकर अपने महल में ले गया।

तब उस राजा के पूरे परिवार के लोग और प्रजा एकत्र हो जाती है। उसी समय वह ज्ञानी पंडित भी आ जाता है। वह पंडित आकर राजा से कहता है—क्यों राजन, मेरे मुँह से निकली हर बात सत्य हुई की नहीं। तब राजा अपना सिर पटक-पटक कर रोने लगता है। किसी ने सही कहा है कि 'भगवान का लिखा कोई नहीं काट सकता है।'

8. दादी अर कलिहा

अक झन डकरी रहय। अर एक झन ड़करा रहय। ता हुन गईन। झोड़िस झोड़ि। ता अक ठन कलिहा पाइन। ता वा कलिहा कहथय–दादा, मोर कोंनहीं नहीं हाय। तो ते मोर खाना-पीना लगाय दय। ता दादा कहथय–मोरउ कौंनउ नही हाय करैया धरैया बनें है। ता मैं तोला अक ठन बइला देहूँ। मोर बूता ला करवे। ता कलिहा बोलिस–बनैं है दादा, मैं करहूँ तोर बूता ला। ता वा कलिहा कहथय–मोला ते रोज सकरहा खाना देवे। ता करहूँ तोर बूता ला। एसना कहके कलिहा ओखर घर मा रहन लागिस। एक दिन कलिहा केर अऊर संगी साथी आय गैन। ता कलिहा कहथय–दादा मोर संघीं साथी आय गयीस हैन। तैं अब खाना नहीं देवस मोला। तेखर मारे अब मैं तोर घर ले जाथैं। तोर घर मा अतना दिन डंड विवसथा ला काट लए हों। ता तोर सें अब माफी माँगथों। ते मोर घर ला छोड़ दे। मैं तोला आशीरवाद देथौं।

डकरा बोलिस–बनैं है बेटा, अतका दिन ते मोर घर मा रहीस। बनें रहीस। अब तोला जिए खाऐ के रासता बताथूँ। तेन बात ला धर लेवे, तो तोला काम देही। दादा ते अपन घर सें तो मोला भेजथें बनें है, चले जाथूँ। अब साथ-साथ दोनों चलत रहीस। ता मोर दादी जिघन लेज देते दुन्नों झन दादी ठन पहुँच गईन। दादी कहिस–अब पहुचिस मोर नातिन हनें। कहाँ रहीस बेटा ते अतना दिन ले। अब का करों दादी, अब मोर समसया ला तुमन ला बताथों। तो दादी कहिस का करी बेटा किसमत तो आय।

अब ओखर दादी भी कहिस–जा जी खा बेटा जिनगी-भर सुख मिलें तोला। बनें है दादी। ते मोला बनें आशीरवाद दै दे। ते मोला झय भुलावे दादी, अब जिनगी मा का है। दादी तेन ला ऊपर वारे जानही। तोर आधार से दादी बहुत जियों, अऊर खायों, मोला ते नानपन ला पोसे अऊर पाले हस। अब मैं जाथों दादी। ते मोला आशीरवाद दै दे, दादी कहिस–बेटा मोर तन मा रैसे आशीरवाद। तेन ला दे दयों। बनें जीवे खावे बेटा देख तोर राजपाट हवै ओला सम्हारवे। बनें सम्हर के चलवे। ठीक है दादी तोर कहना मानहूँ। दादी तैं बनेला कहथस। दादी तोर तो अब आखिर समय आय गयसे। दादी ता राम भलाई।

दादी और लोमड़ी

एक गाँव में एक बूढ़ा और बुढ़िया रहती थी। एक दिन दोनों अपने घर के पास झाड़ियों में गए तो उन्हें एक लोमड़ी मिली। उस लोमड़ी ने बूढ़े से कहा–दादा, मेरा इस संसार में कोई नहीं है। तुम मेरे खाने-पीने की व्यवस्था कर दो। बूढ़े ने कहा–मेरा भी कोई करने धरनेवाला नहीं है। तुम मेरा काम कर दिया करो तो मैं तुम्हें एक बैल दूँगा। तब लोमड़ी बोली–ठीक है, मैं तुम्हारा काम कर दिया करूँगी।

तब लोमड़ी बोली–दादा, तुम मुझे रोज सुबह भोजन दे दिया करो। तभी मैं तुम्हारा काम करूँगी। ऐसा कहकर वह लोमड़ी उस बूढ़े के घर में रहने लगी। कुछ दिन बाद उस लोमड़ी के कुछ और साथी आ गए। तब उस बूढ़े ने लोमड़ी से कहा–मैं अब तुम्हें नहीं खिला सकता हूँ। मैं तुमसे माफी माँगता हूँ। अब तुम मेरा घर छोड़ दो। मैं तुमको आर्शीवाद देता हूँ और मैं तुम्हें जीने, खाने का रास्ता बतलाता हूँ। जो बात मैं तुम्हें बताऊँ उस बात का ध्यान रखना। ये बातें तुम्हारे जीवन में काम आएँगी। तब उस लोमड़ी ने कहा–दादा, तुम कह रहे हो तो मैं जाती हूँ। इतना कहकर लोमड़ी जाने लगी। अब दोनों साथ-साथ चलने लगे। तब लोमड़ी ने कहा–दादा, तुम मुझे मेरी दादी के पास ले चलो। लोमड़ी उस बूढ़े के साथ दादी के घर पहुँच जाती है। दादी ने लोमड़ी से कहा–बेटी, तुम इतने दिन कहाँ रहीं। तब लोमड़ी ने कहा–मैं क्या करूँ दादी, मेरी समस्या थी। तो दादी ने कहा–बेटी मुसीबतें तो आती रहती हैं। यह तो किस्मत है।

तब उसकी दादी ने कहा–जा बेटी, अच्छे से जीना खाना। तुमको जीवन-भर सुख मिलेगा। तब लोमड़ी ने कहा–दादी, तुम मुझे आर्शीवाद दो और मुझे भूल मत जाना। इस जीवन में क्या है दादी! वह तो ऊपरवाला ही जानेगा। दादी मैं आपके सहारे बहुत जियी-खायी। तो दादी ने कहा–जा बेटी, अच्छे से जीना खाना और जाकर अपना राज-पाट सँभालना जाओ। तुम्हें आशीर्वाद देती हूँ। तो लोमड़ी कहती है–दादी, मैं तो जा रही हूँ। तुम्हारा भी आखिरी समय आ गया है। तो दादी राम-राम।

9. भूत अऊर गुनिया

अक झन डकरा रहय। तेन चन्ना रखवारी करय। तफेर फेर उहाँ भूत आय के डेरा भांजत रहैय। खूब चाट-चाट के! तेला हुन भूत देखत रहय। ता या ड़करा भाई कैसन चाटथें? कहके अपन साथी साथ बतावत रहिने। ता ड़करा असनादें गयीस। ता वा अक झन भूत आयके ओखर डेरा ला कइसे चाटथय कहके आय। वा डेरा ला मिठाथस कहके पूरा डेरा ला खाय दयीस। तफेर फेर वा ड़करा हनें आयके अपन डेरा ला खोजत रहय।

ता वा डेरा ला भूत खाय दे रहीने। ता नहीं मिलत रहीस। ता फिर भूत के दाई-ददा वा ड़करा हनें गुनिया रैसे। ता ओखर दाई-ददा बलाय ला आइनन। ता वा भूत कहथय—चल गुरु दादा, हमार बेटा ला काहिन बीमारी आय। वा घेंघा मा अतना जबर हईन गयीस। तेन ओखर दवाई हम नहीं जानत। ता चल हमला दवाई बता देवें। ता फिर वा ड़करा कहथय—काहिन बीमारी आय ता चलों। ता तुहरे घरमा चली। तफेर वा गुनिया ड़करा हनें जावन लागिस। भूत ओला फेर अक करार मा लइगैस। ऐहिच आय मोर घर कहके। तफेर फेर वा ओखर अतनहा ढोल मुँह देखिस। अऊर अतना जबर ओखर घोंघा दिखिस। ता गुनिया कहीस—आ तो बेटा, तोर नारी ला छियहूँ।

तफेर वा भूत टूरा गुनिया बिचन आइनस। तफेर फेर वा नारी छियस। ता बेटा तोर मा बहुत बड़े बीमारी हवस। ता तोर घोंघा के ला वा कहिन-आय तेला में हेरहूँ। ता वा टूरा के मुँह मा अतना जबर डेरा रहीस। ता वा ड़करा कहथस फेर की—या तो मोर डेरा आय। तैं एला कैसे खाय रहीस। ता वा भूत टूरा कहथय की—एला मैं जान के नहीं खाँयव। मोला सोधें आय खवाय रहय। गुनिया दादा। ता या बिमारी आय ता कहथय—एमा काहिन-काहिन लगही गुरु दादा। तेला हमला बताय दे।

तफेर फेर हम तोर खाँ जोन लगही तेला हम लानबो। ता वा गुरु दादा कहथै—कि दारु लगही पाँच बोतल, अऊर पाँच ठन बकरा, अऊर पाँच ठन मुरगा लगहि। ता पाँच दिन मा तुम एला हिन सब ला मोरखा पूजे ला नानो। ता आज मोरखा खाना तुम बनाय के घर ले नानो। ता गुरु दादा ला कहथय कि—ते गुरु

दादा, आज कहथय साग नहियाय। कहथय ता मैं कहाँ ले नानों बाई। ता हुन भूत टूरा कहथय कि–हम साग नान देवो। हुन भूत टूरा नन्दी मा गईन। तफेर फेर वा भूत हनें एक चाली बूड़िन ता, दुई ठन मछरी निकारिनन। तफेर फेर बूड़िन ता चार ठन मछरी निकारिनन। एक चाली बूड़िन ता सोला ठन मछरी निकारिनन। फेर बूड़िन ता चौबीस ठन मछरी निकारिनन। ऐखर बाद अक झन भूत फेर बूड़िस। ता अक ठन मछरी निकारिनस। तफेर फेर हुन तीनों झन भूत टूरा काँवर सिक्का बनवाय। तफेर फेर हुन तीनों भूत ओला धरिन। अऊर घर मा आवय। फेर आय के गुरु दादा ले कहिस पहिले खाना रांध ले। नहीं मैं नहीं रांधों। तुम अपन घर ला रांध के लानों। तब हयों तो हमहिच रांध देवो। अब चल ते अपन गुनिया दिखाईचालू कर। हाँ बेटा मैं गुनिया दिखाई चालू करथूं। हाँ अब ते मोर खाँ दारु, मुरगा अऊर बकरा नान। तफेर मैं पूजहूँ। तफेर तोर टूरा बन्ने हो जाही।

ऐखर बाद अक चाली फिर अऊर आओ। तफेर बकरा दारु अर मुरगा खावो। तफेर ठीक न होही। ता ते अक ठन तोर बेटा ला मोर जिंगा भेजाय देवो। तफेर मैं तोर बेटा साथ आयके ओला देखहूँ। मैं फेर तोर पाँच ठन बकरा ला मार के फेर तुमन्ना ला भुजवाय के अऊर रांध के तुमन्ला मैं देहूँ। तफेर फेर तुम रांध के मोर जिंघा नानहो। तफेर फेर मैं खाय के गुनिया दिखाई चालू करहूँ। तफेर फेर तूमा उचाही। तफेर फेर तुमन्ना ला बताहूँ गुरु दादा तुम्हार गाँव मा हम नहीं जाय सकवो। चल तहीं हमार साथ। हम इथिच रहवो। तफेर फेर ते वलाय के ते जानवो। तफेर फेर हम चारों झन जावो। तफेर घर मा जायके गुनिया दिखाई बन्द झय करवो। वा डंगरी गयीस ता नहीं पाईस। तफेर फेर से हुन अपन घर आय गयीस।

तफेर आय के घरमा देखथें। ता गुनिया अपन-अपन घर मा भग गईन। तफेर गुरु ठन गईन। ता हुन घर मा नहीं रहिने। अपन-अपन खेतन मा बटरा रखवारी करेला भग दे रहीने। ता हुन ला खोजत-खोजत हूँखर बटरा वारे खेत मा गयीस। ता अक झन गुरु पानी गए रहीस। ता वा माँजत धोवस रहीस। ता आइनस बटरा वारे खेत मा, ओला पकर के चल हमार घर गुनिया देखवे। तफेर फेर मा दादा ला खोजेला जाहूँ। ते झय जाएगा। मैं जाहूँ अपन-अपन मंतर से मैं अक करार मा पाहूँ।

कते करार आय? मोला ते बताय दे। कतै करार मा आय में जाहूँ। अब की मैं मोर ददा ला नैनाहूँ। तफेर फेर मैं खोज के नानहूँ। तफेर फेर मैं मोर ददा के साथ तुम गुनिया देखहो। नहीं-नहीं मैं जाहूँ खोज के नानहूँ। ते इहिच रहीवे। इंहा ला ते कहूँ घुचवे ता तोर ददा नहीं मिलही। ते बिलकुल इहयं रहवे। मैं जाथूँ अक करार के पाठा में हवय भूत। ओला वा पाठा मा गुरु वनाय के रखवे। मैं जाथूँ तोर ददा ला नईच नानहूँ। हुन भूत पाँच ठन बकरा, अऊर पाँच ठन मुरगा रखिने। ता ओला पुजवाय के खावथंय। ता मैं जाथूँ। इंहा ला झय घुचवे नहीं-नहीं मैं जाथूँ। ते झय जा दाउ मैं जाथूँ। पाणा ला अक साम्भर मारहूँ। तफेर निकरही।

तफेर मैं कहूँ अक गुरु दादा तुम्हार ठन आइनसे। तेला बलाय दो जल्दी से बालाय दो। अक घंटा खाँ बलाय दो। ओंखर ब्रेटा ला बहुत जादा बुखार रखिसे, ओला जल्दी से अभी बलाय दो। नहीं-नहीं व नहीं जाँव। हमार बेटा ला बहुत ओखर घोंघा फूल गयीस। तफेर फेर मोर बेटा हाय-हाय कहथस। बताव तुम तुम्हार भूत अतनहा मोट अऊर अतनहा डोल काहिन खाँ है। अइसनें लबारी बोलथों। तबाय मुँह सू-सू कस डोलथें। अऊर गुरु ला तुम बलाय देव। ता हम ओखर बेटा ला बहुत बुखार है। हम गुरु साथ घर भगथन गुरु नहीं जाही। तो ओखर बेटा मर जाही।

तफेर वा ड़करा ला केन पोसही। चन्ना मा थोरी जी जाही। वा ओखर बेटा हनें नागर फाँदें अऊर बोथय। अऊर वा नहीं जाही। ता आज ओला मैं मार डालहूँ। अर गडियाय के अपन घर भग देहूँ। ता मोर का करही। तफेर जा मोर जिंघा बलाय देवे। भूत टूरा कहथय की—मोर भाई, ला बीमारी हवे। तेन ओला बहुत तकलीफ देथैं। अऊर ओला बहुत रोबाथय। ता ओला मैं बलाय के नहीं नानों। अखर मोर भाई मर जाही। ता ओला अच्छा लगही?

नहीं मोला कइसे अच्छा लगही। अऊर वा गुरु के बेटा मर जाहीं ता तुम ला अच्छा लगही? ओला तुम जान दो। तुम ओला कैसन नहीं जान देहो। तेला मोला ते बताय दे। हमार भाई ला बुखार धरिस हवय तैं जा भग दे। अखर तोला मैं मार के अऊर हितिस करार मा धसकाय के गड़ाय ड़ारहूँ। अऊर ते भगेला तो भग दे, नहीं फेर अभी रगड़वाथूं। तीन झन भाई होत हन। अखर अभी तोला मैं रगड़ देहूँ। अर रगड़ के तुम्हार घर तक पहुँचाय आहूँ। अऊर ता वा गुरु अपन घर आय गयीस। तफेर अक झन भूत के बेटा ला बुखार धरिस। तफेर वा हनें गुरु दादा फेर से कहथय—चल हमार घर अक झन बेटा ला बुखार धरिस हवय।

तफेर वा कहथय—नौ ठन बकरा, अऊर तीन ठन मुरगा, अऊर बारा बोतल दारु नानवे कहिस। ता हुन भूत कहाँ ले पावे। ता भूत तो भूत आय हुन। ता वा भूत पान पथोर उड़ात आवय। अक दिन वा भूत छय ठन बकरा ला उड़वाय के ले गयीस। तफेर फेर अक दिन फेर से भुतवा आयीस। ता फेर तीन ठन बकरा फेर से ले गयीस। अक दिन भुतवा फेर आयीस। ता तीन ठन मुरगा लेजिस। फेर भुतवा आइनस। ता फेर तीन ठन मुरगा लइजिस। तफेर अक दिन भुतवा आयीस। ता छय बोतल दारु लेजिस। अर फेर हुन ला पूज के खाय के, अऊर अपन घर मा आय गयीस।

ओखर बेटा नागर फाँदे ला गयीस। ददा के लगाय खाना बनाय के रखे रहिस। तफेर ड़करा खाय के चन्ना मा गयीस। तफेर पैर नाय हरा रहीस। ता वा ड़करा कहथय—केनाय पैर नाइसे। ता भूताय ला नाइसे। तफेर रात हय गयीस। तफेर वा सोइस। ता भूत अपन बैलन ला लान के दांय फाँदे रहय। रात-भर मा मिंज ड़रिस। ता हुन देखथें। ता मिंजरे हरा दानय दाना दिखें। ता ड़करा कहथय—कैनाय

दाउ, तुम मोर चन्ना ला मींस ड़ारे। हमौ मोर चन्ना ला मिंज के अब तुम तुम्हार घर मा लइझो आय। ता केनाव बेटा, तुम मोर गरीब के ला तुम लइझो के बेटा तुम झय लइझो। मोर सामने तो हो तुम भूत। तफेर अपन नाव ला बताइस।

ऐखर बाद भूत हनें मींस के उड़वाय के रास बनाय के अर नापत रहय। भूत हनें नाप के ड़करा के घर मा चन्ना ला डहर होही। ता ड़करा पूँछिस-कतना हयीस बेटा, ता भूत कहिस पच्चीस खाँड़ी हयस ड़करा दादा। ऐखर बाद भूत अर ड़करा घर मा गईन। ता ड़करा ला हुन भूत कहथय–गुरु दादा, तोर बूता ला हम कर दैयन। अब हमार बीमारी ला अच्छा कर दे। ता ड़करा गुरु दादा हूखर घर जाय के गुनियायी देखिस। अऊर सब चीजन ला लगाइस। ता बनें हय गयीस।

तेखर बाद भूत हनें फेर अपन अपन खाँ भग गईन। अइसना-अइसना गुनिया अर भूत के किस्सा होथय। किस्सा रहीस ता असर गएस।

भूत और गुनिया

एक गाँव में एक बूढ़ा रहता था। एक दिन वह अपने चने के खेत की रखवाली कर रहा था। उसने खेत में अपना एक डेरा बना रखा था। एक दिन वहाँ पर एक भूत आया। वह भूत उस बूढ़े के डेरा को चाटने लगा तो उस बूढ़े ने अपने साथियों से कहा—क्यों भाई, यह भूत मेरा डेरा क्यों चाट रहा है?

ऐसा कहकर वह बूढ़ा नदी में स्नान करने चला गया। तब तक उस भूत ने उस बूढ़े का पूरा डेरा खा लिया। बूढ़ा जब स्नान करके वापस आया तो उसको अपना डेरा नहीं मिला। उसके डेरा को तो भूत ने खा लिया था। भूत के गले में उस बूढ़े का डेरा अटक गया। तब उस भूत का बाप एक गुनिया के यहाँ गया। वह गुनिया कोई और नहीं था। वही बूढ़ा था। जिसके डेरा को भूत ने खा लिया था। तब उस भूत का बाप उस बूढ़े से कहता है—गुरु दादा, मेरे बेटे को न जाने कौन-सी बीमारी हो गई है? उसके गले में बहुत ज्यादा सूजन आ गई है। हम उसकी बीमारी का इलाज नहीं जानते इसलिए तुम उसे चलकर देख लो।

बूढ़ा कहता है—चलो, चलकर देखते हैं कि तुम्हारे लड़के को कौन-सी बीमारी हो गई है? भूत उस बूढ़े को अपने घर लेकर आ जाता है। कुछ देर चलने के बाद वह उस बूढ़े को एक किनारे लाया और भूत का बाप कहता है—दादा, यही मेरा घर है। तब बूढ़े ने जाकर उस के भूत के बेटे को देखा तो उसका गला ढोल के समान बड़ा हो गया था। तब उस बूढ़े गुनिया ने भूत से कहा—आ जा बेटा, आ जा, मैं तेरी नाड़ी छूकर देखता हूँ।

जब भूत का लड़का गुनिया के पास आया, तब गुनिया ने उसकी नाड़ी छुई। उसकी नाड़ी छूने के बाद उसने भूत लड़के से कहा—बेटा, तुम्हारे गले में एक बहुत बड़ी बीमारी लग गई है। मेरे और पास आ जा, मैं तेरी बीमारी ठीक करता हूँ। भूत के नजदीक आने पर उस बूढ़े ने उससे कहा—बेटा, तुम अपना मुँह खोलो। भूत लडके ने जब अपना मुँह खोला, तब गुनिया ने उसके मुँह के अंदर झांक कर देखा। फिर उस बूढ़े ने कहा—बेटा, तुम्हारे मुँह के अंदर तो मेरा डेरा अटका पड़ा है। तुम इसे कैसे खा गए? तब वह भूत लड़का कहता है—दादा, मैंने इसे जान-बूझकर नहीं खाया है। मुझे यह डेरा किसी चुड़ैल ने खिला दिया है। मैंने इसे अनजाने में खा

लिया है। गुनिया दादा, तुम मेरी बीमारी ठीक कर दो। तुम्हें जो-जो सामान चाहिए। मुझे बता दो। मैं उसे अभी लाता हूँ। तब वह गुनिया कहता है—तुम्हें ठीक करने के लिए पाँच बोतल शराब, पाँच बकरे, पाँच मुर्गे लगेंगे। इसके लिए तुम पाँच दिन के अंदर इस सामान की व्यवस्था कर दो।

एक दिन बूढ़ा उस भूत के घर में जा पहुँचता है। तो वह उस भूत के बाप से कहता है—आज हमारे घर सब्जी नहीं है। तो भूत कहता है—दादा, मैं तुम्हारे लिए सब्जी लाकर देता हूँ। फिर भूत ने अपने तीनों लड़कों को मछली पकड़ने के लिए नदी में भेज दिया। फिर एक भूत लड़का नदी गया। बड़ा लड़का नदी में पहली बार डूबा तो उसने दो मछली पकड़ीं, दूसरी बार डूबा तो चार मछली पकड़ीं, इसके बाद जब वह तीसरी बार डूबा तो उसने सोलह मछली पकड़ीं, जब वह चौथी बार डूबा तो फिर उसने चौबीस मछली पकड़ीं, दूसरा भूत लड़का भी मछली पकड़ने नदी में घुसा तो उसने जब पहली बार गोता लगाया तो एक मछली पकड़कर लाया।

इसके बाद उन तीनों भूत लड़कों ने एक काँवर बनाई। उस काँवर में वे उन मछलियों को रखकर घर ले आए। वे लड़के घर आकर गुनिया बाबा से मिले और उससे कहा—गुरु दादा, आप खाना बना लें, हम लोग आपके लिए सब्जी लेकर आ गए हैं। तब गुनिया ने कहा—नहीं, मैं खाना नहीं बनाऊँगा। तुम लोग अपने घर से खाना बनाकर ले आओ और मेरे लिए एक बोतल दारू, मुर्गा और बकरा लेकर आओ। तब मैं पूजा करना चालू करूँगा। उसके बाद वह लड़का बिलकुल ठीक हो जाएगा।

इसके बाद मैं एक बार फिर तुम्हारे यहाँ आऊँगा। उस बार भी मैं शराब, बकरा और मुर्गा खाऊँगा। यदि इसके बाद भी वह लड़का ठीक नहीं हुआ, तो तुम अपने एक भूत भाई को मेरे पास भेज देना। मैं तुम्हारे भाई के साथ आ जाऊँगा। उस दिन तुम पाँच बकरे भूंज कर रखना। उन बकरों को मुझे देकर चले जाना। मैं उन बकरों को खाकर गुनयायी देखना चालू करूँगा। फिर मैं तूमा उठाकर देखूँगा और तुम्हें बतलाऊँगा। तुम हमारे गाँव आ जाना।

तब वे भूत लड़के कहते हैं—गुरु दादा, आज हम लोग तुम्हारे गाँव नहीं जा सकते। तुम अपने गाँव में ही गुनिया दिखायी करना। उस दिन हम चारों भूत भाई तुम्हारे घर आ जाएँगे। इसके बाद वह बूढ़ा अपने घर आ गया। एक दिन वे चारों भूत भाई उस गुनिया के घर गए तो वह गुनिया घर में नहीं था। वह खेतों में चनों की रखवाली करने चला गया था। वे भूत भाई उसे खोजते-खोजते उसके चनेवाले खेत में जा पहुँचे।

जब भूत उस गुनिया के खेत में जा पहुँचे, उस समय वह गुनिया पानी लेने गया था। तब उन भूतों ने एक दूसरे गुनिया को पकड़ा और कहा—चलो हमारे घर गुनयायी देखने। उस गुनिया ने कहा—मैं अपने दादा को खोजने जा रहा हूँ। तब

उन भूतों ने कहा—तुम मत जाओ। मैं एक मंत्र में तुम्हारे दादा को ढूँढ़ लूँगा। तुम मुझे यह बता दो कि तुम्हारे दादा कहाँ मिलेंगे। तुम्हारे दादा को मैं खोज कर ले आऊँगा। तुम यहीं रहना, तुम यहाँ से कहीं नहीं जाना। यदि तुम यहाँ-वहाँ घुसे तो तुम्हारे दादा नहीं मिलेंगे। तब उस भूत ने कहा—यहाँ मेढ़ के किनारे एक भूत रहता है। मैं जाता हूँ। तुम्हारे दादा को लेने। तब गुनिया के दादा उससे मिलते हैं और उससे कहते हैं—उन भूतों ने मेरे लिए पाँच मुर्गे और पाँच बकरे रखे हैं। मैं उन्हें पूजा करके खाऊँगा। तुम यहाँ-वहाँ मत घुसना। तब उसने कहा—दादा, हम लोग यहाँ से किस प्रकार निकलेंगे? निकल जाएँगे, तुम यहीं रहो। मैं जाता हूँ। गुनिया भूत के घर जाता है। तब उसने भूत से कहा—एक गुरु तुम्हारे पास आया है। उसे जल्दी से मेरे पास भेज दो। उसे एक घंटे के लिए मेरे पास भेज दो। उसके बेटे को बहुत जोर से बुखार चढ़ा है। उसे जितना जल्दी हो अभी बुलाकर ले आओ। तब उस भूत बाप ने गुनिया से कहा—नहीं-नहीं, मैं अभी कहीं नहीं जा सकता। मेरे बेटे का गला बहुत फूल गया है। वह दर्द से तड़प रहा है। तब गुनिया ने कहा—तुम्हारा भूत इतना बड़ा और मोटा क्यों है? तुम्हारा मुँह सूँ-सूँ करके डोल रहा है। तुम गुरु को बुला दो। उसके बेटे को बहुत बुखार है। मैं गुरु के साथ अपने घर जा रहा हूँ। यदि गुरु नहीं पहुँचा। तो उसका बेटा मर जाएगा। फिर उसके बेटे को कौन पालेगा? वह सिर्फ चना खाकर थोड़े जी जाएगा। उसका बेटा नागर फाँदता है और बौनी करता है। तब भूत कहता है—ठीक है मैं जाता हूँ लेकिन वह आज मेरे साथ नहीं आया तो मैं उसे मारकर यहीं मिट्टी में दफनाकर अपने घर चला जाऊँगा। तो कोई मेरा क्या कर लेगा। तब वह जाकर कहता है—चलो मेरे साथ। मेरे भाई को बीमारी है। जिसके कारण उसे बहुत कष्ट हो रहा है। वह बहुत रो रहा है। तब वह भूत भाई कहता है तुम उस गुनिया को यहाँ से जाने दो। तुम उसे कैसे नहीं जाने दोगे। गुनिया तुम यहाँ से भाग जाओ। यदि तुम यहाँ से नहीं भागे तो मैं तुम्हें मारकर यहीं मिट्टी में दफना दूँगा। तू यहाँ से भाग रहा है कि नहीं। तू अगर नहीं भागता है तो मैं रगड़ूं तुझे। हम तीन भाई हैं। मैं तुझे ऐसा रगड़ूँगा कि तुम्हें घर पहुँचाकर ही सांस लूँगा।

तब वह गुनिया अपने घर आया। वहाँ उन भूतों के घर एक भूत के बेटा को बुखार चढ़ी आया। तब एक भूत उस गुनिया से फिर कहता है—हमारे घर चलो, हमारे बेटे को बुखार चढ़ा है। तब वह गुनिया कहता है—तुम जाकर नौ बकरे, तीन मुर्गे और बारह बोतल शराब की व्यवस्था करो। परन्तु वह भूत इन सभी चीजों को कहाँ से लाता? वह भूत तो भूत ही था। तब एक दिन वह भूत हवा में उड़ते गया और एक जगह से छह बकरे उड़ाकर ले आया। इसके बाद एक दिन फिर से वह भूत आया तो तीन बकरे उड़ाकर ले गया। इसके बाद वह भूत आया और छह बोतल शराब ले गया। फिर गुनिया उन सभी की पूजा करके और खाना खाकर

अपने घर आ गया। उसका बेटा नागर फाँदने खेत गया था। उसने अपने पिता के लिए खाना बनाकर रखा था। तब वह बूढ़ा खाना खाकर चना के खेत में गया। उस चने के खेत में कोई अपने पैर लटका कर बैठा था। तो बूढ़ा कहता है—कौन है रे, जो पैर लटका कर बैठा है? तो भूत कहता है—दादा, मैं भूत हूँ। आराम कर रहा हूँ।

इस प्रकार रात हो गई। जब वे लोग सो गए। तो भूत अपने बैलों को लाए और खलिहान में दांय फाँद कर रात-भर में उस भूत ने पूरे चनों को मींस डाला तब वह भूत कहता है—हम तुम्हारे चनों को मींस कर तुम्हारे घर ले जाएँगे। तब बूढ़ा कहता है—तुम कौन हो बेटा, जो तुम मुझ गरीब की सहायता कर रहे हो। तब भूत ने अपना नाम बताया। इसके बाद उस भूत ने अनाज को उड़ाकर इकट्ठा किया और उसे नापने लगा। उस भूत ने अनाज को साफ करके नाप कर चना उस गुनिया के घर पहुँचा दिया। इसके बाद वह भूत और गुनिया अपने-अपने घर चले गए। तब भूत ने उस गुनिया से कहा—दादा, मैंने तुम्हारा काम कर दिया। अब तुम हमारी बीमारी ठीक कर दो। तब उस बूढ़े ने भूत के घर जाकर गुनयायी देखी। उसने सभी मंगाई चीजें देवी को भेंट की जिससे उसका लड़का ठीक हो गया। यही गुनिया और भूत की कहानी है। यहीं तक किस्सा थी, जो समाप्त हो गई।

10. कलिहा अऊर कुत्ता

अक झन किसान हनें कुत्ता राखे रहीस। ता वा किसान हनें कुत्ता ला कहथ रहीस। ते कउआ ला हकार के सफा भुरटा ला खाय ड़ारिनने। ता वा कुत्ता हनें रोज दिन हकारत रहय। तफेर अक दिन वा कुत्ता हनें अक ठन कलिहा ला पकरिस। ता वा कलिहा ला अपनाय लयिस। ता अइसनय-अइसनय हुन दोनों झन जीयत खावत रहय।

तफेर वा कलिहा हनें मनसुतिया नाम के टूरा हयिस। तफेर अक दिन वा कुत्ता ला वा किसान हनें पूछत रहय। कि इहाँ के परसाद अऊर खीर कहाँ गयीस। ता वा कुत्ता-मैं नहीं जानों अइसे कह दयीस अखर वा कुत्ता हनें तबेला ला, वारि मा फेंक दइन रहीस। सफा परसाद अऊर खीर अपन टूरा मनसुतिया ला खवाय के। तफेर वा मनसुतिया हनें दिन-दिन बढ़न लागिस। ता वा कुत्ता हनें कलिहा ला कहय कि–हम एला काहिन ला खवाई। भगवान हनें हमला कुत्ता टूरा दय रहसित। ता ओला हम पोष लेतैं तफेर वा कुत्ता हनें वा मनसुतिया ला कहत कि मैं तोर नितन कपड़ा चिथरा लान देवथूं। तैं एला पहर के रास्ता में रेंगवे। मैं तोर पीछू-पीछू आहूँ। कहूँ कनें मिलही। ता कहवे-कहाँ जाथों कही, ता कहवे कि मैं एही डहर जाथुँ। जहाँ मोला अच्छा हस घर मिल जाही उहँय रह जाहूँ। ता मैं बिहाव कर लेहूँ। ता अइसना-अइसनय रस्ता-रस्ता आवंय। ता किसान धान निंदय बरसाइत माँ। ता वा टूरी कहथय कि मोर दाई ददा नही हवय। नानसी मा खतम हय गई। मोर नानी अऊर नाना आय मोला पोसिने। हुन किसानिन कहथय कि–ता नै बइया तोर बिहाव नहीं हय याय। ता कहथय वा टूरी हनें की–मोर शादी बिहाव नहीं हय याय। मैं नानसी के मिरही टूरा आँव। ता मोला कहूँ भी अच्छा अस घर मिल जाही। ता मैं बिहाव करवाय लेहूँ।

ता हुन किसानिन कहथ रहिनें की हमार घर एक झन देवर हवय। तफेर फेर वा टूरी ला घरमा ले लानिस। अर फेर घर भर के सुरता सलाह हय के संझा के वह टूरी, अऊर वा टूरा के साथ मा बिहाव कर दइन। ता ओला काम बूता मा नहीं लइजात रहीने। या टूरी बहुत बड़े आदमी घर के आय कह के खेत बारी मा ओला नहीं लइ जात रहिने। ता घरय-घरमा काहिन करहूँ कहके खेत मा पेज भाजी पहुँचा

य ला गयीस। तफेर ओखर बहुत झन जठानी रहय। तेन अहो धार पानी आवय। ता ओला छाता खुमरी नहीं रहय। वा अइसनय भिंज-भिज के निन्दाई करत रहय। ता ओखर काम बूता ला देख के ओखर जठानी ओखर उप्पर अनदेखी करत रहय। ता संझा के सब झन आई। ता ओखर जठानी अपन सास ला चढ़ाय दइनन। अऊर कहिन की या देवरानी हनें परसा के पान मा तोर करेजा ला पुरेय के खाँहूँ कहत रहय। अइसना अपन सास ला वा ओखर वारे मा चढ़ाय दइन। ता ओखर सास हनें वा टूरी ला कच्छू नहीं कहिस।

जब वा टूरी के घरवारे संझा के घर मा आइनस। ता ओला ओखर दाई हनें या टूरी मोर करेजा ला परसा के पान मा पुरेय के खाही कहके कहथय रहय। ता वा टूरा हनें अतना बात ला जान के सच्चे हयीन गयीस। बेजय दिन कट गयीस। ता वा टूरा हनें वा टूरी ला पूँछथें की मोर दाई साथ तुम आज काल कइसे नहीं बताव-चताव। ता टूरी कहथय की मैं का जानों। मोर सास हनें काहे ला नहीं बतावय। मैं ऐखर बारे मा कच्छू नहीं जानों। तफेर फेर बेजय दिन कटन के बाद वा टूरा के दाई हनें टूरा ला कहथय। बेटा या टूरी के करेजा ला नानवे। तबय मोर सांइत जुड़ाही। ता तय एला ऐखर मैके घुमाय के बहाने मा हमार घर ला लइजे।

तफेर संझा के हुन दुन्नों झन सलाह हयीनन की चल यार तोर मयके के बाग-बगिया ला घुमाय के नानतो। वा टूरी के न तो घर रहीस, न बाग बगिया न दाई-ददा। ता वा मन मा सोचय की हे भगवान, मैं एला कहाँ लइजों। तब ले ओखर ददा कुत्ता वा टूरी ला बताय दयीस। तफेर फेर सकरहा दुन्नों झन तययार है के जावन लगीन। कई ठन गाँव ला नक गई। ता टूरा पूँछथय की मोर ससुरार गाँव अऊर कतना दुरिया हय। ता टूरी कहथय लिंघहच हय। ता चलत-चलत रसता मा, अक बहुत बड़े डोंगरमिलिस। ता वा टूरा कहथस मोला बहुत जोरे पियास लगी से, ता तय इहाँ बैठवे मैं वा दीहाँ ले पानी पी के आथूँ। ता वा कुत्ता अर वा टूरी जोंन पेट मा रहीस, तेन दुन्नों झन रुखवा तरी सोयं रहय। अर वा टूरा पानी तीरे जाय के फरसा ला सिलवायत रहय। सिलोय के धर के आवन लगिनस। आय के जइसे मारे ला उठाइस। ता कुत्ता ला कहथय–नयी मार बेटा, ऐखर पेट मा टूरा हवय तोला बहुत बड़े पाप लगही। तोला करेजा के जरूरत हवय मैं तोर नितन खरगोश के नहीं ता कच्छू के होय करेजा नान के देथूँ। तेला तैं धर के तीरे दाई ठन जात रहिआ। या टूरी ला तय यही डोंगर भित्तर छोड़ दे। एला जिएला रहही ता जी जाही।

अइसना कहके कुत्ता हनें अक ठन लमहा ला मार ड़रिस। अऊर वा टूरा ला कहथय। ऐखर करेजा ला निकार ले। ता वा टूरा हनें वा लमहा के करेजा ला निकार के अर पान मा धरके अपन गाँव खाँ लहुट गयीस। गाँव मा आय के अपन दाई ला वा लमहा के करेजा ला छयिस। ता ओखर दाई हनें सोचन लगिनस की वा टूरी

के करेजा आय। अर इत्थी वा टूरी हनें कुत्ता के साथ मा डोंगरला नक के अक ठन गाँव मा पहुँचिस। ता वा गाँव मा ओखर नितन अक ठन कुटिया बनाइन। तहाँ वा कुत्ता के साथ रहन लागिस। अर उहिंच वा अक ठन टूरा ला जनमिस। वा टूरा के नाम सनबरसा धरिस। ता वा टूरा हनें तन्नक बड़िस। तफेर ओखर दाई हनें अपन ससुरार के बीते हरा बातन ला सुनाय ला लगे रहय। ता वा टूरा हनें धियान लगाय के सुनाय।

कहथ रहय। कि—मोर ससुरार गाँव मा सब झन अच्छा रहय। ता मोर दाई कलिहा आय। अऊर मोर ददा कुत्ता आय। ता मोर दाई-ददा मोला उहाँ-तहाँ करके मोला पालिन पोषिन। तफेर मैं अपन ददा (कुत्ता) के साथ हम अइसनय रस्ता-रस्ता जावत रहय। ता अक ठन खेत मा बहुत झन धान निदइया रहय। तेन मोला पूछ-ताँछ के संझा के अपन घर मा ले गईन। उहाँ अपन देवर के साथ मोर बिहाव कर दयीन। ता मैं जब ले वा घर मा रहँव। तबले वा घर मा धन के बरसा होवत रहय। अक दिन अइसनय आईस की जब मैं अच्छा रहन लागँव। ता मोर ददा कुत्ता ला मैं कहँव-जा ददा, मोर दाई ला देखाय ला लानवे। ता ददा हनें गयीस। ता दाई अर ददा दुन्नों झन आइनन। ता घर मा कन्नों नहीं रहय। तफेर मैं ददा ला कहवं कि—दाई हनें बेजय दिन मा आइनसे। ता तनक हस दारु पियलव। अतना मा ददा कहिस—बनें हवय बेटी, तबले मैं अक बोतल दारु लानेव। ता दाई हनें दारु ला पियके, अर नरियान लागिस। ता ददा हनें कहय बेटी एला मार ड़ार। ता मैं लोणा मा मारब। ता वा मर गयीस। ता ददा हनें कहिस—एला फेंक दे बेटी, ता मैं कनों देखें झयी कहके, मैं मोर दाई कलिहा ला कोदों वारे कोठी मा ड़ार दयंव।

ता अइसनय-अइसनय कई दिन बीत गयीस। ता अक दिन हमार सास हनें कहिस कि—बेटी आज कुदई के भात खवास लागीसे। ता रांध दे। ता हमार ठन के तो ददा हनें कहिस। ता ते कोदों ला निकार ड़ारन। ता मैं कहों-तेही निकार ड़ार। ता कहिस जा तो रसेनी नानवे, ता निकारवो। ता मैं फेर नानेयंव। तफेर वा हनें कोदों ला निकारे ला कोठी मा चढ़िस। ता देखथय की कोठी मा बेजय बड़े सोनन के जीना अस बने हरा वा कोठी भीतर रहीस। तेन ला देख के मोर सास हनें अपन बेटा सें कहथय कि—हमार बहू बहुत किस्मत वारे हवय। जेन दिन ले हमार घर मा आइनसे। तेन दिन ले हमला कच्छू नहीं कच्छू चीज आतय रहथय तेन चीज के रहत ले मोर जिठानिन मोर अपन जलन लागिस। अऊर मोर सास ला का जानी कहिन चढ़ाय दईन की मोर साथ बनें बतात नहीं लागिस। अइसनय-अइसना हमार दुन्नों झन के बीच मा झगरा पनप गयीस। तहाँ ले मैं आज तक नहीं गयंव। तइसना-तइसना समय मोर उप्पर बीतीसे बेटा अब ते सोय जा। रात जादय हय गयीस।

तफेर दुसरइया दिन सकरहा ले अक झन लाई वारे ड़यकी आइनस। ता वा

ड़यकी हनें सनबरसा ला देखिस। ता मन मा ओला अपनाय के बारे मा सोचन लागिस। तफेर फेर वा ड़यकी हनें रोज सकरहा ले लाई धर के आवत रहय। ता अक दिन अइसे हयिस की वा सनबरसा के दाई हनें पानी भरे ला कुँए मा गयीस। ता वा लाई वारे ड़यकी वही समय मा उहाँ आइनस लाई धरके। अऊर वा सनबरसा ला धरके एइसा भगाई भगिस की ओखर पता समत नही चलिस। तफेर फेर वा टूरा के दाई पानी धरके आईस। ता वा कुटिया मा अपन टूरा खोजिस। ता वा हनें नहीं पाईस। तफेर फेर वा हनें गाँव बस्ती मा घूमिस। तबले नहीं पाईस। ता ओला बहुत दुख भयीस। अपन सन्तान अवलाद के बिछड़ जायके। ता वा हनें अपन मन मा सोच लयिस की—अब मैं केखर नितन जीवो।

तफेर फेर वा हनें सात ठन पुदगा के कपड़ा बनाइस। अर अपन वेश ला बदलीस। अऊर ओला धर के निकर गयीस। अपन टूरा के खोज माँ वा हनें पहले अपन इलाका मा खोजिस। ता ओला कहिन की या कपरा ला सनबरसा आय ले सकही। तेन दूर अऊर जाए बाई। तफेर वा दूसर इलाका मा पहुँचिस। ता उहाँ वा अइसनय करिस। तफेर ओला सनबरसा ले सकही। हम नहीं ले सक। यह कपड़ा ला लेके तनक दूर अऊर जाए बाई। ता वा हनें तीसर इलाके मा गयीस। जहाँ ओखर टूरा रहय। ता वा खोजत-खोजत ओही ढ़िमरिन के घर मा पहुंचिस। तहाँ वा टूरा रहीस। ता वा संझा के उहाँ रुक गयीस। तबले वा ड़यकी ओला नहीं पहचान कर सकिस। सकरहा वा हनें गाँव के सयानन ला इकट्ठा करिस। अर पूरा बात ला बताईस। ता गाँव वारे ओखर घर मा आगी लगाय दइन। अऊर वा टूरा ला ओखर दाई ला दै दईन। तफेर हुन दुन्नों झन महतारी बेटा अपन गाँव आय गईन।

लोमड़ी और कुत्ता

एक गाँव में एक किसान रहता था। उस किसान ने एक कुत्ता पाला था। एक दिन उस किसान ने कुत्ते से कहा—तुम कौआ हकालना उसने पूरे भुट्टे खा डाले हैं। वह कुत्ता भौक-भौंक कर रोज कौओं को भगाता था। एक दिन उस कुत्ते ने एक लोमड़ी को पकड़ा। उसके बाद उस कुत्ते ने उस लोमड़ी से शादी कर ली। शादी के बाद दोनों अपना जीवन-यापन करने लगे। कुछ दिनों बाद उस लोमड़ी ने एक लड़की को जन्म दिया। कुत्ते ने उसका नाम मनसुतिया रखा। एक दिन वह किसान अपने कुत्ते से पूछता है? यहाँ जो प्रसाद और खीर रखी थी, वह कहाँ गई? तो उस कुत्ते ने कहा—मुझे नहीं मालुम। परन्तु वह कुत्ता झूठ बोल रहा था। उसने वह प्रसाद और खीर अपनी बेटी मनसुतिया को खिला दी थी। उसने खीरवाला खाली तबेला बाड़ी में फेंक दिया था। इस प्रकार अच्छा-अच्छा खाना मिलने से मनसुतिया दिनों-दिन बढ़ने लगी। एक दिन कुत्ता लोमड़ी से कहता है। इसे हम क्या खिलाएँ? भगवान यदि हमें कुत्ता या लोमड़ी का बच्चा देते तो हम उसे पाल लेते पर इस लड़की को हम कैसे पालें?

एक दिन कुत्ता अपनी लड़की मनसुतिया से कहता है—बेटी, मैं तुम्हारे लिए अच्छे-अच्छे कपड़े लाकर देता हूँ। तुम उसे पहन लेना और मेरे आगे-आगे रास्ते में चलना। तुम्हें रास्ते में कोई मिले और पूँछे कहाँ जा रही हो तो तुम कहना—कहीं नहीं, यहीं तक जा रही हूँ। जहाँ मुझे अच्छा घर मिल जाएगा। वहीं रह लूँगी। मैं वहीं अपनी शादी कर लूँगी। तब एक दिन मनसुतिया और कुत्ता एक रास्ते में जा रहे थे। तब एक खेत में एक किसान की औरत अपने खेत में धान की निंदाई कर रही थी। तब मनसुतिया उस किसानिन के पास गई और उससे कहने लगी—मेरे माता-पिता कोई नहीं हैं। मैं अनाथ हूँ। मेरे माता-पिता बचपन में ही मर गए। मुझे मेरे नाना-नानी ने पाल-पोस कर बड़ा किया है। तब वह किसानिन कहती है—क्यों बेटी, तेरी शादी हुई है कि नहीं? तो मनसुतिया कहती है—नहीं दाई, मेरी शादी-विवाह कुछ नहीं हुआ है। मैं अभी कुँवारी हूँ। मैं बचपन से अनाथ लड़की हूँ। मुझे कोई अच्छा घर मिल जाएगा तो मैं उसी घर मैं शादी कर लूँगी। तो वह किसानिन कहती है—बेटी, हमारे घर में मेरा देवर है। तुम उससे शादी कर लो।

वह अभी कुवाँरा है। ऐसा कहकर वह किसानिन मनसुतिया को अपने घर पर ले आई। घर आकर उस किसानिन ने घर-परिवार के लोगों के साथ सलाह-मशविरा करके मनसुतिया की शादी अपने देवर के साथ उसी शाम को कर दी। उसके परिवार के लोग मनसुतिया को बाहर काम-काज के लिए नहीं भेजते थे। वे मनसुतिया को घर से बाहर नहीं निकलने देते थे और न ही उसे खेती-बाड़ी में जाने देते थे। वे उसे किसी बड़े घर की लड़की समझते थे। एक दिन मनसुतिया ने सोचा मैं घर में रहकर क्या करूँगी। ऐसा सोचकर वह अपने पति का भोजन रखकर खेत में चली गई।

उस खेत में मनसुतिया की कई जेठानिया काम कर रही थीं। उस पर पानी गिर रहा था। उसके पास उस समय खुमरी, छाता कुछ भी नहीं था। उनकी जेठानी उसको काम करता देख–उसकी अनदेखी कर रही थीं। तब एक जेठानी ने अपनी सास से कहा–सासु जी, मनसुतिया देवरानी कह रही थी कि वह तुम्हारे कलेजे को परसा के पत्तों में भूँजकर खाएगी। उसकी जेठानी ने ऐसा कहकर अपनी सास को चढ़ा दिया। परन्तु उसकी सास ने मनसुतिया को खेत में कुछ नहीं कहा।

जब शाम को मनसुतिया का पति घर आया। तब मनसुतिया की सास ने उसके पति से कहा–बेटा, तुम्हारी घरवाली मेरे कलेजे को परसा के पत्तों में भूँजकर खाने को कह रही थी। ऐसा सुनकर मनसुतिया का पति चुप हो गया। उसने उस दिन मनसुतिया को कुछ नहीं कहा। इस बात को हुए बहुत दिन बीत गए। इस बीच सास-बहू में बोलचाल बन्द हो गई। तब एक दिन मनसुतिया का पति मनसुतिया से पूछता है–क्यों मनसुतिया, तुम मेरी माँ से क्यों नहीं बोल रही हो। तो मनसुतिया कहती है–मैं क्या जानू मेरी सास मुझसे क्यों नहीं बोल रही है। मैं इसके बारे में कुछ नहीं जानती। एक दिन उस लड़के की माँ अपने बेटे से कहती है–बेटा, मुझे तुम्हारी घरवाली का कलेजा चाहिए। जब तक तुम मुझे उसका कलेजा लाकर नहीं दोगे, मुझे शान्ति नहीं मिलेगी। तुम मनसुतिया को उसके मायके घुमाने के बहाने ले जाओ।

उसी दिन-रात को मनसुतिया के पति ने मनसुतिया से कहा–मनसुतिया चलो, मैं तुम्हें तुम्हारे मायके घुमाकर लाता हूँ। जिस दिन से शादी हुई है। तब से तुम एक बार भी अपने मायके नहीं गई हो। मैं तुम्हारे मायके के बाग-बगीचों की सैर करूँगा। ऐसा सुनकर मनसुतिया सोच में पड़ गई। क्योंकि न तो उसका घर था न ही कोई बाग-बगीचा और न ही उसके माता-पिता ही थे। तब मनसुतिया ने अपने पिता कुत्ते को बुलाया।

तब दूसरे दिन सुबह मनसुतिया अपने पति के साथ अपने मायके जाने लगी। कई गाँव निकल गए पर मनसुतिया का गाँव नहीं आ रहा था। तब मनसुतिया के पति ने पूछा–मनसुतिया, मेरी ससुराल और कितनी दूर है? तब मनसुतिया कहती

है–यहीं पास में ही है। वे फिर और आगे बढे। तब चलते-चलते उन्हें रास्ते में एक घना जंगल मिला। उसी समय मनसुतिया को प्यास लगती है। वह अपने पति से कहती है–मुझे प्यास लगी है। तो उसका पति कहता है–तुम यहीं बैठो, मैं तुम्हारे लिए पानी लेकर आता हूँ। तब कुत्ता और मनसुतिया एक पेड़ के नीचे बैठकर विश्राम करने लगे। थोड़ी देर में मनसुतिया को पेड़ के नीचे बैठे-बैठे नींद आ गई।

मनसुतिया का पति नदी किनारे जाकर अपने फरसे में धार लगाने लगा। वह फरसे में धार लगाकर मनसुतिया के पास आया और जैसे ही उसने मनसुतिया को मारने के लिए फरसा उठाया वैसे ही कुत्ता उसे रोकता है और कहता है–बेटा, इसे मत मार, यह गर्भवती है। इसके पेट में तेरा बच्चा पल रहा है। तुमको बहुत पाप लगेगा। तुमको कलेजा ही चाहिए है तो मैं खरगोश या किसी और जानवर का कलेजा लाकर तुम्हें दे दूँगा। तुम घर वापस चलो। मनसुतिया को यहीं जंगल में छोड़ देते हैं। इसकी किस्मत रहेगी तो यह जिंदा रहेगी नहीं तो जंगल के जानवर इसे खा ही जाएँगे। ऐसा कहकर कुत्ता जंगल में गया और एक खरगोश मारकर ले आया। तब कुत्ता अपने दामाद से कहता है–बेटा, तुम इस खरगोश का कलेजा निकाल लो। तब वह लड़का उस खरगोश को काटकर उसका कलेजा निकालता है। वह उसके कलेजे को परसा के पत्ते में रखकर घर वापस आ जाता है। वह घर आकर माँ से कहता है–माँ ले, अपनी बहू का कलेजा। उसकी माँ ने उस कलेजे को अपनी बहू का कलेजा समझकर अपने पास रख लिया।

वहाँ मनसुतिया अपने कुत्ता पिता के साथ उस जंगल को पार करके एक गाँव में पहुँचती है। कुत्ता और मनसुतिया उस गाँव में एक झोंपड़ी बनाकर रहने लगे। कुछ दिनों बाद मनसुतिया ने एक बच्चे को जन्म दिया। उस बच्चे का नाम सनबरसा रखा। सनबरसा जब थोड़ा बड़ा हुआ। तब उसकी माँ मनसुतिया ने सनबरसा को अपनी बीती हुई जिंदगी के बारे में बतलाया। सनबरसा बहुत ध्यान से अपनी माँ की बीती जिंदगी के बारे में सुन रहा था।

उसकी माँ ने कहा–बेटा, मेरी ससुराल में सभी लोग बहुत अच्छे थे। मेरी माँ लोमड़ी है और पिता कुत्ता हैं। मेरे माता-पिता ने बड़ी मुश्किलों से मुझे पाल-पोस कर बड़ा किया। तब एक दिन मैं अपने पिता के साथ एक रास्ते में जा रही थी। तो एक खेत में एक औरत धान की निन्दाई कर रही थी। उसने मुझसे पूछताछ की और शाम को वह अपने घर ले गई। फिर उसने घर आकर अपने देवर के साथ मेरी शादी कर दी। मैं जब तक उस घर में रही। तब तक उस घर में धन की वर्षा होती रही। उस समय मैं उस घर में सुखपूर्वक रह रही थी। तब एक दिन मैंने अपने पिता से कहा–दादा, मुझे मेरी माँ से मिलवा दो। बहुत दिन हो गए हैं उन्हें नहीं देखा है। तब मेरे पिता घर गए और मेरी माँ को लेकर आ गए। उस दिन घर में कोई

नहीं था। तब मैंने अपने कुत्ता पिता से कहा—दादा, मेरी माँ बहुत दिनों बाद आई है, इसे थोड़ी-सी शराब पिला दो। तब मेरे पिता ने कहा—बेटी, तुम ठीक कह रही हो। तब मैं अपनी माँ के लिए एक बोतल शराब ले आई। तब मेरी माँ ने उस शराब को पिया। उसे शराब चढ़ गई और वह शराब के नशे में जोर-जोर से चिल्लाने लगी। तब मेरे पिता ने कहा—बेटी यह तो जोर-जोर से चिल्ला रही है। इसे मार डालो। तब मैंने एक पत्थर से उसे मारा तो वह मर गई। तब मेरे पिता ने कहा—बेटी, इसकी लाश को कहीं फेंक दो। इसे कोई देख न पाए। तब मैंने अपनी लोमड़ी माँ की लाश को कोदोंवाली कोठी में डाल दिया।

इस घटना को बीते बहुत दिन हो गए। तब एक दिन मेरी सास ने कहा—बहू, आज कोदों के भात खाने की इच्छा हो रही है। तू कोठी से कोदों निकाल कर बना दे। तब मैंने अपने कुत्ता पिता से कहा—कोठी से कोदों निकाल दो। तब उन्होंने कहा—जाकर नसेनी ले आओ। तब मैं नसेनी लायी और मेरे पिता कोठी से कोदों निकालने कोठी पर चढ़े। तो उन्होंने देखा की उस कोठी में बहुत बड़ी सोने की सीढ़ी लगी हुई है। तब मेरी सास ने उस कोठी में रखी सोने की सीढ़ी देखी। तो मेरी सास कहती है—मेरी बहू, बहुत किस्मतवाली है। जिस दिन से तू हमारे घर में आई है। उस दिन से हमारे घर में कुछ न कुछ आता ही रहता है। जिसे देखकर मेरी जेठानी मुझसे जलने लगी। उसने मेरी सास को न जाने क्या कह दिया। जिससे मेरी सास मुझे अपना दुश्मन समझने लगी। इस प्रकार मेरी और मेरी सास में अनबन हो गई। तब से मैं आज तक अपनी ससुराल नहीं गई। ऐसी मुसीबत मेरे ऊपर बीती है बेटा। अब तुम सो जाओ, रात अधिक हो गई है।

इसके बाद दूसरे दिन सुबह एक बुढ़िया लाई बेचने उसकी झोंपड़ी के पास आई। उस लाई बेचनेवाली ने सनबरसा को देखा, तो उस बुढ़िया की सनबरसा को गोद लेने की इच्छा हो गई। उस दिन से वह बुढ़िया रोज सुबह सनबरसा के लिए लाई रखकर लाने लगी। वह सनबरसा को लाई दे देकर फुसला रही थी। एक दिन सनबरसा की माँ कुँए से पानी भरने गई। उसी समय वह बुढ़िया सनबरसा को घर में अकेला देखकर उसे गोद में बैठाकर ले भागी। वह वहाँ से ऐसा भागी की उसका पता नहीं चला। जब सनबरसा की माँ पानी लेकर घर वापस आई। तो उसने झोंपड़ी में अपने लड़के को खोजा पर उसका लड़का कहीं नहीं मिला। तब सनबरसा की माँ ने पूरे गाँव में सनबरसा को ढूँढ़ा पर सनबरसा कहीं नहीं मिला। तब उसे अपनी सन्तान के बिछड़ जाने का बहुत दुख हुआ। तब सनबरसा की माँ सोचने लगी की मेरा एक ही बेटा है, अब मैं किसके लिए जिऊँगी।

तब उसकी माँ ने सात कपड़ों के खिलौने बनाए और अपना वेश बदलकर घर से निकल गई, अपने लड़के को खोजने। उसने सबसे पहले अपने लड़के को उसी

गाँव में खोजा। जब वह उस गाँव में नहीं मिला, तब दूसरे गाँव पहुँची। उसने मन में कहा—ये कपड़े सिर्फ सनबरसा ही पहचान सकता है। वही इन कपड़ों के खिलौनों से खेल सकता है। उन्हीं कपड़ों को लेकर वह तीसरे गाँव में गई। उस गाँव में सनबरसा रह रहा था। तब सनबरसा की माँ उसे खोजते-खोजते उसी लाईवाली ढ़िमरिन के घर में पहुँच गई। जहाँ उसका लड़का था।

तब सनबरसा की माँ उस ढ़िमरिन के घर में रात रुक गई। तब भी वह लाईवाली औरत सनबरसा की माँ को नहीं पहचान पाई। सुबह होते ही सनबरसा की माँ ने गाँव के सयानों को एक जगह पर एकत्र किया। उसने गाँववालों से सनबरसा के गुमने की पूरी बात बतलाई। तब गाँववालों ने उस ढ़िमरिन के घर में आग लगा दी और सनबरसा को उसकी माँ को दे दिया। इसके बाद सनबरसा की माँ सनबरसा को लेकर अपने गाँव आ गई। फिर माँ-बेटा दोनों अपना जीवन-यापन करने लगे।

11. अहिरा कलिहा अऊर गीधा

अक अहिरा अऊर अक कलिहा रहय। ता वा अहिरा अपन गोरुन ला धर के कजरीवनबिंद्रादौनागिरी पहार डोंगर मा चराय ला जावत रहय। अइसना-अइसना ओला कई साल बीत गयीस। ओला अब डोंगर मा कच्छू बात के चिन्ता नहीं रहय। ता वा रोज दिन सकरहा ले बासी ला धर के डोंगर मा अपन गोरुन के साथ दिन-भर खाँ निकर जाएँ।

अक दिन वा अहिरा ला अक गीधा अऊर अक कलिहा मिलिस। हुन कलिहा, गीधा के बारे मा वा कच्छू नहीं जानत रहय। ता हुन कलिहा और गीधा मा बहुत गाढ़ा दोस्ती रहय। हुन कहू भी जाएँ। ता दुन्नों झन जावत रहय। अर कच्छू भी शिकार करेला रहय। ता वा शिकार अपन चतुराई ले फँसाय लेवें। अइसना करके हुन अपना जीना खाना चलत रहय। अक दिन हुन दुन्नों दोस मा सरत लगिनस कि चल दोस अपनाही-अपनाही दुनिया ला घुमाई हय जाय। ता पहली गीधा कहथय चल दोस पहली तोर देश ला दिखाहूँ। ता कलिहा कहथय की—आ तय मोर पिठार मा बैठ जा। तफेर फेर गीधा हने कलिहा के पिठार मा बैठ गयीस। तफेर कलिहा हनें गीधा ला झोड़ी, झंकार, कुँए, बावली, ड़ंगरी, बिल्ला, खघरा, पूरा ड़ौंगर, ड़गरी ला फिराइस।

ता गीधा कहथय दोस तोर देश, गाँव अऊर राज जादय बड़े हवय जब हुन गीधा अऊर कलिहा हनें अपन राज ला दिखावें। ता मरे हरा जीवन ला रस्ता मा सूंघ के अर अपन दोश गीधा के सुआगत करत रहय। ता गीधा कहथय ओखर आगू मास के बढ़ाई करत रहय। की दोश तोर गाँव मा बढ़िया-बढ़िया चीज खावें ला पायंव। ता कलिहा कहथय—काहिन बढ़ाई करथस। अर ते तो अगास मा उड़यास तय तो अगास ले ताजा चीज के पता लगाय के धरती मा आतहस। अर या सही आय की कते वा सरे हरा मास ला खाय मा ओला बने लगिनस। तब ले अपन दोश कलिहा के आगू मा ओखर गाँव, राज के बढ़ाई करिस। ता वा हनें तो अपन राज ला घुमाय ड़रिस।

अब गीधा कहथय कलिहा ला-दोस, अब ते मोर पिठार मा बैठ। मैं तोला अपन देश राज ला दिखाय के नानहूँ। तबय तोर करजा छुटकान होही तफेर कलिहा हनें कहथय—तय अइसना कहथस, ता मैं कच्छू करजा नहीं दय आंव। तब

ले गीधा हनें ओला घुमाय ला जबरदस्ती अपन सलाह मा लाने। ता लटे-पटे कलिहा हनें तिआर हइस।

ता गीधा कहथय–दोस, मोर देश अगास मा हय। ता जाय ला बहुत बड़े हिम्मत चाही। ता कलिहा कहथय–मोरो गा बहुत बड़े हिम्मत हवय अर गीधा जानय की मोर दोस हनें, अक ठन कुत्ता ला देख के अइसना भगायी भगथय। ता वा आगाश मा जाय ला होत हय। ता मोला तो कोई इतराज नहीं आय। अब दुन्नों झन तययार हयीन।

अब गीधा के पिठार मा कलिहा हनें बैठिन स। ता गीधा कहथय–दोस, मैं उड़थूं। तैं जिम जिमाय के पकर के बैठवे। ता कलिहा कहथय–मैं बनें बैठे हों। अब दुन्नों झन उड़ीन, ता दस कोस पहुँचिसन। ता गीधा हनें कलिहा ला पूँछिस कि–दोस, अभी मोर राज नब्बे कोस बचीस हय। ता तोर का विचार हय। ता कलिहा कहथय–ता चल तो घुमाय चल। ऐखर बाद अऊर उड़े ला तययार हय। ता चलत-चलत डोंगर के ऊपर पहुँचिसन। जहाँ वा अहिरा गोरु चरावत रहय। ता गीधा अर कलिहा चालिस कोस, वा डोंगर ला ऊपर उड़ात रहय। ता वा गीधा हनें अऊर तेजी हय गयीस। ता अक्कयदारी कलिहा हनें गीधा के पिठार ला बिछलाय गई। ता गिरत रहय। ता जोर-जोर से किरयावत रहय। कि–झय झोंक वे रे अहिरा, झय झोंकवे। अइसना कहत गिरत रहय। ता ओखर पीछे पीछे गीधा उतरत रहय। अऊर कहय कि दोश एखरय मारे तोर हिम्मत पूँछत रहय। ता ते अऊर चल अऊर चल कहत रहीस। ता अब इहों बीच मा कइसे का तोला मोर साथ बैठाखैं, अइसना बोलत-बोलत गिरत रहय। ता वा अहिरा खुमरा धरै रहय। तेला उप्पर डहर खपकाय लईस। अइसनयी-अइसनयी वा कलिहा हनें बिलकुल लिंघहा पहुँच गयीस। ता कहथय–झय झोंकवे रे अहिरा, झय झोंकवे। अइसना कहत गिरिस। जब खुमरा मा गिर गयीस। ता अहिरा ला गारी देयन लागिस। तोला मय झय झोंकवे रे अहिरा कहत रहय। ता तय काहे ला झोंक लइस। मोर कनिहा टूट गयीस। अर मैं भुकाय गए हों। ता तोला खाहूँ, नहीं ता तैं मोला अक ठन बछड़ा दे। नहीं ता सफा ला मार ड़ारहूँ। अइसना बात ला अहिरा सुन के ओखर जीव मा डर समाय गयीस। ता का करें अक ठन बछड़ा ला दय दयीस

अब वा कलिहा अऊर गीधा अपन-अपन दिमाक मा विचारें की। अब माँगे ला तो माँग लेन। अब एला लइजे कइसे करके। ता कलिहा कहथय की अहिरा या बछड़ा ला तोर ड़ोरा मा एही रुखवा मा बाँध दे। ता वा अहिरा ड़ोरा मा बछड़ा ला बाँध के रुखवा मा बाँध दयीस। अर अपन गोरु गायन ला धर के अपन दहियान मा लानन लागिस। सफा रसता भर रोवत-गावत लानत रहय। अब अइसनय-अइसनय संझा हय गयीस। ता कलिहा अऊर गीधा दुन्नों झन वा बछड़ा खाय के मारे लार घुटकयं।

ता वा गीधा कहथय दोश तय एला कछु कर। ता कलिहा कहथय अक चाली तय कर के देख दोश। ता गीधा हनें बछड़ा के पिठार मा बैठथय। ता बछड़ा हनें उचट-उचट के यह पार अऊर वह पार होतहें। अइसनय-अइसनय गीधा हनें लट जाथय। ता आखिर मा कलिहा कहथय। बैठ जा दोश अब मोला भिड़न दे। तफेर कलिहा हनें अपन कान पूछी ला झरराय के वा बछड़ा के तीर मा गयीस। ता पहले जायके बछड़ा के आँगू डहर होथयं। ता बछड़ा हनें ढूसयं। ऐखर बाद फेर कलिहा हनें ओखर गोड़ मा लपटिस। ता बछड़े हनें लात मारिस, कलिहा के पेट मा तो कलिहा बेहोश हय गयीस। ता गीधा हनें अपन चोंच मा पानी नानिस। ता होश मा आइनस। तफेर कलिहा कहथय की–दोश हम दुन्नों झन अगर एला मारवो। तबले नहीं मार सकवो। ता गीधा कहथय की–ना दोश,एला कइसे के करी। ता कलिहा कहथय दोश बघवा हनें मोर नाना आय। ओखर लिंघन चल तो मोर बात ला नाना हनें नहीं काटहीं। अब दुन्नों झन तययार हयीन गई। ता गीधा हनें उप्परय-उप्पर उड़वाय। अर कलिहा हनें तरिस तरी धरती मा उडय। अर कलिहा हनें कहय की–या जघा ला अंदाज लेवे। ता गीधा कहथय हओ। मैं उप्परय-उप्परय उड़ के देख लेहूँ।

अब दुन्नों झन डोंगर भर नाना ठूँठैं। बघवा डोंगर के बीच करार मा मड़ाय के भित्तर सोवत रहय। ता वा कलिहा ड़ररावत रहय। की या डोंगर के राजा ला कइसे के उठावंय। ता वा कलिहा हनें करार के उप्पर मा चढ़ के अक ठन पथरा ला ढुलगावत रहय। जब जादय पथरा करार ला गिरन लगीन। ता बघवा हनें उठिस। ता वा बघवा हनें गुसयाय के गयीस। ता वा गीधा हनें ड़रराय के दूसर रुखवा मा जायके बैठ गयीस। ता वा बघवा कहिस कलिहा ला-नय रे ते या पथरा काहे ला गिराथस। मैं मर जातँव। ता मोर जीव भग जातिस। ता तोर काहिन जातिस।

तफेर कलिहा कहथय–नाना मैं तोर जीव ला ले नहीं आय हों। नाना मैं अक चीज ला पाए हों। तेला हम नहीं सक पायन, ता तय मोर साथ चल। तफेर बघवा पूछथय की काहिन बात आय साफ-साफ बता। कलिहा कहथय–मैं उहाँ जाय के बताहूँ। अतना मा गीधव आय गयीस। अब दुन्नों झन बतान लागिस। ता बघवा हनें सोचन लागिस की जरूर कच्छू बात हवें चलना चाही। अब तीनों झन वा बछड़ा ला जहाँ बाँधे रहीस। तथ्थी आवन लगीन। बन्नेंच दुरिया मा वा बछड़ा, मिलिस। अब वा बघवा कहथय कलिहा ला-न रे या तो बछड़ा आय। एला कइसे बाँधे हस। ता वा कलिहा अर गीधा हनें अपन किस्सा ला वा बघवा ला सुनाइस। ता वा बघवा कहिस–ठीक हय बेटा जीते हरा चीज आय। ता एला कइसे करेला हय। ता कलिहा कहथय–नाना एला तीनों झन मिलके खावो। ता बघवा कहथय कलिहा ला जना जावे कैइसे होथय। अतना मा वा कलिहा गयीस बछड़ा तीर। ता वा बछड़ा हनें लात मारिस। अइसनय-अइसनय तीन-चार चक्कर करिस। ता बघवा

कहिस—ते आ नहीं जानस। अब मोला जान दे। ता वा बघवा हनें अक्यदारी बछड़ा के घोंघा मा लपट गयीस। अर बछड़ा ला मार ड़रिस। बछड़ा मर गयीस।

ऐखर बाद तीनों झन खाय ला शुरू करिन। ता कलिहा हनें बछड़ा के पोटा ला नदियाके तीर रेत मा गड़ियाय दयीस जेन धोइस ता नाने ता फेर तीनों झन खायीन। अऊर खाय-पी के पानी पिएला ओही। नदिया मा गईन। ता तीनों झन पानी पियीन। अर बैठिन। ता वा कलिहा हनें जहाँ पोटा ला गड़ियाय रहीस। तहाँय जाय के बैठिन। अर उहाँ रेता मा गड़याय हरा पोटा ला निकार-निकार खावें।

ता बघवा कहथय—न री, तय कहाँ के आय खातस। ता कलिहा कहथय—मैं मुह ले खाथूँ, अर तरी डहर निकारथूँ। ता बघवा कहथय की—मोरो ला अइसनय निकरनहाँ बनाय दे। ता कलिहा कहथय—नाना, मैं बनाय तो देहूँ जरूर। अखर तोला वा समान नाने ला पड़हि। ता बघवा कहथय—काहिन समान। ता कलिहा कहथय—अक बोरा मिर्चा अर आधा बोरा निमक बाजार ले नानवे। ता वा बघवा हनें बाजार गयीस। अर नानिस तेला फिर पीसिन। अर ओखर मुँह मा ड़ारिनन। ता बघवा के जीब बरन लगेस। वा नदिया मा कूँद गयीस। जहाँ बहुत गहरा रहीस। अब वा बघवा उहिंस कलप-कलप के फड़फड़ाय-फड़फड़ाय के मर गयीस। ओखर मरन के बाद बघवा के मुरदा नदिया के तीर मा आइनस। तेला गीधा अऊर कलिहा खायी। तइसना-तइसना लालची बघवा अपन जान ला गंवायीस। किस्सा रहय। ता असर गयीस।

अहीर, लोमड़ी और गिद्ध

एक अहीर और एक लोमड़ी थी। अहीर अपनी गायों को चराने कजरीवन बिद्रदोनागिरी पहाड़ में ले जाया करता था। ऐसा करते-करते उसे कई साल गुजर गए। उस अहीर को उस जंगल में किसी भी प्रकार का डर या चिन्ता नहीं थी। वह रोज अपने साथ खाना ले जाकर दिन-भर के लिए जंगल में गाय चराने जाता था।

एक दिन उस अहीर को जंगल में एक लोमड़ी और एक गिद्ध मिला। अहीर उस लोमड़ी और गिद्ध के बारे में कुछ नहीं जानता था। लोमड़ी और गिद्ध आपस में बहुत अच्छे मित्र थे। वे जहाँ भी जाते एक साथ जाते। लोमड़ी बड़ी चतुराई से शिकार पकड़कर लाती और दोनों मित्र उस शिकार को खाते। इस प्रकार दोनों मित्रों का जीवन-यापन आराम से चल रहा था। एक दिन लोमड़ी ने गिद्ध से कहा–मित्र, चलो हम दोनों अपनी-अपनी दुनिया एक-दूसरे को दिखाते हैं। तो गिद्ध ने कहा–मित्र, पहले तुम अपनी दुनिया दिखाओ। तो लोमड़ी कहती है–मित्र, तुम मेरी पीठ पर सवार हो जाओ। मैं तुम्हें अपनी दुनिया घुमाकर लाती हूँ। तो गिद्ध लोमड़ी की पीठ पर सवार हो जाता है।

तब लोमड़ी ने उसे झाड़ियों, बावली, जंगल, पहाड़, कुँए, गुफा दिखाई और इस तरह उसने गिद्ध को पूरा जंगल घुमा दिया। जब लोमड़ी गिद्ध को अपनी दुनिया घुमाने ले जा रही थी। तब वह जंगल में मरे हुए जानवरों को सूंघ-सूंघकर अपने मित्र गिद्ध का स्वागत कर रही थी। तो गिद्ध लोमड़ी के सामने उसके बताए हुए जानवरों के मांस की बहुत तारीफ कर रहा था। गिद्ध कहता है–मित्र, तुम्हें तो गाँव और जंगल में एक से एक सड़ा-गला मांस मिलता है। तुम्हें तो बढ़िया-बढ़िया एक से एक सड़ी-गली चीजें खाने को मिलती हैं। तो लोमड़ी उससे कहती है–मित्र, तुम तो मेरी यूं ही तारीफ कर रहे हो। तुम तो हमेशा आकाश में उड़ते हो और आकाश में उड़ते-उड़ते, ताजे-ताजे मरे हुए जानवरों के मांस का पता लगाकर ही धरती पर आते हो। क्यों मित्र, मैं जो कह रही हूँ, वह सही बात है कि नहीं? परन्तु लोमड़ी तो गिद्ध की यों ही प्रशंसा कर रही थी। उसे ताजा मांस कहाँ से अच्छा लगता है। फिर भी लोमड़ी अपने दोस्त के देश-दुनिया की तारीफ करती रही।

इस प्रकार गिद्ध भी उस लोमड़ी की यूँ ही प्रशंसा कर रहा था। उसे लोमड़ी

का इकट्ठा किया सड़ा हुआ मांस कहाँ से अच्छा लगता है। फिर भी गिद्ध अपने मित्र के राज्य और दुनिया की तारीफ करता रहा। तब लोमड़ी ने गिद्ध को अपनी पीठ पर बैठालकर अपना सारा राज्य घुमा डाला। गिद्ध ने लोमड़ी से कहा—मित्र, तुमने तो मुझे अपना राज्य दिखा दिया है। अब तुम मेरी पीठ पर बैठ जाओ। मैं तुम्हें अपना राज्य दिखाकर लाता हूँ। तब ही मैं तुम्हारे कर्ज से मुक्त हो पाऊँगा।

तो लोमड़ी कहती है—ऐसा कुछ नहीं है मित्र। मैंने तुम्हें कोई कर्ज नहीं दिया है। यह तो हमारी तुम्हारी मित्रता है। मैंने तो अपनी मित्रता निभाई है। फिर गिद्ध ने लोमड़ी को जबरन अपनी पीठ में बैठाने के लिए तैयार कर लिया। बड़ी मुश्किल से लोमड़ी गिद्ध की पीठ में बैठने के लिए तैयार हुई। तो गिद्ध कहता है—मेरा देश, दुनिया तो मेरा आकाश ही है। आकाश में जाने के लिए बहुत हिम्मत की जरूरत पड़ती है। तो लोमड़ी कहती है—गिद्ध भाई, मुझमें बहुत हिम्मत है पर गिद्ध जानता था कि उसके मित्र में कितनी हिम्मत है। वह एक कुत्ते को देखते ही कैसे भागती है। फिर भी वह आकाश में जाने के लिए तैयार हो रही है। तब गिद्ध बोला—मित्र, मुझे कोई एतराज नहीं है। मैं तुम्हें आकाश की सैर जरूर कराऊँगा। तब लोमड़ी और गिद्ध आकाश की सैर के लिए तैयार हो गए।

जब लोमड़ी गिद्ध की पीठ पर सवार हो जाती है तो गिद्ध कहता है—दोस्त, मैं उड़ता हूँ। तुम अच्छे से जमकर मुझे पकड़कर बैठ जाओ। तब लोमड़ी कहती है—मित्र, तुम उड़ो तो, मैं अच्छे से पकड़कर बैठी हूँ। अब दोनों आकाश में उड़ते हैं। उड़ते-उड़ते वे दस कोस तक पहुँच जाते हैं। तब लोमड़ी कहती है—मित्र, तुम्हारा राज्य और कितना बचा है। तो गिद्ध कहता है—मित्र, अभी नब्बे कोस और बचा है मेरा राज्य। तुम्हारा क्या विचार है। तो लोमड़ी कहती है—चलो दोस्त, बढ़े चलो। इसके बाद गिद्ध और तेजी से आकाश में उड़ने लगा। उड़ते-उड़ते वह एक जंगल के ऊपर से गुजरा। गिद्ध ने ऊपर से नीचे देखा तो वह अहीर उसी जंगल में अपने जानवर चरा रहा था। लोमड़ी और गिद्ध उस जंगल से चालीस कोस ऊपर उड़ रहे थे। जब गिद्ध बहुत तेजी से आकाश में उड़ रहा था। उसी समय लोमड़ी उस गिद्ध की पीठ से फिसल गई। फिसलते ही वह आकाश से नीचे गिरने लगी। वह आकाश से गिरते हुए जोर-जोर से चिल्ला रही थी—ए अहीरा, मुझे नहीं पकड़ना। ऐसा कहते-कहते वह आकाश से नीचे गिर रही थी। उसके पीछे-पीछे गिद्ध भी उतरने लगा। गिद्ध लोमड़ी से कहता है—मित्र, इसलिए मैं तुम्हारी हिम्मत पूछ रहा था। पर तुम कह रही थीं कि और तेज उड़ो पर तुम कैसे मेरी पीठ से गिर गईं।

नीचे पहाड़ में वह अहीर अपने सिर में खुमरी लगाकर गाय चरा रहा था। उसने जैसे ही लोमड़ी को आकाश से गिरते देखा, उसने अपनी खुमरी को पलटा कर पकड़ लिया। लोमड़ी चिल्लाते हुए नीचे गिर रही थी। नहीं पकड़ना रे, अहीरा, नहीं

पकड़ना रे। ऐसा कहते-कहते लोमड़ी उसकी खुमरी में आकर गिर गई। जैसे ही वह अहीर की खुमरी में गिरी वैसे ही वह उठकर, उस अहीर को गाली देने लगी। वह अहीर से कहने लगी—क्यों रे अहीर, मैं तुमसे कह रही थी, नहीं पकड़ना पर तुमने मुझे इस खुमरी में पकड़ लिया है। इसमें गिरने से मेरी कमर टूट गई है और अब मुझे भूख भी लगी है। अब मैं तुमको खाऊँगी। नहीं तो मुझे खाने के लिए एक बछड़ा दो। नहीं दिया तो मैं तुम्हारे सभी जानवरों को मार डालूँगी। ऐसी बात सुनकर अहीर डर गया। उसने डर के मारे लोमड़ी को एक बछड़ा दे दिया। इतने में गिद्ध भी नीचे आ गया। वह लोमड़ी की बातों में हाँ-में-हाँ मिला रहा था।

लोमड़ी ने अहीर से बछड़ा तो माँग लिया पर वह चिन्ता में पड़ गई कि अब इस बछड़े का क्या करे। इसे कैसे लेकर जाया जाएगा। तब लोमड़ी अहीर से कहती है—अहीर, तुम अपनी रस्सी से बछड़े को यहीं पेड़ से बाँध दो। तब अहीर ने बछड़े को एक पेड़ से बाँध दिया। फिर अहीर अपने जानवरों के साथ जंगल में चला गया। वह निराश होकर रोते-रोते जानवरों को अपने घर ला रहा था। यह सब होते-होते शाम हो गई। अब लोमड़ी और गिद्ध दोनों की लार बछड़े को खाने के लिए टपकने लगी। तो गिद्ध कहता है—मित्र, इसे मारने का कोई उपाय सोचो। तो लोमड़ी कहती है—मित्र, एक बार तुम मार कर देखो। तो गिद्ध उस बछड़े की पीठ पर बैठता है। तो बछड़ा यहाँ-वहाँ कूदने लगता है। जिससे गिद्ध परेशान होकर थक जाता है। तो लोमड़ी कहती है—रुक जाओ मित्र, अब मुझे भिड़ने दो। ऐसा कहकर लोमड़ी अपने कान-पूँछ को फटकार कर बछड़े के पास आई। फिर वह जैसे ही बछड़ा के आगे जाती है। तो बछड़े ने लोमड़ी को अपने सिर से धक्का दे दिया। इसके बाद लोमड़ी बछड़े के पैरों से लिपटती है। तो बछड़े ने लोमड़ी के पेट में एक ऐसी लात मारी की लोमड़ी दूर जाकर गिर जाती है और गिरते ही वह बेहोश हो जाती है। तब गिद्ध उड़ा और अपनी चोंच में पानी लाकर जब लोमड़ी के मुँह में डाला, तब कहीं लोमड़ी को होश आया।

तब लोमड़ी कहती है—मित्र, हम दोनों चाहे जितनी कोशिशें करें पर इसे नहीं मार सकते। तब गिद्ध कहता है—मित्र, अब तुम्ही बतलाओ कि अब क्या किया जाए? तब लोमड़ी गिद्ध से कहती है—मित्र, शेर मेरा नाना है। चलो, हम दोनों शेर नाना के यहाँ चलते हैं। वह हमारी बात मान जाएगा।

तब लोमड़ी और गिद्ध दोनों शेर के पास जाने की तैयारी करने लगते हैं। अब गिद्ध आकाश में उड़ रहा था। तो लोमड़ी छलाँग लगाकर दौड़ रही थी। वहाँ से जाते समय लोमड़ी ने गिद्ध से कहा—मित्र, तुम इस जगह को पहचान लो जहाँ बछड़ा बँधा है। तो गिद्ध ने कहा—मित्र, तुम इसकी बिलकुल चिन्ता मत करो। मैं आकाश के ऊपर से देख लूँगा की बछड़ा कहाँ बँधा है।

अब दोनों शेर की खोज में जंगल-जंगल घूम रहे थे। तब जंगल के एक किनारे

उन्हें उस शेर की गुफा दिखाई दी। शेर अपनी गुफा में सो रहा था। लोमड़ी को डर लग रहा था कि वह सोते शेर को कैसे उठाए तभी उसे एक तरकीब सूझी। तब लोमड़ी ने पहाड़ की चोटी पर जाकर एक पत्थर को लुढ़काया। परन्तु शेर की नींद नहीं खुली। तो लोमड़ी ने उस चोटी से ढेर सारे पत्थर लुढ़काने चालू कर दिए। तब शेर हड़बड़ाकर उठ गया। वह उठकर गुस्से में दहाड़ने लगा। तो लोमड़ी एक जगह पर छुप गई और गिद्ध उड़कर एक पेड़ पर बैठ गया। तब शेर ने लोमड़ी को देखा तो उसे बुलाकर कहा—क्यों री लोमड़ी, ऊपर से पत्थर क्यों गिरा रही थी? उस पत्थर से यदि मैं मर जाता तो तेरा क्या होता!

तो लोमड़ी ने कहा—नाना, मैं तुम्हें मारने नहीं आई हूँ। मैंने जंगल में एक चीज पाई है। इसलिए आपको सोते से जगाया है। आप मेरे साथ चलिए। तब शेर कहता है—तुम साफ-साफ बताओ, तुमने क्या पाया है और मुझे क्यों उठाया है, अब मुझे तुम लोग कहाँ ले जा रहे हो? तब लोमड़ी ने कहा—नाना, तुम हमारे साथ चलो तो, हम लोग तुमको वहीं बतलाएँगे की हमने क्या पाया है। इतने में गिद्ध भी उड़कर उनके पास आ गया। तो लोमड़ी गिद्ध से बातें करने लगी। तो शेर ने सोचा जरूर कोई बात है। मुझे इनके साथ जाना ही चाहिए। अब तीनों उस बछड़े के पास आने लगे। बहुत दूर चलने के बाद उन्हें उसी स्थान पर बछड़ा बँधा मिला। तब शेर उस लोमड़ी से कहता है—यह तो बछड़ा है रे, इसे तुम लोगों ने इस जगह पर कैसे बाँध दिया है, तब लोमड़ी और गिद्ध ने शेर को पूरी कहानी सुनाई। तब शेर ने कहा—ठीक है! लोमड़ी, मैं मान गया की यह जीती हुई चीज है पर इसका क्या करना है। तो लोमड़ी कहती है—नाना, इस बछड़े को हम तीनों लोग मिलकर खाएँगे। तब लोमड़ी उस बछड़े को मारने जाती है। तो वह लात मारता है। लोमड़ी तीन-चार बार बछड़े के पास गई पर हर बार बछड़ा उसे लात मारकर भगा देता। तब शेर ने कहा—बेटा, तुम आ जाओ, अब मुझे जाने दो। तब शेर दहाड़ते हुए बछड़े के पास गया और एक ही बार में उसने बछड़े के गले में अपने दांत गड़ाकर उसका खून पी डाला। जिससे बछड़ा मर गया। इसके बाद तीनों उस बछड़े के मांस को खाने की तैयारी करने लगे। तब लोमड़ी उस बछड़े के मांस को धोने नदी में ले गई। लोमड़ी ने बछड़े का मांस धोते-धोते उसके अमाशय को नदी के किनारे रेत में छुपा दिया। बचा हुआ मांस लेकर लोमड़ी शेर के पास आ गई। तब तीनों ने उस बछड़े के मांस को खाया। खाने के बाद तीनों उस नदी में पानी पीने गए। वे पानी पीकर वहीं बैठ गए।

उसी समय लोमड़ी नदी किनारे रेत से उस बछड़े का अमाशय निकालकर खा रही थी। तब शेर ने लोमड़ी से कहा—क्यों री लोमड़ी, तू क्या कर रही है? तो लोमड़ी ने कहा—नाना, मैं मुँह से खाकर नीचे से निकाल रही हूँ। तो शेर लोमड़ी से कहता है—लोमड़ी, तुम मेरा भी अपने जैसा निकालनेवाला बना दो। तो लोमड़ी

कहती है—नाना, मैं तुम्हारा अपने जैसा मुँह से खाकर नीचे से निकालनेवाला बना तो दूँगी। परन्तु उसके लिए मुझे कुछ समान चाहिए। तो शेर कहता है—तुम्हें क्या क्या समान चाहिए है। मुझे बतलाओ मैं अभी लेकर आता हूँ। तो लोमड़ी कहती है—नाना, मुझे एक बोरा मिर्ची और आधा बोरा नमक चाहिए। तुम यह समान बाजार से लेकर आ जाओ। तो शेर बाजार गया और वहाँ से एक बोरा मिर्च और आधा बोरा नमक लाकर लोमड़ी को दे दिया। तब लोमड़ी ने नमक-मिर्च मिलाकर पीसा और उसे अच्छी तरह पिस जाने के बाद शेर के मुँह में डालना शुरू किया। तो शेर की जीभ जलने लगी। उसने उसी समय नदी में छलांग लगा दी। शेर ने जिस जगह पर छलांग लगाई वहाँ बहुत गहरा था। जिससे शेर वहीं तड़पकर मर गया। उसके मरने के बाद गिद्ध और लोमड़ी ने उसकी लाश नदी के किनारे लाकर रख दी। इसके बाद लोमड़ी और गिद्ध ने उस शेर का मांस बड़े चाव से खाया। लालची शेर ने चालाक लोमड़ी की बातों में आकर अपनी जान गवाँ दी।

12. लिटिया अऊर चोटिया

अक झन लिटिया अर चोटिया रहत रहय। ता हुन दुन्नों झन भाई-बहिन आंय। ता अक दिन लिटिया कहथय चोंटिया ला-चल भाई घर बनाय लई। अरे घाम लगही ता कहाँ रहवे। ता चोंटिया कहथय–मैं नहीं वनाव रे। मैं जहाँ भाही तहाँ रह सकत हों। पान पाहूँ पानय मा लुक जाहूँ, पथरा पाहूँ पथरा मा लुक जाहूँ, बिल्ला पाहूँ बिल्ला मा लुक जाहूँ, अइसनय-अइसनय चोंटिया हनें लिटिया ला कहत रहय। लिटिया कहय–भाई, मैं तो घर बनाहुंच। तय नहीं बनाय ता नहींच के मारे। मैं तो बनांहूँ घर। ता लिटिया हनें कहाँ-कहाँ ले लकरी, झींटी, खपरा, ड़ोंरा, भीटी, माटी, इकटठा कर के अपन लाय रहे ला घर बनाय ड़रिस।

जेठ मा तो ठीक रहीस। जेठ कटिस ता असाड़ आइनस। ता असाड़ के बादर गरजाई। अर निकोर-झिकोर पानी गिरायी मा अच्छा-अच्छा चीजन के हिम्मत घबराय जाथय। ता अक दिन अइसनय पानी अर बादर आईस। बेजय जम के। ता चोंटिया हनें फिल के लथ-पथ लिटिया के घर के पछीत मा लुकन लागिस। तफेर लिटिया हनें कहथय–कउन आव वो राणी दुखाली। अइसना कूलथों मोर पछीत माँ। ता चोंटिया कहथय–मय आव वो दीदी, मोला बचाय ले। मैं जियादा ठंडा मरे हवय ता लिटिया कहथय–ऐखर मारे कहत रहय। की चल नें रे घर बनाय लई। ता ते नाहीं लागे। तेखर दंड़ आय भोगथस। ता लिटिया कहथस–आय जा रे, ता चोंटिया हनें ओखर घर मा घुस जाथय। ता लिटिया हनें ओखर नितन खटिया बिछावत हंय। खटिया के तरे मा घरसी भर के धर दयीस। ता वा दंदाय गयीस। अऊर बहुतय चित भूले सोय गयीस। ता लटिया हनें बढ़िया धान ला मूसर कांड़ी मा कूटिस। अर फिर ओखर कान ला सोय नींद मा काट लयीस।

तेखर बाद लिटिया हनें चांउर के भात,अर ओखरय कान के साग बनाइस। भात ला बनावन के बाद चोंटिया ला आरो कर के उठायीस-उठवो खाना खाय ले भुकाय होही। तफेर चोंटिया हनें उठिस। अऊर खाना खावन लागिस। अर कहिस–दीदी, जियादा मिठाइस खाना।

तेखर बाद दुसरैया दिन गाँव मा अक झन बाला फुंदरी वारे आइनस। ता वह गाँव के जतना टूरा-टूरी रहय। तेन सब टूरा-टूरी अक झन घर मा बैठिन स। तफेर

वा बाला वारे कहथय लुड़ी-लुड़ी कान भई तरकीन के साध, लुड़ी-लुड़ी कान भईन तरकिन के साध कहय। ता सफा टूरा-टूरी अपन-अपन कानन ला देखें। अतना मा चोटे हनें अपन कान ला देखिस। ता ओखर कान नहीं रहीस। ता वा जान गयीस की वा दिन दीदी हनें मोर कान के साग आय बनाय रहीस। ता वा चोटे हनें घर मा आयके अपन दीदी ला मारे ला रगड़न लागिस। तफेर लिटिया हनें घर ला छोड़ के जादा जोर से भगन लागिस। तफेर भगत-भगत हुन, अक ठन नदिया मा पहुँचिस। तहाँ वा लिटिया हनें नक के वा पार डोंगर भित्तर घुस गयीस। तफेर चोटें हनें नदिया के वा पार खड़े बरथिया रहय। तेला नकायीस अर हूँखर साथ वा अक ठन गोटी खेल खेलिस। ता ओमा अक शरत रहय। की जेन जीतही तेला अपन-अपन घर मा जतना चीज हय। तेला सब ओखर हो जाही। जेन जीतही तेखर। फेर खेल ला चालू करिस।

अतना मा चोटे के लिंघन ता कच्छू नहीं रहय। ता वा ड़रात रहय। पर वा हनें खेले ला नहीं छोड़िस। आखिर-आखिर मा चोटे हनें बरथियन के सब चीज ला जीत गयीस। ता ओला अक झन दुलहिन टूरी मिलिस। तेखर साथ वा हनें लिटिया के घर मा रहन लागिस। तफेर फेर अइसनय-अइसनय कई साल बीत गयीस।

अर उत्थी लिटिया अक राजा के राज मा जायके रहत रहय। तहाँ वा बनै जीवत-खावत रहय। ता अक दिन राजा के घर मा बिहाव होवें। तहाँ लिटिया ला बलाइन ता वहाँ ओला अक झन टूरा मिलिस। जेखर घर मा सब चीज रहीस। लेकिन अक झन ड़यकी टूरी नहीं रहीस। ता वा टूरा हनें लिटिया ला कहथस—मैं तोर साथ बिहाव करन चाहथूँ। ते राजी भर हयीन जा। ता लिटिया हनें अपन दिमाक ला सोच के कहथय की कब तलक अकेले रहहूँ। तेखर लेत महूँ राजी हवं तोर साथ जिनगी काटेला। ता वा टूरा हनें लिटिया ला धर के अपन घर के रसता ला पकड़िस। रसता मा लिटिया हनें अपन बीते हरा घटना बताइस। ता वा टूरा हनें भी अपन घर के बारे मा बताइस।

अइसनय-अइसनय टूरा अर लिटिया दुन्नों झन वा टूरा के धर मा पहुँच गईन। ओखर घर मा वा टूरा के ददा अऊर ओखर भाई रहय। तेन अपन भउजी के बढ़िया सुआगत करिन। तफेर हुन दुन्नों झन बढ़िया जीवत-खावत रहीस। अर हित्थी चोटे हनें भी बढ़िया जीयत रहय। तफेर अक दिन चोटे हनें अपन ड़यकी के साथ रात मय झगरा हईन गयीस। बन्नें दिन तक ओखर बोल-चाल बन्द रहीस। अक दिन चोटे हनें। अपन डयकी ला मजाक करत रहय। जहाँ वा ड़यकी धान कूटत रहय। तफेर फेर वा डयकी गुसयाय के वा चोटे ला अक मूसर मार दयीस अतना मा चोटे रहय। तेन तड़फ-तड़फ के मर गयीस। ता वा डयकी हनें गाँव के सयानन ला बलाय के कहथय की या हनें कोठी मा चढ़त रहीस। तहाँ लें गिर के आय मर गयीस। ता गाँव के ओखर लहास ला नदिया मा बहवाय दैयीन। अर वा डयकी ला ओखर दाई-ददा लिंघन भेज दयीन। किस्सा रहीस ता असर गयीस।

लीटी और चीटीं

एक लिटिया (पेड़ों पर घोंसला बनाकर रहनेवाली चींटी) और एक चोटिया (जमीन में रहनेवाला चींटा) रहते थे। एक दिन लिटिया कहती है–चोटिया भाई, अपने-अपने घर बना लो। तो चोटिया कहता है। मैं नहीं बनाता। मैं जहाँ चाहूँ वहाँ रह सकता हूँ। मैं पत्थरों में पत्तों में, और कहीं भी छुप जाऊँगा। मुझे कोई बिल मिल जाएगा। तो मैं उसी में छुप जाऊँगा। इस प्रकार अनेकों बार लिटिया ने चोटिया से अपना घर बनाने को कहा–परन्तु चोटिया ने हर बार मना कर दिया। तब एक दिन लिटिया ने कहा–भाई, मैं तो अपना घर बनाऊँगी ही तुम्हें जैसा दिखे, करो। तुम्हें नहीं बनाना है तो न बनाओ। तब लिटिया यहाँ-वहाँ से लकड़ी, झींटी, खपरा, रस्सी और मिट्टी की व्यवस्था करके अपना घर बनाने में जुट गई और एक दिन उसने अपना घर तैयार कर ही लिया।

गर्मी के दिन तो किसी प्रकार से गुजर गए। गर्मी के बाद जैसे ही बरसात का मौसम आया और आकाश में बादल गरजने लगे। कुछ दिन बाद जोरों से बारिस होने लगी। एक दिन बहुत जोरों से बरसात हुई और उस बरसात में चोटिया पानी में भींग गया। वह आकर लोटिया के घर के पिछवाड़े में जाकर छुपने लगा। तब लिटिया ने कहा–कौन आया है, मेरे घर के पिछवाड़े में? वहाँ तो चोटिया पानी में भींग कर काँप और कराह रहा था। तब चोटिया ने लिटिया से कहा–दीदी मैं हूँ, चोटिया। मुझे बहुत ज्यादा ठंड लग रही है। मुझे बचा लो। तब लिटिया कहती है–चोटिया भाई, मैं तो तुम्हें पहले से कह रही थी कि अपना मकान बना लो। परन्तु तुमने मेरी बात नहीं मानी अब उसी का दंड़ भुगत रहे हो। इसके बाद लिटिया कहती है–आ जा भाई, आ जा। तो चोटिया उसके घर में आ जाता है। तब लिटिया उसके लिए खाट बिछाती है और खाट के नीचे जलती हुई अंगीठी रख देती है। जिससे चोटिया के शरीर में गर्मी आ जाती है। तब वह गहरी नींद में सो जाता है। तब लिटिया अपनी धान को मूसर और कांडी में कूटने लगती है। इसके बाद लिटिया ने सोते हुए चोटिया के कान काट लिए।

इसके बाद लिटिया ने चावल का भात और चोटिया के कान की सब्जी बनाई। जब खाना तैयार हो गया तब लोटिया ने चोटिया को आवाज देकर उठाया।

उसकी आवाज सुनकर चोटिया सोकर उठा। उसके बाद दोनों ने खाना खाया। चोटिया-लिटिया से बोला–दीदी, खाना बहुत स्वादिष्ट लग रहा है।

उसके दूसरे दिन उस गाँव में एक फेरी लगानेवाला आया। वह बिंदिया, फुँदरे, कान के बाले लेकर आया था। उस गाँव की सब लड़के-लड़कियाँ उस फेरीवाले को घेर कर बैठ गए। तब वह फेरीवाला कहता है–लुड़ी-लुड़ी कान भई, तरकिन के साथ लुड़ी-लुड़ी कान भई, तरकिन के साथ, कह रहा था। तब वहाँ बैठे सभी लड़के-लड़कियों ने अपने-अपने कान देखे। इतने में चोटिया ने भी अपने कान देखे। तो उसके कान नहीं थे। तब चोटिया समझ गया की कल सोते में दीदी ने मेरे कान काट लिए हैं और उसी कान की सब्जी बनाकर मुझे खिलायी है। तब चोटिया भागते-भागते लिटिया के घर आया। वह उसे मारने के लिए दौड़ा। लिटिया ने चोटिया को जैसे ही देखा उसने अपना घर छोड़कर दौड़ लगा दी। वह दौड़ते-दौड़ते एक नदी के किनारे पहुँची। तब लिटिया उस नदी को पार करके एक जंगल में घुस गई। तब चोटिया नदी के दूसरे किनारे पर खड़ा था। वहाँ पर उसे एक बारात मिली। तो चोटिया ने उन बारातियों को नदी पार कराई। इसके बाद चोटिया उन बारातियों के साथ गोटीवाला खेल खेलने लगा। उस खेल में चोटिया ने उन बारातियों से एक शर्त लगाई की जो भी इस खेल में जीतेगा। तो उसे हारनेवाले के घर में जो भी समान होगा घर की जो भी चीज होगी, सब उस जीतनेवाले की हो जाएगी। इसके बाद खेल चालू हुआ।

चोटिया के पास तो देने के लिए कुछ भी नहीं था। इसलिए चोटिया खेलने से डर रहा था। परन्तु उसने खेलना नहीं छोड़ा। बहुत देर तक खेल चला आखिर में चोटिया ने बारातियों की सभी चीजें जीत लीं। उसने बारातियों के साथ जो दुल्हन थी उसे भी जीत लिया। इसके बाद चोटिया उस दुल्हन को लेकर लिटिया के घर में रहने लगा। इस प्रकार कई वर्ष व्यतीत हो गए।

लिटिया अपना घर छोड़कर चली गई थी। वह एक राजा के राज्य में रहने लगी थी। वहाँ उसका जीवन-यापन बहुत अच्छे से चल रहा था। तब एक दिन उस राज के राजा के घर में विवाह हो रहा था। तो राजा ने लिटिया को भी बुलाया। तो लिटिया को वहाँ एक लड़का मिल गया। जिसके घर में सभी प्रकार की सुख-सुविधाएँ थीं। किन्तु उसके पास औरत नहीं थी। तब वह लड़का लिटिया से कहता है। लिटिया, मैं तुम्हारे साथ शादी करना चाहता हूँ। तुम शादी के लिए हाँ कर दो। तब लिटिया सोचती है। मैं कब तक क्वाँरी और अकेले रहूँगी। तब लिटिया उस लड़के के साथ शादी करके जिंदगी काटने को राजी हो गई। तब उस लड़के ने लिटिया को अपने साथ रखकर अपने घर का रास्ता पकड़ा। रास्ते में लिटिया ने उस लड़के को अपने साथ बीती सब बातें बतलाई। तब उस लड़के ने भी लिटिया को अपने घर परिवार के बारे में बतलाया।

इस प्रकार बतलाते-बतलाते दोनों उसके घर पहुँच गए। उसके घर में उस लड़के का पिता और भाई रहता था। तब उसके भाई ने अपनी भाभी का खूब स्वागत किया। इसके बाद वह लड़का और लिटिया अच्छे से अपना जीवन-यापन करने लगे। इधर चोटिया भी अच्छे से अपना जीवन-यापन कर रहा था। एक रात चोटिया का उसकी औरत के साथ झगड़ा हो गया। उन दोनों में बोलचाल बन्द हो गई। एक दिन चोटिया अपनी औरत से मजाक कर रहा था। वहीं पर उसकी औरत धान कूट रही थी। तब चोटिया की औरत ने गुस्से में आकर चोटिया को एक मूसर दे मारा। जिससे चोटिया तड़फ-तड़फ कर मर गया। उसके मरने के बाद उसकी औरत ने गाँव के बूढ़े बुर्जुगों को बुलाकर कहा—मेरा पति कोठी में चढ़ रहा था। जिससे वह गिर कर मर गया। तब गाँववालों ने चोटिया की लाश को नदी में बहा दिया। उसके बाद वह औरत अपने माता-पिता के पास जाकर रहने लगी। कहानी खतम हो गई, तुम जाकर सो जाओ।

13. किसान अऊर हरवाहा

अक किसान रहय। ता वा हरवाहन ला कहथय कि–बाँस काटे ला चलो। ता बाँस काटेला गईन। वा हरवाहा गरीब रहय। तेन पिछयाय गईन। ता वा अच्छा-अच्छा बाँस कटाई मा पिछयाय गयीस। तहाँ बाघ रहय। ता वा बाघ अक सांभर के पीछा करत रहय। पीछा करत-करत बंधान मा गिर गयीस। तफेर हरवाहा वा डहर से निकरिस। ता वा बाघ गरीब हरवाहा ला कहथय–अगर कोंनों मोला हेंच देही। ता मोर पास आदमीन के जतना गहना या खड़रा भित्तर हवें। तेन ला मैं दे देहूँ। मोला हेंच भर दैहों। ता वा हरवाहा हनें अच्छा बाँस ला लमाय-लमाय के दांत ला चाब के ओला निकारिनस। तफेर नहाइस-धोंइस वा बंधान माँ नहान के बाद वा बाघ के पास आइनस। ता वा बाघ हनें कहथय वा गरीब हरवाहा ला कि–मैं कहाँ-जाओं, मोला जोर से भूख लगिनसे। ता उहाँ कोई नहीं रहय। वा जंगल मा ता वा कहथय मैं तोला ही खाहूँ। ता वा गरीब हरवाहा कहथय–ठीक हय मोला तो ते खावे।

लेकिन मोर कोई नहीं आय। मोर उप्पर अगनी देव, जल देव, धरती, अर लक्ष्मी देव हय। मैं हुन ला पूछ लूँ। तफेर तैं मोला खाय लेवे। ता हुँन दुन्नों झनें, शुरू मा लक्ष्मी देव के पास पहुँचिस। ता लक्ष्मी देव उन ला पूँछथय। ता वा गरीब हरवाहा कहथय की–मैं एला खदरा ले बाँस लमाय-लमाय के एला मैं निकारवं। ता लक्ष्मी कहथय कि मैं तोला चार नागर दैयवं। अर धरती दयों। जब मैं तोर अतना सेवा करवं। तबले तुम मोला नहीं मानवं। ता खायच करी बाध। फेर अक बात अइसन हय कहके लक्ष्मी देव कहथय–भाई खाय ला तो ते खाय लेवे। फेर जाय देखो सूरज देव के पास मोर से तो तुम्हार निआव नहीं बनें। कहूँ वा कर देखें।

ता हुन सूरज महाराज के पास पहुँचिस। वा कहें भाई मोर ठन तो पहुँचेला पहुँच गए। फेर मैं या निआव ला नहीं जान पाहूँ। तुम मोर डहर झाड़ पोंछ अर टट्टी करथों। कभ्भू तुम मोर पाँव तक नहीं परों। ता वा कहथय मोर से तुम्हार निआव नहीं हो सकें। ता फेर हुन जल देव के पास पहुँचिस। ता जल देव कहथय–देखो मैं नंगे होय के सोथूं। ता तुम रात मैं आयके नंगे हयके नहाथों। कम से कम मैं अच्छा रहथूं या बुरा रहथूं। ता तुम कम से कम दिन मा आय होते ता तुम्हार निआव करतों। तुम मनसे जात बड़ा निरगुन होथयं। तुमला कायिच करी। ता वा

कहथय–मोर से या निआव नहींच बनहें। तुम शेखनरायन के लिगहा जाहों। वा कहूँ तुम्हार निआंव कर देंही।

ता शेख नरायन कहथय की–भाई कनों या धरती के वजन धर लेही, ता मैं निआव कर देंहूँ। ता वा बाघ कहय–ए हरवाहा तैं या धरती ला मूंड़ मा धर ले। ता वा हरवाहा डराय के पत्ताल लोक मा उतर जाथय। वा हरवाहा जब या धरती ला धरिस। ता वा हरवाहा कहथय–हे भगवान अब तो मैं मरहुंच। तफेर वा गरीब हरवाहा धरती देव, सूरज देव, लक्ष्मी देव, सबके पाँव परिस। अर पाँव परके जइसे गुड़रि ला जल मा समारिस, की अक झन धरती हनें उप्पर मा रहय। गयीस।

अर शेखनरायन कहथय तोर निआव हयीन गयीस। तय कलिहा दवान ला पूछ ले। ता वा चलत-चलत आथै। ऊँहा लक्ष्मी देव ला पाखा मा कर दैय रहीन। ता ओखर आत मा वा मर गयीस। ता ओही बीचन कलिहा हनें लक्ष्मी देव ला खाय के सोय रहिन। ओही मा हले कटट रहीने बाघ अर हरवाहा। ता कलिहा ला आरो करके कहथय। ए गा दवार? अतना मा कलिहा उठ गयीस। अर कहथय–पानी मा आगी लगे रहय। तेला सानत करत रहे हों। ता वा कलिहा बाध ला कहथय मामा जी राम-राम बनें करे। एला खायच करी। तुम जब देखो तो मोर नितन ला कहत रहथें की तोला पोटी-पोटा देहूँ। ता ते अच्छा-अच्छा खाय लेहो मामा।

तफेर कलिहा कहथय बाघ ला-ते कइसे-कइसे हय रहे मामा। ता बाघ कहथै वह पार रहीने सांभर। ता उन ला रगड़त-रगड़त मैं जैसे पकरे ला हयं वैसइ या खदरा मा कुंदर गवंय। अर फँस गवंय। ता कते बिचन आय चल ना मोला दिखावें। या अच्छे हवें एला आवत देखा हवो। ता या दिखाय दहिस भांचा। तफेर फेर कलिहा हनें वा हरवाहा ला पूछथैं की–ते कइसे आय रहीस। ता वा हरवाहा कहथय–मैं बनिहार आदमी आंव मोर मालिक अच्छा-अच्छा बाँस लानिहों कहिसे। तवय मैं या जहाँ रहय। तहाँ केला बाँस काटत रहों। ता या बाघ अक खदरा मा डूबे रहीस। ता या बोलिस की–मोर लिंघन जतना गहना हवय तेन ला सफा तोला दे देहूँ। मोला ते निकार दें। ता मोला हयीन गयीस लोभ। ता एला मैं निकार देवय। ता मैं नहाय धो के जब बाहर निकलों। ता या कहथय मैं तोला खाहूँ।

ता मैं सब देवतन लिंघा गए रहों। ता शेखनरायन तोला पूछींस। अर तोला कहिसे की दवान निआंव करिहें। तफेर बाघ हनें कलिहा ला वा जघा मा लेजन लागिस। अर अपन आगू हयीस। ता वा कलिहा कहथय की–आदमी ला बीच मा कर लेवी। कहूँ भगय झय मामा चलत-चलत नाला, नदिया सब नकन लागीन। ता सब झन पहुँचिसन झील मा जहाँ वा बाघ फँसे रहय। ता कलिहा कहथय–कतियन रहे मामा तैं, हाँ मैं यह हियन रहयों हो। ता वा बीचन मा हरवाह आदमी रहीस की नही। ता या तो नहीं रहीस। मैं दुई दिन ले गड़े रहएँ। भूख के मारे मरत रहे हों। ता या खपतत रहीस बाँस। अर छीलत रहीस बाँस ला। तो मैं आरो

करयों एला। ता मैं कहवं की मोर लिंघटा जतना गहना हवें तेला दे देहूँ। कहके फेर भूख के मारे एला मैं खाहू कहथूं। ठीक कहे मामा, फेर कइसे-कइसे हयके उहाँ कूदे रहय। तब मैं निकरवाय लेहूँ। ते कूँद भला अर दिखा तो मैं देखन आए हों।

तफेर बाघ हनें वा बाँध मा कूँदिस। ता कलिहा कहथय की–बल भर खुरटाने रहय। रहे। ता बाघ कहथय–मैं ओखर ले जादा गड़ गए रहे हों। ता ते निकर जाए जो नहीं। ता बाघ कहथय–नहीं निकर पाहूँ। ता कलिहा वा आदमी ला कहथय की काहिन ला देखथस। वा कुल्हाड़ी मा मारस नहीं। ता बाघ कहथय की मामा तैं तो पोटी-पोटा ला देवे कहत रहय। अब मोर पोटा ला खान लागे। ता बाघ मर गयीस। अर हित्थी किसान हनें।

अऊर ओखर घर के खोजे ला निकरन लगीन। ता पूरा जंगल ला खोज ड़ारिनन। हूँखर घरन के रोवन गायन लागीन। ता वा किसान कहथय तुम मत रोव मैं तुमनला पोष लेहूँ। तुमन ला कछु न कछु बँटवारा देहूँ। तेन समय मा वा हरवाहा उहाँ पहुँच गयीस। उहाँ पाँच पंच बैठे रहीस। पंच के अगारु मैं जरूर कहे रहे हो पर तोर आदमी आय तो गएन। तफेर ओखर ड़यकी अऊर टूरा कहथय की–हमला अइसे-अइसे कहे रहीस कहके सुनवाइन। अर फेर पंच बैठारिन। ता तोर बन्नी मा वा गए रहय। तेखर ले वा किसान हनें जेन चार पंच के आगू कहे रहय। तेन ओला देना पड़िस। वा किसान हनें हरवाह ला आधा-आधा बाँटा ला दयीस। ता वा हरवाह किसान के घर ला नहीं छोड़े रहय। अइसनय-अइसनय उंखर जीना-खाना चलत रहीस। किस्सा रहस ता असर गयीस। अऊर भरोसे की बउ सो गयीसे।

किसान और हरवाहा

एक गाँव में एक किसान रहता था। एक दिन उसने अपने हरवाहे से कहा—बाँस काटने, जंगल चलो। हरवाहा एक जंगल में बाँस काटने चल दिया। वह रास्ते में पीछे रह गया। जिसके कारण उसको अच्छे-अच्छे बाँस नहीं मिल पाए। उस जंगल में एक बाघ रहता था। उस दिन वह बाघ एक साम्भर का पीछा करते-करते एक बाँध के पास नहर में गिर गया। उसी समय वह हरवाहा उस रास्ते से निकला। उस बाघ ने हरवाहे को देखा और उसे बुलाकर कहा—तुम मुझे इस नहर से बाहर निकाल दोगे तो मैं तुमको अपने पास गुफा में रखे हीरे-जवाहरात के जेवर दे दूँगा। उस हरवाहे को जेवरों का लोभ हो गया। उसने बड़े-बड़े बाँसों को झुकाकर उस बाघ को बाहर निकाल दिया। उसे निकालने के बाद हरवाहा ने उसी बाँध में स्नान किया। स्नान करने के बाद वह हरवाहा बाँध के पास आया। जहाँ बाघ बैठा था। बाघ ने हरवाहे से कहा—मुझे बहुत जोर से भूख लगी है। मैं तुमको खाऊँगा।

तब उस हरवाहा ने कहा—ठीक है, तुम मुझे खा लेना पर मेरा इस संसार में कोई नहीं है। मेरे तो सिर्फ आकाश देव, अग्नि देव, जल देव, धरती देव और लक्ष्मी देव हैं। मुझे खाने के पहले उनसे पूछ लेते हैं। मैं उनसे मिल लूँ। तब तुम मुझे खा लेना। बाघ और हरवाहा सबसे पहले लक्ष्मी देव के पास गए। लक्ष्मी देव उनसे आने का कारण पूछते हैं। तो वह हरवाहा कहता है—भगवान, यह बाघ नहर के पानी में डूब रहा था। मैंने किसी प्रकार इसे बाहर निकाल। इसने कहा था कि मैं बाहर निकलकर तुमको जेवर दूँगा पर यह बाहर निकलकर मुझे ही खाने को कह रहा है। तब लक्ष्मी देव ने कहा—मैंने तुमको खेती करने के लिए चार नागर दिए और जमीन दी। इसके बाद भी तुम हमारी सेवा नहीं करते। इसलिए यह बाघ तो तुमको खाएगा ही। फिर भी तुम सूरज देव के पास जाकर देखो। वे तुम्हारी समस्या का निदान कर देंगे।

बाघ और हरवाहा दोनों सूरज देव के पास पहुँचे। सूरज देव ने कहा—ठीक है, आने को तो तुम मेरे पास आ गए हो पर मैं तुम्हारा न्याय नहीं कर सकता। क्योंकि तुम लोग मेरी दिशा में बैठकर पाखाना करते हो। कभी भी मेरी पूजा नहीं करते। इसलिए मैं तुम्हारा न्याय नहीं कर सकता। तुम जल देवता के पास जाओ।

उनसे जाकर अपना न्याय माँगो दोनों जल देवता के पास पहुँचते हैं। जल देवता दोनों को देखकर कहते हैं—मैं नग्न अवस्था में होकर विश्राम करता हूँ और तुम रात में आकर नग्न होकर हमारे जल में स्नान करते हो। अगर तुम लोग दिन में आते तो मैं तुम्हारा न्याय कर देता। अभी मैं विश्राम कर रहा हूँ। तुम मानव जाति के लोग बहुत मतलबी होते हो। तुम्हारा न्याय मुझसे नहीं होगा। तुम शेष नारायण के पास जाओ, वही तुम्हारा न्याय करेंगे।

दोनों शेष नारायण के पास जाते हैं। तो शेष नारायण जी कहते हैं—तुम दोनों में से कोई मेरा भार उठा लो। तभी मैं तुम्हारा न्याय कर सकूँगा। तब बाघ ने उस हरवाहे से कहा—वह धरती का भार अपने ऊपर रख ले। तब हरवाहा पाताल लोक में चला जाता है। वह धरती का भार अपने ऊपर रख लेता है। वह भगवान से विनती करने लगा—भगवान मुझ गरीब को बचा लो। मैं इसके वजन से मर जाऊँगा। ऐसा कहकर वह हरवाहा धरती देव, लक्ष्मी देव, सूरज देव सभी के पैर पड़ने के लिए जैसे ही झुका, उसी समय धरती ऊपर आकाश में चली गई।

तब शेष नारायण जी ने कहा—तुम्हारा न्याय हो गया है। तुम लोमड़ी से पूछ लो। दोनों वहाँ से वापस होकर लोमड़ी के पास जाते हैं। लोमड़ी उसी समय लक्ष्मी देव को खाकर विश्राम कर रही थी। उसी समय बाघ और हरवाहा वहाँ पहुँचे। दोनों ने लोमड़ी की गुफा में जाकर उसे आवाज लगाई। जिससे लोमड़ी उठ गई। लोमड़ी कहती है—तुम लोगों ने मुझे क्यों उठा दिया। मैं सपना देख रही थी की पानी में आग लग गई है। जिसे मैं बुझा रही थी। तब दोनों ने लोमड़ी को अपने आने का कारण बतलाया। तब लोमड़ी ने बाघ से कहा—ठीक है मामा जी, तुम इसे खा ही लो। तुम जब देखो मेरे लिए कहते रहते हो कि तुमको आंतें खिलाऊँगा। अच्छा हुआ, तुम इसे खा लो और मुझे इसकी आंतें दे देना। इसके बाद लोमड़ी बाघ से कहती है—मामा, यह सब कैसे हुआ? आप मुझे विस्तार से बतलाइए। तब बाघ कहता है—उस पार एक साँभर आया था। मैं उसे पकड़ने के लिए दौड़ा उसी समय मैं धोखे से बाँध में गिर गया और कीचड़ में फँस गया। लोमड़ी ने कहा—मामा, चलो मुझे वह जगह दिखलाओ। जहाँ तुम गिरे थे। इसके बाद लोमड़ी हरवाहा से कहती है—तुम यहाँ पर कैसे आए थे? तब हरवाहा कहता है—मुझे मेरे मालिक ने अच्छे-अच्छे बाँस काटने के लिए भेजा था। मैं उसी झील के पास बाँस काट रहा था। वहीं पर यह बाघ पानी में गिर गया था। इसने मुझसे कहा—मुझे यहाँ से निकाल दोगे तो मेरे पास जितने गहनें हैं सब तुमको दे दूँगा। तो मुझे लोभ हो गया। जिसके कारण मैंने इसे निकाल दिया। निकलने के बाद यह मुझको ही खाने को कह रहा है।

तब मैं सभी देवताओं के पास गया। तो शेष नारायण जी ने कहा—तुम्हारा न्याय लोमड़ी दिवान करेंगे। इसके बाद बाघ, लोमड़ी को उस जगह पर ले जाने

लगा। बाघ आगे-आगे चलने लगा। तो लोमड़ी ने कहा—इस आदमी को बीच में कर लो, कहीं भाग न जाए। चलते-चलते वे उस बाँध के पास पहुँचे। जहाँ बाघ फँसा था। तब लोमड़ी बाघ से कहती है—मामा जी, आप किस जगह पर थे। तो बाघ कहता है—भांजी, मैं इस जगह पर था। तब लोमड़ी ने कहा—यह आदमी भी यहीं था। तो बाघ ने कहा—नहीं, यह यहाँ पर नहीं था। यह यहीं पर पास में बाँस काट रहा था। मैं दो दिनों तक पानी में गिरकर फँसा रहा। मैंने दो दिनों से कुछ नहीं खाया। भूख के कारण मर रहा था। मैंने इसे बुलाया और कहा—मुझे निकाल दो। तो मैं तुमको अपने पास रखे पूरे गहने दे दूँगा। तब इसने मुझे बाहर निकाल दिया। फिर मैंने इससे कहा—मैं तुमको खाऊँगा। ठीक कहा—मामा ठीक कहा—तुमने, पर यह तो बतलाओ। तुम उस जगह पर कैसे कूदे? तुम कूदकर बतलाओ। मैं तुमको बचा लूँगी। तब बाघ ने एक छलांग लगाई और बाँध में कूद गया। तब लोमड़ी ने बाघ से कहा—मामा, अब तुम वहाँ से बाहर आ सकते हो। तो बाघ ने कहा—नहीं भांजी, मैं अब यहाँ से नहीं निकल सकता। तब लोमड़ी ने उस हरवाहे से कहा—तुम क्या देख रहे हो, निकालो अपनी कुल्हाड़ी और इस दुष्ट के टुकड़े कर डालो। हरवाहे ने उसी समय बाघ पर कुल्हाड़ी से प्रहार कर उसे मार डाला और अपने घर की ओर चल दिया।

किसान और हरवाहा के घरवाले हरवाहे को खोजने निकले। उन्होंने पूरा जंगल खोज डाला पर हरवाहा कहीं नहीं मिला। उसके परिवार के लोग रोने लगे। तब गाँववालों ने पंचायत बुलाई। तब किसान ने कहा—आप लोग चिन्ता मत करें। मैं हरवाहा के परिवार को पाल लूँगा। इसके परिवार को अपनी जमीन का हिस्सा भी दे दूँगा। उसी समय हरवाहा वहाँ पर आ गया। पंचों के सामने हरवाहा की पत्नी ने कहा—उसे वह अपना हिस्सा दे। तो किसान ने कहा—अब तो यह आ गया है। अब काहे का हिस्सा दूँ। तब पंचों ने कहा—यह हरवाहा तुम्हारी मजदूरी में गया था और बड़ी मुश्किल से अपनी जान बचाकर आया है। इसलिए इसे हिस्सा देना ही पड़ेगा। तब सब पंचों के कहने पर किसान ने उसे उसका हिस्सा दिया। हरवाहा खुशी-खुशी रहने लगा। फिर भी उसने उस किसान के यहाँ काम करना नहीं छोड़ा। किस्सा रही तो खतम हो गई, भरोसे की बऊ सो गई।

14. जबान केर फाँदा

या किस्सा अक बाम्हन के आय। जब वा बाम्हन अपन परिवार ला लुकायत फिरत रहय। वा बाम्हन अपन भाँचा ला दूसर के हाथ मा देवत फिरय। वा हनें दूसर बाम्हन ला अपन भाँचा ला दै दयीस दूसर बाम्हन बहुतय सोच समझ के अपन राज ला छोड़ के दूसर राज मा जावत रहय। ता या जेन दूसर बाम्हन रहय। ओखर नाम पिणासा रहय। अर पहले वारे बाम्हन के नाम मंधूरा रहय। पिणासा बाम्हन के चाल चलन ओखर खाना-पीना, पूजा-पाठ हर चीज ओखर अलगेच रहय। इन सब चीजन ले ओखर भीतर मा झूँठ नहीं बोलत रहय। चाहे ओखर परान काहेला चले जाय। एहीले मनसे ओखर बहुतय इज्जत करत रहय। वा सत्य बोलत रहय। तेखर ओला राजा भी अपन दरबार मा बुलावत रहय। पिणासा बाम्हन मंधूरा के भांचा ला अपन खुद के भाँचा बनायके राख लईस। अइसनई-अयसनई बहुत समय बीत गयीस।

अब या मंधूरा बाम्हन डोकरा हय गयीस। अर फेर अपन रहवास ला छोड़ छयिस। अर अपन समधियारो के गाँव मा रहन लागिस। तेखर ले ओखर डयकी बहुत चीह-चिही-हिन रहय। वा हनें अपन डयका ला सत कहेला रोज कहत रहय। मंधूरा बाम्हन के डयकी के नाम अहिल्या रहय। ओखर भांचा के पता मा उन्खर गाँव के आदमी छावा छिटी हय गईंन। वा ड़करा के गाँव मा बाम्हन के राजा महाराजा रहत रहय। वा हनें बाम्हन ला अपन राज मा हर रोज अलग-अलग असरी के असरी बलावत रहय। अर अपन दरबार मा नियाय के भरोसा का देवय। अखर कनों बामहन झूठ बोलत रहय। ता ओला। तुरतय सजा दे देवय। ऐखर ले वा राज के बामहन अपन परान ला बचाय के नितन कभू झूठ नहीं बोलत रहय। एही कारन ले वा दूसर बामहन। अपन भाँचा ला दूसर बामहन के लिंघठन छोड़ दए रहय। अब या बामहन के जीव अपन साथ में नहीं रहत रहय। जब ओखर खोजार के बारे मा सुनिस।

तफेर वह राज के फौजन ला शक हईनस कि हमार राज के पिणासा बामहन के घर मा जोन टूरा रहथय वा ओखर सग्गे भाँचा नहोय। वा तफेर राजा के लिंघटा जाय के समाचार सुनाइस। ता राजा महाराजा के आदेश भयीस कि–पिणासा बामहन ला पता भेजिन कि तोर भाँचा के संग राजदरबार मा हाजिर होही। तफेर

तुम्हार परीक्षा लई जाही। जब दुन्नों मामा-भाँचा दरबार मा हाजिर हयि। ता उनन ला अक ठन टठिया मा खाना खाय के आदेश महाराज सुनाईस। तफेर ओखर ड़यकी या बात जानत रहय। कि या टूरा हमार भांचा नहोय। तफेर वा बाम्हन हनें अपन धरम-शास्त्र से वा टूरा के रक्षा करथय। जब भाँचा के साथ अक ठन टठिया मा हाथ धोए के खाना खाय ला अपन आसन बनायीस। ता वा राजा के सिपाही के साथ अप्पन घर मा बैठ गयीस। अखर देखतय-देखत दुन्नों मामा-भाँचा। अक ठन टठिया मा खाना खाय लईन। अन्त मा हुन फौजी अपन मुँह न ला टेढा करके उन्हा ले भाग गइन। अर वा बामहन की ड़यकी अपन हस बहुत कोशिस करिस की दूसर के टूरा अपन नहीं हय सकय तेनों हार गयीस।

जबान का फँदा

एक गाँव में एक ब्राह्मण रहता था। वह अपने परिवार को यहाँ वहाँ छुपाता रहता था। वह अपने भांजे को दूसरों के यहाँ भेज दिया करता था। उसने अपने भांजे को एक-दूसरे ब्राह्मण को दे दिया। वह जब भी अपने राज्य से दूसरे राज्य में जाता। तो बहुत सोच-समझकर जाता था। इस दूसरे ब्राह्मण का नाम पिणासा था और पहलेवाले ब्राह्मण का नाम मंधूरा था।

पिणासा ब्राह्मण अच्छे से पूजा-पाठ करता था। वह नियम धर्म से रहता था। वह कभी भी झूठ नहीं बोलता था। इसके कारण गाँव के सभी लोग उसका सम्मान करते थे। वह हमेशा सच बोलता था। इस कारण उस राज्य का राजा भी उसे अपने राज दरबार में बुलाता था। पिणासा ब्राह्मण मंधूरा ब्राह्मण के लड़के को अपना भांजा बताया करता था। इसी प्रकार बहुत समय बीत गया।

मंधूरा ब्राह्मण बूढ़ा हो गया। वह अपने गाँव को छोड़कर अपने समधी के घर में रहने लगा। उसकी पत्नी का स्वभाव बहुत चिड़चिड़ा था। मंधूरा ब्राह्मण की पत्नी का नाम अहिल्या था। उसने अपने भांजे को ढूँढ़ने में कोई कसर नहीं छोड़ी। पिणासा ब्राह्मण उसी राज्य में रहते थे। पिणासा ब्राह्मण के ऊपर राजा को बहुत विश्वास था। उस राज्य में यदि कोई ब्राह्मण थोड़ा भी झूठ बोलता था तो राजा उसे सजा देता था। इस कारण उस राज्य में कोई भी ब्राह्मण झूठ नहीं बोलता था। इसी कारण मंधूरा ब्राह्मण ने अपने भांजे को दूसरे ब्राह्मण के यहाँ छोड़ दिया। परन्तु उसका दिल हमेशा अपने भांजे की तरफ लगा रहता था। वह उसे खोजने लगा।

उस राज्य के सैनिकों को शक हुआ। तब राज दरबार के फौजियों ने उसके भांजे के बारे में मालुम किया कि पिणासा ब्राह्मण के घर में जो लड़का रहता है। वह लड़का उसका सगा भांजा नहीं है। लोगों ने यह खबर राजा को सुनाई। राजा ने तुरन्त पिणासा ब्राह्मण को बुलवाया। राजा ने आदेश दिया—ब्राह्मण अपने भांजे के साथ दरबार में हाजिर हो। जिससे इस बात का निर्णय हो सके कि वह उसका सगा भांजा है कि नहीं। फिर एक दिन दोनों मामा-भांजे दरबार में हाजिर हुए तब राजा ने आदेश दिया कि—दोनों मामा-भांजे को एक थाली में खाना परोस कर दिया जाए। उस ब्राह्मण कि पत्नी जानती थी कि वह लड़का उसका भांजा नहीं है। तब

राजा ने उस ब्राह्मण से सच बोलने को कहा—तब उस ब्राह्मण ने अपने धर्म के अनुसार उस लड़के की रक्षा की। जब मामा-भांजे को एक थाली में खाना परोस कर आसन में बैठाया गया। तब सभी सिपाही अपने-अपने घर को चले गए। उन मामा-भांजे ने देखते ही देखते एक थाली में खाना खा लिया। उस ब्राह्मण की पत्नी ने बहुत कोशिश की कि दूसरे का लड़का अपना हो जाए। वह न हो सका। अपना लड़का अपना ही होता है दूसरे का नहीं। उस ब्राह्मण ने दूसरे के लड़के को अपना बनाने की बहुत कोशिश की पर सफल ना हो पाया।

15. मड़ई केर पंडा

बहुत साल पुरान किस्सा आय। कनों गाँव मा अक भारी जवारा के जस चलाय करत रहय। ऊहाँ अक झन पंडा रहत रहय। पंडा के धाम मा रोज लोगन के भीड़ लगे रहत रहय। कनों अपन घर के समस्या ला पूँछें। कनों अपन लरका, बच्चा खेती-बारी की समस्या ला सुनवाय। का कछु मा महिमा पाय-पाय के ओखर बहुत जोहार करत रहय।

अक दिन के बात आय। अक झन आदमी हनें अपन घमंड के कारण मा वा पंडा ला बातय-बात मा कहथय कि–तोर कस मा बहुत पंडा देखे हवय अखर तोर देवी मा भूत मा अतनय ताकत हवय तो तोर या बाँस के बगली ला मैं अककय हाथ मा उठाय देहूँ। अइसना कहके वा आदमी ऊहाँ ले चल दयीस अइसना-अइसना बहुत दिन बीत गयीस।

तफेर चैत के महिना मा जब जँवारा बोइन। ता पहली के दिन बैठकी मा आइनस वा आदमी। तेखर बाद वा पंचमी मा आइनस। तेखर बाद वा अठवई मा आइनस। जब गाना, जस भगत मा अदमी मगन रहय। ता वा आदमी अक झन बरुआ ला कहिस–ते सत्तय-मत्तय नाच दिखाथस।

तफेर वा बात ला जब वा बरुआ, पंडा ला बताइस कि–मोला या आदमी घमंड रूप मा बात कहिसे। तफेर पंडा हनें ओही बात ला पहले के करत-करत ओखर आदत नहीं जावय। कहके अपन आप मा देवी ला गोहार करके राखे हवय जब नौ दिन पूरा हय गयीस। ता उसले ला होइस। ता वा पंडा अपन तैयारी कर लइस अर पहली अपन देवी भूत दानव सब के पुजाई करके बदना विचार ला पूरा करके पूजबन परिस। ता सोला ठन कुकरी, आइन मूड़ बकरा, ग्यारा मूड़ सुरा, अऊर चौबीस नग दारु, तीन परीया गुड़, ग्यारा कट्टा बिड़ी, पचास ग्रम माखुर, तोला भर गांजा कली, अऊर सोंफ, सुपारी, लोंग-लायची, बंगला पान, चीर धजा, फरदा, खड़ग, त्रिशूल, आदी नाना किसम-किसम के समान सजाय। अपन देवी, देवता, के तियारी करिस।

आखिर मा जब वा मढ़ई ला बहे के बात आइनस ता वा पंडा हनें ओही आदमी ला खोज के बलवाइस। जबरदस्ती ओला बहवाय दइन। तफेर वा आदमी ला जब देवी दाई पंडा हनें चढ़ाइस। ता ओखर नहीं रह गयीस ठिकाना। वा नदिया के बीच

रेत मा जाय के गड़र गयीस। तफेर पंडा के पिछू-पिछू पूरा गाँव के मनसे आवय। तेन उन आदमी ओला पूँछें-वा आदमी अतका जल्दी कहाँ निकर गयीस। तफेर पंडा कहथय की भाई वा जादा दुरिया नहीं जाय सकें। मोर देवी दाई कहूँ नहीं लिजें। तफेर रेंगत-रेंगत हुन सब नदिया तीर पहुँचिसन। ता देखथय की रेता मा सिरप-मूड़ मूड़ बचके पूरा गड़र गय रहीस।

तफेर पँड़ा ला विनती करे कि पहुँचिसन-महाराज मोला अक दारी खाँ बचाय ले। तफेर वा पहुँचिसन हनें ओला जियाद माँगिस। अर फेर झंडा ओखर भूत ला उतार दयीस। तइसना-तइसना होथय या मढ़ई के बात। आदमीन ला केखरो देवी-देवता मा घमंड नहीं करय पड़ै। मढ़ई मा दादी के पुरखन के मानत के भूत होथय।

मड़ई का पंडा

यह बहुत पुरानी कहानी है। किसी गाँव में ज्वार बोए जाते थे। उस गाँव में एक पंडा रहता था। पंडा के घर प्रतिदिन दर्शनार्थियों की भीड़ लगी रहती थी। कोई अपने घर की समस्यायों को पूछता तो कोई अपने लड़के-बच्चों के स्वास्थ्य के बारे में पूछता था। तो कोई अपनी खेती-बारी की समस्या उस पंडा को सुनाता। वह पंडा सभी लोगों की समस्याओं को हल कर देता था।

एक दिन एक घमंडी आदमी उस पंडा के धाम पर आया। उसने पंडा से कहा—तुम्हारे जैसे पंडा, मैंने बहुत देखे हैं। तुम्हारे देवी-देवताओं और भूत में इतनी ताकत है। तो मैं तुम्हारा यह बाँस का झंडा एक ही हाथ में उठा लूँगा। ऐसा कहकर वह आदमी वहाँ से चला गया। इस घटना को हुए बहुत दिन बीत गए।

एक बार चैत के माह में उस पंडा ने जब ज्वार बोए तो बैठकी के पहले दिन वह आदमी पंडा के धाम में आया। इसके बाद वह पंचमी के दिन आया। इसके बाद वह आठवें दिन आया। उस दिन पंडा के धाम में भक्त-गण, जस-भगत गाने में मग्न थे। तब उसने एक बरुआ से कहा—तुम यह सब बनावटी कर रहे हो और ऐसे ही झूम रहे हो। यह बात जब बरुआ ने पंडा को बतलाई कि—वह आदमी बरुआ के भाव आने को झूठ समझ रहा है। तब पंडा ने अपने देवी-देवताओं का स्मरण किया। जब नौ दिन पूरे हो गए। नवरात्री के व्रत के समापन की तैयारी होने लगी। सबसे पहले पंडा ने अपने देवी-देवताओं, भूत-प्रेत, दानव सभी की पूजा करके उनसे आशीर्वाद माँगा।

उस पंडा ने देवी को प्रसन्न करने के लिए सोलह मुर्गी, आठ बकरों का सिर, ग्यारह सूअरों के सिर और चौबीस बोतल शराब, तीन परीया गुड़, ग्यारह बंडल बिड़ी, पचास ग्राम तम्बाखू, एक तोला गांजा तथा सौंफ, सुपारी, लोंग, इलायची, बंगला पान, ध्वज, कपड़ा, छींट का कपड़ा, खड्ग, त्रिशूल आदि अनेकों प्रकार की सामग्रियों को सजाकर अपने देवी-देवताओं की पूजा की तैयारी की।

पूजा के बाद जब मड़ई के झंडे को लेकर चलने की बात आई। तो पंडा ने उसी घमंडी आदमी को खोज कर बुलवाया। उस आदमी के हाथ में जबरन मड़ई का झंडा रखवा दिया। उसी समय पंडा ने उस आदमी के ऊपर देवी के भाव चढ़वा दिए।

उस आदमी को भाव आने लगे और वह रेत में जाकर घुस गया। पंडा के पीछे-पीछे पूरे गाँव के लोग आ गए। उन लोगों ने पंडा से पूछा–वह आदमी कहाँ गया? तब पंडा ने बतलाया कि वह ज्यादा दूर नहीं जा सकता है। देवी उसको कहीं नहीं ले जाएँगी। तब गाँव के सभी लोग उसे ढूँढ़ने नदी के किनारे पहुँचे। तो वे उस आदमी को देखते हैं। तो उसका पूरा शरीर रेत में धँसा हुआ था। उसका मात्र सिर बाहर दिख रहा था। वह आदमी पंडा से विनती करने लगा–पंडा जी, मुझे एक बार बचा लीजिए। तब पंडा ने उस आदमी से झंडा ले लिया और उस आदमी के भाव उतार दिए।

ऐसी होती है मड़ई की बात। आदमी को किसी के देवी-देवताओं की बुराई नहीं करनी चाहिए। ये पूर्वजों के रीति-रिवाज होते हैं।

16. हबूचंद अऊर गबूचंद

अक झन राजा केर नाव हबूचंद रहय। अर ओखर मन्त्री केर नाव गबूचंद रहय। राजा हनें कहय—सुनथस रे गबूचंद। मैं सफा रात-भर अक बात सोचत-विचारत रहय। मोर पाँव जब या धरती मा परथय। ता कचरा काहेला लग जाथय। तुमन ला फोकट मा वेतन देथूं। मोर काम-काज ला ठीक ठिकाना मा नहीं कर सकों। मोर राज मा कचरय-कचरा रहथय या कइसना अंधियार आय। ऐखर बारे मा तुम सब झन ला कोई विचार करो। नहीं ता मैं तुम्हार चमड़ी के जूता बनवाय लेहूँ।

राजा के या बात जब गबूचंद सुनिस। ता वा बहुत घबराय गयीस। डर के मारे ओखर आँखी कानन ले पसीना निकर गयीस। घबराय हरा गबूचंद अपन पसीना ला पोंछ के राजा केर पाँव तरी गिर गयीस। अर राजा हनें ला कहथय कि—महाराज, अखर तोर चरन मा धूल ना लगही। ता हमला तोर चरनन केर धूल ला कहाँ ला पावो। अइसना बात सुनिस ता राजा अचंभा मा पड़ गयीस। तफेर राजा कहथय—तोर बात सही आय गबूचंद, तबले तुम हमार राज के धूल-कचरा ला साफ कर ड़ारो, नहीं तो मोर राज मा अतनहा बड़े-बड़े ज्ञानीन के कछु काम नहीं आय। रही बात मोर पाँव केर धूल की ता ओला बाद मा देखी जाही।

तफेर गबूचंद के आँखी मा अंधियार आय गयीस। तफेर गबूचंद अपन नीचे के मंत्रिन ला बलवाइस। सब झन केर सलाह ला पूँछिस। अर फेर पारी-पारी ले सब झन केर मत ला जानिस। कनों तो राज भर के कचरा ला फड़कवाए ला कहिन। कनों ता राजा ला कहूँ जाए ला नहीं कहके उपदेश बताइन। तफेर पूरा जनतन केर माँग हयीस कि राज भर के कचरा ला टार दए जाही।

ऐखर बाद साढ़े सत्रह लाख बहरियाँ मंगवाईस। अर फेर धूल कचरा केर सफाई में लग गईन। जब जादय धूल उड़न लागिस। ता राजा केर मुँह अर छाती मा गरदा जम गयीस। खाँसी मा राजा के आफत आय गयीस। जनता भी खाँस-खाँस परेशान। कितना झन खाँसत-खाँसत अपना पिरान दय ड़ारिन। तफेर राजा हनें कहय की—तुम धूल ला भगवायथो की मनसन ला मारथो। वा धूल केर मारे बादर मा दिन समत नहीं दिखै। कछु दूसर उपाय निकारों। तफेर दूसर उपाय जब निकारिन। ता पूरा राज भर मा जहाँ तहाँ ले पानी सींचन लागिस।

तफेर पूरा राज भर मा चिखलाय-चिखला हय गयीस। जेखर ले राजा हनें गुस्याय गयीस। अर कहन लागिस कि अरे मूरख गाय बछिया मनसेन ला या चिखला मा जीना हराम हय गयीस। बाजार हाट मनसे जाय नहीं सकय तफेर फेरय सभा लगिनस। मन्त्री गण हाजिर हईन। अर कहिन कि पूरा राज मा चटाई बिछाय दइन। तफेर अइसना कारीगर खोजो जेन पूरा राज भर के नितन चटाई बनाय के काम करय।

एही बीच मा अक चमरा ड़करा रहय। जेन कि अपन विनती महाराज के आगू पेश करिस। तफेर वा मन्त्री हनें कहथय–या ड़करा ला धक्का मार के या दरबार ला बाहर कर दईन। तफेर वा चमरा ड़करा के बात ला राजा हनें गौर करिस। अर सब मन्त्रीगणन ला डांट फटकार करके शान्ती करिस।

तफेर चमरा ड़करा ला अपन विचार ला भरे सभा मा करेला कहिस। तफेर वा ड़करा चमरा केर खड़री के अक जुता बनाय के राजा केर पाँव मा ड़ार दयीस। अर राजा ला अपन सिंहासन ले उतर के रेंगे ला कहिस।

तफेर राजा रेंगन लगिनस। अर रेंग के आईस। ऐखर बाद मा वा ड़करा हनें वा जूता ला उतारन ला कहिस। तफेर वा राजा वा जूता ला अपन पाँव ला उतारिस। अर अपन पाँव ला देखिस ता ओखर पाँव मा कचरा नहीं लगिनस।

तफेर वा चमरा ड़करा के दिमाक ला देख के सब झन अकबकाय गए। अर राजा हनें ओला इनाम दय दयीस। अर अतना ज्ञानी बैठे हरन ला राजा मूरख कहिस। वह दिन ले मनसे जूता पहरेला सीखिस। गबूचंद के जान बचिस राजा के मार पीट ले।

हबूचंद और गबूचंद

एक राज्य में हबूचंद नाम का राजा राज्य करता था। उसके मन्त्री का नाम गबूचंद था। एक दिन राजा हबूचंद ने अपने मन्त्री गबूचंद को बुलाकर कहा–गबूचंद, मैं आज पूरी रात जागकर यह सोचता रहा कि जब मैं चलता हूँ तो मेरे पैरों में कचरा क्यों लग जाता है। तुम लोगों को मैं मुफ्त में वेतन देता हूँ। तुम लोग मेरे काम को अच्छी तरह से क्यों नहीं करते हो। मेरे पूरे राज्य में जहाँ देखो कचरा फैला रहता है। इसके बारे में तुम लोग सोच-समझकर कोई विचार करो कि इस समस्या से कैसे निजात पाई जाए? यदि तुम लोगों ने इस समस्या पर जल्दी विचार नहीं किया। तो मैं तुम्हारे शरीर के चमड़े से जूते बनवा लूँगा। जब गबूचंद ने राजा का यह निर्णय सुना तो उसके आँखों और कानों से पसीना बहने लगा। उसने घबड़ाकर अपने शरीर का पसीना पोंछा और राजा के पैरों में गिर गया।

गबूचंद राजा से कहता है–महाराज, यदि आपके चरणों में धूल नहीं लगेगी। तो हम लोगों को आपके चरणों की धूल कहाँ से मिलेगी? तब राजा ने कहा–गबूचंद, तुम्हारा कहना भी ठीक है पर तुम फिर भी हमारे राज से यह धूल, कचरा समाप्त करवाने की व्यवस्था करो। हमारे राज्य में एक से एक ज्ञानी पुरुष हैं। वे किस काम के हैं। तुम मेरे पैरों की धूल के बारे में बाद में सोचना, पहले राज्य की धूल साफ करने का उपाय सोचो। गबूचंद की आँखों में अंधेरा छा गया।

उसने तुरन्त अपने मन्त्रियों की एक सभा बुलाई। उसने सभी मन्त्रियों से अलग-अलग इस समस्या पर उनका मत लिया कि राज्य भर के कचरे को कहाँ फिकवाया जाए? किसी ने कहा–राजा को राजमहल से कहीं बाहर नहीं जाने दो। इसके बाद पूरी प्रजा ने निर्णय लिया की रात-भर में राज्य से पूरा कचरा हटा दिया जाए।

मन्त्री गबूचंद ने तुरन्त साढ़े सत्रह लाख झाड़ू मँगवाए। प्रजा के सभी लोग उन झाड़ूओं से पूरे राज्य की धूल की सफाई करने लगे। धूल के ऊपर झाड़ू लगने से धूल हवा में उड़ने लगी। वह धूल उड़कर राजा के मुँह और छाती में प्रवेश कर गई। राजा को जोरों से खाँसी आने लगी। पूरे राज्य में धूल-ही-धूल हो गई। उस धूल के कारण अनेकों लोगों की मृत्यु हो गई, चारों तरफ हाहाकार मच गया। राजा

हबूचंद ने मन्त्री गबूचंद से कहा—मन्त्री, तुम धूल हटा रहे हो या प्रजा के प्राण ले रहे हो। इसके बाद मन्त्रियों ने दूसरा उपाय सोचा कि पूरे राज्य में पानी सींच दिया जाए। जिससे धूल बैठ जाए। तब मन्त्री की आज्ञा से पूरे राज्य में पानी सींचा गया। जिससे पूरे राज्य में कीचड़-ही-कीचड़ हो गया। जिसके कारण राजा को गुस्सा आ गया।

राजा ने गबूचंद से कहा—अरे मूर्ख, तुमने पूरे राज्य में कीचड़-ही-कीचड़ कर दिया है। गाय, बछिया और अन्य जानवरों का जीना दूभर हो गया है। प्रजा के लोग बाजार-हाट नहीं जा सकते। इसके बाद राजा ने सभी मन्त्रियों की एक सभा बुलाई। तब सभी ने आपस में सलाह की कि पूरे राज्य में चटाई बिछा दी जाए।

उसी समय एक बूढ़ा चमार आया और राजा के सामने अपना सुझाव रखा। तब गबूचंद अपने सिपाहियों से कहता है—इस बूढ़े को धक्का मारकर बाहर निकाल दो। वह बूढ़ा चमार राजा के सामने हाथ जोड़कर खड़ा हो गया। तब राजा ने उस बूढ़े का सुझाव ध्यान से सुना। तब राजा ने मन्त्रियों को डांटा और उस बूढ़े से कहा—तुम अपना सुझाव राज दरबार में सबके सामने रखो। तब उस चमार ने चमड़े के दो जूते राजा के पैरों में पहना दिए। उसने राजा से कहा—राजाजी, आप अपने सिंहासन से उतरकर जमीन पर चलें। तब राजा अपने सिंहासन से उतरा और जमीन पर चलने लगा। वह उन जूतों को पहन कर थोड़ी दूर तक गया। जब वह वहाँ से वापस आया। तब चमार ने राजा कहा—महाराज, अब आप जूते उतार कर अपने पैर देखिए। तब राजा ने जूते उतार कर अपने पैर देखे। तो पैर बिलकुल साफ थे।

तब राजा और वहाँ पर बैठे सब मन्त्रीगण उस चमार के दिमाग को देखकर अकबका गए। तब राजा ने उस चमार को ढेर सारा ईनाम दिया।

राजा ने राज सभा में बैठे सभी ज्ञानियों से कहा—तुम सभी लोग मूर्ख हो। उस दिन से मानव जूते पहनने लगा। गबूचंद खुश हो गया क्योंकि वह राजा के कोप से बच गया।

17. डयका, डयकी अऊर साँप

अक झन डयकी रहय। ओखर बिहाव भय करीब दस साल हय गयीस। बिहाय के समय वा डयकी कछु जादय खुलत रहय। जब ओखर मरद ओला देखिस। ता मोहत हय गय रहीस। ओखर शरीर ला कामदेव महाराज बहुतय सुन्दर बनाय रहीस। वा डयकी के जीवन मा शादी होन के पहले शंकर नाव के डयका ओखर मिलनवा बनिस। हुन दुन्नों झन महाशिवरात्री मा शंकर-पार्वती के मन्दिर मा जाय करत रहय। अर शिवरात्री के दिन वा शंकर के संग मन्दिर मा जाय के वचन कर ले रहीस। तफेर या बात ला शंकर अपन हिरदय मा रखे रहय। जब-जब महाशिवरात्री आवय। तब-तब उपास रहके हुन दुन्नों झन। मन्दिर मा मिलत रहय।

जब बा डयकी के बिहाव कोंनव दूसर गाँव मा ओखर बाप अपन जात बिलादरी मा तय कर दयीस तेन ला सुनके वा डयकी हनें घबराय गयीस। अक दिन ओखर समधी अर होंन वारे आदमी गोविंद उखर घर मा बलाय मा आइनस। तफेर वा टूरा-टूरिन ला अकेले मा बैठ के बातचीत करेला मौका दइन। तफेर वा टूरा हनें टूरी ला अपन इच्छा के बात ला कहिस। तफेर वा टूरी हनें कछु इतराज नहीं बताइस। तफेर दुन्नों झन अपनाहिन माँ-बाप ला बताय दइन। अर ऊंखर बिहाव के तयारी होवन लगीस। पाँच सात दिन पहले गाँव बस्ती मा नेवता फिरवाय दइन।

या बात ला शंकर सुनिस ता किरोध हय गयीस। अर अपन आप ला दूसर जिघंन चले गयीस। अर इथि बिहाव के दिन लिंघटा आय गयीस। दुई दिन पहले सिकसा चढ़ाइन। तेखर बाद मा माँगरमाटी, सुवासा-सुवासिन, दोसी, पंडा बनाइन, अर उंखर बिहाव बड़ा खुशी-खुशी मा हय गयीस। बिहाव भए बहोत दिन बीत गयीस, अखर अक झन टूरा नहीं हइस। काहे ला की ओला शंकर-पार्वती के शाप लग गय रहीस। उंखर बिहाव के पहले साल मा महाशिवरात्री के तिहाँर आइनस। ता वा डयकी अपन घरवारे संग मन्दिर मा गयीस। तफेर वा डयकी ला पुराना मिलनवा के याद आइनस।

अर ऊंहय अक ठन साँप रहत रहय। तेन अपन आँखी मा, वा डयकी के फोटो उतार लइस। जब हुन दुन्नों झन अपन घर खाँ लहुटिन लागीन। ता वा साँप हनें वा डयकी के अन्तस मा चाब दयीस वा डयकी बहुत चिल्लाय। ता घर भर के मनसे

उठ गइन। अर ओला जागर बैठार के निमचाय डारिन। जब दूसर साल के शिवरात्री मा फेरय वा साँप फेर वा डयकी ला काट दयीस। ता गाँव बस्ती मा हल्ला हय गयीस। अर कनों कहय की एला भगवान के शाप लगिनसे। कनों कहय कि एला देवी दाई के छल आय अइसना होथय।

तफेर इथि डहर वा शंकर हनें अपन जान ला, मन्दिर मा जाय के साँप के आगू अपन मूड़ ला धर दयीस। अर वा साँप चाब दयीस। अर ओखर परान उहँय छोड़ दयीस ओखर परान मा साँप अपन जीव ड़ार दय रहीस। अबकी साल के शिवरात्री मा गोविंद हनें, अपन ड़यकी ला ओही मन्दिर मा ले गयीस। जहाँ ओखर पहरादारी मा पूरा दिन आदमी घेरे बैठे रहे। अर रात मा ओला फेरय घेर के बैठिन।

तफेर भगवान के आयके हइस। तफेर सब मनसे अपनाही जगह मा ढ़लंग गयीस। अर वा कुरिया ला बन्द करके राखे रहय। तेन अपनय-अपन खुल गयीस। अर साँप बनके वा डयकी ला चाब दयीस। अबकी बार बहुत बुरा तरीका ला चाबिस। जेनमा वा डयकी चिल्लाय भी नहीं सकीस। अर मर के लकरी बन गयीस। अइसना होत हय साँप के जीव अर ओखर शाप।

पति, पत्नी और साँप

एक गाँव में एक औरत रहती थी। उसकी शादी हुए करीब दस वर्ष हो गए थे। वह औरत बहुत ही सुन्दर थी। उसे देखकर उसका पति उस पर मोहित हो जाया करता था। कामदेव भगवान ने उस औरत का एक-एक अंग बड़ी खूबसूरती से बनाया था।

उस औरत के जीवन में शादी से पहले शंकर नाम का एक आदमी उसका मित्र बनकर आया था। वे दोनों प्रति वर्ष शंकर-पार्वती के मन्दिर में मिला करते थे। उस औरत की शादी किसी दूसरे गाँव में उसके पिताजी ने उसी की जात बिरादरी में तय कर दी थी। जिससे वह औरत चिन्ता में पड़ गई। उस औरत ने शंकर के साथ शिवरात्री के दिन मन्दिर में जीवन भर साथ-साथ रहने का वचन दे दिया था। उस बात को शंकर अपने हृदय में रखे हुए था। पर उस औरत की शादी किसी दूसरे आदमी के साथ हो गई। फिर भी जब-जब शिवरात्री का दिन आता। उस दिन वे उपवास रखकर एक-दूसरे से मिलने उस मन्दिर में अवश्य जाते थे।

एक दिन उस औरत की होनेवाली सास ने उसे अपने पास बुलाया उसका होनेवाला पति गोविंद भी उसके पास आ गया। तब उसकी सास ने दोनों को अकेले में बात करने का मौका दिया। तब उस लड़के ने उससे शादी करने की इच्छा जताई। वह लड़की उसकी बात सुनकर चुप रही। उसने किसी भी प्रकार का विरोध नहीं किया।

इसके बाद दोनों ने अपने माता-पिता से बता दिया कि इस शादी से उन्हें कोई एतराज नहीं है। तब उसके विवाह की तैयारी होने लगी। चार-पाँच दिन पहले पूरे गाँव में निमन्त्रण भेज दिया गया। जब शंकर को मालुम पड़ा की उसकी प्रेमिका की शादी हो रही है। तो वह बहुत नाराज हुआ। वह नाराज होकर दूसरी जगह चला गया। यहाँ उस औरत की शादी के दिन पास आ गए। दो दिन पहले उसे हल्दी चढ़ाई इसके बाद माँगर माटी का दस्तूर हुआ। सुवासा, सुवासिन, दोशी, पंडा बनाए गए। इस प्रकार उनकी शादी खुशी-खुशी हो गई।

उनकी शादी हुए बहुत दिन बीत गए पर उस औरत को एक भी बच्चा पैदा नहीं हुआ। क्योंकि उस औरत को तो शंकर-पार्वती का शाप लग गया था।

जब उनकी शादी हुई और पहले साल महाशिवरात्री का त्यौहार आया। तब वह औरत अपने पति के साथ उसी शिव मन्दिर में गई। वहाँ जाकर उस औरत को अपने पुराने यार की याद आ गई। उसी मन्दिर में एक साँप रहता था। उस साँप ने उस औरत की छवि अपनी आँखों में उतार ली। जब वह औरत अपने पति के साथ मन्दिर से घर वापस आने लगी। तब वह साँप उनके पीछे-पीछे आने लगा। रात में जब वह औरत सो गई। तो उस साँप ने उस औरत के गुप्तांग में काट दिया। वह औरत दर्द के कारण चिल्लाने लगी। जिससे उसके घर के लोग उठ गए। तब घर के लोगों ने रात में ही जगार बैठालकर तंत्र-मंत्र से उस औरत को ठीक कर दिया। इसके बाद दूसरी बार फिर जब शिवरात्री आई तब फिर उस साँप ने उस औरत के गुप्तांग में डस लिया। पूरे गाँव में हल्ला हो गया। कोई कहता इस औरत को भगवान का शाप लगा है। तो कोई कहता इसे देवी माँ के छल के कारण ऐसा हो रहा है।

इसके बाद उस औरत का पुराना यार शंकर उस मन्दिर में गया। उसने मन्दिर में जाकर अपना सिर उस साँप के सामने रख दिया। जिससे उस साँप ने शंकर के सिर में डस लिया। जिससे शंकर की वहीं मृत्यु हो गई। इस बार जब फिर से शिवरात्री का त्यौहार आया। तो उसका पति गोविन्द पहले से सचेत हो गया। उसे मालुम था कि इस साल भी वह साँप उसकी पत्नी को काटेगा। तब गोविंद अपनी औरत को उसके मायके ले गया। जहाँ उसकी देख-रेख और पहरेदारी में गाँव के पूरे लोग बैठे रहे।

जब रात हुई तो गाँव के सभी लोग उस औरत के चारों ओर से घेर कर बैठ गए। जब आधी रात हुई तो उस समय अचानक सबको नींद आ गई। जिससे वे सभी वहीं पर लुढ़क गए। उन लोगों ने सभी दरवाजे बन्द करके रखे थे। वे दरवाजे अपने आप खुल गए। इसके बाद शंकर भगवान आए। फिर उन्होंने साँप का रूप धारण करके उस औरत को डस लिया। अबकी बार साँप ने उस औरत को ऐसा काटा कि वह आवाज भी न कर सकी और उसके प्राण निकल गए। वह औरत मरते ही लकड़ी की हो गई। ऐसा होता है साँप और उसका शाप।

18. भूत अऊर भूतनी

अक गाँव मा अक झन टूरा अर टूरी रहत रहय। जेन अपन जात बिरादरी ला छोड़ के जंगल के तीर मा अपन डेरा धर दय रहय। जब उँखर कोई बिलादरी वारे नहीं आवय जावयं। ता उँखर जीवन खुशी-खुशी कटत रहय। दुई साल के उँखर जिंदगी मा कछु दाग नहीं आयस। हुन गाय-बछिया, अर छेरी पोसेंन रहय। अर खेती-बारी कमात खात रहय। गाय-बछिया, अर छेरिन ला दुन्नों झन चराय ला जावत रहय। अर अपन घर ला कुत्ता के भरोसा मा छोड़ देवत रहय।

अक दिन वा टूरा के गाँव मा अक झन मनसे आइनस। ता फेर वा ओखर जीना-खाना नहीं देख सकीस। वा ओखर ड़यकी ला अपन कब्जा मा करेला सोच लयीस। अर ओला अपन कब्जा मा कर लयीस। तफेर वा मनसे रोज दिन बैठे ला आवत रहय। जब ओखर डयका ला पता चलिस कि मोर डयकी के गलत चाल हवय ता वा ओला ताना मार-मार के मार डारीस। अर अपन गाय बछिया, छेरिन ला छोड़ के वा दूसर जगह मा भग गयीस। अर ओखर डयकी मरन के बात भूतनी बन गयीस। तफेर ओखर गाय-बछिया, छेरिन ला ओखर भूत हनें चराय के लानय लइजाय।

ओखर डयका दूसर जघा जायके जब अपन घर वापस आयीस। ता देखिस की उहाँ ओखर डयकी केर मुरदा सोवत रहीस। तफेर वा डयका अपन घर भीतर घुस के ड़ोरा मा फांसी लगाय के मर गयीस। अइसन-अइसन ओला भूतनी के साथ भूत मिल गयीस। तफेर हुन वा सूना जगह मा रहत रहय। अर गाय, बछिया, छेरिन चराय फेर आय के संझा के कोठा मा लाय देवत रहय।

जब बहुत दिन बीत गयीस। ता अक झन बड़े आदमी ओही डोंगर मा दइहान बनाय ला आइनस। ता देखिस कि बिना चरवाहा के गाय, बछिया, छेरी डोंगर भर खाँ चरत रहथय तफेर वा देखत रह गयीस। दूसर दिन वा घरमा गयीस। तफेर उँहा देखिस सोना-चांदी गहना गांठी। अर कई चीज मा घर भरे हरा देख के अकबकाय गयीस। अर वा समानन ला अपनायन ला सोच डारीस।

तफेर वा आदमी पहले घर वारे ला पूँछिस। तफेर बताथय कि मैं तो गाय-बछिया, छेरिन ला चरवइया आँव। घर मालिक बहुत दिन हय गइन न अपन

गाँव गए। हुन मोला कह के गइन ने कि अच्छा-अच्छा चरावे। अर हमार घर के देख-रेख करत रहवे। अतना मा बताय सकथूं।

तफेर वा आदमी लोभ के मारे अपन जीवला समारथ-समारथ कहिस। महुं इहाँ घर बनाय के गाय-भैसी, सुरा ला राखे ला आए हवय तफेर वा भूत हनें ओला दूध मा खाऐ ला दयीस। अर वा आदमी पेट भर खाय के सोय गयीस।

तफेर संझा मा वा भूतनी आइनस। अर अपन भूत ला कहथय, कि या मनसे के करेजा ला निकार के तलाई मा खोय के सुखड़ी बनाय के खातेन ता अच्छा होतस। हमार औलाद तो जनम लेतिस। अर ऐखर पाँव ला हम अपन घर के फाटक मा लगात। ता हमार घर मा चोर चिहार नहीं आतिन।

या बात ला वा आदमी सुन लइस। अर फेर वा आदमी अपन नींद ला काबू मा करके सकरहा अपन गाँव मा जाएला सोचिस। तबय आय दादा हिन अतना डेरा बनाइने। अर बिना चरवाह के गाय-बछिया, छेरिन ला कवजिया हयने। तफेर सकरहा वा आदमी उठिस अर भूत ला कहिस–मैं अभई आथों, कहके अपन गाँव मा पहुँचिस।

तफेर वा गाँव मा अक बैठक लगाइस। अर फेर पंडा, गुनियान के साथ मा फेरय वा डोंगर खाँ आँवन लगीन। रस्ता मा हुन भूत-भूतनी कहूँ साँप बनके अतना आदमीन ला डरुहावंय, ता कहूँ बाघ बनके। इन बातन ला पंडा-गुनिया जानत रहए। जब उंखर डेरा मा पहुँच गइन न ता सबले पहिले तो वा घर ला बाँध दइन। अर अपन मंत्र विद्या ले अपन आदमीन ला बाँध दइन। अर फेर जब भूत-भूतनी आदमी के रूप मा आइनन। ता उंखर अंतिम संस्कार जाता के पावा, अर सन के ड़ोरा मा कर दइन।

ऐखर बाद वा बड़े आदमी उनखर सोना-चांदी, गहना, गांठी सब चीजन ला धर लयीस।

भूत और भूतनी

एक गाँव में एक लड़का और एक लड़की रहते थे। उनमें आपस में प्रेम हो गया तो वे दोनों अपने परिवार और जात-बिरादरी को छोड़कर जंगल में रहने लगे थे। उस जंगल में उनके परिवार का कोई भी आदमी नहीं आता था। जिससे उन दोनों का जीवन सुखपूर्वक कट रहा था। इस प्रकार उन दोनों को उस जंगल में रहते-रहते दो वर्ष गुजर गए। उन दोनों को कोई भी तकलीफ नहीं हुई।

उन दोनों ने एक गाय और एक बकरी पाल रखी थी। दोनों उसी जंगल में खेती करते थे। वे दोनों रोज अपनी गाय, बकरी को लेकर उसे चराने जंगल जाया करते थे। उन दोनों ने एक कुत्ता भी पाल रखा था। जब वे दोनों गाय, बकरी लेकर जंगल जाते तो अपने घर की रखवाली के लिए उस कुत्ते को वहीं छोड़कर चले जाते थे।

एक दिन उस लड़के के गाँव का एक आदमी उस जंगल में आया। उसने देखा की वे दोनों लड़का-लड़की अच्छे से जीवन-यापन कर रहे हैं। वह आदमी उन दोनों का सुखी-जीवन नहीं देख सका। उस आदमी ने उस लड़के के साथ रहनेवाली लड़की को अपने कब्जे में करने की सोच ली।

वह उनके घर में रोज उठने, बैठने आने लगा। कुछ दिनों बाद उस आदमी ने उस लड़की को अपने कब्जे में कर लिया। जब उस लड़के को पता चला की मेरी औरत का चाल-चलन ठीक नहीं है तो उसने अपनी औरत को ताने-मारना चालू कर दिया और ताने मार-मारकर उसने अपनी औरत को मार डाला। जब उसकी औरत मर गई। तो वह अपने गाय, बकरियों को छोड़कर एक-दूसरे जंगल में चला गया।

एक दिन वह आदमी जब अपने घर आया। तो देखा की उसके जानवरों को उसकी औरत का भूत चराने जंगल ले जाता था। उसकी औरत का मुरदा उसी घर के अंदर रखा था। तब उस आदमी ने अपने घर के भीतर घुसकर फांसी लगा ली। जिससे वह भी मर गया। इस प्रकार उस भूतनी औरत को एक भूत मिल गया।

तब वे दोनों भूत और भूतनी उस सूनी जगह में रहने लगे। वे दोनों अपनी गाय और बकरियों को चराकर रोज शाम को अपने घर वापस आ जाया करते थे। इस प्रकार उन दोनों को साथ-साथ रहते हुए। बहुत दिन बीत गए।

एक दिन उस जंगल में एक धनवान आदमी आया और वह उस जंगल में अपने

जानवरों के लिए चारागाह बनाने की सोचने लगा। तब उसने देखा की बिना चरवाहे के गाय, बकरी उस जंगल में रह रही हैं। वे पूरे जंगल में रह रही थीं। वह धनवान आदमी उन्हें आश्चर्य से देखने लगा। दूसरे दिन वह आदमी उस भूत-भूतनी के घर गया। उन भूत-भूतनी के घर में सोना-चांदी, गहने, जेवर और बहुत-सा धन देखा तो वह इतना धन देखकर अकबका गया। तब धनवान आदमी भूत-भूतनी की जायदाद हड़पने की सोचने लगा। तब उस आदमी ने उस घर के भूत मालिक से पूछा—यह समान किसका है? उसने कहा—मैं तो गाय, बछिया, बकरी, चरानेवाला चरवाहा हूँ। वे लोग मुझसे कहकर गए हैं कि—तुम मेरे जानवरों को अच्छे से चराना और घर की देख-रेख करना। मैं आपको इतना ही बता सकता हूँ।

तब वह धनवान आदमी लोभ में आ गया और लोभ वश वह उनके जानवरों को हड़पने की सोचने लगा। कुछ सोचकर उस धनवान आदमी ने कहा—मैं भी इसी जगह पर मकान बनाने की सोच रहा हूँ। मैं भी यहीं पर अपना घर बनाकर गाय, भैंस, बकरी, और सूअर पालूँगा। तब उस भूत ने उस धनवान आदमी को दूध पिलाया और पेट भर खाना खिलाया। खाना खाकर वह धनवान आदमी सो गया। शाम को जब भूतनी आई तो अपने भूत से कहती है—इस आदमी का कलेजा निकालकर कढ़ाई में तलकर खाते तो कैसा रहता। जिससे हमारे बच्चे हो जाते। इस आदमी के पैरों को घर के दरवाजे में लटका देंगे। जिससे हमारे घर में चोर-डाकू नहीं आएँगे।

इन भूतों की बात उस आदमी ने सुन ली। तब वह आदमी अपनी नींद को काबू करके चुपचाप पड़ा रहा। वह सुबह होते ही वहाँ से भागने की सोचने लगा। जब सुबह हुई तो वह आदमी उठा और उस भूत से कहा—मैं अभी आता हूँ। यह कहकर वह अपने गाँव चला गया।

जब वह आदमी अपने गाँव गया तो उसने अपने गाँववालों को बुलाकर एक बैठक रखी। उसने बैठक में अच्छे-अच्छे गुनिया-पंडा बुलाए। फिर सलाह करके उसी जंगल में आने लगे। उस जंगल का भूत और भूतनी उन आदमियों को रास्ते में साँप बनकर तो कभी बाघ बनकर डराने लगे। वे पंडा और गुनिया इन बातों को जानते थे कि ये सब इन भूतों की करामत है।

इसके बाद वह धनवान आदमी गुनियों-पंडों के साथ उस भूत के घर पहुँचा। तो सबसे पहले उस घर को मन्त्रों से बाँध दिया। जब उस घर में भूत-भूतनी आए तो मनुष्य का रूप धरकर आए। तो उन गुनियों ने उन्हें मार डाला। उसके बाद उनका अंतिम संस्कार भी कर दिया।

इसके बाद उस धनवान आदमी ने उन भूतों की पूरी जायदाद अपने पास रख ली। किस्सा रही तो खत्म हुई।

19. बघ्घराज अऊर बच्छराज

अक समय के बात हय। अक गाँव मा अक बामहन अऊर बामहनी रहत रहीस। बामहन गाँव मा भीख माँगत रहीस। ओखर अक गाँव मा अक ठन गाय दान मा मिलिस। ता वा गाय ला घर लाइस। अर अपन ड़यकी ला कहिस की—ऐखर ते सेवा करवे। ओखर ड़यकी बामहन के बात ला मानिस। अर ओला नीक-नीक चारा, पानी अऊर घर मा बचे हरा बासी खवायत रहय।

अक दिन वा गाय अपन चारा पानी करिस। अर बैठ के जुगाली करत रहीस। बामहनी अपन घर के काम ला फुरसत हय के गाय के सामने बैठ गयीस। अर गाय रहय। ता अपन जुगाली करत रहय। वा बामहिन सोचिस की या मोला बिरा रहीस हय। ऐखर बाद बामहनी उं गाय के ऊपर गुसयाय गयीस की या मोल देख के बिरा रहीस हय। रात मा जब बामहन घर आइनस। ता बामहनी कहिस की—या गाय मोला बिराथी। बामहन अपन बामहनी ला बहुत समझाइस की अइसा कछु नहीं हवे। वा जुगाली करत रहे होही, पर बामहनी नहीं समझीस। अर वा अड़ गयीस की या गाय ला मा घर मा ना रखहुँ। एला दूसर जगै पठोय दे।

बामहन अपन डयकी ला बहुत मनाइस पर वा नही मानिस। तफेर बामहन उं गाय ला घर से बाहर ले गयीस। वा बहोत सोचिस की या गाय ला कहाँ पठोंओं। तफेर वा उं गाय ला कजरीवनबिंद्रादौनागिरी पहार मा ले जा के छोड़ आइनस। गाय ला भी उं पहार मा अच्छा लगन लागिस। वा दिन-भर पहार मा घूम-घूम के नीक-नीक चारा पानी चरत रहीस। बामहन ने ओहिच पहार मा ओखर रहन के विवसथा कर दय रहीस। ओखर लाने वा पहार मा अक ठन बाड़ी बनाय दय रहीस। गाय रोज संझा ला चर के बाड़ी मा आ जात रहीस। अर झरना के पानी पी के अपन समय बितान लागिस। अक दिन वा बाडी के लिंघदा से अक शेरनी निकरिस। वा गाय ला देखिस ता सोचिस कतना मोटा-ताज गाय हय। वा ओला देख के अचरज मा पड़ गयीस की ऐखर डेरा भी नींक हय, काहे ना महूँ ऐखर साथ रहन लागूं। तफेर शेरनी उं गाय के लिंघहा आइनस। अऊर वा गाय से मीठी-मीठी बात करन लागिस। वा समय गाय आगम से रहय। अऊर शेरनी भी आगम से रहीस। शेरनी ने उं गाय ला अक साथ रहन के लाजें राजी कर लइस। तफेर हुन दुन्नों झन अक साथ वा बाड़ी मा रहन लगैन।

गाय अर शेरनी रोज दिन निकर तई से पहार मा चले जात रहय। अर संझा ले खाय पी के बाड़ी मा आ जात रहय। दुन्नों झन आगम से रहीस। तफेर अक दिन दुन्नों झन अक-अक बच्चा ब्यायिन। शेरनी ने अपन छौना के नाम बघ्घराज रखिस। अर गाय ने अपन छौना के नाम बच्छराज रखिस।

बघ्घराज अऊर बच्छराज दुन्नों झन दिन-भर ओहिच बाड़ी मा खेलत-कूँदत रहय। अऊर हुन दोनों के महतारी अपन खान-पियन के नितन पहार चले जात रहीस।

अक दिन का होवत हय की अक नदीया मा शेरनी अर गाय एकय घाट मा पानी पियन चली गयीस। शेरनी नीचे घाट मा, अर गाय उप्पर घाट मा पानी पियन लागिस। गाय के लार ला शेरनी चींखीस। ता बड़ा मीठ लागिस। ता शेरनी सोचिस की या गाय के लार ला जब अतना मीठ हयस। ता ऐखर मांस कतना मीठ हो ही। तफेर वा शेरनी गाय ला कहिस की बहनी तोर लार जब अतना मीठ हस। ता मांस तो अऊर मीठ होयस। ता मैं कल तोला खाहुंच।

जब गाय शेरनी के या बात सुनिस ता रंज मा आगयीस। तफेर दुन्नों झन अपन-अपन बाड़ी मा संझा खै लौटिस। गाय बहोत रंज मा रहीस, दूसर दिन गाय अपन बछड़ा ला रोत-रोत कहिस की बेटा आज मय मर जाहूँ। शेरनी कहिस हय की आज तोला खाहूँ कहके। तफेर गाय ने अपन दूद ला निकार के बछड़ा के खुर मा डाल दयीस अऊर कहिस की बेटा जब तलक या दूद तोर खुर मा रहही। ता ते समझवे मोर महतारी जिंदा हवें। अर जैसै तोर खुर के दूद सूख जाही। ता समझवे तोर महतारी बीत गयीस। अइसना कहके गाय अपन बछड़ा ला प्यार दुलार करिस। अर पहार मा चले गयीस।

गाय के पीछू-पीछू शेरनी भी चल दयीस दिन-भर दुन्नों झन इते-उते घूमत रहे। अर जैसई संझा के बेरा भइस। ता शेरनी ने अक झपाटा गाय ला मारिस। ता गाय गिर गयीस। तफेर शेरनी ने गाय की घींच मा दांत फँसाय के ओखर सारे खून पी ड़रिस। अर गाय हते तो मर गयीस। उत्थे जैसनय गाय के पिरान निकरथै। वैसनइ इहाँ ओखर बछड़ा के खुर के दूद सूख जात हवय

वा दिन बच्छराज दिन-भर रोवत रहय। की मोर दाई ला शेरनी खाय लइस। बच्छराज ला रोवत देख बघ्घराज अपन दोस ला पूछ थै-दोस का बात हय ते, काहिन ला दिन-भर से रोय रहीस हय। ते मोला बता की काहिन कारन सै ते रो रहस हय। दोस तोर पीछू मैं अपनी जान तक दय सकथों।

अपन दोस के बात सुनतई से बच्छराज अऊर जोर-जोर से रोवन लगिनस। तफेर वा अपन दोस ला बताइस की दोस का बताउं तोर महतारी ने आज मोर महतारी ला मार खैं खा ड़रिस। या बात सुनतई से बघ्घराज सन्न हय गयीस। वा अपन दोस बच्छराज ला बोलथै दोस तोर बात आखिर सही निकरिस। तो झय चिन्ता

करवे मोर दाई ने तोर दाई ला खाइनस। ता मय भी अपन दाई ला झय छोड़हूँ। ओला मारिच डारहूँ।

तफेर संझा बेरा शेरनी गाय ला खाय पी के दहाड़त भए बाड़ी मा आइनस। अऊर बघ्घराज ला बोलिस बेटा आज मय बहोत खुश हवयों। ते पेट भर के दूद पी ले। बघ्घराज कहिस नहीं दाई मोर दोस के महतारी आ जाही। तो दुन्नों झन दूद अक साथ पीवो। तफेर शेरनी कहिस–तय ओखर चिन्ता काहेला करथय। वा आ जाही तय तो छक के दूद पी। वा आत रहही।

तफेर बघ्घराज अपन महतारी ला कहथै–दाई तय तो दिन-भर के लाने डोंगर मा चले जात हय। इहा मय अऊर मोर दोस बाड़ी मा अकेले रहथूं। कोहू दिन कोई शैल-शिकारी आ जाही। अऊर हमन ला मार ड़ारही। ता ते मोला शिकार के छाँह पेंच ला सिखा दे। तबहूँ दूद पीहूँ। तफेर बघ्घराज की महतारी ने बघ्घराज ला अपन सारे दांव पेंच ला सिखा दयीस। ऐखर बाद बघ्घराज ने पेट भर अपन महतारी के दूद पीइस। अर एकय पछाड़ा मा शेरनी ला मार ड़रिस।

अइसना-अइसना दुन्नों झन के महतारी मर गयीस अब रह गएन दोनों दोस बघ्घराज अऊर बच्छराज।

ऐखर बाद बच्छराज वा दिन से ओहिच बाड़ी मय रहत रहीस। अऊर उंहुच के चारा-पानी पीवत रहय। अर बघ्घराज शिकार करवे ला डोंगर मा चले जात रहय। अक दिन बघ्घराज ने अक बैल के शिकार करिस। वा बैल के गरा मा अक ठन घँटी बंधे रहीस। ओला वा साथ मा ले लानिस। अऊर अपन दोस बच्छराज के गरे माँ बाँध दयीस। अर कहिस की–दोस जब तोला कोई शैल शिकारी पकड़े ला आवें। ता ते कूँद-कूँद के या घँटी ला बजाए। तफेर मय आय के तोला बचाय लेहूँ। अक दिन बघ्घराज अपन शिकार केर डोंगर मा चले गए रहीस। इथी बच्छराज खुशी-खुशी कूँदन लागिस। जेखर कारन ओखर गरे मा बंधे हरा घँटी बजन लागिस। ओखर घँटी के अवाज। ओखर दोस बघ्घराज सुनिस। ता सोचिस मोर दोस ला कोइ मारत होही, या वा कोई मुसीबत मा फँस गए होही। ऐखर मारे वा घँटी ला बजाए रहय। वा टैम बघ्घराज डोंगर मा शिकार पकड़े रहीस। वा घँटी की आवाज ला सुनके तुरतइ ऊँहा से भगिस। अर अपन दोस के पास आइनस। ता दोस खुशी मा कूँदत रहीस। बघ्घराज या देखिस। ता गुसाय गयीस। अर पूँछिस-दोस तोर कारन मोर शिकार छूट गयीस। मैं फेर डोंगर जाथों। ते ध्यान से रहवे। बच्छराज बोलिस–दोस गलती हय गयीस। मोला माफ कर दे। तफेर बघ्घराज अपन शिकार मा वापस चले गयीस।

वा डोंगर मा दुन्नों दोस अच्छे से रहन लागे। अक दिन जइसे बघ्घराज डोंगर गयीस। ओइच टैम ऊँहा ले चार शिकारी निकरिस। हुन ला बछड़ा दिखिस ता कहथय कि–या डोंगर मा कइसा मोटा ताजा बकरा हय। एला काट के ऐखर मांस

बैंकवो। ता बहोत पइसा मिलही। अर हुन शिकारिन ने बच्छराज ला टंगिया से मार ड़रिस। हुन शिकारिन ने बच्छराज के गोश के टंगिया से टुकड़ा-टुकड़ा कर दयीस अऊर ओखर गरे मा बंधे घँटी ला, अक पथरा के ऊपर रख दयीस।

उंही टैम माँ उप्पर अक चील उड़त रहीस। ओखर नजर वा घँटी पै पड़िस। वा सोचिस की ऊँहा गोश रखे होही। ओइच चमचमात हय। वा चील वा घँटी ला अपन चोंच मा दबाइस। अर अगाश मा उड़ गयीस। अगाश मा घँटी जब हवा मय हिलिस तो बजय। घँटी केर अवाज जब बघ्घराज सुनिस। ता उंहिस ले दहाड़त बाड़ी मा आइनस। अऊर बच्छराज के हाल देख केर ओला किरोध आय गयीस। वा अपन किरोध शांत करिस। अर सोचिस कि वा हिन शिकारियन ला मार ड़ारही। तबले ओखर दोस तो अब वापस न आ पाही। इहिले हुनन ला झय माँरु।

बघ्घराज दुख मा रहीस। अर बहोत सोचिस विचारिस। तफेर हुन कसाइन ला दहाड़त भए बोलिस। कसाई थरथर काँपन लागिस। तफेर बघ्घराज बोलिस हुन चारों कसाइन ला कि–जावो चंदन वन, मा चंदन के लकड़ी काट के लानवो। हुन कसाई डोंगर मा गईंन। अर ढेर सारी चंदन केर लकड़ी काट के ला दयीस। तफेर ओखर चिता बनाइस ता बघ्घराज बोलिस–ए रे कसाई, तुम हमार दोश के गोश के अक-अक टुकड़ा बीन के लानवो। अर ओला चिता मा रख देव। अर जमीन मा लगे हरा खून तक खरोंच-खरोंच के लानवे। बच्छराज के गोश वा कसाई हनें चिता मा रख दयीस। तफेर बघ्घराज बोलिस हुन कसाइन ला की–चिता मा आग लगाय दो। अक कसाई ने चिता मा आग लगा दयीस लकड़ी मा आग लगयीसे, वा चिता खूब भपकन लगिनस। जब चिता के आगी अच्छे से संभरिस ता बघ्घराज ओहिच चिता मा कूँद गयीस। बघ्घराज अऊर बच्छराज दुन्नों झन दोस्ती मा अक साथ अपन परान ला गंवा दयीस।

तफेर ओहिच चिता के राख जब ठंडे हयीस। अर बरसात मा उं जगै पै दुई बाँस के अंकुर निकरिस। अर दो-चार साल मा अतना बड़े हय गयीस के उनखर गिनती संसार मा सबसे बड़े बाँस मा होंन लागिस। वहाँ के राज मा अक राजा राज करत रहीस। ओला बाड़ी रुंधवान के लाने बाँस के जरूरत पड़िस। ता वा राजा अपने सिपाहिन ला बोलिस कि–जाव रे डोंगर, से बाँस काट लाओ बाड़ी रुंधनें हय। वा राज के सिपाही राजा के आज्ञा मान डोंगर भित्तर बाँस काटन गएस। ता हुनन ला ओहिच बांस दिखिस। तफेर हुन सिपाही सोचन लागिस की या दुई बाँस तो हजार बाँस के बराबर हय। काहेला ऐहिच ला काट लेवैं। तफेर सिपाही हुन बाँस ला काटिन। अऊर हुनन ला राजा केर घुड़साल मा लाय के पठोय दयीस

ओहिच दिन ले हुन बाँस से रात की बारा बजे दुई टूरा निकरें। अर राजा के घोड़ा ला निकारें। अऊर बारा कोस के चक्कर लगाय के सुबै होत-होत वापस आय जाएँ। अर फेर हुन बाँसन मा घुस जाएँ। राजा परेशान हय गयीस की ओखर सवारी

के घोड़ा काहे ला दुबलात जात हय। राजा ने सिपाहिन ला ऐखर कारन पूंछिन ता कोई ऐखर कारन नइको बता सकय वा घोड़ा ला खूब जड़ी-बूटी कराय। तबहूँ वा दुबलात जाय। तफेर अक ड़करा सिपाही रहीस। वा कहिस के आज रात बारी-बारी से जग के देखो की घोड़ा काहिन करथै। अर कैसना रहथै। रात मा राजा के सिपाही पूरी रात जगके देखन लगे की घोड़ा कइसना-कइसना करथय। ता सिपाही का देखथैं की—आधी रात मा हुन बाँसन से दुई टूरा निकरत देखिन। दुन्नों टूरा घोड़ा ला खोलिस। अर ओखर उप्पर सवार हय गयीस। अर वा घोड़ा ला घुड़सार से निकारिस। अर बाहर घूमन चले गयीस। अर रात-भर घूमन के बाद बड़े सकारे वापस आय गयीस। अर घोड़ा ला बाँध केर फेर बाँस मा घुस गए। तफेर सिपाहिन ला घोड़ा दुबराय के कारन मालुम पड़िस।

तफेर दूसर दिन सिपाही या बात ला राजा खैं बताएन। राजा ने हुन बाँसन ला बाहर निकारने की आज्ञा दयीस। अर कहिस की इन दुन्नों बाँसन ला धीरे-धीरे फाड़ो। सिपाहिन ने हुन बाँसन ला जइसे फाड़े ता वा बाँस से दो सुन्दर-सुन्दर लरका निकरिस। राजा के एकौ लरका बच्चा नहीं रहय। ता वा राजा ने हुन लरकन ला गोद ले लइस। राजा-रानी बहोत खुश हय गई पूरे राज मा खुशी मनाय गयीस की राजा केर दो दो लरका मिल गयीस।

तफेर दुन्नों लरका वा राज के राज कुमार बन गए। अब आगे केर किस्सा सुनों!

अक दिन दुन्नों राजकुमार अपन दाई रानी माँ से कहथय की—दाई हम दुन्नों भाई आज शिकार खेलवे डोंगर जावो। रानी माँ हुन दुन्नों राजकुमार ला बढ़िया बढ़िया खाना बनाइस खवाइस। अर हुनन ला ठोला रख दयीस दुन्नों राजकुमार शिकार खेलवे डोंगर मा चढ़ गयीस। हुन अपन घोडा दौड़ात-दौड़ात बहोत घनघोर डोंगर मा घुस गए। अर रस्ता भूल गए। हुनन ला जोर से भूख पियास लागिस। हुन दुन्नों भूख पियास के मारे कलपन लगिनस। अर अक रुखवा के नीचे थक हार के बैठ गए ओहिच रुखवा के उप्पर अक कोटर मा अक चिरैय अर चिरवा रहय। हुन दुन्नों झन गुठयाएँ की—या रुखवा केर नीचे या राज के राजा केर टूरा आय। या रस्ता आय भूल गयिस। अर भूख पियास से कलप रहय। अऊर ठंडी सोउ लगथै। काहे ला इन केर मदद करवो।

अइसना कहके चिरवा फुर्र ले उड़ गयीस। अर अक गाँव गयीस वहाँ ले अक घर केर तुलसी कोट मा से जलत दिया ले के आय गयीस। अर नीचे पड़े हरन पत्तन मा वा दिया ड़ार दयीस पत्तन मा आग लग गयीस। दुन्नों राजकुमार आग ला देख के खुश हय गयस अर कहिन भगवान ने आग ता भेजिस। कहूँ ले खाना मिल जातिस ता भूख मिट जातिस। रुखवा मा बैठे चिरैय-चिरवा हुन केर बात सुनय। ता हुन सोचिस की काहे ला हम दुन्नों झन या आगी मा गिर जाते ता इन केर हमन ला खाय के भूख मिट जातिस। ता चिरवा कहथय—जो राजकुमार मोला खाही।

वा भुनसारे राजपाट ला पा जाही। ता चिरैय कहथय की—जौन राजकुमार मोला खाही। अर जब वा दतौन करही। ता ओखर मुँह से हीरा, जवाहरात निकरही। अइसना कहके दुन्नों चिरैय अर चिरवा वा जलत आग मा कूँद गए।

तफेर दुनें राजकुमार ने चिरैय अर चिरवा ला खाय के भूख मिटाइनस। हुन दुन्नों राजकुमार बघ्घराज अऊर बच्छराज आय रहय। तफेर चिरवा ला भूँज के बघ्घराज ने खायिस अर चिरैय ला भूँज के बच्छराज खायिस।

बघ्घराज चिरवा खाय रहीस। ता ओखर मति पलटीस। अर अपन दोस बच्छराज ला बोलिस दोस मोला पियास लगिनस हय। ता तय इंहाँ रुकवे मैं पानी के विवसथा करके आतहूँ। बघ्घराज चलत-चलत बहोत दुरिया निकर आइनस पर ओला पानी नइको मिलिस। वा फेर चलिस ता ओला अक तलवा दिखिस वा ओखर किनारे बैठ गयीस। ओइच समय चार झन ओखर पास आयीन अर ओला पकर खै लई गयीस। बघ्घराज हुनन ला पूँछिस-काय भईया मोला कहाँ ले जा रहे हो गा। मोर का गलती हय गयीस। वे रहीन वा राज के राजा के सिपाही। हुन सिपाही बघ्घराज ला कहथय भाई ते झय घबरावे। हम तोला अपन राज के राजा बनाय ला ले जातहै। हमार राज मा रोज राजा बदलत रहत हवय। बड़े सकारे जो भी मनसे हमन ला सबसे पहले दिखथै। ओला राजा बनाय के राजगद्दी ला सौंप देथंय। आज सबसे पहले ते दिखिस। ता बघ्घराज सोचिस की अब काहिन करबो। या राज मा तो रोजय रात मा राजा मर जाथै। अर दूसर दिन दूसरन ला राजा बनाय देथ। वा अपन मनय मन बहोतय गुठयाइस। तफेर सोचिस की मैं तो या राज के राजा बनहुंच।

तफेर बघ्घराज ने वा राज के सब अगरियन ला बुलवाइस। अर हुनन ला कहिस की—मोला अक ठन अइसी तलवार बनाय खैं लावो की एकय बार मा सामने वारे केर सिर कट के अलग होय जाय। तफेर वा राज के अगरियन ने कई मन केर अक ठन अच्छा धार वारे तलवार बनाय के लाइ। अर वा तलवार राजा ला सौंप दयीस।

तफेर वा दिन राजा राज के काम-काज ला देखिस। अर मालुम करिस की कइसे-कइसे या राज के राजा सोतय से मर जाथै। रात भएस ता राजा रनिवास मा आइनस। अर रानी के बाजू मा सय गयीस। रानी रहीस ता खर्राटा मार के सोय रहीस। राजा ला नींद नहीं आवत रहीस। वा नींद केर बहाना करके सोय रहीस। जैसना आधी रात हयीस। रानी सोतय सोत घुरकयान लगिनस। अर ओखर मुँह खुलिस, अर ओखर मुँह से अक ठन काली नागिन निकरिस। अर राजा के पास आन लगसि। राजा उठ के तैयार हय गयीस। जैइसनय वा नागिन राजा ला डसे ओखर पास आइनस। ओहिच बेरा राजा ने अपन तलवार निकारिस अर नागिन के दुयी टुकड़ा कर दयीस। अर ओहिच पलका के निहुंचे अक झांपी मा वा नागिन ला ढ़ंक दयीस

तफेर भुनसारे राज दरबार के मनसे राजा के लहाश माँगेन राजकुमारी के पास आई। रानी सोयके उठिस ता देखथै कि राजा ओखर बाजू मा मजे से सोय रहीस। वा नहीं मरे रहीस। रानी घोर अचरज मा पड़ गयीस के आज राजा जिंदा हवें। वा सब मनसेन ला बोलिस की जाव रे पूरे राज माँ डुंडी पिटवाय दो की राजा जिंदा हवें। तफेर राजा सोय के उठिस। अर नहाय-धोय के राज दरबार मा गयीस। अर सब प्रजा अर मन्त्री न ला कहिस की—अब या राज के राजा न मरही। मैं आज से या देश के राजा कहाहूँ।

अर अपन सिपाहिन ला बुलाइस अर कहिस की—जाव रे सिपाही मोर पलका के नीचे देखवो। अक झांपी मा कछु ढ़के हवय ओला लानवे। वा सिपाही गयीस अर वा झांपी लान लाइस। जब वा झांपी राजा खोलिस। ता पूरे प्रजा अचरज मा पड़ गयीस कि वा झांपी मा तो मरे हरा नागिन रहे हस। तफेर राजा ने दरबारिन ला रात के पूरे किस्सा बताइस। रोज राजा के मरन के कारन वा नागिन रहीस। तफेर बघ्घराज वा राज के राज-काज संभलन वारे हय गयीस।

ऊँहा बच्छराज अपन दोस बघ्घराज के रस्ता देखत-देखत हलाकान हय गयीस। तफेर बच्छराज ओहिच रस्ता मा आगू ला बढ़ीस। ता ओहिच राज मा पहुँच गयीस। अर वा राज के सबसे बड़े सेठ के घर पहुँच गयीस। अर वा सेठ ला बोलिस की—सेठ मोला अपन घर नौकर रख ले। मैं तोर घर के सब काम काज करहूँ। अर गाय गोरुन ला चराहूँ। वा सेठ ने ओला अपन घर नौकर रख लयीस। तफेर बच्छराज रोज सेठ के गाय गोरुन ला चरावे ले जाय अर जब गाय चारा चरें। ता बच्छराज अक पेड़ के उप्पर बैठ के बाँसरी बजावत रहय। ओखर बाँसरी की धुन मा गाय नाचती-कूँदती चरत रहय।

वा सेठ के अक ठन टूरी रहय। वा रोज अपने महल की अटारी मा खड़े हय के अपन नौकर के बाँसरी के धुन सुन के मस्त हय जात रहीस। अक दिन वा सेठ के टूरी ने अपन दासी ला बलाइस अर अक कांसे की थाली मा अच्छा-अच्छा मेवा मिठाई रख के कहिस की—जा वा चरवाहा ला दै के आ जा। वा दासी बच्छराज के पास पहुँचिस। अर कहिस की या खाना मोर मालकिन ने तोर लाजें भेजिस हवै खाय लेवे। बच्छराज वा पेड़ से उतरिस। अर वा दासी ला बोलिस की जा मोर तरफ से या हीरा-जवाहरात अपन मालकिन ला दै देवे।

वा सेठ टूरी ने देखिस की मोर चरवाहा के पास हीरा-जवाहरात हय। ता वा बहोत खुशी हयस। अर वा चरवाहा से मनइ मन प्यार करन लागीस। अक दिना वा टूरी रिसाय के अपन पलका मा जाय के सोय गयीस। ओखर दाई-ददा जब पूँछिस की—बेटा तोला काहिन हय गयीस। ता वा टूरी बोलिस की—मोर मूड़ पिरावत हय। अर या दुक्खन तभई नींक होही जब मोर बिहाव वा चरवाहा से करिहो। सेठ-सिठानी असमंजस मा पड़ गए स। ओखर एकय टूरी रहीस। दुन्नों

झन अपन टूरी के जिद पूरी कर दएन। वा पूरे राज मा खबर पहुचाय दयीस की– मैं अपन टूरी के बिहाव वा चरवाहा से कर रहे हों। तफेर बच्छराज ला नए-नए हुन्ना पहनाय गए। अर हुन दुन्नों के बिहाव हय गएस। तफेर अक दिन सेठ-सिठानी। दुन्नों झन अपन पूरो राज-पाट कारोबार ला छोड़ के नरबदा के परिकम्मा मा निकर गए।

तफेर सेठ की जगहा ओखर दामाद बच्छराज अपन राजा बघ्घराज के दरबार मा आवन जावन लगिनस। अक दिन राजा बघ्घराज ने सेठ बच्छराज को अपन महल मा खावे ला बुलाइस। फेर जब राजा अऊर सेठ अक साथ खान बैठिन। ता राजा बोलिस की सेठ मोर अक पक्का दोस रहीस। कहके राजा ने आधी कहानी बताइस। अर कहिस की वा बिछड़ गए हवय ता सेठ बच्छराज ने ओखर आधी कहानी पूरी करिस। अर कहिस की–दोस महिच आयूं तोर बिछड़े हरा दोस। वा दिना ले बघ्घराज अऊर बच्छराज दुन्नों दोस साथ साथ रहन लागे। दुन्नों झन ने जनम-जनम केर दोसती निभाईस।

इतरी बड़ी किस्सा आय जानवो तो तोर आय, न जानवो तो मोर आय।

बघ्घराज और बच्छराज

बहुत पुराने समय की बात है। एक गाँव में एक ब्राह्मण और एक ब्राह्मणी रहते थे। ब्राह्मण गाँव में भिक्षावृत्ति करता था। ब्राह्मण को एक गाय दान में मिली। वह गाय लेकर अपने घर आया। उसने अपनी पत्नी से गाय की सेवा करने के लिए कहा। पति की आज्ञा मानकर ब्राह्मणी गाय को अच्छा-अच्छा भूसा और बचा हुआ दाना देने लगी।

एक दिन गाय अपना भोजन समाप्त कर बैठी-बैठी जुगाली कर रही थी। ब्राह्मणी भी घर के कार्य से निवृत होकर गाय की तरफ मुँह करके बैठी थी। ब्राह्मणी ने गाय के जुगाली करने का बुरा माना और वह सोचने लगी कि गाय मुझे चिढ़ा रही है। बस फिर क्या था। ब्राह्मणी ने आव देखा न ताव जैसे ही पंडित जी भिक्षावृति करके घर आए, तो ब्राह्मणी ने गुस्से में कहा—इस घर में यह गाय रहेगी या मैं रहूँगी। यह गाय रोज बैठी-बैठी मुझे चिढ़ाती है। पंडित जी ने बहुत समझाया, परन्तु ब्राह्मणी के कुछ समझ में नहीं आया।

बहुत सोच-समझकर पंडित जी ने गाय को कजलीवनबिंद्रा दौनागिरी पहाड़ में छोड़ दिया। गाय जंगल में हरा-हरा, घास खाती और झरने का पानी पीकर अपना समय बिताने लगी। पंडित जी ने गाय के आस-पास सुरक्षित हाताबँदी कर दी। एक दिन उस हाताबँदी के किनारे से एक शेरनी निकली और हट्टी-कट्टी गाय तथा सुरक्षित हाताबँदी देखकर आश्चर्य में पड़ गई और सोचने लगी कि क्यों न मैं भी इसी गाय के साथ रहने लगूँ क्योंकि उस समय शेरनी भी ग्याभन थी। शेरनी ने गाय से मीठी-मीठी बातें करके उसे अपने साथ रहने के लिए राजी कर लिया। इसके बाद गाय और शेरनी साथ-साथ रहने लगीं। प्रतिदिन शेरनी अपने शिकार पर चली जाती और रात में वापस आकर उसके साथ रहने लगी। समय आने पर दोनों ने एक-एक बच्चे को जन्म दिया। उन्होंने गाय के बछड़े का नाम बच्छराज एवं शेरनी के बच्चे का नाम बघ्घराज रखा।

बघ्घराज और बच्छराज दोनों उस हाताबँदी में रहते तथा गाय और शेरनी अपने-अपने भोजन की तलाश में जंगल चली जाती थीं।

एक दिन क्या होता है कि एक नदी में शेरनी और गाय पानी पीने गईं। शेरनी नीचे घाट में तथा गाय ऊपर घाट में पानी पी रही थीं। गाय के मुँह की

लार पानी में बहते-बहते शेरनी के मुँह में चली गई। शेरनी को गाय की लार बहुत मीठी लगी। लार के चखते ही शेरनी ने सोचा कि जब गाय की लार इतनी मीठी है तो इसका मांस कितना मीठा होगा। तब उसने गाय से कहा—बहन, कल मैं तुझे खाऊँगी।

यह सुनकर गाय दुखी हो गई। शाम को दोनों घर पहुँचीं और अपने-अपने बच्चों को दूध पिलाया। सुबह गाय काफी दुखी थी। उसने रोते-रोते अपने बछड़े से कहा—बेटा, आज मैं मर जाऊँगी। शेरनी मुझे खा लेगी। ऐसा कहते हुए उसने थोड़ा-सा दूध बछड़े के खुर में डाल दिया। वह बछड़े से कहने लगी। जब तक यह दूध तैरे खुर में रहे तब तक समझना तेरी माँ जिंदा है। जैसे ही यह दूध सूख जाए वैसे ही समझना तेरी माँ मर गई है। ऐसा कहकर उसने अपने बछड़े को खूब प्यार किया और शेरनी के साथ जंगल चली गई। उस दिन शेरनी और गाय दिन-भर घूमती फिरती रहीं। शाम को शेरनी ने गाय को खा लिया। गाय के मरते ही बछड़े के खुर का दूध सूख गया।

उस दिन बच्छराज दिन-भर रोता रहा। बघ्घराज ने बच्छराज से कई बार पूछा—मित्र, तुम क्यों उदास हो। कारण बताओ मैं तुम्हारी मदद करूँगा। मैं तुम्हारे पीछे अपनी जान तक दे सकता हूँ। बघ्घराज के ऐसा कहते ही बच्छराज दहाड़ मार कर रोने लगा। वह बघ्घराज से कहने लगा—मित्र, क्या बताऊँ बड़े दुख की बात है। तुम्हारी माँ ने आज मेरी माँ को खा लिया। बघ्घराज यह सुनकर सन्न रह गया। उसने बच्छराज को सांत्वना देते हुए कहा—मित्र, तुम चिन्ता मत करो। यदि मेरी माँ ने तुम्हारी माँ को खाया है, तो मैं भी अपनी माँ को जिंदा नहीं छोड़ूँगा।

उसी समय शेरनी गाय को खाकर खुशी-खुशी बघ्घराज के पास आई और कहने लगी—बेटा, आज तू पेट भर कर दूध पी ले। बघ्घराज ने कहा—नहीं माँ, जब मेरे मित्र बच्छराज की माँ आएँगी, तब दोनों एक साथ दूध पिएँगे। तब शेरनी ने समझाया तुम्हें उससे क्या करना है। वह आ जाएगी। तब बघ्घराज ने अपनी माँ शेरनी से कहा—माँ, तुम दिन-भर शिकार के लिए चली जाती हो कभी कोई दुष्ट शिकारी मेरी जान लेने आ जाए तो मैं अपना बचाव कैसे करूँगा। आज तुम मुझे शिकार करने तथा लड़ने के सारे दाँव-पेंच सिखा दो जिससे मैं अपनी रक्षा कर सकूँ। शेरनी ने खुशी-खुशी अपने बेटे बघ्घराज को सारे दाँव-पेंच सिखा दिए। उसके बाद बघ्घराज ने खूब छककर अपनी माँ का दूध पिया और एक ही वार में शेरनी को मार डाला।

इस प्रकार दोनों की माँ खतम हो गईं। अब रह गए दोनों मित्र बघ्घराज और बच्छराज।

बच्छराज उसी हाताबँदी में घास खाता और पानी पीता तथा बघ्घराज रोज अपने शिकार के लिए जंगल चला जाता। एक दिन बघ्घराज ने एक बैल का शिकार

किया। उस बैल के गले में एक घँटी बंधी थी। बघ्घराज उसे निकालकर ले आया और बच्छराज के गले में बाँधते हुए कहा—मित्र, तुम्हारे ऊपर कोई मुसीबत आए तो कूद-कूद कर तुम इसे बजाना। तो मैं घँटी की आवाज सुनकर तुम्हारी मदद के लिए आ जाऊँगा।

एक दिन बघ्घराज अपने शिकार के लिए चला गया। उसी समय बच्छराज खुशी से कूदने लगा। जिससे घंटी बजने लगी। उसी समय बघ्घराज अपने शिकार को छोड़कर भागता हुआ बच्छराज के पास आया और पूछा—क्यों मित्र, क्या हुआ? उसने कहा—मित्र, गलती हो गई। धोखे से घंटी बज गई। अब ऐसा नहीं होगा। तब बघ्घराज पुनः अपने शिकार पर वापस चला गया।

इस प्रकार दोनों मित्र बड़े प्रेम से अपना समय बिताने लगे। एक दिन जैसे ही बघ्घराज बाहर गया। उसी समय वहाँ से चार कसाई निकले और बच्छराज को देखकर कहने लगे—देखो कितना अच्छा बछड़ा है। इसे काटकर बेचा जाएगा तो बहुत पैसा मिलेंगे। इस प्रकार चारों कसाईयों ने सलाह कर बच्छराज के ऊपर कुल्हाड़ियों से वार करना प्रारम्भ कर दिया। कुछ समय बाद बच्छराज के प्राण पखेरु उड़ गए। कसाइयों ने उसके मांस के टुकड़े-टुकड़े कर दिए और बच्छराज के गले की घंटी को एक पत्थर पर रख दिया।

उसी समय आकाश में एक चील उड़ रही थी। उसकी नजर घंटी पर पड़ी। उसने सोचा की वह कोई मांस का टुकड़ा है। चील ने नीचे उतरकर घंटी को उठाया और आकाश में उड़ने लगी। घंटी की आवाज सुनते ही बघ्घराज दहाड़ते हुए हाताबँदी के पास पहुँचा। वह वहाँ का दृश्य देखकर क्रोध से आग बबूला हो गया। परन्तु क्रोध शांत करते हुए बघ्घराज सोचने लगा। यदि मैं चारों कसाईयों को मार भी डालूँ तो भी मेरा मित्र तो मिलेगा नहीं। इससे इनको मारना ठीक नहीं है।

बहुत सोच-विचार और धीरज रखकर बघ्घराज ने चारों कसाईयों को जो बघ्घराज के आते ही थर-थर काँप रहे थे दहाड़ते हुए कहा—चारों लोग अपनी-अपनी कुल्हाड़ियां उठाओ और जाकर चंदन वन से चंदन की लकड़ी काट कर लाओ। चारों कसाई जंगल जाकर खूब चंदन की लकड़ी काटकर ले आए। इसके बाद बघ्घराज ने उन कसाईयों से एक चिता बनवाई। चिता बन जाने के बाद बघ्घराज ने चारों कसाईयों से कहा—एक एक मांस का टुकड़ा उठाकर चिता पर रखो। यहाँ तक की खून के निशानों तक को खोद-खोदकर चिता पर रखवाया और कहा—अब चिता में आग लगा दो। कसाईयों ने चिता में आग लगा दी। जब खूब जोरों से आग जलने लगी। उसी समय बघ्घराज उस जलती चिता में कूद गया। इस प्रकार बघ्घराज और बच्छराज की जीवन लीला समाप्त हो गई।

जिस जगह पर दोनों का दाह संस्कार हुआ था। उसी राख के अंदर से दो बाँस के अंकुर निकले और धीरे-धीरे इतने मोटे बाँस तैयार हो गए की संसार में उनकी

तुलना नहीं की जा सकती थी। उसी समय उस राज्य के राजा ने अपने सिपाहियों को आदेश दिया–जाओ, हाताबँदी के लिए जंगल से बाँस काट कर ले आओ। सिपाही चले दिए और चलते-चलते वे उन्हीं बाँसों के किनारे से गुजरे। वे उन दो विशाल बाँसों को देखकर आश्चर्य में पड़ गए। उन्होंने सोचा कि हजारों बाँस न ले जाकर ये दो बाँस ही लेकर चलें तो पूरी हाताबँदी हो जाएगी। इस प्रकार सिपाहियों ने दोनों बाँस काटकर राजा की घुड़साल में लाकर रख दिए।

उसी दिन से रात को बारह बजे दोनों बाँसों में से दो बालक निकलते हैं और राजा के घोड़े पर सवार होकर बारह कोस का चक्कर लगाकर, सुबह होते-होते वापस आकर घोड़ा बाँधकर फिर बाँसों में घुस जाते थे। उस राज्य का राजा परेशान था कि उनकी सवारी का घोड़ा दिनोंदिन कमजोर होता जा रहा था। राजा ने सिपाहियों को आदेश दिए की घोड़े के कमजोर होने का कारण खोजा जाए। राजा ने उस घोड़े का बहुत इलाज करवाया पर घोड़ा ठीक नहीं हुआ। तब एक बूढ़े सिपाही ने अपने साथियों से कहा–आज रात को घुड़साल में जागकर देखा जाए। उसी रात से सभी सिपाही बारी-बारी से घुड़साल की रखवाली करने लगे। उस रात भी आधी रात को दोनों बाँसों से दो बालक निकले और घुड़साल से घोड़ा खोलकर उसमें सवारी करने चल दिए। वे सुबह होते ही घुड़साल में वापस आ गए और घोड़ों को घुड़साल में बाँध दिया। उसके बाद दोनों बालक पुनः उस बाँस में प्रवेश कर गए। पहरेदारों ने जब यह सब देखा तो उन्हें राजा के घोड़े को कमजोर होने का कारण मालुम हो गया।

सुबह राजा की आज्ञा से दोनों बाँस फाड़े गए। जिसमें से दो सुन्दर बालक निकले। उस राजा की कोई सन्तान नहीं थी। उसने दोनों बालकों को गोद ले लिया। राजा रानी बहुत खुश हुए पूरे राज्य में खुशियाँ मनाई गईं। दोनों बालक उस राज्य के राजकुमार बनकर रहने लगे।

एक दिन दोनों राजकुमारों ने रानी माँ से कहा–हम लोग आज शिकार खेलने जाएँगे। दोनों राजकुमार घोड़ों पर सवार होकर शिकार खेलने चले गए। चलते-चलते वे एक घनघोर जंगल में पहुँच गए। वे उस जंगल में रास्ता भटक गए। वे भूख प्यास से तड़फते हुए। एक पेड़ के नीचे बैठ गए। उसी पेड़ के ऊपर एक चिरवा और चिरैया आपस में बात कर रहे थे कि देखो ये दोनों कोई राजकुमार हैं जो रास्ता भूल गए हैं। देखो ये कितने परेशान हैं। ठंड भी आज अधिक है क्यों न इनकी मदद की जाए, ऐसा कहकर चिरवा उसी समय वहाँ से उड़ा और एक गाँव में जाकर तुलसी कोट से जलता दीया उठा लाया। उसने दीये को उस पेड़ के नीचे पड़े सूखे पत्तों में डाल दिया। दोनों राजकुमारों ने आग देखकर कहा–चलो मित्र, ईश्वर ने आग तापने को दी है। उन्होंने और पत्ते इकट्ठे करके खूब आग जलायी। वे आपस में कहने लगे–मित्र, कहीं से कुछ खाने को मिल जाता तो भूख मिट

जाती। यह सुनते ही ऊपर बैठे चिरवा, चिरैया ने कहा—क्यों न अपने इस आग में कूद जाएँ। जिससे इन राजकुमारों की भूख मिट जाए और इनका पेट भर जाए। तब चिरवा ने कहा—जो राजकुमार मुझे खाएगा। वह प्रातः होते ही राजपाट पाएगा। तो चिरैया ने कहा—जो राजकुमार मुझे खाएगा। उसके मुँह से दातौन करते समय हीरे-जवाहरात गिरेंगे। ऐसा कहकर दोनों उस जलती आग में कूद गए। उनके गिरते ही दोनों राजकुमारों ने कहा—चलो मित्र, भगवान ने खाने का भी इन्तजाम कर दिया है। उसके बाद चिरवा को भूँजकर बघ्घराज ने खाया और चिरैया को भूँजकर बच्छराज ने खाया।

बघ्घराज ने चिरवा खाया था। तो उसकी मती पलटी और उसने अपने मित्र बच्छराज से कहा—मित्र तुम यही रुकना, मैं अभी जाकर पानी का पता लगाकर आता हूँ। चलते-चलते बघ्घराज एक तालाब के किनारे पहुँचा ही था। उसी समय चार लोग आए और उसे पकड़कर ले जाने लगे। तब बघ्घराज ने उनसे पूछा—क्यों भाई, मुझे कहाँ ले जा रहे हो? तो उन्होंने कहा—तुम्हें हम लोग राजा बनाने ले जा रहे हैं। इस राज्य में रोज राजा बदलता है। रोज सुबह जो आदमी हमें पहले मिलता है। उसे हम लोग राजा बना देते हैं। उसे इस राज्य की राजगद्दी पर बैठा दिया जाता है। तब बघ्घराज ने सोचा क्या किया जाए। इस राज्य में रोज राजा मर जाता है और रोज नया राजा बनाया जाता है। बहुत सोचने-विचारने के बाद वह उनके साथ चला गया। राजमहल में पहुँचकर सबसे पहले उसे राजगद्दी पर बैठाया गया। तब बघ्घराज ने सबसे पहले अपने राज्य के लोहारों को बुलवाया और उनसे कहा—तुम लोग मेरे लिए एक ऐसी तलवार बनाओ जिसके एक ही वार से दुश्मन का काम तमाम हो जाए। तब लोहारों ने अनेकों मन लोहा गलाकर एक अच्छी तलवार तैयार कर राजा को दे दी।

राजा रात में रनिवास में रानी के साथ सोया जरूर पर नींद का बहाना करके चारों तरफ देखते हुए सर्तक रहा। उसी समय रानी को गहरी नींद लग गई। रानी नींद में घुरकने लगी। रानी के घुरकते ही उसके मुँह से एक काली नागिन निकलने लगी। राजा तैयार हो गया। जैसे ही वह नागिन पूर्ण रूप से निकल कर राजा की तरफ बढ़ी, उसी समय राजा ने तलवार से उस नागिन के दो टुकड़े कर दिए और पलंग के नीचे एक टोकनी में ढँककर रख दिया।

प्रातः राज दरबार के लोग रानी से राजा की लाश माँगने आए। रानी सोकर उठी तो देखती है। राजा गहरी नींद में सो रहे हैं। वे मरे नहीं। रानी आश्चर्यचकित हुईं और दरबारियों से कहा—तुम लोग भाग जाओ, आज राजा जिंदा हैं। पूरे राज्य में आश्चर्य छा गया। उस दिन सुबह राजा उठकर राजदरबार में गए। वहाँ जाकर राजा ने घोषणा की कि आज से राजा नहीं बदलेगा। राजा ने सिपाहियों से कहा—जाकर मेरे पलंग के नीचे जो कुछ हो उसे उठाकर ले आओ। तब सिपाही जाकर

पलंग के नीचे रखी टोकनी को लेकर आए तो राजा ने टोकनी खोलकर सभी को बतलाया। सभी दरबारी टोकनी में मरी हुई नागिन देखकर आश्चर्य चकित हो गए। तब राजा ने दरबारियों को रात की पूरी घटना के बारे में बतलाया। रोज राजा के मरने का कारण वह नागिन थी। अब बघ्घराज अपने राज का कारोबार सम्हालने लगा।

यहाँ पर बच्छराज अपने मित्र बघ्घराज की रास्ता देखते-देखते थक गया। तब वह आगे बढा और चलते-चलते उसी राज्य में पहुँच गया। वहाँ जाकर वह राज्य के सबसे धनी सेठ के घर पहुँचा। उसके पास पहुँचकर बच्छराज ने उससे नौकरी माँगी। वह सेठ वहाँ के राजा का मित्र था। सेठ ने उसे अपने यहाँ गाय चराने के लिए रख लिया। बच्छराज रोज गायों को चराने नदी किनारे ले जाता। वह वहीं पर नदी किनारे गाय चराते-चराते एक पेड़ के ऊपर बैठकर बाँसुरी बजाया करता था। बाँसुरी की धुन सुनकर गायें नाचती, कूदती और अच्छे से चारा चरती रहतीं।

उस सेठ की एक पुत्री थी। वह रोज अपने महल की अटारी से बच्छराज को देखती और उसकी बाँसुरी की धुन सुनकर मस्त हो उठती थी। एक दिन सेठ की पुत्री ने अपनी दासी को बुलाया। उसे एक काँसे की थाली में खूब मेवा, मिष्ठान रखकर उससे कहा—जा उस चरवाहे को देकर आ जा। वह दासी बच्छराज के पास पहुँची और कहने लगी मेरी मालकिन ने तुम्हारे लिए यह मेवा भेजा है। बच्छराज पेड़ से उतरकर नीचे आया और उस काँसे की थाली का सामान लेकर अपनी जेब से हीरा-मोती और जवाहरात निकालकर थाली में डाल दिए और उस दासी से कहा—मेरी ओर से यह उपहार उस कन्या को दे देना।

सेठ की पुत्री ने जब हीरे-जवाहरात उस चरवाहे के पास देखे तो वह उस पर मोहित हो गई। वह जाकर अपने पलंग पर लेट गई। उसके माँ-बाप ने पूछा—बेटी, तुम क्यों लेटी हो तो उस कन्या ने कहा—माँ, मेरे सिर में दर्द है। यह दर्द तभी ठीक होगा। जब मेरी शादी उस चरवाहे से होगी। इस पर सेठ-सेठानी बहुत हैरान हो गए कि मेरी लड़की उस चरवाहे से क्यों विवाह करना चाहती है। उस लड़की ने जिद्‌द पकड़ ली की वह शादी करेगी तो उसी चरवाहे से। वह कन्या सेठ-सेठानी की इकलौती सन्तान थी। इस कारण सेठ उसकी जिद्‌द पूरी करने को तैयार हो गए तब उन्होंने उस चरवाहे को बुलाकर अच्छे-अच्छे कपड़े पहनाए। सेठ ने पूरे राज्य में मुनादी कर दी कि मैं अपनी पुत्री की शादी कर रहा हूँ। तब सेठ ने अपनी पुत्री की शादी उस चरवाहे से कर दी। उसने पूरा कारोबार अपने दामाद-बेटी को सौंपा और नर्मदा जी की परिक्रमा पर निकल गया।

अब सेठ के स्थान पर बच्छराज राजा बघ्घराज के दरबार में जाने लगा। कई दिनों तक उनकी बातें होती रहीं। एक दिन राजा बघ्घराज ने सेठ बच्छराज को अपने महल में सपरिवार भोजन की दावत दी। जब राजा और सेठ भोजन करने बैठे। तब

राजा ने अपनी कहानी बताना शुरू किया और कहा—दोस्त मेरा एक दोस्त था। जो मुझसे बिछड़ गया है। तब बच्छराज ने उसकी अधूरी कहानी को पूरा किया। इसके बाद दोनों आपस में गले मिले। उस दिन से दोनों मित्र बघ्घराज और बच्छराज साथ-साथ रहने लगे। दोनों ने जन्म-जन्म की दोस्ती निभाई। किस्सा हुआ खत्म अब सब लोग जाकर सो जाओ।

20. कुआँ मा रहय डक्के

बहोत दिनन केर बात आय। अक राज मा अक राजा राज करत रहय। ओखर नाम महाराजा नृग रहय। वा बहोत धर्मात्मा रहय। हरमेशा दान दक्षिणा करत रहय। अक बार वा हनें अपन राज मा जतना बामहन रहय। तेला अपन दरबार मा बलाइस। अर फेर गाय, बछिया, सोन, चाँदी, दान-दक्षिणा करेला कहिस। तफेर अक दिन अपन सिपाहीन ला बलवाइस। अच्छा-अच्छा गहना अच्छा-अच्छा गाय, बछिया मँगवाइस। तफेर अक-अक करके बामहन ला बलाय के सोना-चाँदी बछिया दान दै दयीस। तफेर बामहन ला आसीरवाद लईस।

तफेर अक बामहन केर गाय ओखर हाथ ले छुटकर भग गयीस। तफेर वा बामहन महाराज नृग लिंघटा पहुचिस। अर कहिस की महाराज मोर गाय दान में मिले हरा हाथ ले छूटके तुम्हार गाय मा आयके मिल गयीसे। ता वा राजा हनें दूसर बामहन ला दान मा गाय दय दे रहीस। ओखर बदली मा या बामहन ला दूसर गाय दान मा मिल गयीस। अर फेर दूसर बामहन हनें वा गाय के चिन्ता मय वा राजा ला शाप दै दयीस। अर कहिस की इहाँ जैसन मैं अपन दान के नितन तरसथूं। तेसना तहूँ अपन जनम खा ले ला तरसवे। जा ते ड़क्के बन जा।

तेखर बाद मा वा बामहन ला बहोत पछतावा हईस। अर फेर राजा हनेन ला क्षमा माँगिस। तेखर ले पहले ओला शाप लग गयीस। वा बामहन बहोत पछताईस। तफेर बामहन हनें ओखर उपाय ला बताइस कि मोर मुँह खराब हवय जो अतना बड़े दानी राजा ला शाप दै ड़ांरव। अर कहिस राजा जब श्री किसन केर जनम द्वारकापुरी मा होही। तफेर ओखर हाथ तोर शरीर मा छुयी हवय तेस। ते या शाप ले मुकती पाय जावे। ता वा ड़क्के हनें तुरतई द्वारकापुरी के नितन वा जगह ला रैग दयीस।

अइसनय-अइसनय कई बरस बीत गयीस। अइसनय-अइसनय युग बीत गयीस। अर फेर द्वारकापुरी लिंघटा, अक ठन कुँए मा जायके लुक गयीस। ओला लुके-लुके कई साल हय गयीस। ओखर शरीर भी पहाड़ जइसना बड़े हय गयीस। देखे मा वा डक्के हनें बहोत बड़े जीव दिखै। इिथी डहर भगवान श्री किसन के जनम हय गयीस। किसन केर मामा कंस ओहू मर गयीस। तेखर बाद या ड़क्के ला श्री

किसन के भाईन ने देखिस। ता हिन जायके श्री किसन ला बताईन-महाराज हमार गाँव के कुँए मा अक बहोत बड़े ड़क्के लुकीसे। ओला देखे मा पहाड़ कस दिखथै। तफेर श्री किसन, अर गाँव वारे वा कुँए मा गईन। जहाँ वा ड़क्के रहय। तफेर वा ड़क्के हनें भगवान किसन केर दरशन ला करेला अपन शरीर ला कुँए ले बाहर निकाल लईस। जइसे-जइसे भगवान किसन ओखर लिंघटा आइनस। तइसनय वा ड़क्के हनें हाथ जोर के खड़े हय गयीस।

तफेर किसन भगवान ओखर मूंड़ मा हाथ धरीस की वा ड़क्के हनें आदमी बन गयीस। अर अपन बीते रहा बातन ला कह सुनाइस। तेखर बाद भगवान किसन ओला शाप मुक्त कर दयीस ओही समैं स्वर्ग लोक ले रथ आईस। अर वा नृग राजा ला ले गयीस।

तेखर बाद श्री किसन महाराज, अर ओखर संगी साथी द्वारकापुरी खाँ लहूट गईन। पूरा नगरी मा या चरचा अतका जोर ले फेल गयीस कि अक डक्के आदमी हय गयीस। तफेर गाँव वारे अक दूसर ला। अक ड़क्के के आदमी, अर ओखर राजा महाराजा होने के अर शाप मुक्त हय के किस्सा सुनाइ।

कुएँ में रहता था एक गिरगिट

बहुत साल पहले एक राज्य में एक राजा राज्य करता था। उस राजा का नाम राजा नृग था। वह राजा अत्यंत धार्मिक प्रवृत्ति का था। वह हमेशा ब्राह्मणों को दान-दक्षिणा दिया करता था।

एक बार राजा ने अपने राज्य के सभी ब्राह्मणों को अपने दरबार में बुलाया। सभी ब्राह्मणों को राजा ने गाय, बछड़ा, सोना, चांदी, दान में देने के लिए अपने मन्त्री से कहा। मन्त्री सब सामान लेकर आया। तब राजा ने सभी को सोना, चाँदी, गाय, बछड़ा, दान में दिया। तो उन ब्राह्मणों ने राजा को आशीर्वाद दिया।

उसी समय एक ब्राह्मण के हाथ से उसकी गाय छूट गई। वह ब्राह्मण राजा नृग के पास आया और राजा से कहा–राजाजी, आपने जो गाय दान में दी थी। वह रस्सी छुड़ाकर यहाँ आ गई है। तब राजा ने उस ब्राह्मण को दूसरी गाय दान में देने को कहा। उसकी गाय राजा ने एक-दूसरे ब्राह्मण को दान में दी थी। उसकी गाय किसी और ब्राह्मण को दे देने से ब्राह्मण क्रोधित हो गया और उसने नाराज होकर राजा को शाप दे दिया। उस ब्राह्मण ने राजा को शाप देते हुए कहा–राजा, जैसे मैं अपनी दान में मिली गाय के लिए तरस रहा हूँ वैसे ही तुम अपने अगले के लिए तरसोगे। जा, मैं तुझे शाप देता हूँ कि तुम अभी से गिरगिट बन जाओ।

ब्राह्मण ने तो राजा को शाप दे दिया पर उसके बाद वह पछताने लगा की गुस्से में आकर उसने यह क्या कर डाला। वह पछताते हुए राजा से क्षमा माँगने लगा। राजा ने उसे क्षमा कर दिया। परन्तु ब्राह्मण द्वारा दिया हुआ शाप तो राजा को लग गया था। जिससे वह राजा गिरगिट बन गया था।

फिर ब्राह्मण ने दुखी मन से राजा से कहा–राजा, न जाने कैसे मेरा मुँह खराब हो गया था। जिसके कारण मैंने इतने बड़े दानी राजा को शाप दे दिया। उसने राजा को इस शाप से मुक्त होने का उपाय बताया।

उसने राजा से कहा–राजा जब द्वारकापुरी में श्रीकृष्ण भगवान का जन्म होगा। तब उस समय यदि भगवान श्रीकृष्ण तुम्हें अपने हाथों से स्पर्श कर लेंगे। तभी तुम इस शाप से मुक्ती पा सकोगे।

राजा तो उसी समय मानव से गिरगिट के रूप में हो गए थे। तब राजा ने जैसे ही उस ब्राह्मण के वचन सुने। उसी समय वह गिरगिट रूपी राजा जमीन पर रेंगने लगा और रेंगते-रेंगते द्वारकापुरी पहुँचकर एक कुँए में जाकर छिप गया।

उसे वहाँ छिपे-छिपे कई वर्ष हो गए। वह गिरगिट उम्र के साथ-साथ बढ़ने लगा। उसका शरीर पहाड़ के समान बड़ा होने लगा।

इधर द्वारकापुरी में भगवान श्रीकृष्ण ने अवतार ले लिया। भगवान श्रीकृष्ण ने अपने मामा कंस का भी वध कर डाला। एक दिन श्रीकृष्ण के भाईयों ने उस गिरगिट को एक कुँए में देखा। तो उन्होंने जाकर श्रीकृष्ण भगवान को बताया की हमारे गाँव के कुँए में एक बहुत बड़ा गिरगिट छुपा बैठा है। वह पहाड़ के बराबर बड़ा और ऊँचा है।

जब यह बात श्रीकृष्ण जी को पता चली तो श्रीकृष्ण जी अपने साथियों के साथ उस कुँए पर गए। जहाँ वह गिरगिट रहता था। जब गिरगिट को मालुम पड़ा की भगवान श्रीकृष्ण स्वतः उसे देखने कुँए पर आ रहे हैं। तो उस गिरगिट ने भगवान श्रीकृष्ण जी के दर्शन करने के लिए कुँए से अपना शरीर बाहर निकाला। वह हाथ जोड़कर भगवान श्रीकृष्ण के सामने जाकर खड़ा हो गया। भगवान श्रीकृष्ण ने गिरगिट के सिर पर हाथ रखकर उसे आशीर्वाद दिया। जैसे ही भगवान श्रीकृष्ण का हाथ गिरगिट के सिर पर गया। उसी समय वह गिरगिट आदमी के रूप में प्रकट हो गया।

तब उस गिरगिट से बने आदमी ने भगवान श्रीकृष्ण को अपनी पूरी कहानी सुनाई और कहा–भगवान, आपके हाथ रखने से मैं शाप मुक्त हो गया हूँ।

उसी समय आकाश से एक रथ उतरा ओर उसमें बैठकर राजा नृग स्वर्ग लोक को प्रस्थान कर गए। इसके बाद भगवान श्रीकृष्ण अपने साथियों के साथ द्वारकापुरी लौट कर वापस आ गए।

पूरी द्वारकापुरी में यह खबर हवा की तरह फैल गई की कुँएवाला गिरगिट श्रीकृष्ण भगवान के छूते ही आदमी बन गया है। वह गिरगिट पहले राजा था। सभी लोग उसकी कहानी एक-दूसरे को सुनाने लगे।

21. चालाक कलिहा

अक जंगल रहीस। ओखर राजा अक शेर रहीस। ता अक दिन राजा शेर हनें। अपन दरबार मा मुनादी करवाईस की–डोंगर केर बीचय-बीच माँ अक सुख्खा तलवा हवय तहाँ पनचायत लगही। तफेर पूरा डोंगर केर जानवर के आरो पूरा तलवा भर फिरय। शेर हनें कहयं-आज के या दरबार मा सब झन अपनाहीं चरचान ला खोलवो। मैं सुनथूं। बहोत दिन से अक कलिहा केर अतियाचार ला सूनत आवे हों। ता का वा कलिहा आज आइनसे की नहीं। सब झन अपनाहीन आंखिन मा ईथी-उथी देख के कलिहा ला कैई चाली बुलवाय ता ऊँहा वा नहीं रहय। आखरी मा वा शेर कहिस अभि ले सब झन ओखर चरचान ला बताओ।

तफेर अक बिलार कहय–वा सयतान केर किस्सा ला काहिन सुनांव। वा हनें मोर टूरान केर आंखिन मा जहर डाल दयीसे। तबय ले हुन टूरान ला दिखाईनहीं देवें। मैं तोर आँगू हाथ जोरथूं की वा कलिहा ला अच्छा सजा सुनाव। तफेर शेर हनें बहोत जोर ले किर्रआइनस। ता वा दरबार मा बैठे हरा सब झन चुपचाप हय गै। तफेर चीता हनें अपन बात ला कहय की–शेर महाराज, कलिहा हनें मोला कहय कि मैं तोला गुनयायी विछया सिखाहूँ। तफेर कलिहा मोला नदियाकेर तीर मा ले गयीस। अर मोला आँखी मूँद केर बैठे ला कहिस। तफेर मैं बैठ गयंव। ता वा हनें मोर घेंघा मा वार करिस। अर अपन ड़गरी मा लुक गयीस। तबले मैं ओला खोजत आय रहे हों। अइसनय-अइसनय सब झन जीव जानवर अपनाहींन बातन ला कहिस। या बात ला सुनके शेर ला जादय गुस्सा आइनस। वा हनें कहय की मैं वा कलिहा ला कठोर सजा देहूँ। ओला मोर आगू पकर के लानों।

तफेर अतना झन मा सिरफ बिलाई अक अइसना जानवर रहय। कि जेन ओखर पक्ष लेबय। बिलाई कहय–राजा महाराजा, ते तो बहोत बलवान हवय ते ओला जरूर सजा देवे। ता हिन का दूध के धोए हरा आंय। हिन खुद बहोत बुराई मा लदे हवय इन कते मुँह मा अपन आप ला चरचहा कहथय। अर शेर के गुस्सा आय हरा तो आय नहीं मानत रहय। ओखर मुँह लाल हय गए रहीस। मैं ककरो बात ला नहीं सुनों। ओला अपन आप ला दरबार मा आयके खुद अपनाही गवाही दएला परही। तफेर सब झन मिल के भालू ला या काम ला सोंपे रही। भालू हनें

भी जादय ताकत वारे आय। वा कहिस महाराज तोर आज्ञा ला मानथूँ। मैं अभिच जाथूँ अर वा शैतान कलिहा ला पकर के लानथूँ।

या बात पूरा डोंगरभर मा फैल गयीस। कि कलिहा ला भालू हनें पकरहीं। अइसना बात ला जब कलिहा सुनिस। ता कलिहा वा भालू पास गयीस। ओखर वा बहोत आदर सतकार करिस। अर फेर कहिस—दोस मैं अभी तोर साथ राजा शेर के लिंघटा जाएला तियार होथूं। तफेर वा डोंगरभर के चरचा बताइन, की राजा कहीसे कलिहा ला पकर के मोर लिंघहा लानहो। ता वा कलिहा हनें जान गयीस की मोला राजा के बात ला बता दईन। तफेर कलिहा ला अच्छा-अच्छा बैठारिन। अर फेर कलिहा हनें कहय—मैं, तुम्हार साथ मा शेर के चरचान मा जाहूँ। अखर मोर बिमारी बने हय जाही, ता मैं आय जाहूँ। अइसनय कहके कलिहा हनें कह दैयीस। तफेर भालू हनें कहय की तोला काहिन के चिन्ता हवय तेला मोला ते बता। तफेर वा कलिहा हनें कहय की मैं काल डोंगर गए रहंव। ता ऊँहा बहोत जादा रस ला खाय रहों। अफेर जादय गुरतर रहय। ता कलिहा कहय—तुमनला रस ला खवाए के लानहूँ। अर वा रस हनें जादय मिठायसे। तुम तो बहोत जायदा खाहो पेट भर के अर फेर वा रस ला खाहों तो पेट अऊर पिराही। अतना मिठाईस। मोला अक बात केर चिन्ता हवय की मैं अब दुई बारा वा रस ला नहीं पाहूँ। ता ओखर कहिन होही ओला कोंन खाही।

कलिहा केर बात ला सुन के भालू के मुँह मा पानी आवय। तफेर वा कलिहा ला कहिस—कलिहा बहिन। ते मोला रस ला बता कहाँ हवय तैं मोला बता दे। कलिहा हनें कहय—मैं बहुतय जादा ड़ररायथूं। कहूँ वा शेर राजा झय मिलें। मोला शेर से जादय डर लगथय। वा शेर मोला जादयी मारही। तेखर ले मैं जादा ड़ररायथूं। तफेर भालू हने कहय—ते ऐखर चिन्ता झय कर मैं शेर ला कोई बहाना बता देहूँ। अब ते देरी झय कर जल्दी-जल्दी तययार हय जा। तफेर मोला ते बहोत जल्दी रस ला दिखाय दे। मैं बहोत दिनन ला रस ला नहीं खाय आयों। तफेर वा चालाकिन कलिहा हनें ईथी-उथी किंजर फिरत रहय।

ओईच डोंगर मा अक शिकारी जाल ड़ारे रहय। ता कलिहा हनें वा भालू ला जाल मा फँसाय दयीस। तफेर वा शिकारी हनें ओला डंडा से बहोत मारीस। तफेर वा हनें बहोतय जादय झंझट मा रहय। ता वा हनें बहोत मुश्किल मा अपना जान ला बचाय के ऊँहा ले भागिस।

अर फेर वा शेर राजा केर दरबार मा जाय के ओला बतान लागिस। कलिहा के बात ला सुन के शेर ला बहोतय जादा गुस्सा आय गयीस। तफेर शेर हनें कहिस की कलिहा हनें केर बहोतय जादा चरचा होथय। ओखर बात जहाँ-तहाँ ला सुनवे मिलथें। तफेर शेर बिलार हनें ला कहिस की तुम कलिहा केर चरचा करत रहय। अब ते ओला मोर लिंघहा पकर के लानवे। तफेर बिलार हनें सोच के कलिहा केर घर मा गयीस।

ता वा कलिहा के घर मा जाय के कलिहा ला कहिस—कलिहा बहिन, शेर राजा हनें के पास तोर चरचा पहुँच गयीस। वा तोर चरचा करत रहीस। ता तोला शेर लिंघहा पहुँच के अपन सफाई देने परही। अखर मैं तोला नहीं ले जा पाहूँ। तो शेर राजा मोला मार ड़ारही। ता कलिहा हनें बिलार ला कहिस की यह बात कभू नहीं होही। मैं तुम्हार साथ मा जाहूँ। अखर मैं तो तुम्हार साथ जाहूँच पर तोला मैं अक बात बताथूं।

तफेर कलिहा कहिस—एही लिंघटा मा अक मूसा बिल्ला हवें। तैं ओला देखवे। ऐखर बाद तो हमनला जल्दी राजा के दरबार मा पहुँचना हय। नहीं तो शेर राजा मोला मरे के सजा देहिच। तफेर कलिहा हनें बिलार ला कहिस—मूसा के बिल्ला गली के तीर मा हवे। ता ते ओला अक बार देख ले। जब तोला भूख लगही। तब तोला काम आही। कलिहा जब अइसना कहिस। ता बिलार ला लालच आय गयीस। तफेर जावत-जावत अक ठन कुँए मिलिस। हुन दुन्नों कुँए के लिंघटा पहुँच गै। ता कलिहा बिलार ला कहिस की या हवें मूसा केर घर। तैं अक ठन कुदान मा ओला पकर ले। ता ते मूसा के लिंघटा जा? मैं जब तक तोला अरगहूँ।

तफेर बिलार हनें ना सोचिस ना समझिस। अर फेर कुँए मा कूँद गयीस। वा सुक्खा कुँए मा रुखवा-रुखवा रहीस। तफेर बिलार हऩें खूनय-खून हय गयीस। रोवत-रोवत बिलार हने शेर के दरबार मा पहुँचिस। अर कहिस—राजा के जय होवे, सरकार वा शैतान कलिहा हनें मोला चक्कर मा फँसा छयिसमैं ओखर बातन मा आय के गलती करवों। आज ओखर बात मा आए के सजा मोला मिल गयीस। या बात जब बिलार हनें कहय। ता ओहिच टैम कलिहा हनें आवत रहय। ओला देख के शेर बहोतय जोर से किर्राइस। ता शेर के किर्राई ला सुनके सब कोई चुप्पे हय गई।

तफेर सब झन जंगल के जानवर अक-अक से अपन-अपन चरचन ला राजा से बताईन। अर कलिहा ला मारन के लाने सब झन लिंघटा आन लगीन। तफेर कलिहा कहिस—मैं तुमनला अच्छा-अच्छा बातन ला बताहूँ। तफेर कलिहा शेर ला कहिस—राजा हम तोर प्रजा आहें। मैं जानथूं की मोर गलती हवें। अर मैं बिसर गए रहंव। तफेर सब जानवर अक दूसर के चरचन ला करथैं। ता कलिहा कहथय—राजा हम तुम्हार पूजा करथयं। हम तुम्हार लाने अपन परान तक दे देवो। कलिहा या बात अपन मूँड़ तरी करके राजा से कहत रहीस। ता शेर कहिस—कलिहा तैं जादा बात झय करवे, नहीं तो मैं तोला मरे के सजा दे देहूँ। अर फेर रुखवा फाँदा मा लटपटाय के तोर घोंघा मा फँसाय देहूँ।

तफेर सब झन समझ गईन की कलिहा हनें बहोत चालाक हवें। तफेर वा चालाक कलिहा के आंसू निकरन लगिनस। वा सब ला कहिस की मैं डोगर के सब गलती के माफी माँगथूं। मैं अपन सब रुपया ला राजा ला भेंट कर दैंहूं। मोर पास

अच्छा-अच्छा रुपया, सोना-चांदी, हीरा-मोती धरे हवय एसना रुपया आदमीन के नहीं मिले। तफेर शेर कहिस–कलिहा तोर लिंघहा या रुपया कहाँ ला आईसे। ता कलिहा कहिस–राजा या रुपया मैं तोर लाने रखे रहंव। तफेर ओखर मुँह से झूठी बात निकरय। ता सब झन ओला मारेन ला गए तफेर शेर बोलिस–मोला बहोतय गुस्सा आथय। अइसना कहके शेर हनें किर्राय के कहथय–मैं कलिहा ला अच्छा कहथूं। ता सब झनन ने कलिहा ला छोड़ दयीस। तफेर राजा ओखर सजा ला माफ करथै।

तफेर शेर राजा कलिहा ला कहथै–कलिहा अब ते मोला अपन रुप्या-पैसा, अर हीरा-जवाहरात ला दिखावे। ता वा कलिहा कहथय–महराज, वा रुप्या-पैसा मैं दूसर डोंगर के कुँए में रखे हों। वा पइसा मा दूसर शेर ने अपन कब्जा जमाय लईसे। तफेर वा कलिहा वा शेर राजा ला दूसर डोंगर मा ले गयीस। डोंगर मा जायके कलिहा ओला एक कुँए के पास ले जाके बोलिस–महराज ऐहिच कुँए मा मोर धन रखे हवय तै ओला झांक के देख ले।

तफेर वा शेर वा कुँए डहर गयीस। अर वा कुँए मा झांकिस। तो ओखर परछाँई दिखिस। ता वा समझिस कुआँ मा दूसर शेर हवय वा जोर ले किर्राइस, अर कुँए मा कूंद गयीस। वा कुँए मा पानी भरे रहीस। वा शेर कलिहा के बातन मा आके पानी मा डूब के मर गयीस। वा पइसन के लोभ मा आयके अपन जीवन खतम कर लईस। सयतान कलिहा ओखर अकल पै हँसत भए डोंगर डहर भग गयीस। किस्सा रहे ता असर गयीस।

चालाक लोमड़ी

एक जंगल था। उस जंगल का राजा शेर था। उसने एक दिन मुनादी करवा दी की जंगल के बीचोंबीच एक सूखा तालाब है। उसी तालाब के पास जंगल के सभी जानवरों की पंचायत बैठनी है। मुनादी सुनते ही जंगल के सभी जानवर उस सूखे तालाब के किनारे एकत्र हो गए। पूरा तालाब जानवरों से भर गया। उसी समय शेर ने दहाड़कर कहा—आज की पंचायत में सभी जानवर अपने-अपने बारे में बतलाएँगे। अपने सुख-दुख के बारे में बतलाएँगे। मैंने सुना है कि एक लोमड़ी बहुत दिनों से उत्पात मचा रही है। क्या वह लोमड़ी आई है? सभी जानवर उस पंचायत में आए जानवरों में लोमड़ी को देख रहे थे। परन्तु वह लोमड़ी उनको उस भीड़ में नहीं दिखी। तब शेर ने कहा—तुम सभी लोग एक-एक करके उसके कारनामों के बारे में बताओ।

तब एक बिल्ली ने शेर को उस चालाक लोमड़ी के कारनामों के बारे में बतलाना शुरू किया। बिल्ली ने कहा—महाराज, उस लोमड़ी ने मेरे बच्चों की आँख में जहर डाल दिया था। तभी से मेरे बच्चे अंधे हो गए हैं। मैं आपके आगे हाथ जोड़ती हूँ। उस लोमड़ी को कड़े से कड़ा दंड़ दिया जाए।

तब शेर ने जोर से दहाड़ मारी। जिससे दरबार में बैठे सभी जानवर शांत हो गए। इसके बाद चीता उठा और उसने अपनी समस्या शेर को सुनाई। चीता ने कहा—महाराज, उस चालाक लोमड़ी ने मुझसे कहा की चीता भाई तुम्हें मैं जादू-मंतर सिखाउँगी। ऐसा कहकर वह लोमड़ी मुझे नदी के एक किनारे ले गई। उसने मुझसे कहा—तुम अपनी आँखें बँद करके एक जगह बैठ जाओ। तो उसका कहना मानकर मैं एक जगह अपनी आँखें बँद करके बैठ गया। तब उस चालाक लोमड़ी ने मेरे गले में वार किया और जंगल में भाग गई। तभी से में उसे ढूँढ़ रहा हूँ पर वह कहीं भी नहीं दिखती।

इसी प्रकार सभी जानवरों ने अपनी-अपनी शिकायत शेर राजा से की तब उन सबकी बात सुनकर शेर राजा को गुस्सा आ गया। शेर ने प्रण किया की उस चालाक लोमड़ी को कड़ी से कड़ी सजा दूँगा। वह जहाँ भी हो उसे पकड़कर मेरे पास ले आओ।

उन जानवरों में बिल्ली थी। जो उस लोमड़ी का पक्ष ले रही थी। बिल्ली ने शेर से कहा—महाराज, आप तो बहुत बलवान हो उसे सजा जरूर देना। परन्तु ये सभी जानवर जो आपसे शिकायत कर रहे हैं। वे कोई दूध के धुले नहीं हैं। इन सभी जानवरों में कुछ ना कुछ बुराई जरूर है पर ये अपनी बुराई नहीं देखते हैं। ये हमेशा दूसरों की शिकायत करते रहते हैं।

इतना सुनकर ही शेर को फिर गुस्सा आ गया। वह दहाड़कर कहने लगा सब लोग चुप हो जाओ। मैं किसी की बात नहीं सुनूँगा। जिसकी शिकायत है। उसे लेकर आओ। उसी के मुँह से मैं सुनूँगा की गलती किस की है। फिर सभी जानवरों ने उस चालाक लोमड़ी को पकड़ने का काम भालू को सौंप दिया। क्योंकि इन सब में भालू ही सबसे ज्यादा ताकतवर जानवर था। तब शेर ने भालू से कहा—तुम जाकर उस चालाक लोमड़ी को पकड़कर ले आओ? तो भालू ने कहा—जो आज्ञा महाराज, मैं अभी जाकर उस चालाक लोमड़ी को आपके चरणों में हाजिर करता हूँ। यह बात पूरे जंगल में हवा की तरह फैल गई कि भालू दादा उस चालाक लोमड़ी को पकड़ेंगे। यह बात उड़ते-उड़ते उस लोमड़ी के कानों में भी पड़ी तो वह सर्तक हो गई।

फिर एक दिन उस भालू ने लोमड़ी को पकड़ ही लिया। उसने लोमड़ी को अपने घर में लाकर उसका खूब आदर सत्कार किया। इसके बाद भालू ने लोमड़ी से कहा—दोस्त, तुमको शेर राजा ने अपने दरबार में बुलाया है। तो लोमड़ी ने कहा—दादा, थोड़ा रुको, मैं अभी तैयार होकर आती हूँ।

उस लोमड़ी ने तो पहले से ही सुन रखा था कि शेर राजा ने भालू दादा को उसे पकड़ने भेजा है। थोड़ी देर बाद लोमड़ी फिर से भालू दादा के पास आई। तो भालू दादा ने फिर उसका आदर-सत्कार किया। तो लोमड़ी ने कहा—भालू दादा, मैं तो तुम्हारे साथ शेर राजा के पास जाने को तैयार हूँ। परन्तु मेरे शरीर में एक बीमारी है। जब तक वह बीमारी ठीक नहीं हो जाती, मैं नहीं जा सकती। जिस दिन वह बीमारी ठीक हो जाएगी, मैं स्वतः शेर राजा के दरबार में हाजिर हो जाऊँगी।

तब भालू ने लोमड़ी से कहा—लोमड़ी, तुम्हें क्या बीमारी है और किस प्रकार की बीमारी है, मुझे बतलाओ। इसके बाद लोमड़ी ने भालू से कहा—दादा, एक दिन मैंने ढेर सारा शहद खा लिया। वह शहद बहुत ज्यादा मीठा था। इसलिए मैं उसे खाती गई तब मुझे चिन्ता हुई की यदि मैं और शहद खा लूँगी, तो मेरा पेट दर्द करने लगेगा। इसलिए मैंने उस शहद को वहीं छोड दिया। मुझे इस बात की चिन्ता है कि उस शहद का क्या होगा!

ऐसा सुनते ही भालू के मुँह में पानी आ गया। तब भालू ने लोमड़ी से कहा—लोमड़ी बहन, तुम मुझे उस जगह पर ले चलो। जहाँ शहद भरा पड़ा हुआ है। तो लोमड़ी ने कहा—दादा, मैं उस जगह पर जाने से डरती हूँ। वहाँ एक शेर रहता

है और मुझे उससे बहुत डर लगता है। वह यदि मिल गया तो वह मुझे बहुत मारेगा। तब भालू ने कहा–लोमड़ी बहन, तुम बिलकुल चिन्ता मत करो। मैं उस शेर को समझा लूँगा। तुम मुझे उस जगह पर ले चलो जहाँ शहद का भंडार है। इसलिए तुम जल्दी तैयार हो जाओ। मैंने बहुत दिनों से शहद को चखा तक नहीं है।

चालाक लोमड़ी भालू को शहद का लोभ देकर यहाँ-वहाँ टहलने लगी। वह भालू को लेकर एक जगह पर गई। जहाँ शिकारी लोग शिकार की तलाश में जाल फैलाकर बैठे थे। लोमड़ी भालू को उस जाल के पास ले गई और उसे जाल में फँसा दिया। तब शिकारियों ने उस भालू को डंडों से बहुत मारा। बेचारा भालू बेमतलब उस झंझट में फँस गया। वह किसी प्रकार वहाँ से निकला और निकलते ही वह वहाँ से अपनी जान बचाकर भागा। वहाँ से भागने के बाद वह सीधा शेर महाराज के दरबार में गया और शेर को लोमड़ी की करतूत बताई। ऐसा सुनकर ही शेर को बहुत गुस्सा आया। शेर ने दहाड़कर कहा–लोमड़ी की बहुत शिकायतें आ रही हैं। हर जगह उसकी चर्चा हो रही है। तब शेर ने बिल्ली से कहा–तुम उस लोमड़ी की बहुत तरफदारी करती रहती हो। अब तुम्हीं उसको पकड़कर मेरे पास लाओ। तब बिल्ली बहुत सोच-विचार कर लोमड़ी के घर पहुँची।

वहाँ पहुँचकर बिल्ली लोमड़ी से बोली–लोमड़ी बहन, हमारी तुम्हारी बात शेर राजा के पास पहुँच गई है। शेर राजा तुम्हारी बात कर रहा था। उसने कहा है की मुझे लोमड़ी से बात करनी है। इसलिए तुम शेर राजा के सामने हाजिर हो जाओ तो अच्छा है। यदि मैं तुम्हें उसके पास नहीं ले जाती हूँ। तो वह मुझे मार डालेगा। तब लोमड़ी ने बिल्ली से कहा–यह कभी नहीं हो सकता कि मैं तुम्हारे साथ शेर के पास जाऊँ। मैं शेर के पास जाऊँगी जरूर पर एक बात है।

ऐसा कहकर लोमड़ी कुछ देर के लिए सोचने लगी। कुछ सोचकर लोमड़ी बोली–बिल्ली बहन, मैंने यहीं पास में एक चूहे का बिल देखा है। उसमें बहुत बड़ा चूहा रहता है। तुम भी चलकर देख लो। इसके बाद दोनों को शेर राजा के पास जाना ही है। बिल रास्ते के आखिर में है, तुम उसे देख लो। चूहे का नाम सुनकर बिल्ली के मुँह में पानी आ गया।

उसने लोमड़ी से कहा–चलो कहाँ है चूहे का बिल, मुझे जल्दी से बताओ। तो लोमड़ी ने कहा–चलो, मैं तुम्हें चूहे का बिल दिखाती हूँ। ऐसा कहकर लोमड़ी बिल्ली को एक कुँए में ले गई। उसने कुँए को दिखाकर कहा–यही है, उस चूहे का बिल। तुम एक बार कूदकर उसे पकड़ लो, मैं यहीं बाहर तुम्हारा इन्तजार करती हूँ। तब बिल्ली ने बिना सोचे, समझे उस सूखे कुँए में छलांग लगा दी। उस सूखे कुँए के अंदर कंटीली झाड़ियाँ लगी थीं। बिल्ली जैसे ही उस कुँए में कूदी। वह उन झाड़ियों में फँसकर उलझ गई, उसे जगह-जगह खरोंचें लग गई।

बिल्ली किसी प्रकार उस कुँए से निकलकर दौड़ते-दौड़ते शेर राजा के पास पहुँची।

वहाँ पहुँचते ही बिल्ली शेर से बोली—शेर महाराज की जय हो। वह शेर के सामने हाथ जोड़कर बोली—महाराज, मैं फिर उस चालाक लोमड़ी के चक्कर में फँस गई। उसके कारण मुझे एक कुँए में गिरना पड़ा। जिससे मैं खून से लथपथ हो गई। उसी समय पीछे-पीछे लोमड़ी आती दिखी।

शेर राजा ने जैसे ही लोमड़ी को देखा उसे देखकर वह जोर-जोर से दहाड़ने लगा। उसकी दहाड़ सुनकर दरबार में बैठे सभी जानवर चुपचाप हो गए। इसके बाद सभी जानवरों ने शेर राजा के सामने अपनी-अपनी समस्या बतलाईं। तब शेर ने कहा—सभी जानवर मेरे पास आ जाओ, तुम सभी मेरी प्रजा हो। तुम लोगों ने अभी तक जो-जो गलतियाँ की हैं, मैं उन सभी गलतियों को माफ करता हूँ। तब सभी जानवरों ने कहा—महाराज, आप हमारे राजा हो। हम सभी लोग आपकी पूजा करते हैं। हम आपकी आज्ञा से अपनी जान तक दे सकते हैं। तब लोमड़ी ने अपना सिर नीचे करके कुछ कहना चाहा तो शेर ने कहा—लोमड़ी, तुम मुझसे कोई बात मत करना। मैं तुम्हें मृत्यु दंड की सजा दूँगा। तुम्हारे गले में किसी तने को फँसाकर फाँसी लगा दूँगा।

तब सभी जानवर समझ गए की लोमड़ी बहुत चालाक है। तब उस चालाक लोमड़ी ने अपने आँखों मैं आंसू लाकर सभी जानवरों से कहा—मेरे सभी छोटे-बड़े भाई-बहनों, मैंने इस जंगल में जो पाप किए हैं। उन सभी के लिए आप लोगों से माफी माँगती हूँ। मैं अपने पास के सभी हीरा-मोती, रुपया-पैसा अपना पूरा धन शेर राजा की चरणों में भेंट करती हूँ। मेरे पास ऐसा-ऐसा रुपया-पैसा और हीरा-मोती है। जो किसी साधारण आदमी के पास नहीं होगा।

तब सभी जानवरों ने कहा—जब यह रुपया-पैसा साधारण आदमी को नहीं मिलता, तो यह तुम्हारे पास कहाँ से आया। सभी जानवर लोमड़ी से उस धन की सच्चाई पूछते हैं। तो लोमड़ी के मुँह से झूठ ही निकलता है। तब सभी जानवर उस लोमड़ी को मारने दौड़ते हैं।

तब शेर ने दहाड़कर कहा—यह लोमड़ी ठीक कह रही है। ऐसा कहकर ही सभी जानवरों ने उसे छोड़ दिया। तब लोमड़ी शेर से कहती है—महाराज, मेरी सजा को माफ कर दिया जाए। मैं सभी आरोपों को अपने ऊपर लेती हूँ। तब शेर ने कहा—ठीक है, अब तुम वह रुपया-पैसा और हीरा-मोती मुझे बताओ। तुमने उस धन को कहाँ छिपा कर रखा है? तो लोमड़ी कहती है—महाराज, वह धन दूसरे जंगल के एक कुँए में रखा है। उस धन पर उस जंगल के शेर ने अपना अधिकार जमा लिया है। तब शेर ने कहा—चलो बताओ, कहाँ पर रखा है तुम्हारा धन? तब लोमड़ी उस शेर को दूसरे जंगल में ले जाती है। वह शेर को एक कुँए के पास ले जाकर कहती है—महाराज, देखिए इस कुँए के अंदर जो शेर बैठा है। उसने मेरे

धन पर अपना अधिकार जमा लिया है।

शेर उस कुँए में झांककर देखता है। तो उसे उसमें उसे अपनी परछाँई दिखाई देती है। वह शेर अपनी ही परछाँई को दूसरा शेर समझकर उसे दहाड़ता है। तो कुँए से भी दहाड़ की आवाज आती है। शेर समझता है कि कुँएवाला शेर भी मुझे दहाड़ रहा है। ऐसा सोचकर, शेर कुँए में छलांग लगा देता है और उसमें डूबकर मर जाता है। रुपया-पैसा और हीरा-मोती के लोभ में शेर बिना सोचे-समझे अपना जीवन समाप्त कर देता है। चालाक लोमड़ी उस शेर की मूर्खता पर हँसती हुई जंगल में भाग जाती है।

22. बामहन केर जबान

देवगढ़ राज मा अक गाँव रहीस। वा गाँव मा हुँणता नाम के आदमी रहय। वा लकरी काट के अपन बाल-बच्चा के पेट पालत रहय। वा बहोत गरीब आदमी रहय। अखर भले आदमी जादय रहय।

ओखर अक ठन टूरा रहय। तेखर नाव देव रहय। हुणता अपन गरीबी देखें। तो सोचय कि मोर बेटा ला अपन जीते जी लकरी नहीं बेचन दैहों। परोसी गाँव मा अक बामहन रहत रहय। ओखर नाव रामधन रहय। जेन बहोत बड़े विद्वान रहय। दुरिया-दुरीया केर आदमी ओखर लिंघन आवत रहय। अपन भविष्य ला पूँछ वे। या बामहन केर बारे मा हुँणता ला समत जानकारी रहय। कई वार वा लकरी लाने ला बामहन केर घर मा आए रहीस। अक दिन हुँणता हनें, अपन मन मा सोचय की– मोर टूरा के नितन महूँ भविष्य ला पूँछ के आ जाथंव। तफेर दूसर दिन दुन्नों बाप-बेटा वा बामहन के लिंघटा पहुँच गयीस।

वा अपन मन के बात ला बामहन ला बताईस। तफेर वा बामहन खुशी हय के ओखर भविष्य ला बताएला तियार हय गयीस। बामहन हनें देव के हस्तरेखा देखन लागिस। बहोत समय हय गयीस। अखर ओखर मुँह ले कछु बात नहीं निकरिस। इथी ओखर बाप कछु सुनेला व्याकुल होवय। बामहन फेर कहिस– हुँणता, तोर टूरा बड़े हय के राजभवन मा रहही।

अइसनय-अइसनय देव बड़े होवन लागिस। तफेर ओला पढ़ाइन-लिखाइनन। ओखर बुद्धी ला देख के तीर-तार के आदमी ओला बहुत भावत रहय। जब वा जवान हयीस। ता ओला कहूँ काम नहीं मिलिस। तेखर ले ओखर बाप ला अऊर विश्वास हय गयीस कि अब मोर बेटा लकरी नहीं बेचही। तफेर अक दिन दुन्नों बाप-बेटा डोंगर गइन। अर लकरी धर के आबय। ता बेटा बाप ला कहय–अखर हमारन ठन बैलगाड़ी होतिस। ता हम जादा लकरी लानतैं ओखर बात ला सुनके बाप बहुत खुश हइस। बैल लएला ओखर लिंघटा पैसा बहोत कम रहय। तफेर दुन्नों बाप-बेटा काम करी। ता ओखर लिंघटा बहुत पैसा हय गयीस। अर अपन घर मा बैलगाड़ी लान डारीस। अब बाप-बेटा डोंगर ले लकरी गाड़ी मा भर लानें। अर बेचय ता जादा पैसा कमावय।

हुँणता अपन बुढ़ापा अवसथा मा आवन लागिस। अक दिना देव अकेले डोंगर गयीस। अर फेर लकरी ला धर के बेचन गयीस। तफेर राजा के सिपाहीन ला, खाना बनायला बहुत लकरी के जरूरत रहीस। तफेर वा लकरी ला बेच छयिसराजभवन मा। ता ओला आइन रुपया कीमत कहीन।

तफेर वा पैसा ला मुनीम देवें। तफेर मुनीम के लिघंटा गयीस। ता मुनीम हनें आइन रुपया कहके छय रुपया देवय। ता देव हनें कहय–मोला आइन रुपया कहके छह रुपया देथै। ता वा मुनीम हनें कहय–ईहाँ सब झनन ला फायदा मिलन चाही। मैं आइन रुपया कहके लकरी ला लवयं। अर ते मोला दुई रुपया देवे तेन मोर फायदा आय।

देव समझ गयीस की या मुनीम बेईमान हवें। अइसनय-असनय वा रोज करत रहय। अक दिन देव अपन मन मा सोचय। अर कहय कि बेईमान मुनीम ला आज मैं समझाय के रहहूँ। तफेर देव हनें जोर-जोर से चिल्लाय-चिल्लाय के कहय–भाई, या मुनीम हनें रोज-रोज मोला आइन रुपया मा लकरी खरीदथय। अर मोला छय रुपया देथय।

तफेर उहाँ बहोत जयादा भीड़ लग गयीस। अर भीड़ बढ़त गई। अइसना-अइसना या बात राजा के कान तक पहुँचिस।

तफेर राजा ला देव हनें कहय–महाराज मोर साथ नियाय कर या मुनीम मोर अक गाड़ी लकरी ला खाय गयीस। तबले ऐखर पेट नहीं भरय। तफेर राजा समझ गयीस कि ऐखर बात मा कछु रहस्य हवें। तफेर मन्त्री हनें कहय कि या मनसे पागल हय गयीसे। भला कनों लकरीन ला खाय सकथय। तफेर राजा हनें अपन बात ला खुलके कहेला कहिस। तफेर देव हनें अपन बात ला कहय–महाराज या मुनीम हनें मोला चार दिन ले आइन-आइन रुपया मा लकरीन ला खरीदिस। अर मोला छय रुपया दयीस।

वा कहीस–मोला मोला दुई-दुई रुपया फायदा मिलन चाही। अइसना बेईमान मैं कहूँ नहीं देखे आँव। तफेर राज हनें वा मुनीम ला सजा दईस। अर फेर देव ला ओखर जगहा रख लयीस।

तफेर देव हनें अपन घर मा आयके अपन माँ-बाप ला या नौकरी के बात ला सुनाईस। ता ओखर माँ-बाप बहोतय खुश हय गयीस। अर कहिस की वा बामहन के कहे बात सही निकलिस। किस्सा रहीस ता असर गए।

ब्राह्मण की जबान

देवगढ़ के एक गाँव में हुँणता नाम का आदमी रहता था। वह बहुत गरीब था। वह जंगल से लकड़ी काटकर अपना जीवन-यापन करता था। वह सबके सुख-दुख में साथ देनेवाला भला आदमी था। उसका एक लड़का था। जिसका नाम देव था। देव के पिता हुँणता ने सोच रखा था—मैंने तो अपने दिन गरीबी में और लकड़ी बेचकर काट लिए। परन्तु जीते जी अपने लड़के को लकड़ी बेचने का काम नहीं करवाऊँगा।

उसी गाँव के पास एक गाँव में रामधन नाम का एक ब्राह्मण रहता था। रामधन बहुत बड़ा विद्वान था। वह लोगों का भविष्य बतलाया करता था। दूर-दूर से लोग उसके पास अपना भविष्य पूछने आया करते थे। इस ब्राह्मण के बारे में हुँणता को पूरी जानकारी थी। हुँणता कई बार उस ब्राह्मण के घर लकड़ी लेकर गया था।

एक दिन हुँणता ने सोचा की रामधन तो बहुत बड़ा विद्वान है। क्यों न मैं भी अपने लड़के का भविष्य दिखला दूँ। ऐसा सोचकर दूसरे दिन दोनों बाप-बेटा रामधन ब्राह्मण के घर गए। वहाँ जाकर उसने अपने मन की बात उस ब्राह्मण को बता दी। तब ब्राह्मण खुश होकर उसके लड़के का भविष्य बतलाने को तैयार हो गया।

रामधन ब्राह्मण ने देव को बुलाया और उसकी हस्तरेखा देखने लगा। बहुत देर से ब्राह्मण देव की हस्तरेखा देख रहा था। परन्तु वह मुँह से कुछ नहीं कह रहा था। देव के पिता व्याकुल हो रहे थे कि यह ब्राह्मण बोल क्यों नहीं रहा है। कुछ देर बाद ब्राह्मण ने हुँणता से कहा—हुँणता, तुम्हारा लड़का देव बहुत किस्मतवाला है। बड़ा होकर तुम्हारा लड़का राजभवन में रहेगा। इसकी हस्तरेखा यही बता रही है।

धीरे-धीरे देव जवान होने लगा, हुँणता ने देव को खूब पढ़ाया-लिखाया। देव की बुद्धी को देखकर उसके आस-पास के लोग उसे बहुत चाहते थे। अब देव पढ़-लिख चुका था। परन्तु उसे कहीं काम नहीं मिल रहा था। अब हुँणता को और विश्वास हो गया की मेरा लड़का एक-ना-एक दिन राजमहल जरूर जाएगा।

एक दिन बाप-बेटा दोनों जंगल लकड़ी काटने गए, जब वे लकड़ी रखकर घर आ रहे थे तो देव ने अपने पिताजी से कहा—दादा, यदि हमारे पास एक बैलगाड़ी होती तो हम ज्यादा लकड़ी इकट्ठी करके बेच सकते हैं। देव के पिताजी अपने लड़के की यह सलाह सुनकर बेहद प्रसन्न हुए परन्तु बैल खरीदने के लिए उनके पास पैसों की कमी थी। तब बाप-बेटे ने और कड़ी मेहनत कर पैसों की व्यवस्था की जिससे उन्होंने एक बैलगाड़ी खरीद ली।

अब बाप-बेटा दोनों जंगल से लकड़ी बैलगाड़ी पर लाते। जब उसे बेचते थे, तो वे पहले से ज्यादा पैसा कमाने लगे। ऐसा करते-करते हुँणता वृद्धावस्था की ओर आने लगा।

एक दिन की बात है, देव लकड़ी लेने अकेले जंगल गया। वहाँ से बैलगाड़ी में लकड़ी रखकर बेचने बाजार गया तो राजा के सिपाहियों ने देव से कहा—राजमहल में खाना बनाने के लिए लकड़ियों की बहुत जरूरत है। तुम लकड़ी बेचोगे। तो देव ने कहा—हाँ, मैं लकड़ी बेचूंगा। परन्तु आइन रुपया लूँगा। तब राजा के मुनीम ने देव को आइन रुपया देने के लिए अपने पास बुलाया।

जब देव मुनीम के पास आया। तो मुनीम ने देव को आइन रुपया न देकर उसकी जगह पर छह रुपए दिए तो देव ने कहा—मुनीमजी, आप मुझे आइन रुपया कहकर छह रुपया दे रहे हो। तो मुनीम ने कहा—भाई, हम तुमसे लकड़ी खरीद रहे हैं। हम लोगों का भी कुछ फायदा होना चाहिए। तुम्हें हम दो रुपया कम दे रहे हैं, वह मेरा फायदा है। देव समझ गया की राजा का यह मुनीम बेईमान है। मुनीम रोज ही देव से लकड़ी खरीदता और रोज उसे दो रुपया कम देता।

एक दिन देव ने सोचा की एक न एक दिन इस मुनीम को मैं समझाकर ही रहूँगा। तब एक दिन देव मुनीम को लकड़ी बेचने के बाद जोर-जोर से चिल्लाने लगा। वह चिल्लाकर कहने लगा—भाईयो, यह मुनीम रोज मुझसे राजमहल के लिए आठ रुपया की लकड़ी खरीदता है और मुझे छह रुपया देता है। ऐसा वह जोर-जोर से चिल्लाकर कह रहा था। तब उसके पास बहुत भीड़ इकट्ठी हो गई। तब देव फिर से चिल्ला-चिल्लाकर कहने लगा कि मुनीम ने मेरी एक गाड़ी लकड़ी रख ली। तब यह बात राजा के कानों तक पहुँची। तब राजा ने देव को बुलाया तो देव ने राजा से कहा—महाराज, मेरे साथ न्याय करें। आपका मुनीम मेरी एक गाड़ी लकड़ी खा गया है। ऐसा सुनकर राजा समझ गया कि इस लड़के की बात में कोई रहस्य जरूर है। इसके बाद मन्त्रियों ने कहा—राजाजी, यह लड़का पागल हो गया है।

तब राजा ने देव से कहा—देव, तुम अपनी बात खुलकर बताओ। तब देव ने कहा—राजाजी, यह मुनीम पिछले चार दिनों से मुझसे आठ रुपये में एक गाड़ी लकड़ी खरीदकर छह रुपये देता रहा है। मैंने जब इससे कहा—तुम ऐसा क्यों कर

रहे हो? तो इसने कहा—मुझे भी दो रुपया का फायदा होना चाहिए। मैंने आज तक ऐसा बेईमान मुनीम कहीं नहीं देखा

ऐसा सुनकर राजा ने मुनीम को बुलाया। राजा ने मुनीम को सजा दी और देव को मुनीम की जगह पर रख लिया। देव ने घर आकर अपने माता-पिता को नौकरी की बात सुनाई। तो उसके माँ-बाप बहुत खुश हुए। ब्राह्मण की भविष्यवाणी सत्य निकली।

23. भड़री कहिस

कोमलपुर के राजा विजय देव बहुतय दयालु, अर जनतन के सेवक रहय। राजा के अक झन टूरा रहय। वा टूरा हनें बहोत छोट रहय। अखर बहोत चित्रकार रहय। कभू हाथी बनावय कभू बघवा बनावय।

तफेर अक दिन अक भड़री वा राज मा आईस। अर वा राज भवन मा जायके राजा के घर भर के भविष्य ला बताईनस। वा भड़री राजा ला कहिस—राजा तोर ड़यकी हनें कुँए मा गिर के मर जाही। अर तोर टूरा ला बघवा खाय जाही। तेखर बाद तोला सब झनन किरिया-करम करेला परही। अर तोर खुद के मरना खटीया ऊपर होही। अइसना तोर गिरहा हवय राजा। अखर तुम अपनाही गिरहन ला नहीं कटवाहो। तो तुमनला भोगेला परही।

तफेर राजा विजय देव हनें। अपन परिवार के मौत ला सुनके अर अपन खुद के मौत ला जानके। वा भड़री ला सुख्खा के कारावास मा डाल दयीन। तफेर वा भड़री हनें वा बात ला भांख लईस। तफेर वा भड़री के वचन सच उतरय झय कहके राजा हनें। सब कुछ मा बँधन लगाय दयीस अपन खटीया मा सोय ला छोड़ दयीस। अपन ड़यकी ला कुँए मा पानी भरेला जावय। तहाँ जाली लगवाय दयीस बाल्टी भर खाँ जगहा छोड़ दयीस। अर फेर अपन बेटा ला चित्रकारी करेला तालाब के बीचों-बीच मा अक महल बनवाय दयीस।

अइसना-अइसना समय बीत गयीस। अर फेर अक दिन राजा सोचिस-या भड़री के बात झूठय आय। तेखर ले वा अपन परीवार ला मुक्त कर छयिस। तफेर अक दिन ओखर ड़यकी हनें बाल्टी के साथ कुँए मा गिर गयीस। अर मर गयीस। तफेर राजा हनें अपन सिपाहीन ला सचेत कर दयीस कि—वा भड़री के कहना सच उतरन लागिसे। तफेर अपन बेटा ला तलबा के बीचों-बीच मा बने हरा महल मा रखिस। बहोत दिनन बाद वा बेटा हनें। अपन मनय मन मा चित्र बनावय। तफेर वा कुत्ता के चित्र बनावत रहय। तहाँ ले वा बघवा बनत रहय। ओखर हाथ गोड़ बनाइस। कान नाक बनाईस। आँखी नहीं बनाय पाय रहय। वा अपन लिंघटा अक बहोत बड़े आइनना रखे रहय। वा चित्र ला आइनना मा देख-देख के बनावय। जईसे वा आँखी ला बनावय। कि ओखर परछाई ओही ला खाय ड़रिस। अर फेर

वा उंहच मर गयीस।

तफेर पूरा राजभवन मा या बात हवा की तरह फैल गयीस। कि राजा साहेब के बेटा ला बघवा खाय गयीस।

तफेर राजा विजय देव, नाव के इन्तजाम करेला कहिस। अर फेर नाव मा बैठ के व़ा तलवा के बीचों-बीच बने हरा महल मा पंहुंचिस। तफेर देखय की इहाँ-तो बघवा के पाँव के निशान समत नहीं आंय। फेर वा बघवा हनें आईस कहाँ ले। तफेर खूब सेल ले खोजबीन करेले पता चलिस कि अपन हाथ के बनाय हरा चित्र के परछाँई आय खाय गयीसे।

तफेर राजा हनें सोचय की का कभू परछाँई से मौत हो जाही। या सब वा भड़री के वचन आय। तफेर राजा ओखर किरिया करम करिस। अब राजा अपन वारे मा सोचय, अइसनय-अइसनय बहोत दिन बीत गयीस। अब राजा हनें बूढ़ा हय गयीस। ओखर जीव ड़यकी अर जवान बेटा के किरोध मा बिलकुल मरे बरोबर हय गयीस। अक दिन राजा राजभवन मा थके बिदाए आय के खटिया मा बैठिस। अर उहँय मर गयीस।

एहिला कहथयं कि धरती कहथय बेटा तोर जीव मोर गोदी मा हवय किस्सा रहीस ता असर गयीस।

भड़री ने कहा

कोमलपुर के राजा विजय देव बहुत दयालू और जनता की सेवा करनेवाले राजा थे। राजा विजयदेव का एक लड़का था। लड़का बचपन से ही चित्रकारी करना सीख गया। वह कागज पर कभी हाथी तो कभी शेर का चित्र बनाया करता था।

एक दिन उस राज्य में एक भड़री (ज्योतिषी) आया। वह भड़री राजमहल में पहुँचा और राजा के पूरे भविष्य के बारे में उसने बतलाया। उस भड़री ने राजा के सामने भविष्यवाणी करते हुए कहा—राजा तुम्हारी पत्नी कुँए में डूबकर मर जाएगी। तुम्हारे पुत्र को शेर खा जाएगा। तुम सबका दाह-संस्कार करोगे। तुम्हारी मृत्यु चारपाई पर होगी। ऐसी तुम्हारी गृह दशा कहती है। अगर तुमने अपने गृहों की शान्ति नहीं की तो तुमको भोगना पड़ेगा।

राजा विजय देव अपने परिवार और स्वतः की मृत्यु के बारे में सुनकर उस भड़री के ऊपर नाराज हो गया। राजा ने उस भड़री को एक सूखे कुँए में डाल दिया। भड़री उस सुखे कुँए से निकलकर भाग जाता है। राजा चिन्ता में पड़ जाते हैं कि कहीं उस भड़री की भविष्यवाणी सत्य न निकले। इसलिए राजा सभी कार्य में बंधन लगा देते हैं। उसकी पत्नी जिस कुँए में पानी भरने जाती थी। राजा ने उस कुँए में जाली लगवा दी, मात्र बालटी आने-जाने की जगह छोड़ी। राजा ने खाट में सोना छोड़ दिया। वह जमीन पर सोने लगे। राजा ने अपने बेटे के लिए एक तालाब के बीचों-बीच महल बनवा दिया। उसका बेटा उस महल में रहने लगा। परन्तु बहुत साल बीत गए पर ऐसा कुछ नहीं हुआ। तो राजा ने परिवार में लगी बन्दिशों को हटा दिया। इसके कुछ दिन बाद राजा की पत्नी कुँए में पानी लेने गई तो बालटी सहित कुँए में गिरकर मर गई।

तब राजा ने अपने सिपाहियों को सचेत कर दिया कि उस भड़री की कही हुई बातें सच होने लगी हैं। इसलिए सभी को सचेत रहना चाहिए। उसने फिर से अपने बेटे को तालाब के बीचों-बीच वाले महल में रखना चालू कर दिया।

इस प्रकार दिन बीतने लगे एक दिन राजा का बेटा अपने महल में बैठकर एक कागज पर चित्र बना रहा था। वह कुत्ते का चित्र बना रहा था। परन्तु कुत्ते की जगह शेर का चित्र बन गया। राजा के लड़के ने कुत्ते के हाथ, पैर, कान, नाक बनाए पर

वह शेर जैसे दिखाई दे रहे थे। राजा के लड़के ने उसकी आँखें भर नहीं बनाई थीं। जिस स्थान पर बैठकर वह चित्र बना रहा था। उसी के पास एक बहुत बड़ा आइना रखा था। जिसमें उसके बनाए हुए चित्र की परछाँई दिख रही थी। राजा के लड़के ने जैसे ही उस कुत्ते की आँख बनाईं, वैसे ही उस चित्र में शेर की आकृति उभर आई। राजा के लड़के को आइने में शेर की परछाँई दिख रही थी। उस परछाँई ने राजा के लड़के को खा लिया।

यह बात पूरे राज्य में हवा की तरह फैल गई की राजा साहब के बेटे को शेर ने खा लिया। तब राजा विजय देव अपने पुत्र को देखने तालाब के किनारे पहुँचे क्योंकि तालाब के बीचों-बीच उसके पुत्र का महल था। तब राजा ने एक नाव का इन्तजाम करवाया। फिर उस नाव में बैठकर राजा तालाब के बीचों-बीच बने महल में पहुँचा। उसने वहाँ देखा की पूरे महल में कहीं भी शेर के पँजों के निशान नहीं हैं। तब पूरी जांच पड़ताल के बाद पता चला की राजा के लड़के की मौत अपने ही हाथ से बनाए गए शेर के चित्र की परछाँई से हुई है। तब राजा ने सोचा? क्या कभी किसी की परछाँई भी मौत का कारण बन सकती है? परन्तु यह सब तो उस भड़री की भविष्यवाणी का नतीजा था।

तब राजा ने अपने पुत्र का अंतिम संस्कार किया। इसके बाद कुछ दिनों तक सब ठीक-ठाक चलता रहा। राजा की उम्र भी ज्यादा हो गई। वह बूढ़ा हो गया था। एक दिन राजा घूमते-घूमते थक गया और थककर एक चारपाई पर बैठ गया। उसके खाट में बैठते ही उसकी मृत्यु हो गई। इसलिए किसी ने कहा है–धरती कहती है, तुम्हारा जीवन हमारे हाथ में है।

24. अहीरा अऊर नागिन

इक गाँव मा इक अहिरा दाऊ रहय। वा गाय भैंस चरावत रहय। इक दिना का होईस कि वा रात मा गइन या भैंसी चराए ला ले गयीस। जब आधा रात हय गयीस। ता ओला नींद आवन लगिनस। अहिरा सोचथै-हमार ढ़ोर तो चरथंय। कहूँ मय सोयी तनक विसराम कर लेतों। एसना सोच के अपन कांधा मा लयकोय हरा कमरा ला बिछाय के सोय गयीस।

ओहिच जघा मा इक नागिन केर गोद्दा रहय। वा गोद्दा मा नागिन केर सात टूरा रहय। उनखर उप्पर वा अहिरा कमरा बिछाय के सोय गयीस। ओखर वजन मा सातों टूरा दबकाय के मर गइन। ओहिच बखत मा नागिन अपन घर मा लहुट के आईस। वा देखथै कि ओखर गोद्दा के उप्पर अहिरा सोय रहीस। नागिन सोचथै कि मोर टूरा ऐखर वजन मा चपकाय के मर गए होंहीं। वा नागिन कमरा के उप्पर नहीं जाए। वा अहिरा के चम्फेरा किंजरै। अहिरा जब नींद से जागिस ता वा अपन कमरा ला उठाइस। अर कांधा मा धरिस। अर अपन गोरुन ला गेर के घर आयगै।

नागिन अपन गोद्दा माँ जायके देखथै। ता सातों टूरा दबकाय के मर गए रही। नागिन गुस्सा के मारे फुसकारन लागिस। वा अहिरा के पीछा करन लागिस। अहिरा देखथै की नागिन आय रहीस। ता वा इक डहर खड़े हय गयीस। नागिन दुरिहा ले फुसकार मार के किर्राथै-पापी, हत्यारा ते मोर सात लरकन ला मार ड़ारे हवय मैं तोहू ला मार ड़ारहूँ। मैं तोला एसना चाबहूँ कि ते पानी नहीं माँग सकवे।

अहिरा अकबकाय गयीस। वा नागिन ला कहथय—काहिन आय बाई मोर से का गलती हय गयीस। ते मोर उप्पर काहे ला गुस्सावत हवै। ता नागिन वा अहिरा ला कहथय—ते जहाँ सोय रहीस। ऊँहा मोर टूरा रहीस तेला तैं मार ड़रिस। मैं ओखर बदला तोला चाब के लेहूँ। अहिरा हाथ जोर के कहथय—मोर से या गलती बिना जाने मा हयिस हवै। अखर नागिन ओखर नहीं सुनैं। ओखर गुस्सा ला देख के अहिरा दौड़े ला शुरू कर दयीस वा हाँफत-हाँफत घर ला पहुँचिस। अर अपन ददा ला अपन विपदा बताईस। वा ददा ला कहथय—ददा नागिन मोर पीछे परे हवै।

ओखर पिता ओखर बातन मा ध्यान नहीं देवै। तफेर वा अपन घर के और लोगन से कहन लागिस। कि वा नागिन खिरका तक आय गयीसे। ददा तुम भूरी

भैस के दूध ओला पिवाय देवे। अऊर ओला मनाय लेवे। घर के सब झना ओला पागल समझन लगीन।

अहिरा फेर से आरो करिस। कि नागिन अब घर के आँगन मा आय गयीस। आखिर मा ओखर मंझला भाई अहिरा से कहिस कि ते झय घबरावे। मैं कछु करहूँ। ओहिच गाँव मा अहिरा के ससुरार रहीस। ओखर मंझला भाई दौड़त-दौड़त गयीस। अर ससुरार वारेन ला लेयानिस। नागिन खटीया मा चढ़ गयीस। ओखर ससुरार ले ओखर डयकी आईस। ओखर घरवारे नागिन के आगू मा हाथ जोर के विनती करन लागिस। कहथय–दाई हमार टूरा से गलती हय गयीस। हवै ओखर उपाय बतावे। हम जाहिन कहवे ताहिन करवो। अखर ओला छोड़ दे। ओला क्षमा कर दे। नागिन खटिया केर चारों चम्फेरा घूमय। नागिन कहथय–मोर टूरा जिवा देहौ, तो मैं तुमन ला नहीं चाबहूँ। नहीं तो बिना चाबे रहूँ नहीं।

नागिन फुसकारत आईस अऊर अहिरा ला चाब दयीस। ऐखर बाद नागिन अपन घर पहुँच गयीस। अहिरा के घरवारे नागिन के घर मा जायके कहथै–ते हमन ला कछु उपाय बताव। तो तोर टूरा जिंदा हय जाएँ। अऊर मोर टूरा ला, ते ठीक कर दे। तब नगिन हुनन ला उपाय बताईस। वा कहथय–सात कटोरा मा भूरी भैस के दूध भरवाय देव। अऊर हुन लरकन ला दूध मा ड़ार देव। अर कोनौ सपेरा बीन बजाही। ता टूरा जी जाही।

सब झन वैसनय करिन ता ओखर टूरा जी गै। तफेर नागिन सातों कटोरी के दूध मा अपन फन ला ड़रिस। अर अहिरा के जहर ला खींच दयीस ओहू जी गयीस। नागिन अपन टूरा धर के अपन घर चले गयीस। अहिरा अपन काम धंधा मा लग गयीस।

अहीर और नागिन

किसी गाँव में एक अहीर दाऊ रहता था। वह गाय, भैंस चराता था। एक दिन वह रात में गाय, भैंस चराने गया। आधी रात हो जाने पर उसे नींद आने लगी। उसने सोचा पशु चर ही रहे हैं, कहीं पर आराम कर लिया जाए। उसने अपने कंधे से कंबल निकाला और वहीं जमीन पर बिछाकर सो गया। उस जगह जहाँ वे सोया था। एक नागिन की बामी थी। उसमें नागिन के सात बच्चे थे। अहीर दाऊ उसी बामी के ऊपर कंबल बिछाकर सो गया था। उसके वजन से दबकर साँप के सातों बच्चे मर गए। उसी समय नागिन अपने घर वापस आई। उसने देखा की उसकी बामी के ऊपर कोई कंबल बिछाकर सो रहा है। नागिन घबराने लगी। कहीं मेरे बच्चे उसके नीचे दबकर मर न जाएँ। लेकिन नागिन उस कंबल के पास नहीं जाती। वह उसके चारों ओर चक्कर लगाने लगी। अहीर की नींद खुली तो उसने कंबल उठाकर अपने कन्धों में डाल लिया। वह अपने गाय-बैलौं को लेकर घर वापस आ गया।

नागिन जब अपनी बामी में गई। देखती है कि उसके सातों बच्चे मरे पड़े हैं। वह क्रोध से आगबबूला हो गई। वह उस अहीर के पीछे भागी। अहीर ने देखा की नागिन उसका पीछा कर रही है तो वह एक तरफ जाकर खड़ा हो गया। नागिन ने दूर से ही फुफकार मारी और चिल्लाई–अरे हत्यारे, तूने मेरे सात बच्चों को मार डाला। मैं भी तुझको मार डालूँगी। ऐसा डसूँगी की तुम पानी भी न माँग पाओगे।

अहीर तो अचम्भे में था कि क्या बात हो गई है। उसने नागिन से पूछा–माई, मेरी क्या गलती है? जो तुम मुझ पर गुस्सा कर रही हो। नागिन ने कहा–जहाँ तू सोया था, वहीं तूने मेरे सात बच्चों को मार डाला है। मैं भी इसका बदला तुझे डसकर लूँगी। अहीर ने हाथ जोड़कर कहा–माई, मुझसे यह अपराध अनजाने में हुआ है। लेकिन नागिन ने उसकी एक न सुनी, उसका क्रोध देखकर अहीर ने दौड़ना शुरू कर दिया। वह हाँफते-हाँफते अपने घर पहुँचा। उसने अपने पिता से इस घटना के बारे में बतलाया और कहा–नागिन मेरे पीछे पड़ी है।

उसके पिता ने उसकी बात पर ध्यान नहीं दिया। वह अपने घरवालों से कहने लगा कि नागिन खिरका तक आ गई है। दादा, तुम उसे भूरी भैंस का दूध पिलाओ

और उसे मना लो। लेकिन घरवालों ने इसे उसका पागलपन समझा। अहीर ने फिर से आवाज दी की अब नागिन आँगन में आ गई है। अन्त में उसके मँझले भाई ने उससे कहा—तुम इसकी चिन्ता मत करो। मैं कुछ करता हूँ। उसी गाँव में अहीर की ससुराल थी। उसका मँझला भाई दौड़ता-दौड़ता गया और ससुरालवालों को लेकर आ गया। उस समय नागिन उसके घर के आँगन में आ गई थी। अहीर ने चिल्लाकर कहा—नागिन आ गई है और वह पलंग पर चढ़ गया। उसके ससुराल से उसकी पत्नी आ गई थी। वह और उसके घरवाले नागिन के आगे हाथ जोड़कर उससे विनती करने लगे। वे कहने लगे—माई, हमारे बच्चे से गलती तो हो गई है। इसका उपाय बतलाओ। हम कुछ भी करने को तैयार हैं। उसे छोड़ दो और माफ कर दो। नागिन पलंग के चक्कर काट रही थी। वह बोली—मेरे बच्चे जिन्दा कर दो, नहीं तो मैं इसे बिना डसे नहीं रहूँगी।

नागिन ने गुस्से में आकर अहीर को डस लिया। वह डस कर बामी में चली गई। अहीर के घरवाले उस नागिन के पास जाकर बोले—हमें कोई उपाय बतलाओ, जिससे तुम्हारे बच्चे जिंदा हो जाएँ।

नागिन ने उपाय बतलाया की सात कटोरी में भूरी भैंस का दूध भरवा दो और उन बच्चों को दूध में डालते जाओ। कोई सपेरा बीन बजाएगा तो बच्चे जिंदा हो जाएँगे। सबने वैसा ही किया बच्चे जिंदा हो गए। फिर नागिन ने सातों कटोरों के दूध में अपना फन डाला और अहीर के शरीर से जहर खींच लिया। वह भी जिन्दा हो गया। नागिन अपने बच्चों सहित अपने घर चली गई। अहीर अपने काम-धंधे में लग गया।

25. लक्ष्मी अऊर सरसेती

अक गाँव मा अक अहीर रहै। जवानी मा ओखर ड़यकी लक्ष्मी नाम के टूरी ला जनम दैय के मर गए रहीस। गाँव वारे अहीर ला समझाय-बुझाय के दूसर विवाह कर दइन। सवतेली माँ, लक्ष्मी ला बहोत लाड़ दुलार से रखिस। सवतेली माँ ने कछु दिन बाद अक बेटी ला जनम दयीस। अर लक्ष्मी ला त्रास दैन लगिनस। वा अपन बेटी ला खूब मिठाई,दूध खवाय। अर लक्ष्मी ला सुक्खा रोटी देवै। वा ने अपन बेटी के नाव सरस्वती धरिस।

सवतेली महतारी लक्ष्मी ला बहोत काम बूता करवाय। ओला पेट भर खाना नहीं देवै। ओला फटे, चिरहा कपड़ा पहना देवै। ओखर घरवारे ओला बहोत समझाईस। अखर सौत डाह नहीं छोड़ै। जब लक्ष्मी बड़े हय गए तो ओला डोंगर मा गाय, भैंस चराय ला भेजै। सवतेली महतारी ओला गोबर के रोटी बनाय के ओखर ऊपर पिसान ला भुरेर देवै। अर दुफर ले खाय लेवे कहै। लक्ष्मी अपन महतारी ला सुरता करके बहोत रोवै। वा डोंगर के फल, फूल, काँदा, कूसा खाय के रह जाएँ गोबर के रोटी ला बड़ के रुखवा तरी धर देवै। वा दिन-भर गाय, भैस चराय के संझा के घर लौटै। ओखर बाप ला बहोत दया लगै। अखर कट्टर अस ड़यकी के मारे कछु नहीं कहय चुप रहय।

दिनों दिन कटत जांय ढ़ोर चरात-चरात वन के फल, फूल, काँदा, कूसा खाय के लक्ष्मी बड़े हय गयीस। गोबर के रोटी ला बर के झाड़ी मा धरत जाय। अक दिन अक नाग घबराय के वा टूरी के ढ़िंगा पहुँच गयीस। टूरी नाग ला देख के घबराय गयीस। नाग देवता कहथै–बहनी, मोर ऊपर विपत परीसे। अक सपेरा मोर पीछे परे हवै। वा मोला पकर लेही। अर ले जाही। बहन मोर ऊपर अक बखत सहाय दे दे। मोला तोर बीचा लुकाय ले। मैं तोर या अहसान जिनदगी भर नहीं बिसरहूँ। अखर वा सपेरा मोला पकर के ले जाही ता मोर टूरा, छौना छोट-छोट हवै, मोर बिना मर जाहीं। लक्ष्मी कहथय–भईया मय तोर जान बचाहूँ। ते हिन गोबर के कँड़न के बीच मा घुस जा। वा सपेरा इत्थी आही। ता मय ओला भुलवाय देहूँ।

थोड़ी देर बाद वा सपेरा बीन बजात वा डहर आईस। अर वा टूरी ला पूँछथैं–ते साँप तो झय देखिस हवै बाई। टूरी कहथय–साँप मैं नहीं देखे हवौ दाऊ। टूरी

के बात ला सुन के वा सपेरा। दूसर डहर ला भग गयीस। जब ओखर बीन के आरो दुरिहा हय जाथै। ता लक्ष्मी वा नाग ला बाहर निकरे ला कहथै साँप टूरी ले कहथय–बहनी, ते मोर जान बचाय के बड़े पुन्न के काम करे हस। बड़े भाई के नाता मैं तोला अक चीज भेंट मा देहूँ। साँप अपन मुँह ले अक ठन चमकत मणि निकारिनस। अर वा टूरी ला दय दयीस कहथय–ले बहनी एला धर ले। जब तोला कछु चीज के जरूरत परही तो धरती ला गोबर मा लीप के चौका पूर के मणि ला मड़ाय के मंगवे। तब ते जाहिन माँगवे ताहिन मिलही।

लक्ष्मी कहथय–भईया, तोर आशीर्वाद मोर लाने भले हवय, या भेंट के मोला का जरूरत हवै। तब वा साँप भाई, अपन बहनी ला वा मणि जबरन धरा देथै। तफेर लक्ष्मी ओला धर लेथै। साँप भाई लक्ष्मी ला आशीर्वाद दय के भग जाथै।

जब वा साँप भग जाथै ता लक्ष्मी सोचथै-या मणि ला अजमा के देखौं, कि सचय आय जो लबार हवै। लक्ष्मी ओहिच झाड़ के तरी लीपीस। अर चौक पूर के मणि ला मड़ाय के अपन हाथ जोड़ के कहथय–मणी रानी मोला छप्पन पिरकार के भोजन दे, सोलह सिंगार दे। अतका कहत भर मा गहनन से भरे, अर भोजन से भरे थारी लक्ष्मी बीचा आय गयीस। लक्ष्मी के आँखी बक्काय के देखत रहगै।

लक्ष्मी जलदी भगवान ला भोग लगाईस। अर अपन भोजन पान करिस। ऐखर बाद अपन मूड़ मा महकना तैल लगाईस। कंगी करिस, जेवर-गहना पहनिस। अर अइना मा देखन लागिस। जादय खुले अपन सूरत ला देख के खुशी ता हय गयीस। वा नाग देवता ला खूब आशीर्वाद दयीस संझा होत रहीस। ता जलदी-जलदी अपन कपरा ला उतारिस। अर कँड़न मा लुकाय दयीस। अर चिरहा फटहा कपरा पहन के वा मणि ला लुकाय के गोरु धर के घर मा आय गयीस। वा कछु दिना तक अइसना करत रहीस। छप्पन पिरकार के भोजन खाय-खाय के लक्ष्मी बनै चिकनाय गयीस। सवतेली महतारी ओला देख-देख अऊर जरै।

अक दिना लक्ष्मी डोंगर मा नहाय धोके गहना कपरा पहन के अइना मा खुद के छाया ला निहार-निहार देखय। कि अक राज के राजकुमार शिकार खेलत-खेलत ऊँहा पहुँच गयीस। ड़ोगर मा परी अस सजी-धजी टूरी ला देख के राजकुमार ड़राय गयीस। फेर वा हिम्मत करके वा टूरी लिंघा पहुँचिस। लक्ष्मी ओखर सुर नहीं पाय रहीस। राजकुमार सोचन लागिस होय नहोय या कोई जोगन होही। तभिच अक-दम से लक्ष्मी वा राजकुमार ला देख के लजाय जाथै। राजकुमार पूँछ थै–ए बाई, ते ईहाँ डोंगर मा सुन्ना मा काहीन करथस। ते कछु भूत, प्रेत, जोगन ता नहीं आय। ता वा टूरी कहथय–मय तीरय के गाँव के ग्वाल के दुखिया बेटी आँव। मोर नाव हवै लक्ष्मी, अर सवतेली महतारी के हुकम से या डोंगर मा गाय चराए ला आए हवौं।

राजकुमार ला ओखर बातन मा विश्वास नहीं होवय। राजकुमार कहथस–ते जहिन होश, मोर बात सुन–मैं तोला, अपन रानी बनाहूँ। अतना ला सुन के लक्ष्मी लजाय जाथै। अर दुन्नों हाथन ला अपन मुँह ला मूँद लईस। राजकुमार तनक दुरिहा अस जाय के वा टूरी के सब तमाशा ला देखय। लक्ष्मी रोज दिन साँही अपन कपड़ा जेवर उतार के लुकाईस। अर अपन पुरान कपरा ला पहीर के गोरुन ला धर के घर डहर जान लागिस।

राजकुमार ओखर पीछा करन लागिस। ओखर घर के पता चल गयीस। ता राजकुमार अपन घर मा आय के सो गयीस। राजकुमार रिसाय गए रहीस। ओखर महतारी ला पता चलिस। ता वा आईस अर पूँछ थै–बेटा कइसना मा चुपचाप हवस। राजकुमार सारी बात अपन महतारी ला बताईस। महतारी राजा ला बताईस। राजा कहथय–हमार अक झन टूरा हवै। हम ऐखर हर बात पूरी करवो। राजा मन्त्री के हाथ बहोत सारा गहना, मिठाई, फल वा अहीर के घर पहुँचाईस। लक्ष्मी ला माँगे राजकुमार के लाजैं। लक्ष्मी के दादा, हर ओखर बात सुनके काँप उठिस। वा कहथय मोर गरीब के घर कछु नहीं हवै। मैं बारात के अगुवानी तक नहीं कर सकौं। वा मन्त्री कहथय–तुम्हार बेटी ला राजकुमार पसंद कर लईसे। ते कछु खरचा झय कर। हव भर कर दे। सब कछु विवाह के इन्तजाम हुँन कर लेंही। गवाल डरत-डरत हाँ कह दयीस संगमा आय रहे पंडित ओखर रास बरख मिलाय के विवाह के महूरत निकार दयीस।

लक्ष्मी के भाग ला देख के सवतेली महतारी जर भुँज र गयीस। अक दिन वा कहथय–बेटी, अब ते गाय चरावे झय जाएँमैं तोला नहवाय देहूँ, बनै-बनै कपरन ला पहनाय देहूँ। ते तो राजा के बहू बनवे कहथस। वा ओला दूसर दिन नदी मा नहायला ले गयीस। ओला नहवाईस। ओखर बालन मा तेल लगाईस। अर ओखर चोटी गूँथन के बहाना मा अक झाड़ी के तरी ले जायके बैठ गयीस। चोटी गूँथत-गूँथत सवतेली महतारी लक्ष्मी के सिर मा अक ठन खीला ठोंक दयीस खीला ठोंकतई से लक्ष्मी चिरैया बन के उड़ गयीस। सवतेली महतारी रोवत-पीटत अपन घर वापस आय गयीस। अर ओखर बाप हरे ला कहथय–मोर बरजे मा तोर टूरी नहीं मानिस। तोर टूरी गहरे पानी मा चले गयीस। अर वा पानी मा बोहाय गयीस। बाप के करेजा धकर ले करिस। वा सोचन लागिस अब राजा ला का जबाव देहूँ। सवतेली महतारी समझाईस। ते झय घबरावे लक्ष्मी के जघा मा सरस्वती के विवाह राजकुमार से कर देवो। गवाल ओखर बातन मा आय गयीस। अर सरस्वती के विवाह राजकुमार के साथ हय गयीस। महल मा जाय के जब राजकुमार देखिस की या तो लक्ष्मी नहोय। या तो ओखर बहनी सरस्वती हवै। तो राजकुमार ओखर ड़ोली गवाल के घर वापस भेज दयीस। ता सवतेली महतारी लक्ष्मी के नदीया मा वहे के खबर ला बताथै। अर कहथय–डर के मारे वा सच्ची बात

ला नहीं बताईस। अर दूसर बेटी ला बिहाय दय रहय। ओखर लाने माफी माँगिस राजकुमार ओला माफ कर दयीस पर राजकुमार सरस्वती ला नहीं राखिस। राजकुमार बहोत दुखी रहत रहय। डोंगर-डोंगर वा लक्ष्मी ला ढूँढ़त रहीस।

लक्ष्मी तो चिरैया बनगै रहीस। लक्ष्मी सकरहा अक गरीब डकरी के अंगना के झाड़ मा आवै अर पूँछय। डकरी दाई जागथस जो सोथस?

डकरी कहथय–बेटी जागथूँ।

चिरैया पूँछ थै डकरी दाई राजकुमार के बिहाव है गै।

डकरी-हाँ बेटी, खूब धूमधाम से हैसी।

चिरैया-राजकुमार खुश तो हवै।

डुकरिया-का जानों बेटी, मैं तो सुने हंव। अपन ड़यकी ला घर से निकार दयीस। अर वा खुद डोंगर-डोंगर कोन्नों ला खोजत-खोजत परेशान रहथै।

अतना मा वा चिरैया खिलखिला के हँस थै। जेमा डकरी के अंगना मा फूल गिरथैं। चिरैया फिर पूँछ थै–डकरी दाई राजकुमार रात मा भोजन करथै?

डकरी–का जानों बेटी, अखर सुनै हंवय, राजकुमार अन्न-जल सब तियाग दयीस। अतका ला सुनके चिरैया हलक-हलक रोथै। जेमा डकरी के अंगना मा मोती बरसथैं। चिरैया उड़ जाथै। डकरी फूल अर मोती समेट के धर लेथै। मोती ला ककरा-पथरा समझ के ओला बटोर के अक कोन्टा मा धर देथै।

अक दिना वा डकरी के घर मा खाय ला कछु नहीं रहय। वा डकरी सोचथै– हिन फूलन ला बेच के आटा-दार, चांऊर ले लौं। वा फूलन ला धरके माली के घर गयीस। माली हुन फूलन ला देखके अकबकाय जाथै। अर डकरी ला पूँछथै– दाई अतका अच्छा फूल ते कहाँ ला पाए हस। डकरी कहथै–बेटा या मोर घर के आय। माली हुन फूलन ला धर लईस। अर डकरी ला खूबय पैसा दयीस।

अक दिना अक सब्जी वारी आईस। अर अक मुठा मोतीन ला उठाईस। अर डकरी ला सब्जी दै दयीस सब्जी वारी हुन मोतीन ला कछु के बीज समझ के अपन पास धर लईस। जब सब्जीवाली अपन घर गयीस। तब ओखर डयका ने जब ओखर पास मोती देखिस। ता वा अकबकाय गयीस। वा कहथय–ते या मोती कहाँ ले पाए हस। कहूँ ले चोरे हस का? सब्जी वारे हुन मोतीन ला पायके खुश हयगै। वा हुन मोतीन ला धरके सुनार के पास गयीस। अतका खुले हरा मोती ला देख के सुनार के आँख उजयार हय गयीस।

वा सब्जी वारे से हुन मोतिन ला पाएके बारे मा कई बार पूँछिस। वा सब कुछ ओला बताय दयीस मगर वा सनरा ला ओखर बात के भरोसा नहीं हैस। वा कहथय–या मोती चोरी के आय। वा कहिस तुम ईहाँ बैठो। कहके वा थाना मा पहुँचिस। अर सुपाहीन ला मोती दिखाय के कहथय–चोर मोर दुकान मा बैठिन से। सिपाही ओला पकड़ के लानिस। सुपाही वा डुकरिया के घर मा पहुँचिस। ता

देखिस के ओखर घर मा मोती, अर फूलन के ढेर लगे हय। सुपाही जब ओखर बारे मा पूँछ थै तो डकरिया चिरैया के किस्सा सुनाथै।

सुपाही जाय के सारा कहानी राज दरबार मा जायके राजा ला बताथै। राजा फिर राजकुमार ला बोलिस, वा डकरी के घर जाएला। राजकुमार डकरी के घर आथै। अर डकरी ओला सारी बातन ला बताथै। तफेर राजकुमार ओहिच पेड़ के ऊपर मचान बनाके। वा चिरैया ला देखथै। बिहान होत चिरैया झाड़ मा आईस। अर डुकरिया से रोज दिना साँही पूँछन लागिस। चिरैया हंसिस ता फूल झरिस। अर रोईस ता मोती गिरिस। ऐहिच समा माँ ताक के राजकुमार। वा चिरैया ला पकर लईस। अइसना अदभुद चिरैया कहूँ देखेला नहीं मिले।

राजकुमार वा चिरैया ला महल मा ले गयीस। वा अपन दाई-ददा ला वा चिरैया दिखान लागिस। ओहिच समै ओखर नजर ओखर माथ मा गयीस। ओखर माथ मा खीला गड़े रहीस। राजकुमार ओखर खीला तुरतय निकार दयीस। तफेर चिरैया लक्ष्मी के रूप मा परगट है गै। लक्ष्मी ला देखके राजकुमार के मन खुश है गै। राजकुमार अपन दाई-ददा ला कहथय—दाई या आय तुम्हार असली बहू लक्ष्मी! राजकुमार ले लक्ष्मी से चिरैया बनन के सारे किस्सा ला सुनाईस। तफेर राजकुमार के बिहाव लक्ष्मी के संग बड़े धूमधाम से हयगै। राजा लक्ष्मी के सवतेली महतारी ला जिनदा दिवार मा जुड़वाय दथै।

जेखर सच्चे परेम होथै। वा जरूर मिलथै। किस्सा रहे ता असर गै।

लक्ष्मी और सरस्वती

एक गाँव में एक अहीर रहता था। जवानी में ही उसकी पत्नी लक्ष्मी नाम की पुत्री को जन्म देकर स्वर्ग सिधार गई थी। गाँववालों ने अहीर को समझा-बुझाकर उसका दूसरा विवाह करवा दिया। सौतेली माँ ने पहले तो लक्ष्मी को खूब लाड़-प्यार से रखा। किन्तु जब उसने भी एक पुत्री को जन्म दे दिया। तो उसने लक्ष्मी को कष्ट देना शुरू कर दिया। वह अपनी पुत्री को खूब घी, दूध, मिठाई खिलाती और लक्ष्मी को रुखा-सूखा खाना देती। उसने अपनी लड़की का नाम सरस्वती रखा।

सौतेली माँ लक्ष्मी को दिन-भर घर के कामों में व्यस्त रखती वह उसको पेट भर भोजन नहीं देती थी। वह उसे फटे-पुराने कपड़े पहनने को देती थी। उसका पति उसे बहुत समझाता पर उसके मन में सौतिया डाह खत्म नहीं होता था। जब लक्ष्मी कुछ सियानी हो गई तो सौतेली माँ ने गाय-भैंस चरानेवाले नौकर को भगा दिया। वह लक्ष्मी को जंगल में गाय-भैंस चराने भेजने लगी। सुबह सौतेली माँ गोबर की रोटियाँ बनाती। उसके ऊपर आटा लगा देती। जिसे लेकर लक्ष्मी जंगल जाती थी। लक्ष्मी अपनी माँ को याद करके जंगल में खूब रोती थी। वह जंगल के फलों को तोड़कर खा लेती थी। गोबर की रोटियों के ऊपर लगे आटे को चाटकर, उन रोटियों को वहीं बड़ के पेड़ के नीचे रखती जाती। वह दिन-भर जंगल में पशु चराकर शाम को वापस घर आ जाती। उसके बाप को उस पर बहुत दया आती थी पर कर्कशा पत्नी के कारण वह चुप्पी साधे रहता।

इस प्रकार दिन बीतते गए। पशु चराते-चराते वन के फल-फूल खाते, गोबर की रोटियों का ढेर लगाते-लगाते, लक्ष्मी बड़ी हो गई। एक दिन वह जंगल में उसी बड़ के पेड़ के नीचे छाँह में आराम कर रही थी। उसी समय एक बहुत बड़ा नाग घबराया हुआ आया। लक्ष्मी डर गई तो नाग देवता ने कहा—बहन, मुझ पर भारी विपत्ति आ गई है। एक सपेरा मुझे पकड़ने के लिए पीछा कर रहा है। तुम मुझे कहीं छुपा लोगी। तो मैं यह अहसान जिंदगी भर नहीं भूलूँगा। यदि वह सपेरा मुझे पकड़कर ले गया तो बिना माँ-बाप के मेरे बच्चे कष्ट उठाएँगे। लक्ष्मी ने कहा—तुम्हारी रक्षा करना मेरा धर्म है भईया! ऐसा करो, तुम इन गोबर के कंडों के अंदर छुप जाओ। यदि वह सपेरा यहाँ आया और तुम्हारे बारे में पूछा, तो मैं मना कर

दूँगी। नाग देवता कंडों के ढेर में घुस गए। थोड़ी देर बाद सपेरा बीन बजाते हुए उधर आया। वह लक्ष्मी से नाग के बारे में पूछने लगा। लक्ष्मी अनजान बनकर बोली कैसा नाग? उसने यहाँ किसी नाग को नहीं देखा। उसके भोलपन की बातें सुनकर सपेरा आगे बढ़ गया। जब उसकी बीन की आवाज बहुत दूर निकल गई। तब लक्ष्मी ने नाग देवता को बाहर निकलने के लिए कहा। नाग देवता बाहर आते ही विनम्रतापूर्वक बोले—बहन, तुमने मेरे प्राण बचाकर बहुत बड़े पुण्य का कार्य किया है। तुम आज से मेरी धर्म बहन हुईं। बड़े भाई के नाते मैं तुमको एक छोटी-सी भेंट देना चाहता हूँ। नाग देवता ने अपने मुँह से एक चमकती मणि निकाली और कहा—बहन, जमीन पर लीपकर, चौक-पूरकर मणि को उस पर रखकर, जब तुम प्रार्थना करोगी तो तुम जो माँगोगी वह मिलेगा। लक्ष्मी बोली—भईया, मुझे तो आपका आशीर्वाद ही पर्याप्त है। किन्तु नाग देवता के आग्रह के आगे उसकी एक नहीं चली। भाई का मन रखने के लिए लक्ष्मी ने मणि को अपने आंचल के एक छोर में बाँध लिया। नाग देवता बहन को आशीर्वाद देकर चले गए।

नाग देवता के जाने के बाद लक्ष्मी ने सोचा—इस मणि की परीक्षा करने में क्या हर्ज है। उसने गोबर लाकर बड़ के पेड़ के नीचे लीपा, फिर चपातियों पर चिपके आटे को निकालकर चौक पूरा और मणि उस पर रखकर प्रार्थना की—मणि रानी, मुझको छप्पन प्रकार के भोजन और वस्त्राभूषण दीजिए। इतना कहना था कि स्वर्ण थालों में सारी सामग्री बड़ के पेड़ के नीचे जमा होने लगीं। उसने जल्दी-जल्दी भगवान को भोग लगाया। फिर स्वयं पेट भर भोजन किया। वस्त्राभूषण पहने और जब वह स्वयं को आइने में देखने लगी, तो ठगी की ठगी रह गई। उसे पता ही नहीं था कि वह इतनी सुन्दर है। शाम होते ही उसने सारा सामान कंडों के ढेर में छुपाया और पशुओं को घेरकर घर ले आई। छप्पन प्रकार के भोजन करने से लक्ष्मी के शरीर में अचानक बदलाव आ गया। वह अत्यंत हृष्ट-पुष्ट और सुन्दर दिखने लगी।

एक दिन लक्ष्मी जंगल में नहा धोकर गहने और वस्त्र पहनकर आइने के सामने अपनी छवि निहार रही थी। उसी समय उधर से एक राजकुमार शिकार खेलता हुआ वहाँ निकला। जंगल में परी जैसी सजी-धजी नारी को देखकर पहले तो राजकुमार डरा, किन्तु बाद में हिम्मत करके वह उसके पास पहुँचा। लक्ष्मी को उसकी आहट तक नहीं मिली। राजकुमार सोचने लगा हो ना हो यह कोई छल है। तभी लक्ष्मी की तंद्रा भंग हुई। उसने अपने सामने घोड़े पर सवार राजकुमार को ज्योंही देखा वह लज्जा से सिर झुकाकर वहीं पर खड़ी हो गई। राजकुमार ने पूछा—तुम कौन हो? लक्ष्मी ने कहा—मैं पास के गाँव के एक अहीर की दुखिया बेटी हूँ। मेरा नाम लक्ष्मी है। मैं सौतेली माँ के आदेश से रोज जंगल में जानवर चराने आती हूँ। राजकुमार को उसकी बातों पर विश्वास नहीं हुआ। वह बोला—तुम जो भी हो किन्तु एक

बात सुनो। मैं तुमको अपनी रानी बनाना चाहता हूँ। इतना सुनकर लक्ष्मी और भी लजा गई। राजकुमार वहाँ से चलकर थोड़ी दूर पर जाकर छुप गया और वहीं से लक्ष्मी की गतिविधियों को देखता रहा। लक्ष्मी ने रोज की तरह अपने जेवर और कपड़े उतारे और पुराने कपड़े पहने और अपने घर की ओर चल दी। राजकुमार उसका पीछा करता रहा। जब उसके घर का पता चल गया तो राजकुमार वापस अपने महल में लौट आया।

सुबह से ही राजकुमार अंधेरे कमरे में लेटकर अनशन करने लगा। उसकी माँ को पता चला तो वह उसके पास आई और अनशन का कारण पूछा। पुत्र ने सारी बात अपनी माँ को बता दी और उसने अपनी माँ से कहा–माँ, मैं शादी करूँगा, तो उसी अहीर की लड़की से नहीं तो मैं प्राण त्याग दूँगा। महारानी राजा के पास गई और दुखी मन से पुत्र के अनशन की बात बताई। राजा बोले–मैं अपने इकलौते पुत्र की हर इच्छा पूरी करूँगा।

राजा ने मन्त्री के साथ हाथी, घोड़ों पर गहने, वस्त्र, मिठाई, फल उस अहीर के घर भेजकर उससे लक्ष्मी का हाथ राजकुमार के लिए माँगा। लक्ष्मी का बाप काँप उठा। वह बोला–महाराज, मुझ गरीब के यहाँ तो कुछ भी नहीं है। बारात का स्वागत भी न कर पाऊँगा। इस पर मन्त्री ने कहा–तुम्हारी पुत्री को राजकुमार ने पसंद कर लिया है। तुमको कुछ भी खर्च नहीं करना है। केवल हाँ कहो, सारा प्रबंध महाराज करेंगे। उस अहीर ने डरते-डरते हाँ की तो साथ आए पंडित ने विवाह की तिथि और मुहूर्त निकाल दिया।

लक्ष्मी के भाग्य को देखकर उसकी सौतेली माँ और जल-भुँज गई। किन्तु उसने इसे उजागर नहीं किया। एक दिन वह लक्ष्मी से बोली–बेटी, अब तुम जानवर चराने जंगल मत जाया करो। मैं तुमको खूब नहलाऊँगी। अच्छे-अच्छे कपड़े पहनाऊँगी। तुम राजा की बहू बनोगी न! अगले दिन वह स्नान कराने लक्ष्मी को नदी पर ले गई। वहाँ पर उसे मलमल कर नहलाया और उसके सिर में तेल डालने के बहाने एक पेड़ के नीचे लेकर बैठ गई। चोटी बाँधते-बाँधते ही सौतेली माँ ने छुपाकर रखी एक बड़ी सी कील निकाली और लक्ष्मी के माथे में ठोंक दी। कील के ठुकते ही लक्ष्मी चिड़िया बनकर उड़ गई। सौतेली माँ रोती पीटती घर आई। उसने घर में आकर अहीर को बतलाया की मेरे मना करने पर भी लक्ष्मी गहरे पानी में चली गई और नदी में बह गई। बाप का कलेजा धक से रह गया। वह सोचने लगा अब राजा को क्या जबाब देगा! सौतेली माँ ने समझाया-घबराने की जरूरत नहीं। लक्ष्मी की जगह सरस्वती का विवाह राजकुमार के साथ कर देते हैं। किसी को कानों-कान खबर नहीं होगी। अहीर उसकी बातों में आ गया और उसने धूमधाम से सरस्वती का विवाह राजकुमार के साथ कर दिया।

महल में डोली के पहुँचते ही सच्चाई उजागर हो गई। राजकुमार ने उल्टे पाँव

सरस्वती की डोली पिता के घर वापस भेज दी। राजा ने सरस्वती के माता-पिता को दरबार में बुलाया। सौतेली माँ ने लक्ष्मी के नदी में बह जाने की कथा राजा के गले में उतार दी। वह बोली मैंने डर की वजह से आपको सच्ची बात नहीं बतलाई और अपनी दूसरी पुत्री का विवाह राजकुमार के साथ कर दिया। इसके लिए उन्होंने राजा से माफी माँगी। राजा ने उनको माफ कर दिया। परन्तु राजकुमार ने सरस्वती को स्वीकार नहीं किया। राजकुमार दुखी रहने लगा। वह जंगल-जंगल लक्ष्मी को ढूँढ़ता फिरता, किन्तु उसके हाथ कुछ नहीं लगा।

उधर चिड़िया बनकर उड़ी लक्ष्मी सुबह-सुबह एक गरीब बुढ़िया के आँगन के पेड़ पर आई और उस बुढ़िया से पूछने लगी—माँ, राजकुमार का विवाह हुआ कि नहीं। बुढ़िया ने कहा—बेटा, खूब धूमधाम से हो गया है। चिड़िया बोली—माँ राजकुमार प्रसन्न तो हैं न?

बुढ़िया बोली—क्या पता बेटा। मैंने सुना है उन्होंने पत्नी को घर से निकाल दिया है और राजा ने अन्न-जल त्याग दिया है। इतना सुनकर चिड़िया हिलक-हिलक कर रोने लगती है। जिसके कारण बुढ़िया के आँगन में मोतियों की वर्षा होने लगी। थोड़ी देर बाद चिड़िया अपने आप हँसने लगती है। तो बुढ़िया के आँगन में सुगंधित फूलों की वर्षा होने लगती है। वह चिड़िया रोज उस बुढ़िया के घर आती और राजा के हालचाल पूछती और हँसती तो फूल और रोती तो मोतियों की वर्षा होने लगती। बुढ़िया के पास ढेर सारे मोती और फूल एकत्र हो गए।

धीरे-धीरे यह खबर राजा के पास तक पहुँचती है। राजा के सिपाही बुढ़िया के घर पहुँचते हैं। तो बुढ़िया ने मोतियों के ढेर और फूलों से भरी टोकनी दिखाकर चिड़िया की कहानी सुना दी। सिपाहियों ने सारा वृत्तान्त राजकुमार को सुनाया। राजकुमार बुढ़िया के घर आए और सारी बात सुनी। राजकुमार ने उसी पेड़ पर एक मचान बनाया और खुद छुपकर बैठ गए। कुछ देर बाद चिड़िया आई और बुढ़िया से रोज की तरह प्रश्न करने लगी। फिर चिड़िया हँसी तो आँगन में फूल गिरने लगे। थोड़ी देर बाद वह रोने लगी तो वहाँ पर मोतियों के ढेर लग गए। उसी समय राजकुमार ने उस चिड़िया को पकड़ लिया। उसी समय राजा की नजर चिड़िया के माथे में गड़ी कील पर गई। राजा ने चुटकी से उस कील को खींच दिया। तत्काल चिड़िया लक्ष्मी के रूप में प्रगट हो गई। लक्ष्मी को देखकर राजकुमार की प्रसन्नता का कोई ठिकाना नहीं था। उसने अपने माता-पिता से कहा—यह हैं, आपकी असली बहू।

राजकुमार ने लक्ष्मी से चिड़िया बनने की पूरी कहानी सुनी तो सभी द्रवित हो गए फिर धूमधाम से दोनों का विवाह हो गया। जिस पर जिसका स्नेह होता है वह उसे अवश्य मिलता है। राजा उसकी सौतेली माँ को जिन्दा दीवार में गड़वा देता है। राजकुमार और लक्ष्मी खुशी-खुशी रहने लगे।

26. भगवान केर पिटाई

अक राजा अक राज मा राज करत रहय। ओहिच राज मा अक बैगा अपन डयकी के संग मा रहत रहय। वा बैगा राजा के ढ़िंगा कई साल तक नौकर रहीस। राजा ओखर काम से बहोत खुश हय के ओला बाकी जिनदगी आराम से जीवे कहके सोन के बड़े हस टुकड़ा ला इनाम मा दयीस बैगा वा सोन के टुकड़ा धर के अपन घर के लाने जात रहीस। रसदा मा अक नदिया परिस। वा सोन ला नदीया पार मा मड़ाय के नहान लागिस। ओहिच बखत अक ठन कुकरा आईस। अर वा सोन ला लए के भग दयीस वा बैगा जब नदियाला नहाय के निकरिस ता देखथै। ऊँहा सोना नहीं रहीस। बैगा कहथय मोर सोना या भगवान चोर लईस। वा बहोत गुस्सा होय गयीस। अर कहथय। मैं भगवान ला मार ड़ारहूँ।

वा अपन टंगिया ला कांधा मा धरके। भगवान के खोज मा निकर गयीस। जात-जात। वा अक बड़े तलवा बीचा पहुँचिस। जेला अक बनिया सेठ बनावाय रहीस। वा तलवा बहोत गहरा रहीस। अखर वा तलवा मा पानी नहीं रहीस। सेठ वा बैगा से पूँछिस-ए दवार ते कहाँ जाथस। बैगा कहिस मैं भगवान के पिटाई करेला जाथौं। सेठ कहथय जब भगवान तोला मिलही तो कहवे। पाँच साल से मोर तलवा सुखा हवै।

बैगा ओखर बात सुनके आगे बढ़ गयीस। जात-जात रसदा मा ओला अक ठन घोड़ा मिलिस। घोड़ा पूँछथै-दवार ते कहाँ जाथस। बैगा ड़करा फिर कहथय–भगवान के पिटाई करे ला जाथौं। ता घोड़ा कहिस तोर भेंट भगवान से होही। ता ओला कहवे बारा बरस हय गयीस। अखर कोनव मोर उप्पर सवारी नहीं करीस। तफेर वा बैगा अक गाँव मा पहुँच गयीस। ऊँहा अक गोंड रहय। ओखर पाँच ठन ड़यकी रहय। तेन सब भग गय रहय। ओखर बहनी ओखर संग मा रहय। वा गोंड बैगा ला पूँछिस-दवार कहाँ जाथस। ता बैगा कहिस भगवान के पिटाई करेला जाथौं। वा गोंड अपन दुख बताईस। अर बैगा ला कहिस। ते जाए तो भगवान ला ऐखर कारन पूँछ के आवे।

बैगा वा डहर ले चले गयीस जात-जात ओला। अक जघा भगवान किसान के भेस धरके मिलिस। वा किसान बैगा के ढ़िगा आइनस। अर पूँछ थै-बाबा ते कहाँ

जाथस। बैगा कहीस मैं भगवान के पिटाई करेला जाथौं। ता भगवान कहथय। ते अतना दुरिहा काहे ला जाथस। ते अपन घर जा तोर सोना तोर घर मा मिल जाही। बैगा ओला बनिया सेठ के तलवा, खेत के घोड़ा, गोंड के ड़यकी के बात ला बताइस। ता भगवान कहथय। ते बनिया ला जायके कहवे—वा तलाब मा अक मुंदरी गड़याय देही। तो पानी निकर जाही। अर जब तोला घोड़ा मिलही। ता ते ओला सवारी करके घर मा ले जाएँ गोंड के बहन ला अपन साथ मा ले जाएँ। ओखर पाँचों ड़यकी घर आ जाहीं।

वा बैगा वैयसनच करिस जसना-जसना बताय गए रहीस। सब कछु हयस जौन-जौन भगवान बताय रहीस। आखिर मा वा बैगा अपन घर पहुँच गयीस। कुकरा सोन के टुकड़ा ला धर के दूरा मा बैठे रहीस। तफेर बैगा गोंड के बहनी से विवाह कर लईस। दुन्नों झना खुशी से रहन लगीन।

भगवान की पिटाई

एक राज्य में एक राजा राज करता था। उसी राज्य में एक बैगा अपनी पत्नी के साथ रहता था। वह बैगा उस राजा के यहाँ कई वर्षों से नौकरी करते आ रहा था। उस राजा ने बैगा के शेष जीवन आराम से बिताने के लिए उसे सोने का एक बड़ा-सा टुकड़ा इनाम में दिया।

जब वह बैगा उस सोने के टुकड़े को लेकर अपने घर जा रहा था तो रास्ते में उसे एक नदी मिली। वह उस सोने के टुकड़े को नदी के किनारे रखकर नदी में स्नान करने चला गया। उसी समय एक कुत्ते ने आकर वह सोने का टुकड़ा चुरा लिया। उस बूढ़े बैगा ने सोचा उसके सोने के टुकड़े को भगवान ने चुराया है। वह भगवान के ऊपर बहुत क्रोधित हुआ। वह कहने लगा, मैं इसके लिए भगवान को मार डालूँगा। उसने कंधे में अपनी कुल्हाड़ी रखी और भगवान की खोज में निकल गया।

चलते-चलते वह एक विशाल तालाब के पास पहुँच गया। जिसे एक सेठ ने बनवाया था। वह बहुत गहरा था पर उसमें पानी नहीं था। सेठ ने उससे पूछा–दवार, तुम कहाँ जा रहे हो? बैगा ने कहा–मैं भगवान की पिटाई करने को जा रहा हूँ। सेठ ने कहा–जब तुम भगवान से मिलो तो कहना मेरा तालाब पाँच सालों से सूखा पड़ा है।

वह बैगा वहाँ से आगे बढ़ गया तो वह एक खेत के किनारे पहुँचा। वहाँ उसे एक घोड़ा मिला। उस घोड़े ने पूछा–दवार, तुम कहाँ जा रहे हो? तो उसने फिर यही कहा–मैं भगवान की पिटाई करने जा रहा हूँ। बैगा ने कहा तो घोड़ा बोला–दवार, यदि तुमको भगवान मिल जाएँ तो पूछना बारह वर्ष हो गए। उसके ऊपर किसी ने सवारी नहीं की इसका क्या कारण है?

फिर वह बूढ़ा बैगा एक गाँव में पहुँचा। वहाँ उसे एक किसान मिला। उसकी पाँच पत्नियाँ थीं। परन्तु वे सब भाग गई थीं। केवल उसकी बहन उसके साथ में रहती थी। उसने भी पूछा–ऐ दवार, तुम कहाँ जा रहे हो? तो बैगा बोला–मैं भगवान की पिटाई करने जा रहा हूँ। तो किसान ने कहा–यदि तुम्हारी भगवान से भेंट हो जाए तो पूछना मेरे साथ मेरी पत्नियाँ क्यों नहीं रहतीं? उसकी भी बात सुनकर बैगा आगे बढ़ गया।

रास्ते में उसे भगवान एक किसान का वेश धरकर उस बैगा के पास आए और उससे पूछा—क्यों दवार, कहाँ जा रहे हो? तो बैगा ने कहा—मैं भगवान की पिटाई करने जा रहा हूँ। तब भगवान ने कहा—तुम इतनी दूर जाने का कष्ट क्यों उठा रहे हो? तुम अपने घर जाओ। तुम्हें वहीं तुम्हारा सोना मिल जाएगा।

तब बैगा ने कहा—मेरे पास भगवान को बताने के लिए दूसरे लोगों की भी खबरें हैं। तब बैगा ने सेठ के तालाब की बात, रास्ते में मिलनेवाले घोड़े द्वारा कही बात, तथा उस किसान के दुख को बतलाया। तब भगवान ने उससे कहा—उस बनिया सेठ से कहना कि वह तालाब में एक अँगूठी डाल देगा। तो तालाब में पानी भर जाएगा। तुम्हें जब वह घोड़ा मिले तो तुम उस पर जीन कसके बैठ जाना। वह तुम्हें तुम्हारे घर पहुँचा देगा। उस किसान की बहन को अपने साथ ले जाना। तो उसकी पाँचों पत्नियाँ उसके पास वापस आ जाएँगी।

उस बैगा ने वैसा ही किया जैसा-जैसा उसको बताया गया था और वैसा ही सब कुछ हुआ जो भगवान ने उससे कहा था। अन्त में जब वह अपने घर पहुँचा। तो कुत्ता सोने का टुकड़ा लेकर उसके दरवाजे के सामने बैठा था। फिर उसने उस किसान की बहन के साथ शादी कर ली और सुख-पूर्वक जीवन व्यतीत करने लगा।

27. जादूवारे आम

अक राजा के अक ठन टूरा रहय। वा टूरा अक अगरिया के टूरा के संग मा सखी बद लएस। दुन्नों झन दोस बनगै। हुन दुन्नों टूरा जादय ऊधम करन लगीन। ता राजा हुन लरकन ला शहर से जंगल मा भेज दयीस जब दुन्नों टूरा जंगल मा जाएँता रस्दा मा हुन अक गरलइया ला दाना खावत देखिस। हुन टूरा गरलइया ला पूँछ थै-हमनला खाना कहाँ मिलही। गरलइया कहथय–तुम चाँडा के बाजार चले जाहा। ईहाँ तुमन ला खाना नहीं मिलही। ऐखर बाद दोनों दोस रात होत तक रेंगिन। खूबय अंधियार हय गए रहीस। ता हुन अक ठन सेमर रुखवा तरी अक टूरा सोय गयीस। ता दूसर टूरा आगी बार के राखै।

वा सेमर मा अक चकवा अर चकवी केर जोड़ा रहत रहय। जौन अक दूसर ले बहोत परेम करैं। जइसे चकिया के दुन्नों पहीया साही। चकवा तरी झांक के देखिस तो ओला दो झनैं दिखाईदयीस अतना मा चकवी कहथय–ईहाँ दुई झन मनई रुके हवैं। उनखर ढ़िगा खाय के लाने कछु नहीं हवै। अगर हम आगी मा कूँद जातन ता हमन ला खा लेतिन। इनखर पेट ला कछु अराम रहतिस। हमार ढ़िगा तो हमार शरीर के अलावा कछु नहीं हवै इनन ला दएला। इनखर लाने कछु विवसथा लगाई। कहके दुन्नों आगी मा कूँद गए।

अगरिया टूरा दोनों पक्षीन ला भूँज के दो बराबर भाग मा बाँट लईस। अर अपन भाग खाय लईस। अर राजा के टूरा जौन सोय रहय। ओखर खाँ बचाय दयीस जब राजा के टूरा उठिस। अर अपन हिस्सा खाय लईस। ऐखर बाद अगरिया टूरा सोय गयीस। जब अगरिया टूरा नींद भर सोवै। तेन बखत मा राजकुमार चुपके से उठिस। अर दूसर देश ला चल दयीस वा दुनिया भर किंजरत रहीस। वा राजा के टूरा बहोत बड़े आदमी बन गयीस। अखर मा ओला पता चलिस की ओखर बाप मर गयीस हवै। ता अपन देश खाँ वापस लौट आईस। अर अपन बाप के राजगद्दी मा बैठ गयीस।

या डहर जब अगरिया टूरा के नींद खुलिस। ता वा डराय गयीस। अर सोचन लागिस मोर दोस अकेले चाँडा बचार भग दयीस वा ओला ढूँढ़त निकर गए। चलत-चलत वा अगरिया टूरा। अक नदीया के तीर मा पहुँचिस। वोही नदीया के

तीर मा अक डकरी रहय। वा अगरिया टूरा, वा डकरी लिंघा रहके ओखर खूब सेवा करिस। अक दिन वा डकरी वा टूरा ला पूँछ थै-मैं तोर लाने काहिन करहूँ। ता वा टूरा कहथय–दाई मैं चाँडा के बाजार जान चाहथों। ता वा डकरी कहथय–उहाँ जवाई बड़े मुशिकल के बात हवै बेटा। ते अक काम कर, ते अक आमा टोर के ला। अर पीछू कलथ के झय देखवे। टूरा आमा के झार मा गयीस। अर वा आमा टोर के पीछू कलथिस। तो आमा ओखर हाथ ले भग के रुखवा मा लग गयीस। वा टूरा फेर से वैसनइच करिस। आमा फेर झाड़ मा लगगै।

तीसर बार मा टूरा नहीं कलथिस। अर आमा लनाई मा पास हय गयीस। वा आमा ला लायके बुढ़िया ला दयीस। ता डकरी ओला चाँडा बाजार के रसदा दिखाइर्नस। जब वा जान लगिनस। ता वा आमा अक सुन्दर लड़की के रूप धर लईस। जब हुन दुन्नों झन जाए ता रसदा मा अक जघा सात झन चोर मिलिस। हुन चोरन के मन मा पाप आय गयीस। चोर हनैं वा टूरा ला कुँए मा फेंक दयीस। अर वा लड़की ला उठाय के अपन साथ ले भगे। वा लड़की फेर आमा के रूप धर लईस। अइसना देख के चोर डराय गैन। अर आमा ला पेड़ के तरी मा मड़ाय के भग गयीस। कछु दिनन बाद जो राजकुमार गद्दी मा बैठे रहीस। तेन वा जघा मा आईस। वा राजकुमार शिकार खेले ला निकरे रहीस। वा लट गए रहीस, तो सुस्ताए ला बैठ गयीस।

ओहिच आमा के पेड़ तरी मा जहाँ चकवा-चकवी अपन परान त्यागे रहीस। चकवा-चकवी के छौना बड़े-बड़े हय गए रहीस। वा पेड़ के डालन मा बैठ के बतावै। बड़े चिरैया सब कहानी ला सुनके। अगरिया टूरा के किस्सा सुने ला चाहय। चिरैया कहथय ओला कुआं मा फैक दईन। राजकुमार सुनिस। अर तुरतई कुआं मा जाय के झांकिस। अर अगरिया ला कुँए ला निकारिनस। तफेर दुन्नों टूरा वा आमा ला खोजिस। वा आमा अक रुखवा तरी पड़े रहय। जब दुन्नों टूरा अपन घर ला लहुटत रहै। ओही वखत वा आम अक टूरी के रूप धर लईस। ओखर शरीर मा चाँडा बाजार लगगै। वा बाजार मा सब जात के समान रहय। जेन बड़े-बड़े बाजारन मा रहथै। सब चीज के दुकान रहय। अर सब झना अपनय-अपनय समान लेवै। अगरिया टूरा वा बाजार ला देख के खुशी हय गयीस। अर वा बाजार ला समेट के आम मा धर लईस। अर घर डहर चले गयीस। फेर वा आमा दिन मा बाजार बन जाय। अर रात मा रुपवती टूरी बनके अपन पति के संग रहय।

जादूवाला आम

एक राज्य में एक राजा राज्य करता था। उस राजा के लड़के ने एक अगरिया को अपना मित्र बनाया। वे दोनों मिलकर बहुत शरारत करते थे। राजा उन दोनों से बहुत परेशान हो गया। तब राजा ने उन दोनों को अपने राज्य से निकलवाकर एक जंगल में भिजवा दिया। जब वे दोनों युवक उस राज्य को छोड़कर जंगल जा रहे थे। तब रास्ते के किनारे उन्होंने गौरैयों को दाने चुगते देखा। उन्होंने उन पक्षियों से पूछा—हम लोगों को भोजन कहाँ मिलेगा? गौरैयों ने कहा—तुम चांडा के बाजार चले जाओ। वहीं तुमको भोजन मिलेगा। इसके बाद दोनों मित्र रात होने तक चलते गए। थकान होने के कारण उन दोनों लड़कों को नींद आने लगी। तब दोनों लड़के एक सेमल के पेड़ के नीचे गए और उसी पेड़ के नीचे एक लड़का सो गया और दूसरा आग जलाकर रखवाली करने लगा।

उस वृक्ष पर एक चकवी और चकवा का जोड़ा रहता था। वे दोनों एक-दूसरे से इतना प्यार करते थे मानों चक्की के दो पाट हों। चकवे ने नीचे झांककर देखा तो उसे पेड़ के नीचे दो यात्री दिखाई पड़े। उसने चकवी से कहा—यहाँ पर दो यात्री ठहरे हुए हैं। इनके पास खाने के लिए कुछ भी नहीं है। हमें उनके भोजन की कोई न कोई व्यवस्था अवश्य करनी चाहिए। चकवी ने चकवे से कहा—हमारे पास तो उनको देने के लिए कुछ भी नहीं है। परन्तु हम आग में कूद पड़े। तो उन्हें हमारे शरीर का स्वादिष्ट भोजन प्राप्त हो जाएगा।

इसके बाद दोनों पक्षी आग में कूद गए। उस अगरिया लड़के ने उन दोनों पक्षियों के दो हिस्से बनाए उसने एक हिस्सा खा लिया और एक हिस्सा अपने मित्र के लिए रख दिया। तब राजा का लड़का उठा तो उसने अपने हिस्से का मांस खाया, तब तक अगरिया लड़का भोजन करके सो गया। जब अगरिया लड़का गहरी नींद में सो रहा था। तब राजकुमार उठकर उस अगरिया लड़के को सोते छोड़कर दूसरे देश को चला गया। वह दुनिया भर में घूमता रहा। वह बहुत बड़ा आदमी हो गया। बाद में उसे पता चला की उसके पिता की मृत्यु हो गई है। तब वह वापस अपने देश लौटकर आ जाता है। वह अपने पिता की जगह राजा बनकर राज करने लगता है।

परन्तु जब उस अगरिया लड़के की नींद खुली तो वह बहुत डर गया। उसने सोचा हो-ना-हो उसका मित्र अकेले ही चांडा के बाजार चला गया है। वह अपने मित्र को ढूँढ़ने निकल पड़ता है। कुछ दिनों के बाद अगरिया लड़का एक नदी के किनारे पहुँचता है। उस नदी के किनारे एक बूढ़ी औरत रहती थी। वह लड़का उस बुढ़िया के पास रहकर उसकी सेवा करने लगा। एक दिन उस बुढ़िया ने उससे पूछा—मैं तुम्हारे लिए क्या कर सकती हूँ? तब लड़का बोलता है—दाई, मैं चांडा के बाजार जाना चाहता हूँ। तब उस बुढ़िया ने कहा—बेटा, वहाँ जाना बहुत मुश्किल है। फिर भी तुम एक काम करो, तुम उस पेड़ से एक आम तोड़कर लाओ पर तुम पीछे मुड़कर मत देखना। उस लड़के ने आम के पेड़ से एक आम तोड़ा और उसे लेकर आने लगा। परन्तु वह पीछे मुड़कर देखे बिना न रह सका। उसके पीछे देखते ही वह आम उड़कर उसी पेड़ पर जाकर फिर लग गया।

दूसरी बार उसने फिर से प्रयत्न किया पर दूसरी बार भी फिर वैसा ही हुआ। परन्तु तीसरी बार वह आम लाने में सफल हो गया। उसने आम लाकर उस बुढ़िया को दे दिया। तब बुढ़िया ने उसे चांडा बाजार का रास्ता दिखा दिया। बुढ़िया ने वह आम उस लड़के को दे दिया। जैसे ही लड़के ने दुबारा उस आम में हाथ लगाया वह आम एक लड़की के रूप में परिवर्तित हो गया।

जब वह लड़का और लड़की जा रहे थे। तब रास्ते में उनको सात चोर मिले। उन चोरों के मन में पाप आ गया। उन चोरों ने उस लड़के को एक गहरे कुँए में फेंक दिया। उसके साथ की लड़की को भगाकर अपने साथ ले गए। उसी समय वह लड़की फिर से आम के रूप में परिवर्तित हो गई। तब चोर उस आम को देखकर घबरा गए और उसे वहीं छोड़कर भाग गए।

कुछ दिनों के बाद वही राजकुमार जो राजगद्दी पर बैठ गया था। शिकार खेलने उसी जंगल में आया। वह थककर आराम करने के लिए उसी पेड़ के नीचे बैठ गया। जहाँ चकवे और चकवी ने प्राण त्यागे थे। उस समय तक उन चकवे और चकवी के बच्चे बड़े हो गए थे। वे दोनों उसी पेड़ की एक शाखा पर बैठकर आपस में बातें कर रहे थे। बड़ी चिड़िया ने पूरी कथा सुनाकर उस अगरिया लड़के का भी जिक्र किया और बताया की उसे किस कुँए में चोरों ने फेंक दिया था। राजा तुरन्त उठकर उस कुँए पर गया। उसने अपने अगरिया मित्र को उस कुँए से निकाला। उन दोनों ने 'साथ जाकर उस आम को खोजा। वह आम एक वृक्ष के नीचे पड़ा हुआ था। अगरिया लड़के ने वह आम उठा लिया और अपने घर की ओर वापस आने लगे। जब वे अपने घर की ओर वापस आ रहे थे। उसी समय वह आम पुनः एक सुन्दर लड़की के रूप में परिवर्तित हो गया। उसके शरीर से एक बहुत बड़ा बाजार प्रकट हुआ। उस बाजार में सब कुछ मिलता था।

वहाँ सभी प्रकार की दुकानें थीं। परन्तु उसमें कोई भी दुकानदार नहीं था। सभी लोग अपने आप ही जरूरत की चीजें ले रहे थे। अगरिया युवक उस बाजार को देखकर बहुत प्रसन्न हुआ। परन्तु उसने उसे समेटकर वापस उस आम में रख लिया। वह लड़का अपने घर को चला गया। उसके बाद रोज वह आम दिन में एक बाजार बन जाता और रात में एक रूपवती स्त्री बनकर अपने पति को सुख प्रदान करता।

28. कलिहा अऊर टटका

अक ड़ोगर मा अक नर कलिहा अर अक टटका रहत रहय। बरसात के दिन आईस ता नर कलिहा लिंघन खाऐला कछु नहीं रहय। टटका पानी मा रहय। तेखर मारे वा जादय खुशी मा रहय। अक दिन नर कलिहा टटका ले कहिस–मोला जादय भूख लगीसे। मैं अब तोहिच ला खाहूँ। ता टटका कहथय–ते मोला झय खा, मैं तोला अक ठन ड़यकी खोज के लानहूँ। कलिहा टटका के बात मा विश्वास कर लईस। ता टटका ला नर कलिहा छाँड़ दयीस।

अक दिना टटका राजा के घर मा गयीस। राजा ला राम-राम मामा कहिस। राजा टटका ले बैठे ला मचिया दयीस राजा टटका ले कहथय–भाँचा हमार डहर कईसे चलव। ता टटका कहथय–मामा मोर अक झन दोस हवै। तेखर बिहाव करेला हवै। ते अपन टूरी ला मोला दै दे। राजा टटका के ऊपर जादय विश्वास करै। वा बरसात के बारे मा पहले से बता देत रहय। की पानी गिरही की न गिरही। तेखर मारे ला अपन बेटी ला टटका संग भेज दयीस राजा के बेटी बेजई होशियार रहय। वा टटका के चलाकी ला समझ गए रहय। टटका राजा के बेटी ला धर के कलिहा के ढ़ढ़रा मा आईस। ढ़ढ़रा के दूरा ले कलिहा ला बलाईस। तफेर राजा के बेटी अक लाठी ला उठाईस। अर वा टटका ला मार डारीस। टटका मर गयीस।

ता कलिहा राजा के बेटी ला चावे ला दौड़थै। ता वा टूरी कहथय–अरे ते या काहिन करथस। मैं तो तोर ड़यकी आँव। तफेर कलिहा वा राजकुमारी ला डोंगर मा ले गयीस। राजकुमारी रेंगत-रेंगत लट गयीस। अर लटे हरा अक रुखवा तरी बैठ गयीस। वा रुखवा तरी ठंडा-ठंडा हवा चले। ता राजा के बेटी ला नींद आय गयीस। कलिहा राजकुमारी ला पेज लाने तीरय के गाँव मा गयीस। उंहाँ वा अक झन बैगा के घर मा जाथै। अर उंहा ले राजकुमारी के लाजै। अक मटकी मा पेज लानिस। अर ओला रुखवा तरी मड़ाय दयीस। ओहिच बखत वा डोंगर मा अक हट्टा-कट्टा जवान बैगा आईस। वा बैगा कलिहा अर टूरी ला देखके सोचथै। कि ऐखर संगमोर विवाह कर लेतंव कहके। वा बैगा कलिहा ला मारे ला दौड़िस। ता वा पेज वारे मटकी फूट गयीस। कलिहा दौड़त भग गयीस।

वा बैगा राजा के टूरी ला देखिस। ता देखतय रह गयीस। वा राजकुमारी बहुतय खुले। बैगा वा टूरी ला धर के अपन घर मा आय गयीस। वा राजकुमारी ला पेट भर खाना खवाय-पिवाय के ओखर संग मा बिहाव कर लईस। हुन दुन्नों झना रोज दिना डोंगर जाएँ। बैगा बेवर के लाने डोंगर के राई रुखवन ला काटै। अर राजकुमारी धरती ले ओखर लाने काँदा-वाँदा कोड़य। दुन्नों झन खुशी से रहन लगीन।

लोमड़ी और मेढक

एक जंगल में एक नर लोमड़ी और मेढक साथ-साथ रहते थे। जब बरसात के दिन आए तो नर लोमड़ी के पास खाने को कुछ नहीं था। मेढक पानी में रहता था। इसलिए वह बहुत खुश था। एक दिन नर लोमड़ी ने मेढक से कहा—मुझे बहुत जोर से भूख लगी है। मैं तुमको खाऊँगा। तो मेढक ने कहा—मित्र, तुम मुझको मत खाओ। मैं तुम्हारे लिए पत्नी लाकर दूँगा। नर लोमड़ी ने मेढक की बात पर विश्वास कर लिया और उसे छोड़ दिया।

एक दिन मेढक राजा के घर गया। उसने राजा से कहा—मामा, राम-राम। राजा ने मेढक को बैठने के लिए आसन दिया। राजा ने मेढक से पूछा—भानजे, तुम इस तरफ कैसे निकल आए? मेढक ने राजा से कहा—मामा, मेरा एक दोस्त है। उसकी शादी करनी है। इसलिए मुझे तुम्हारी लड़की चाहिए। राजा को मेढक के ऊपर बहुत विश्वास था। क्योंकि मेढक हमेशा राजा को बारिस की भविष्यवाणी करके बतला देता था कि बारिस कब होगी। इसलिए राजा ने अपनी बेटी मेढक के साथ भेज दी। राजा की बेटी बहुत होशियार थी। वह मेढक की चालाकी को समझती थी। मेढक राजा की लड़की को लेकर नर लोमड़ी की गुफा में आ गया। गुफा के बाहर खड़े होकर मेढक ने लोमड़ी को बुलाया—भईया, मैं तुम्हारे लिए एक लड़की लेकर आया हूँ। बाहर आकर देख लो।

राजा की लड़की ने जैसे ही देखा की मेढक उसकी शादी एक नर लोमड़ी से कर रहा है। उसी समय राजा की लड़की ने एक लकड़ी उठाई और मेढक को मार दी। जिससे मेढक वहीं मर गया। नर लोमड़ी राजा की लड़की को काटने दौड़ता है, तो लड़की कहती है—अरे, तुम यह क्या कर रहे हो? मैं तो तुम्हारी पत्नी हूँ। तब नर लोमड़ी राजकुमारी को जंगल लेकर आता है। नर लोमड़ी राजकुमारी को बहुत दूर एक घने जंगल में लेकर आ जाता है। राजकुमारी चलते-चलते थक जाती है। वह थककर एक पेड़ के नीचे बैठ जाती है। पेड़ की ठंडी हवा से राजकुमारी को नींद आ जाती है। लोमड़ी राजकुमारी के लिए खाना लेने पास के एक गाँव में चला जाता है। वह एक बैगा के घर जाता है। वहाँ से राजकुमारी के लिए एक बर्तन में पेज लेकर आ जाता है। राजकुमारी पेड़ के नीचे सो रही थी। नर लोमड़ी ने खाना लाकर

राजकुमारी के पास रख दिया। उसी समय उस जंगल में एक जवान बैगा आया। उसने उस नर लोमड़ी के साथ राजा की बेटी को देखा। बैगाा कुल्हाड़ी लेकर नर लोमड़ी को मारने दौड़ा तो नर लोमड़ी भाग गया। बैगा ने उसके खाने के बर्तन को तोड़ दिया।

उस जवान बैगा ने राजकुमारी को देखा तो उसे देखता ही रह गया। वह राज कन्या बहुत सुन्दर थी। बैगा उस राजकुमारी को लेकर अपने घर आ गया। उसे भरपेट भोजन कराया और उसके साथ शादी कर ली। वे दोनों रोज जंगल जाते बैगा वेवर के लिए जंगल काटता और राजकुमारी उसके लिए जमीन से कंद-मूल निकालती। इस प्रकार दोनों खुशी-खुशी रहने लगे।

29. करनी केर फल

अक समय के बात आय। अक गाँव मा अक डोकरी अर अक डोकरा रहत रहय। तेखर दुयी बेटा जनमिन। ओखर अक बेटा के नाम रहीस धनसिंह अर दूसर बेटा के नाम मनसिंह रहय। देखे मा दुनों बहोत बढ़िया दिखत रहय। धनसिंह अपन बुद्धी में अपन नितन बहोत धन जोरत रहय। तेखर उल्टा मनसिंह अपन मन मा कछु के कछु करत रहय। अइसनय-अइसनय दुन्नों भाई बड़े हय गयीस। अब ओखर दाई-ददा ला तनक परेशानी लगिनस। ता ओखर दाई-ददा दुन्नों भाईन ला डयकी खोजे के सोचैं।

ता सबले पहले तो धनसिंह खैं टूरी देखिस। अऊर ओखर बिवाह कर दईन। अऊर धनसिंह अपन डयकी के संग ससुरार मा रहत रहय। अऊर ओखर जीना खाना अच्छा चलत रहय। अऊर दुन्नों परानी अपन बाल-गोपालन के साथ बन्नी-बूता करके अपन घर मा धन जोरत रहय। अऊर अपन गाँव केर सबले बड़े आदमी बन गयीस।

एही बीच मा ओखर भाई मनसिंह अपन मन-मानी कर बैठिन स। वा अपन आप बहोत बड़ी गलती कर बैठिन स। अक पराय जात के टूरी के संग गाँव ले भग गयीस। जब या बात गाँव वारेन ला पता चलिस की ओखर टूरा अक टूरी ला धर के भगी-भगा हय गईया बात जब ओखर बड़े भाई धनसिंह ला पता चलिस ता कछु दिन तक तो अपन-अपन खोजिन। दस-दस कोस ले। जब जियादा खबर नहीं लागिस। ता कछु गाँव के सियाना मनसे अपनाही विचार रखे। अर कहिन हुन दुन्नों टूरी-टूरा ला गाँव अर बस्ती, अर जात ला अलग कर दयीस।

अइसनय-अइसनय बहोत साल हय गयीस। तब हुन टूरा-टूरीन के पता अक ढ़िमरन के गाँव मा चलिस। ता ऊहाँ हुन मछरी मार-मार के अपन जीवन ला बितात रहय। जब-जब वा टूरा मछरी मारेला जाएँ तब-तब ओला रस्ता मा कई छोटे-छोटे जीव जन्तु के साथ भेंट होवय। अर कई कीरा-काटा मिलिस। कतका झन तो ओला गारी देवै। अर कतका झन तो ओला भाँख देवयँ। तफेर ओला बहोत कसट होवय।

तफेर अक दिन ओखर बहोत जोर से तबीयत खराब हयीस। ता ओखर डयकी ला उँखर गाँव के कहिन-ऐखर दाई-ददा ला पता करो। अर इनन ला देखाई सुनवायी

करवाओ। तफेर अक झन आदमी ओखर गाँव के पता करत-करत पहुँचिस। तफेर वा आदमी ओखर रहन-सहन, अऊर ओखर घर गृहस्थी, काम-धंधा सारी के सारी बात ला बताइस। तफेर वा टूरा के दाई-ददा, अऊर वा टूरी के दाई-ददा, फेर गाँव के सियानन ला बैठक मा बुलाइस। तफेर गाँव वारे हुन टूरा-टूरीन ला बलाएला भेजिस। तफेर हुन टूरा-टूरिन ला बलाय के लानिस। चार सियाना उनन ला जात ले अलग कर दय रहीन। तेखर ला उनन ला गाँव के बाहर अक ठन कुटिया मा रोक दयीन।

सकरहा फेर बैठक लगिनस। उनला जात मिलान करान के फैसला हयीस। तफेर अक खाँड़ी चांवर दाना, दस कुड़ो कोदों दाना, दस कुड़ो कुटकी दाना, दस कुड़ो भुरटा दाना, पाँच ठन बकरा, पाँच ठन कुकरी, पाँच ठन गगरी मा दारु, अऊर पाँच परीया गुड़, पाँच रंग के कपड़ा मा बने हरा झंडा, अऊर जात बिरादरी के सबै मनसे ला बलवाइन।

तफेर अक गाँव के सतनामी जात के मनसे आइनस। जेन हनें वा टूरी-टूरन ला ओखर बीच बात ला सुनाइस। तफेर वा आदमी उहाँ ले भग गयीस। ओखर जान के बाद गाँव बस्ती के हुनन ला जात मा मिलाइन।

कछु दिन बाद डकरा डकरी मर गएन। फेर हुन के टूरा-बच्चा भी जीव जन्तु के शाप के कारन मर गैयन। तफेर सतजुग आइनस ता उन्हीं डकरा-डकरी अऊर ओखर टूरा। फेर जनम लीन। तफेर सबले पहले तो हुन चींटी बनिन। ता माटी के ठेला मा रहत रहय। हुन दिन-भर अपन चारा के लाजे धरती मा रेंगय। तबो ले ओखर पेट नहीं भरत रहय। वा छोट-छोट रहीस। ता का होत हय। सतनामी जात के मनसे के शाप मा उँखर कहूँ कलोन नहीं रहीस। अक दिन सफा परिवार अपन चारा के नितन निकरिन। ता अक ठन जिंदा साँप ला पाइन। जेन अपन चारा के खोज मा लगे रहीस। ता वा सांप जब बेजय चींटी के परिवार ला देखिस। ता मनय मन मा सोचिस कि आज मैं भर पेट बढिया-बढ़िया, छोटे-छोटे कीरन ला चना कस चाब-चाब के आनंद के साथ मा खाहूँ। तफेर वा साँप हनें मरे बरोबर हय गयीस। तफेर सफा चींटी वा साँप के लिंखटा आइनन। अऊर ओखर मांस ला अपन-अपन ड़ंक मा फसाइन। तफेर वा साँप हनें। अपन जीभ मा धीरे-धीरे झींक-झींक के सफा चीटींन ला असराय ड़रिस। अऊर अपन मन मा सोचिस की मोर पेट भर गयीस। लेकिन ओखर पेट नहीं भरिस। काहेला की हुन तो शाप वारे परिवार रहीस।

तफेर हुन चींटीन के फेरय जनम हयीस। अबकी बार हुन चींटी परिवार मछरी बनिन तफेर वा साँप भी फेर जनम लयीस। ता वा ढ़िमरा बनिस। तफेर वा ढ़िमरा नदिया-नदियाफेरय। अक दिन वा ढ़िमरा वा माड़ा मा पहुँच गयीस। जहाँ वा मछरी के परिवार रहत रहय। जब नहीं मारिस। ता सफा पानी ला तहस-नहस कर छयिस।

ता वा चींटी के परिवार जेन मछरी मा जनम ले रहीस। तेन कुछ तो जाल मा फँस गयीस। ता कछु पानी के मतोना मा मर गयीस। अइसना-अइसना वा परिवार बीस बार जनम लइस। आखिर मा भगवान शंकर अऊर उमा देवी प्रगट हईनन। वा शाप से मुक्ती पाएला। तफेर भगवती अऊर भगवान शाप मुक्त करिन। अइसन-अइसन पहली के सियानन के कहत के है, कि जइसन करवे तइसनइ दरवे।

करनी का फल

एक समय की बात है। एक गाँव मैं एक बूढ़ा और एक बुढ़िया रहते थे। उनके दो पुत्र थे। एक का नाम धनसिंह और दूसरे का नाम मनसिंह था। दोनों भाई स्वस्थ और तन्दुरुस्त थे। धनसिंह अपने नाम के अनुरुप धन इकट्ठा करने में विश्वास करता था तो मनसिंह अपने मन से कुछ का कुछ करता रहता था। जब दोनों भाई जवान हो गए तो उनके माता-पिता दोनों भाईयों की शादी के बारे में सोचने लगे।

उनके माता-पिता ने सबसे पहले धनसिंह की शादी एक सुशील और सुन्दर कन्या से कर दी। परन्तु शादी के बाद धनसिंह माता-पिता को छोड़कर अपनी ससुराल में रहने लगा। धनसिंह अपनी पत्नी के साथ मजदूरी करके धन इकट्ठा करने में लग गया। इस प्रकार उसके परिवार का भरण-पोषण अच्छी तरह से होने लगा। एक दिन धनसिंह गाँव का सबसे बड़ा आदमी बन गया।

परन्तु उसका छोटा भाई अपनी मनमानी करके एक बहुत बड़ी गलती कर बैठा। वह उसी गाँव की एक दूसरी जाति की लड़की को लेकर भाग गया। जब गाँववालों को यह बात पता चली कि मनसिंह किसी लड़की को लेकर भाग गया है तो गाँववालों और उसके भाई धनसिंह ने उसे बहुत खोजा। परन्तु वे कहीं नहीं मिले। तब गाँव के बड़े बुर्जुगों ने अपने विचार रखते हुए कहा की उन दोनों लड़का-लड़की को गाँव और जात-बिरादरी से अलग कर देना चाहिए। तब गाँववालों ने उन्हें गाँव और जाति से अलग कर दिया।

कई सालों बाद मनसिंह और उसकी पत्नी का पता चला कि वे एक ढीमरों के गाँव में मछली मारकर अपना जीवन-यापन कर रहे हैं। मनसिंह और उसकी पत्नी मछली मारकर लाते और उन्हें बाजार में बेचकर अपना पेट पाल रहे थे।

जब मनसिंह और उसकी औरत मछली मारने जाते तो रास्ते में उसे कई छोटे-छोटे जीव जन्तु मिलते थे। वे जीव जन्तु मनसिंह को गाली देते और कोसते थे। जिससे मनसिंह को बहुत आत्मिक कष्ट होता था।

एक दिन मनसिंह का स्वास्थ्य अचानक खराब हो गया। तब उसकी पत्नी से गाँववालों ने कहा—इसके घर का पता बताओ। जिससे उसके घर खबर भेज दी

जाएँ। तब उसकी पत्नी ने गाँववालों को अपने घर का पता बतलाया। गाँव के लोग उसकी झाड़-फूँक कराने लगे। एक आदमी मनसिंह के गाँव गया। उसने मनसिंह के परिवारवालों का रहन-सहन और काम-धंधा देखा और मनसिंह के रिश्तेदारों को मनसिंह के बारे में बतलाया। तब मनसिंह के माता-पिता और उसकी पत्नी के माता-पिता ने गाँववालों को बताया। तो गाँववालों ने पंचायत लगाई और पंचायत में निर्णय लिया गया की उनसे दंड स्वरुप एक क्विंटल चावल, पचास किलो कोदों, पचास किलो कुटकी, पचास किलो मक्का, पाँच बकरा, पाँच मुर्गा, पाँच मटका महुआ की शराब, पाँच परिया गुड़, पाँच रंगों से बना झंडा लिया जाए।

तब सतनामी जाति का एक आदमी बुलवाया गया। तब उसने उन दोनों को जाति में मिलाया। इसके कुछ दिन बाद मनसिंह के माता-पिता का देहान्त हो गया। मनसिंह के बच्चे पैदा होते परन्तु वे उस सतनामी के शाप के कारण पैदा होते ही मर जाते थे। कुछ दिन बाद मनसिंह की मृत्यु हो गई। फिर सतयुग आ गया। सतयुग में मनसिंह ने फिर से जन्म लिया। सबसे पहले उसने चींटी के रूप में जन्म लिया। वह चींटी एक मिट्टी के ठेले में रहती थी। वह अपने भोजन की तलाश में दिन-भर यहाँ-वहाँ घूमते रहती थी। फिर भी उसका पेट नहीं भरता था। वह थी तो छोटी फिर भी उनका पेट नहीं भरता था।

क्योंकि पूर्व जन्म में सतनामी जाति के आदमी ने उसे शाप दिया था। जिसके कारण उसका उद्धार नहीं हो पा रहा था। अब उस चींटी का परिवार काफी बढ़ गया था। एक दिन वे सभी चींटियाँ भोजन की तलाश में घूम रही थीं। तो उन्हें एक जिंदा साँप मिला। जो अपने भोजन की तलाश में घूम रहा था। उस साँप ने भी उन चींटियों के परिवार को देखा और मन-ही-मन सोचा कि आज बढ़िया भोजन मिलेगा। इन चींटियों को चने के समान चाब-चाब कर खाऊँगा। तब वह साँप मरे हुए के समान धरती पर लेट गया था। तब वे चींटियाँ साँप को मरा समझकर उनके पास आईं और उसका मांस नोंचने लगीं। साँप बहाना बनाकर लेटा-लेटा चुपचाप अपनी जीभ से एक-एक चींटी को खा रहा था। उन चींटियों के खाने से उस साँप का पेट नहीं भरा था। क्योंकि उन चींटियों का परिवार शाप ग्रस्त था। साँप ने उन चींटियों को खा लिया था। लेकिन वह भूखा था।

इसके बाद उन चींटियों ने पुनः मछली के रूप में जन्म लिया। कुछ समय बाद वह साँप भी मर गया और उसने एक ढीमर के रूप में जन्म लिया। एक दिन वह ढीमर एक तालाब में मछली मारने गया। वहाँ शाप ग्रस्त मछली का परिवार अपने बच्चों के साथ रहता था। जब ढीमर ने उस तालाब में जाल डाला तो उस मछली के परिवार की कुछ मछलियाँ उसके जाल में फँस गई। कुछ पानी के मथने के कारण

मर गईं। इसके बाद उस चींटी के परिवार ने कई बार जन्म लिया। तब कहीं जाकर एक दिन उनके सामने भगवान शंकर और पार्वती एक साथ प्रकट हुए तब उनके परिवार को शाप मुक्त किया।

ऐसा ही पहले के बड़े बुजुर्ग कहते थे—जैसा करोगे, वैसा भरोगे। समय आने पर सबको मौका मिलता है।

30. धरती कहय

अक समय के बात हय। अक राजा अर रानी रहत रहय। अर ओखर राज मा ओखर जनता भी खुशी-खुशी रहत रहय। अक साल राजा के राज मा पानी नहीं आइनस। ता राजा हनें अपन राज के जतना प्रजा रहीस। उनन ला गोदाम ले अनाज उठाय के जनता मा बाँट दयीस जतना दाना राजा के पास रहीस। सबला बाँट दयीस तबले समस्या हल नहीं हयीस। परेशान हय गयीस राजा। राजा के जनता दाना-दाना खाँ तरसन लागिस। तफेर रानी हनें अपन माँ-बाप के घर ले दाना के विवसथा करेला कहिस। तफेर राजा हनें मना कर दयीस।

अर पानी के नितन अपन गाँव अर अपन राज के जनता ला बलवाइस। अर कहिस की भाईयो हमला या समस्या ला दूर भगाए ला कछु-कछु करेला परही। तफेर वा राज के सब जनता साथ दयीस। ऐखर ला पहले रानी हनें अपन माँ-बाप ला राजा के दुखी रहन के खबर अपन सेनापति ला भेज के बता दयीस।

तफेर ओखर ससुरार ले तीस चालीस बैल गाड़ी अनाज। ओखर राज मा भेज दयीस। तफेर राजा हनें अक आदमी ला पूँछिस-या अनाज कहाँ ले नानथो। अर केखर लिघन ले जाथों। तफेर वा आदमी बताइस की यह दाना तोर ससुरार ले नानथों। अर तोर नितन ले जाथों। तफेर राजा अपन आप मा सरमिंदा करत-करत, वा दाना भंडार घर मा रखवाय दयीस।

अर संझा के समय रानी के साथ बैठिन स, ता गुस्साय के कहिस—मोर पूँछे बिना तय या काहिन करे। तफेर रानी हनें हँसत रहय। अर राजा हनें गुसयाय के लाल-पीले होत रहय। तफेर रानी हनें समझाइस। अर कहिनच की दाना आइनच गयीस। ता जनतन ला बाँट दे। अर फेर तोर समस्या ला दूर करले। अइसना रानी हनें राजा ला कहय। शाम के समय राजा के महल के आगू जनता जुर गईस।

तफेर राजा हनें तनक-तनक दाना जनतन ला बाँट दयीस। तफेर जनता राजा ला परनाम करीस। अर फेर राजा ला आसीरवाद देवंय। तफेर राजा हनें कहंय-भाइयो मोला आसीरवाद झय दो। मोर बदला मा मोर ससुरार वारेन ला दो। तफेर राजा के जनता मनय मन मा सोच के कहय की हम सबो झन तोर ससुराल चलबो राजा

महाराजा। तफेर राजा के आज्ञा मा राज भर के जनतन ला दूसर दिन राजा अर रानी के संग राजा के ससुरार के नितन चल दईन।

चलत-चलत राजा अर रानी जब रसदा मा लट गईंन। ता राजा हनें जनतन ला रुके के आज्ञा दयीस। तफेर रसदा मा तम्बू गड़ाय के सब झन रात मा रुक गए रसदा मा राजा हनें अपन राज मा बहोत बंजर धरती देखिस।

ता मन मा कहिस की हमार राज मा पानी अर अकाल काहे ला होत हय। तेखर बाद राजा हनें रात मा सब जनतन के बीच सोय गई। तफेर राजा हनें जब गहरी नींद मा सोयीस। ता धरती दाई ओला सपना दयीस। अर धरती दाई ला अपन आगू ला देख के राजा हनें परनाम करिस। अर धरती दाई के चेहरा ला देखिस। ता उदास रहीस। तफेर राजा ने धरती दाई ला अपन पीरा दुख ला बताईस। ता धरती कहिस के बेटा तोर पुरखा मोर शरीर मा बड़े हयीस। अर खायीन खेलिन। तबले अभी मोर गोदी बिलकुल सुन्ने हवय ता बेटा मोर गोदी मा बहोत दाना हवय। ते एला उपयोग करवे। या जगह ला खोद ता अकाल दूर भग जाही।

तफेर राजा हनें तुरतई उठ गयीस। अर मनमा सोचिस की यह सपना ला अपन साथिन ला सकरहा बताहूँ। तफेर सकरहा राजा हनें सबके आगू रात के सपना कह सुनाइस। तफेर राजा अर राजा के साथी भाई सकरहा ले वा जमीन गेंती, फावड़ा मा खोदे ला शुरु कर दए तफेर रानी अपन कपड़ा ला उतार के दूसर कपड़ा, खेती-बाड़ी मा पहरन वारे। तेन ला पहनिस। अऊर अपन भी राजा के साथ खेत मा काम करन लागिस। पूरा दिन काम चलत रहीस। या बात रानी के मायके वारेन ला पता चलिस। ता ओखर घर के खाना-पानी बनवाए के इन्तजाम करवाईस। अइसनय-अइसनय आइन-दस दिन ले वा बंजर खेत मा काम चलिस। तफेर जब पानी गिरन लागिस।

ता वा खेत मा राजा बिजहा बोबाई करवाइस। तफेर फसल जब पकिस, ता पूरा राज मा दानय दाना हय गयीस। राजा के साथ रानी के बात चले ता वा कहय–आखर तोर मयके ले दाना-पानी के विवसथा नहीं होतिस। ता यह दिन हमला देखेला मिलतिस जो नहीं। तफेर रानी अपन अंदरय-अंदर हँसत रहय। राजा के सारी बात ला रानी अपन सोच विचार मा धर के कहय–अपन गाँव घर के मुखिया ला जब तक अपन गलती के पता न होही तब तक दूसर के ऊपर गलती ठहराना ठीक नहीं होबय। काम करय जमके खावय ड़टके। तबले वा राज सुखी-सुखी चलन लागिस। किस्सा रहीस ता असर गयीस।

धरती ने कहा

बहुत समय पहले की बात है। एक राज्य में एक राजा और एक रानी राज्य करते थे। उनके शासन काल में उस राज्य की जनता बहुत सुखी थी। एक समय उस राजा के राज्य में पानी नहीं गिरा जिससे उस राज्य में अकाल पड़ गया। राजा ने अपने गोदाम का सारा अनाज प्रजा में बँटवा दिया। फिर भी प्रजा की समस्या दूर नहीं हुई तो राजा सोच में पड़ गया। उसकी प्रजा दाने-दाने को तरसने लगी थी। तब रानी ने राजा से कहा—मैं अपने माता-पिता से प्रजा के लिए अनाज मँगवाती हूँ। परन्तु राजा ने मना कर दिया।

राजा ने अपनी प्रजा को बुलाया और पानी की समस्या को हल करने की सोची। उसने प्रजा से कहा—भाईयों, इस समस्या का हल हमको ही करना है। तब राज्य की पूरी प्रजा ने राजा का साथ दिया। रानी ने भी अपने माता-पिता के पास राज्य में हो रही भुखमरी की सूचना भिजवा दी।

तब राजा के ससुरालवालों ने तीस-चालीस गाड़ी अनाज राजा के राज्य में भेज दिया। राजा ने जब अनाज से भरी गाड़ियाँ देखी तो एक आदमी से पूछा—यह अनाज की गाड़ियाँ कहाँ से आ रही हैं? किसके यहाँ ले जा रहे हो? तब उन गाड़ीवालों ने बतलाया—महाराज, यह गाड़ियों में भरा अनाज आपकी ससुरालवालों ने भेजा है। तब राजा अत्यन्त शर्मिंदा हुए और उन्होंने उस अनाज को भंडार-गृह में रखवा दिया।

शाम को राजा महल में आकर गुस्सा होकर रानी से पूछते हैं—क्यों रानी, तुमने मेरे से बिना पूछे ये अनाज से भरी गाड़ियाँ अपने मायके से क्यों मँगवाई हैं? राजा को गुस्सा देखकर रानी हँसने लगी और कहने लगी—राजाजी, जब अनाज आ ही गया है तो इसको प्रजा में बँटवा दीजिए। इससे आपकी समस्या कुछ दिनों के लिए दूर हो जाएगी।

उसी शाम राजा ने प्रजा को महल में बुलवाया और थोड़ा-थोड़ा अनाज पूरी प्रजा में बँटवा दिया। प्रजा राजा को आशीर्वाद देने लगी तो राजा ने कहा—आशीर्वाद मुझे नहीं, मेरी ससुरालवालों को दो। उन्होंने आप लोगों के लिए यह अनाज भेजा है। तब उस राज्य के लोगों ने कहा—राजाजी, हम सभी लोग आपकी ससुराल जाएँगे।

दूसरे दिन उस राज्य की पूरी प्रजा राजा-रानी के साथ राजा की ससुराल के लिए चल दिए।

चलते-चलते राजा, रानी रास्ते में थक जाते हैं। तब राजा ने अपनी प्रजा को एक स्थान पर रुकने की सलाह दी। सभी लोग एक स्थान पर तम्बू गाड़कर रुक गए।

राजा ने अपने राज्य की बंजर जमीन देखी। तब राजा ने सोचा की हमारे ही राज्य में क्यों अकाल पड़ता है और हर साल पानी की कमी हो जाती है। ऐसा सोचकर राजा प्रजा के साथ उसी स्थान पर सो गए। राजा को जब गहरी नींद लगी तो राजा को सपने में धरती माता के दर्शन हुए। धरती माता को देखकर राजा ने धरती माता को प्रणाम किया। राजा ने देखा की धरती माता उदास हैं। राजा ने धरती माता से अपने दुख दर्द बतलाए। तब धरती माता ने कहा—बेटा, तुम्हारे पूर्वज मेरे ही शरीर पर खेल-कूदकर बड़े हुए हैं। कुछ सालों से मेरी गोद बिलकुल सूनी पड़ गई है। मेरी गोद में बहुत अनाज भरा पड़ा है। तुम उसका उपयोग करो। तुम इस स्थान पर खुदाई करोगे, तो तुम्हारे राज्य का अकाल दूर हो जाएगा।

राजा नींद से तुरन्त उठ गया और अपने साथियों को उठाकर अपने सपने के बारे में बतलाया। तब राजा ने अपनी प्रजा के साथ मिलकर उस जमीन को खोदना चालू किया। रानी ने भी अपने राजसी कपड़े उतारकर साधारण कपड़े पहने और राजा के साथ खुदाई करने लगी। पूरे दिन उस स्थान की खुदायी चलती रही। यह बात रानी के मायकेवालों को पता चली। तो रानी के मायकेवालों ने राजा और उसकी प्रजा के लिए भोजन बनवाकर भिजवाया। ऐसा करते-करते राजा और उसकी प्रजा ने आठ-दस दिन में एक बहुत बड़ा खेत तैयार कर डाला।

कुछ दिन बाद बारिश होने लगी। तब राजा ने उस खेत में बीज बो दिए समय आने पर फसल पकी और पूरे राज्य में अनाज का ढेर लग गया। तब राजा रानी से कहते हैं—यदि तुम्हारे राज्य से अनाज ना आता तो जो आज हमारी प्रजा जो खुशी के दिन देख रही है, वह देखने को नहीं मिलती। रानी मन ही मन हँसने लगी और राजा से कहा—जब तक घर के मुखिया को अपनी गलती महसूस नहीं होती तब तक उसे दूसरों को गलत नहीं ठहराना चाहिए। इसलिए किसी ने कहा है—काम करो जम के और खाओ ढंग से। तब से राजा का राज्य खुशहाल हो गया और प्रजा भी धन धान्य से सम्पन्न हो गई।

31. राजा केर नियाव

पुराने जमाने के बात आय। अक राज्य में अक राजा राज करत रहय। वा बहोत वीर अर दिमाक वारे रहय साथ-साथ मा वा बहोत घमंडी सोय रहय। वा राजा कखरो बात ला नहीं मानत रहय। वा बहोत मुड़पेल रहय।

राजा केर दो ठन बेटा,बेटी रहय। ओखर परोसी राज मा अक बहोत सुन्दर कन्या राजा केर बेटी समान रहत रहय। जब राजा ला या बात मालुम हयस। ता वा अपन मन मा विवाह करेला सोचिस।

तफेर राजा ने अपन छोट भाई ला वा राज मा अपन विवाह केर सदेशा भेजिस। परोसी राजा अपन मन मा खुश हय गयीस। या बात जब ओखर टूरी ला पता चलिस। ता वा अपन आप मा कह डारीसकी अतना बड़े राजा के साथ मोर बिहाव होही कहके। अखर वा टूरी केर कछू शबद रहय। की मोर बिहाव ले पहले मोर शबद के जबाव दए ला परही। तफेर मैं बिहाव करवाहूँ।

अइसना बात ला सुन के राजा केर भाई राजा ला बताय ला अपन राजधानी के डहर घोड़ा मा भगन लागिस। राज मा पहुँच के ओखर भाई ने वा टूरी के शबद सरत ला बताइस। तफेर राजा हनें अपन राज के सिपाहीन ला वा राज मा भेजिस। अर अपन राजीनामा ला भेजिस। टूरी के बाप अपन बेटी के लाजें घोड़े मा बढ़िया कपड़ा-लत्ता, गहना, गांठी अऊर कई चीजन ला भेजिस। वा टूरी के साथ मा ओखर संगी जहुरिया भी गई। तोन चार दिन केर यात्रा मा वा टूरी राजा के भवन मा पहुँचिस। पहले तो वा टूरी हनें अपन मन मा सोचिस कि राजा के भाई हनें, जब अतना दयालु हवें। अर किरपा करे हवय ता ओखर राजा तो अऊर दयालु अर बढ़िया होही। वा टूरी के उहाँ पहुँचे ला बहोत बढ़िया सुआगत हयीस। अर दरबार मा राजा हनें वा टूरी संग अपन बिहाव के बात कहिस। ता वा टूरी हनें आदर के साथ हाँ कह छयिस। अर वा टूरी राजा ला बोलिस–राजा मोर कछु सरत अर शबद हवय। मैं तोला कछु पूँछन चाहथूं।

तफेर राजा कहिस की शबद सरत कइसना। तफेर वा टूरी हनें राजा ला कहिस–राजाजी, मैं तोर न्याय ला देखन चाहथूं। अर ओही मा मोर शबद अर सरत हवें। तफेर राजा घमंडी होन के नाते से तनक गुसयाय गयीस। तफेर

अइसनय-अइसनय राजा हनें ला दुई दिन पहले के घटना ला वा टूरी पूँछिस-राजा, ते बता की दुई दिन पहले काहिन-काहिन, केला-केला नियाय सुनाय हस। तफेर राजा हनें अपन नियाय के बारे मा कहिस। पहले नियाय मा मैं अक सेवक ला तीस कोड़ा, अऊर उमर कैद के सजा सुनायों। ओखर गलती या रहीस की वा ने महल के अंदर अक ठन सीसा ला तोड़ ड़ारे रहीस। दूसर नियाय मा अक कुम्हार ला सौ ठन मटका बनाएला कहय। तेन नहीं भेजिस तो ओला मैं सागर के पानी मा खडे रहे कहवं। तीसर नियाय मा अक पवन चक्की वारेन ला सौ किलो पिसान भेजवं तेन नहीं पीसीस। ता ओला तीन दिन ला भूखन राख के कारागार मा डाल दय रहय।

तफेर या बात ला सुन के वा सुन्दर टूरी राजा ला कहीस—राजा तोर नियाय मोला उचित नहीं लगय। अतना मा राजा हनें गुसयाय गयीस। अर वा टूरी ला कहय की ते बैही हस। अक राजा के नियाय ला गलती कहथस। तफेर वा टूरी राजा ला कहिस—राजा, ते मोला बैही कहथस। ता मैं अपन घर लहुट जाहूँ। तफेर वा टूरी रानी के तरफ देखिस, अर कहिस कि रानी तोर नजर मा या नियाय का उचित लगथय। तफेर राजा खड़े होकर कहिस कि या तो बैही हवस। तेखर बात ला केन मानही। तफेर रानी अपन आप ला नींचा सुनके शरमिंदगी करिस। तफेर रानी हनें राजा केर नियाय ला गलती कहिस। तफेर वा टूरी हनें अपन वारे मा मनय मन सोचिस। मोर एही हाल हुवइया हवय तफेर वा अपन दिमाक से काम लयीस। तफेर रानी खड़े हय गयीस। अर फेर कहिस—हुन तीनों अपराधिन ला बोले केर मौका दय जाय।

तफेर वा टूरी कहिस—मैं रानी केर या बात ला मानथूँ। तोर काहिन राय हवै। तफेर बैठक मा बैठे हरा आदमी चिल्लाय के कहिन की सही बात आय की सब ला मौका मिले। तफेर वा टूरी हनें तीनों ला कहिस की तुम मोर भाई आव। बिना डरे अपनाही बात सुनाय ड़ारो। तफेर पहले अपराधी कहिस की—बाई मैं राजा केर कुरीया के सेवक आँव। जब मैं साफ-सफाई करत रहंव ता मोर पाँव फिसल गयीस। कारन की रात-भर पानी बरसे रहय। ता खिड़की ले पानी भित्तर आय गए रहीस। ता भित्तर मा सफेद पथरा मा बिछल गय रहय। पानी के बूँद मोला नहीं दिखिस। तफेर मैं गिर गयंव। अर सीसा टूट गयीस। सीसा टूटे ला मोर सरीर मा बहोत चोट आईस। मैं खून खच्च हयं गयवं। तबले राजा हनें मोला कोड़ा मा मारीस। फेर मोला कारागार मा धर दयीस मैं रोवत रहंव तबले कोई नहीं सुनै।

दूसर अपराधी कुम्हार कहय—बाई राजा मोला सौ ठन घड़ा बनाएला कहिस। ता मैं कइसे करतों। घाम निकरिस नहीं ऐखर मारे घड़ा नहीं सुखाइर्नस। घड़न ला सुखवाए बिना भट्टी माँ मैं नह पकाय सकों। अभी ले मोर घर मा सौ ठन कच्चे घड़ा धरे हरा हवय तबले मोला सजा मिलिस।

तीसर अपराधी कहत हवय-बाई, मोर चक्की मा चावल पिसना बिलकुल चिकरी आय। अखर दुई तीन दिन ले बिलकुल नहीं चलिस। पानी गिरत रहय। पवन चक्की नहीं चलिस। ता मय कईसे करंव। तबले राजा हनें मोला सजा सुनाय दयीस।

तफेर वा टूरी रानी ला कहिस—अब बता राजा का नियाय अच्छा हवे। तफेर रानी कहय की इन तीनों झन के कछु गलती नहाय। अब हवा, पानी, आगी, मा तो कछु अधिकार नहीं। तो हिन साधारण आदमी आय। राजा के नाक हड़ा गिर गयीस। मोर कहेके अरथ आय राजा के लाज के ठिकाना भुलाय गयीस।

राजा के छोट भाई ला वा टूरी चाहत रहय। लटे-पटे या बात राजा के समझ मा आइनस। तफेर रानी के हाथ ला पकर के सब दरबारी ला सिर झुकाय के माफी माँगीस। अर फेर वा टूरी ला अपन भाई के संग मा बिहाव करेला पूँछिस। ता वा हाँ कह दयीस अइसना होत हय आखर। शबद के आखर। ता किस्सा रहीस ता असर गयीस।

राजा का न्याय

बहुत समय पहले की बात है एक राज्य में एक राजा राज्य करता था। वह राजा बहुत वीर और विद्वान था। परन्तु इसके साथ-साथ वह बहुत घमंडी भी था। वह किसी की बात नहीं मानता था। वह हमेशा अपने मन की करता था।

राजा के दो बेटे और दो बेटी थीं। उस राजा के पड़ोस के राज्य में एक राजा की बहुत सुन्दर बेटी थी। वह राजा की बेटी के बराबर थी। जब राजा को उस सुन्दर कन्या के बारे में मालुम पड़ा तो उसने उसके साथ विवाह करने की सोची। तब राजा ने अपने छोटे भाई के द्वारा अपने विवाह का प्रस्ताव पड़ोसी राजा के पास भेजा। पड़ोसी राज्य का राजा मन ही मन बहुत प्रसन्न हुआ। जब उसकी पुत्री को पता चला तो उसने कहा—मेरी शादी इतने बड़े राजा के साथ होगी। परन्तु राजा को विवाह से पहले मेरे प्रश्नों का उत्तर देना होगा। तभी मैं विवाह करूँगी।

राजा ने यह खबर उस राजा के भाई को बताई। राजा का भाई अपने राज्य में लौट आया। राजा के भाई ने राजा से कहा—राजा की लड़की आपसे कोई प्रश्न पूछना चाहती है। जब आप उसके प्रश्न का उत्तर दोगे तभी वह आपसे शादी करेगी। तब राजा ने अपने सिपाहियों से कहा—जाकर सम्मानपूर्वक उस राजकन्या को लेकर आओ।

राजकन्या के पिता ने अपनी पुत्री को बढ़िया गहने, जेवर और वस्त्रों से सजाकर कन्या की सखी-सहेलियों के साथ उस राजा के राज्य में भेजा। तीन चार दिनों की यात्रा के बाद राजकन्या उस राज्य के राजभवन में पहुँची। राजकन्या के पहुँचते ही राजा के भाई ने उसका खूब आदर सत्कार किया।

तब राजकन्या ने सोचा की जब राजा के भाई इतने दयालु हैं तो राजा कितने दयालु होंगे! राजा ने दूसरे दिन दरबार लगा कर राजकन्या के सामने अपनी शादी का प्रस्ताव रखा। राजकन्या ने आदर के साथ राजा का प्रस्ताव स्वीकार कर लिया। राजकन्या ने राजा से कहा—महाराज जी, मैं आपसे कुछ पूछना चाहती हूँ। राजा ने कहा—क्या पूछना है पूछो? तब राजकन्या ने कहा—महाराज जी, मैं आपकी न्याय प्रणाली देखना चाहती हूँ। यही मेरी शर्त भी है। राजा तो घमंडी था ही वह राजकन्या के वचन सुनकर नाराज हो गया।

तब राज कन्या ने राजा से कहा—राजाजी, आपने पिछले दो दिनों में कौन-कौन से न्याय किए थे। तब राजा ने दो दिन पहले जो न्याय किए थे उसके बारे में राज कन्या को बताया।

राजा ने कहा—मैंने दो दिन पहले अपने एक सेवक को तीस कोड़े मारे और उसे कारावास में डाल दिया। उसने महल के अंदर एक आइना तोड़ डाला था। दूसरे न्याय में मैंने एक कुम्हार से सौ मटके बनाने को कहे पर उसने नहीं बनाए इसलिए मैंने उसे तालाब के पानी में खड़े होने की सजा दी। तीसरे न्याय में मैंने एक पवन चक्कीवाले के पास सौ किलो अनाज पीसने भेजा पर उसने नहीं पीसा तो मैंने उसे तीन दिन तक भूखा रखा और कारावास की सजा सुना दी।

राजकन्या ने राजा के इस न्याय को सुनकर कहा—राजाजी, आपका न्याय मुझे उचित नहीं लगा। इतना सुनते ही राजा को गुस्सा आ गया। राजा ने कहा—तुम पागल हो गई हो, राजा के न्याय में गलती निकालती हो। राजा के साथ दरबार में उस राजा की रानी भी थी। तब राजकन्या ने कहा—यदि आपकी रानी भी इस न्याय को उचित ठहराती हैं तो मैं अपने घर लौट जाऊँगी।

तब राजकन्या ने रानी की तरफ देखकर कहा—रानी साहिबा, आपकी नजर में आपको राजा का यह न्याय उचित लगता है। तब राजा कहते हैं—यह तो पागल लड़की है। इसकी बात कौन मानेगा। तब रानी ने शर्म के मारे अपना सिर नीचा कर लिया और रानी ने राजा से कहा—राजाजी, आपका न्याय गलत है। आप इस लड़की पर बिलकुल सरासर गलत इल्जाम लगा रहे हैं की लड़की पागल है। तब लड़की अपने बारे में मन-ही-मन सोचती है कि मेरी भी यही हालत होनी है। तब उसने अपने दिमाग से काम लिया और खड़े होकर राजा से बोली—राजाजी, उन तीनों अपराधियों को बुलाया जाए और उन्हें अपनी सफाई में बोलने का मौका दिया जाए। राजा ने दरबारियों से कहा—मैं रानी की इस बात से सहमत हूँ। आपकी क्या राय है?

तब राज दरबार में बैठे दरबारियों ने कहा—यह लड़की जो बोल रही है, वह सही बात है। अपराधी को भी बोलने का मौका दिया जाना चाहिए। तब लड़की ने उन तीनों अपराधियों को बुलाकर कहा—तुम लोग बिलकुल मत डरो, तुम लोग मेरे भाई के समान हो। तुम लोग बिना डरे पूरी बात दरबारियों को बतलाओ।

तब पहला अपराधी बोला—हजूर, में राजाजी का सेवक हूँ। मैं महल में सफाई कर रहा था। उस दिन पूरी रात बरसात हुई, रात का समय था। महल की खिड़की खुली थी। जिससे पानी महल के अंदर आ रहा था। सफाई करते समय मेरा पैर फिसल गया। क्योंकि वहाँ संगमरमर था, वह बहुत चिकना था। उस चिकने पत्थर

में मुझे पानी की बूँदें दिखाई नहीं दी। जिससे में फिसलकर गिर पड़ा। जिससे आइना टूट गया। इससे मेरे शरीर में भी चोट आई और मैं खून से लथपथ हो गया था। इसके बाद भी राजाजी ने मुझे कोड़ों से मारा और कारागार में डाल दिया। मैं रोता रहा फिर भी किसी ने मेरे बारे में नहीं सोचा।

इसके बाद दूसरे अपराधी ने कहा—हजूर, राजा साहब ने मुझे सौ घड़े बनाने को कहा, मैंने घड़े बना डाले परन्तु उस दिन धूप ही नहीं निकली और जब तक घड़े सूख नहीं जाते उन्हें भट्टी में पकने के लिए कैसे डालते अभी भी मेरे घर में सौ कच्चे घड़े बने रखे हैं। इसके बाद भी राजाजी ने मुझे सजा दी।

इसके बाद तीसरा अपराधी बोला—हजूर, मेरे पास पवनचक्की है। जिससे में अनाज पीसता हूँ। पिछले तीन-चार दिनों से लगातार पानी गिर रहा है, जिसके कारण पवनचक्की नहीं चल रही है। उसके लिए मैं क्या करूँ। फिर भी राजा ने मुझे सजा दी। तब उस लड़की ने रानीजी से कहा—रानीजी, अब आप ही बतलाइए कि राजाजी ने जो न्याय किया है वह उचित है की अनुचित। इन तीनों अपराधियों की कोई गलती नहीं है। क्योंकि हवा, पानी और आग पर तो किसी का अधिकार नहीं है। ये तो साधारण आदमी हैं इनका क्या अधिकार है। ऐसे वचन सुनते ही राजा की नाक कट गई। राजा का सिर शर्म से झुक गया।

वह लड़की राजा के छोटे भाई से प्यार करती थी। इतना सब होने के बाद राजा को यह बात समझ में आई। तब राजा ने रानी का हाथ पकड़कर सभी दरबारियों के सामने माफी माँगी। फिर उस लड़की से पूँछा की तुम हमारे छोटे भाई के साथ शादी करोगी तो वह शादी के लिए तुरन्त राजी हो गई। राजा ने उन दोनों की शादी बड़े धूमधाम से करा दी। वे खुशी-खुशी अपना जीवन-यापन करने लगे।

32. गरीब की मड़ईया

अक गाँव मा अक बड़े आदमी रहत रहय। ओखर घर बहोत सजे हरा रहय। दुई घोड़ा वारे बग्घी। अर कई झन नौकर-चाकर रहय। वा गाँव के सबले बड़े आदमी रहीस। वा बड़े आदमी के घर के आँगन मा अक गरीब आदमी के मडईया रहय। वा गरीब आदमी दिन-भर मजदूरी करके अपन परीवार ला पोसय। ओखर औरत अऊर बच्चा ला घर के काम ला खुदयी करेला परय। ओला सबले गरीब कहत रहय। बड़े आदमी जब सकरहा अपन घर के बगीया मा घूमे-फिरय, ता वा गरीब आदमी के मड़ईया ओला कांटा कस लगय। बडे आदमी वा गरीब आदमी के बुराई के सोचत रहय।

दिवारी केर दिन बड़े आदमी के घर मा दिया-दिया के उजयार मा ओखर पूरा घर जगमगाय। वा अपन घर ला बहोत सजाय रहय। अखर वा गरीब आदमी के घर मा ओखर औरत सकरहा ले साफ-सफाई करिस। दिवारी माँ चुही अर गोबर माँ लिपिस। अर ओखर टूरा गोंदा फूल के माला बनाय के सजाइन अर घर के बाहर सात ठन दिया बारिस। वा गरीब आदमी उदास रहय। वा अपन औरत ला कहिस–हमार घर लक्ष्मी दाई, आही की नहीं? बड़े आदमी के जियादा दिया हवें। ओखर जोत दिखथय। हमार गरीबी हमार भाग्य मा लिखे हरा हवय तफेर ओखर औरत जोर से साँस ले के चुपे रह गयीस।

तफेर वा कहथय लक्ष्मी दाई चंचल हवें। वा केखरों घरमा टिके नहीं रह सकें। दिवारी के दिन वा घर-घर फिरथय। केखरो-केखरो घर मा किरपा कर देय। ओहू दिन लक्ष्मी दाई फिरत रहय। ओखर गाड़ी के उल्लू थक गयीस। वा सोचें की दाई हनें कहाँ उतरहीं। कहूँ रुके का काहे नहीं कहथै। आखिर रुकतिस ता मोहू ला आराम मिलतिस। तबई ओखर कान मा बड़े आदमी के चिल्लाए के आवाज सुनाई दयीस वा कहय–लक्ष्मी दाई, मोर महल मा तोर सुवागत हवें। तेन ला सुन के गरीब आदमी अऊर ओखर औरत लक्ष्मी दाई केर पाँव परीन। अर कहिन दाई मोर मड़ईया मा तनक देर विसराम कर ले।

तफेर या बात सुनके तनक देर लक्ष्मी दाई सोचिस। ऐखर बाद वा गरीब आदमी के घर मा गयीस। वा बड़े आदमी घमंड करत रह गयीस। वा अपन मन मा सोचय

की लक्ष्मी दाई, हमार महल मा आही कारन की एसन महल सफा गाँव मा नही हवै। वा अइसना सोचिस। वा बड़े आदमी मा घमंड रहीस। वा लक्ष्मी दाई ला कहथय लक्ष्मी दाई तोला सोन के कुरसी मा बैठारहूँ। चांदी के बिसतर लगाहूँ। मोती के माला पहनाहूँ। मैं तोर देख-रेख करहूँ। तोला कछु के परेशानी नहीं होन देहूँ।

तफेर लक्ष्मी दाई सोचिस की या बड़े आदमी बहोत लालची हवें। ऐखर लिघन जाएमा या मोला पेटी मा बँद कर देही। मोर शरीर गल जाही। तफेर वा गरीब आदमी कहथय–मोर घर मा लकड़ी के खटिया हवय मोर परिवार धरती मा सोथय। मैं तोला खटिया मा सुबाहूँ। तोर देख-रेख मैं कइसे करहूँ। दाई ते बड़े आदमी के घर मा जाय सकथय। कहके गरीब आदमी अपन मड़ईया डहर आन लागिस। बड़े आदमी वा गरीब आदमी ला भगत देख हँसय। तफेर लक्ष्मी दाई सोचिस या बड़े आदमी मोला पेटी मा धांध के रखिही।

तफेर लक्ष्मी वा गरीब आदमी ला आरो करिस। अर कहिस–ठहरो मय, तोर साथ तोर घर ला जाएला तययार हूँ। उल्लू हनें अपन सवारी वा गरीब आदमी केर घर तरफ मोड़ लईस। बड़े आदमी लक्ष्मी दाई ला गरीब के घर जात देखत रह गयीस। तफेर वा गरीब आदमी धनवान हय गयीस। लक्ष्मी दाई ने ओखर ऊपर किरपा कर दयीस किस्सा रहीस ता असर गयीस।

गरीब की झोंपड़ी

एक गाँव में एक धनी आदमी रहता था। उसका घर बहुत सुन्दर था। उसके पास एक दो घोड़ोंवाली बग्घी और कई नौकर चाकर थे। वह गाँव का सबसे धनी आदमी कहलाता था।

उसी धनी आदमी के घर के पास एक गरीब आदमी अपनी झोंपड़ी बनाकर रहता था। वह गरीब आदमी दिन-भर मजदूरी करके अपने परिवार का पालन-पोषण करता था। उसकी पत्नी और बच्चे अपने घर का काम स्वतः करते थे। वह गाँव का सबसे गरीब आदमी था। धनी सेठ जब सबेरे अपने घर के बगीचे की सैर करने निकलता तो उसे उस गरीब आदमी की झोंपड़ी काँटे के समान दिखती थी। वह हमेशा उसका बुरा सोचा करता।

जब दीपावली का त्यौहार आया तो धनी आदमी ने अपने घर पर सैकड़ों दीपक जलाकर अपना घर जगमग कर दिया। उसने पूरे घर को अच्छे से सजाया। वहीं गरीब आदमी के घर में उसकी पत्नी ने बहुत सबेरे उठकर अपने घर की साफ-सफाई की तथा पूरे घर को छुई और आँगन को गोबर से लीपा। उसके लड़के ने घर के दरवाजों पर गेंदे के फूलों से बनी मालाओं की लड़ी लगा दी। घर के सामने उसने सात दीपक जला दिए।

उसका लड़का धनी आदमी के घर को देखकर उदास हो रहा था। उसने अपनी माँ से कहा—माँ, उस धनी आदमी के घर पर ढेर सारे दीये जल रहे हैं। उसकी रोशनी से उसका पूरा घर जगमग हो रहा है। तब माँ ने कहा—बेटा, हम गरीब हैं। हमारी किस्मत में गरीबी लिखी है। ऐसा कहकर उसकी माँ ने एक गहरी सांस ली और चुप हो गई। फिर थोड़ी देर बाद वह कहती है—बेटा, लक्ष्मीजी बहुत चंचल हैं। वह किसके घर में रुक जाएँ। यह कोई नहीं बता सकता। दिपावली के दिन वह घर-घर घूमती हैं। किसके घर वह कृपा कर दें। यह वही जानती हैं।

वह दिपावली का दिन था। लक्ष्मीजी पूरे नगर में अपनी सवारी उल्लू पर सवार होकर नगर का भ्रमण कर रहीं थीं। घूमते-घूमते उन्हें बहुत देर हो गई और वे थक गईं। तब उल्लू ने कहा—लक्ष्मी दाई, आप थोड़ा विश्राम कर लें। जिससे मुझे भी कुछ आराम मिल जाता। उसी समय लक्ष्मीजी के कानों में किसी के चिल्लाने की

आवाज आई। तो लक्ष्मीजी ने मुड़कर देखा तो धनी आदमी लक्ष्मीजी को आवाज लगाकर बुला रहा था। वह जोर-जोर से कह रहा था—लक्ष्मी माँ, आपका हमारे महल में स्वागत है। उसकी आवाज सुनकर गरीब आदमी ने देखा की लक्ष्मीजी उसके घर के सामने से निकल रही हैं। तो उसने अपने बाल-बच्चों सहित जाकर लक्ष्मीजी के चरणस्पर्श किए। उसने लक्ष्मीजी से निवेदन किया की माँ कुछ पल के लिए हमारी झोंपड़ी में विश्राम कर लें।

तब लक्ष्मीजी सोच में पड़ गईं और कुछ देर बाद वे उस गरीब आदमी की झोंपड़ी की ओर मुड़ी और उसके घर की ओर जाने लगीं। फिर वह गरीब आदमी की झोंपड़ी में पहुँच कर विश्राम करने की सोचने लगीं। वह बड़े आदमी के घमंड को जान गई थीं। वह धनी आदमी सोच रहा था की लक्ष्मीजी मेरे महल में जरूर आएँगी। क्योंकि ऐसा महल पूरे नगर में कहीं नहीं है। परन्तु लक्ष्मीजी तो उस गरीब आदमी की झोंपड़ी की ओर जा रहीं थीं।

तब बड़ा आदमी लक्ष्मीजी के पास आया और बोला—लक्ष्मी माँ, मेरा महल पूरे नगर में सबसे बड़ा है। आप हमारे घर विश्राम करें तो अच्छा होगा। मैं आपको सोने की कुर्सी में बैठालुँगा। चांदी के बिस्तर में सुलाऊँगा। मोतियों की माला पहनाऊँगा। आपकी खूब सेवा करूँगा। आपको किसी भी प्रकार की तकलीफ नहीं होने दूँगा। आप मेरे महल में चलकर विश्राम करें। तो लक्ष्मीजी ने सोचा यह धनी आदमी बहूत लालची हो गया है। मैं यदि इसके महल में गई तो यह मुझे अपनी तिजोरी में बँद करके रख लेगा। वहाँ रखे-रखे मेरा शरीर गल जाएगा।

तब गरीब आदमी हाथ जोड़कर खड़ा हो गया और कहता है—माँ लक्ष्मी, मेरे पास तो मात्र लकड़ी की खटीया है। मेरा परिवार जमीन पर सोता है पर मैं आपको खाट में सुलाऊँगा। मैं आपकी जो भी सेवा बनेगी करूँगा। पर माँ लक्ष्मी, आप तो धनी आदमी के घर ही जाओगी।

ऐसा कहकर गरीब आदमी अपनी झोंपड़ी की तरफ आने लगा। धनी आदमी उस गरीब को झोंपड़ी की तरफ जाते हुए देखने लगा। तब लक्ष्मीजी सोच में पड़ गईं, तब उन्होंने सोचा की धनी आदमी तो मेरा उपयोग अच्छे से नहीं कर रहा है। इसे घमंड भी हो गया है। ऐसा सोचकर लक्ष्मीजी ने गरीब आदमी को पुकारा और उससे कहा—मैं तुम्हारे साथ तुम्हारे घर चलूँगी। तब लक्ष्मीजी ने उस गरीब आदमी पर दया कर दी। वह उनके घर में विश्राम करने लगी। वह धनी आदमी लक्ष्मीजी की सवारी उल्लू को गरीब आदमी के घर जाते हुए देखता रहा। कुछ दिन बाद वह गरीब आदमी भी धनवान हो गया। उस पर लक्ष्मीजी की कृपा हो गई।

उस धनी आदमी के महल के सामने उस गरीब आदमी ने अपना महल खड़ा कर दिया।

33. घर मा चल दाई

अक झन डोकरी रहय। वा अपन आँखी मा नहीं देख सकत रहय। वा डकरी के अक झन टूरा रहय। ओखर नाव नवलसिंह रहय। नवलसिंह बहोत कमैया अऊर कहना मनइया टूरा रहय।

वा टूरा केर किस्मत मा बाप के दुलार नहीं रहीस। ओखर बाप अक राजा केर घर मा हरवाही करत रहय। वा ओखर राज मा हरवाही करत-करत अपन पिरान तक तियाग दयीस वा समय वा टूरा दुई तीन साल के रहय। ओखर दाई हनें अपन टूरा ला बहोत मुसीबत ले पालिस पोसिस। ओखर दाई हनें अन्धीरहीस। तेखर ला अपन परोसिन ला मदद देके खेती बारीन ला कमावै। अर पेज-भाजी बनवाय अर घर के देख-रेख करत रहय। नवल ला अपन दाई केर हालत देख के ओला बहोत कठिनाई लगत रहय। वा अपन मन मा अपन दाई के परेशानी ला देख के सोचिस की मैं मोर दाई के तकलीफ ला दूर करके रहहूँ। अइसनय-अइसनय कई साल बीत गयीस। अब नवलसिंह बड़े हय गयीस। खेत खलहान मा अपन जात-बिलादरी मा बैठक उठक मा होशियार हय गयीस। वा अन्धीडकरी केर जीव मा सुख समाइस।

अक दिन वा डकरी हनें अपन बेटा ला कहिस–बेटा नवल, तय बड़े हय गए हस। तोर मय शादी बिहाव कर देतँव। तफेर वा टूरा नवलसिंह कहथय–दाई, पता नहीं तोर खा बहू कइसना मिलही। तेखर ले मैं बिहाव नहीं करवायों। अइसना चरचा अपन महतारी केर संग मा करत रहय। कि अचाकन अक गाँव के मुखिया आय गयीस। अर कहय की बेटा नवल तोला राजा साहेब केर दरबार मा लइजे ला आय हँव। तफेर ओखर दाई हनें बहोत दुखी हय गयीस। कि मोर टूरा ला कइसे मा राजा साहेब हनें बलाइसे। तफेर वा मुखिया ला कछु बात केर खबर नहीं रहीस। बहोत दिन केर बाद मा पता चलिस की हमार राज मा लड़ाई-झगड़ा होवईया हवय तबय आय राजा हनें अपन फौज फटाका बनाए ला पूरा राज भर केर टूरा जेन बड़े-बड़े हवय तेन ला पता भेज-भेज के बलवाथय। अखर वा राजा के बुद्धी, अक्किल, अऊर ताकत केर बहोत चरचा रहय। तेखर ले कनों ओखर बात ला नहीं काटिस।

तफेर नवलसिंह के दाई फेरय अकेले हय गयीस। अर वा डकरी के खेत बारी भी बिगड़ गयीस। वा डकरी हनें अपन बात ला राजा तक भेजे ला सोचिस। ओखर बात ओखरय लिंघटा रह गयीस। अर इथी राजा हनें अपन फौज धरके लराई करेला चल दयीस कई दिन बीत गयीस। अखर लराई झगरा चलत रहीस। आखिर मा राजा हनें हार गयीस। ओखर साथ कई फौजी मर गयीस।

ओही मा नवलसिंह भी मर गयीस। तफेर नवलसिंह के मरे के पता ला सुनके ओखर दाई हनें, मारे चिल्लाय-चिल्लाय के बिलख-बिलख के रोवन लागिस। अर अपन बेटा केर मरन के पता धरके राजा केर दरबार मा नियाय माँगे ला पहुँचिस। राजा केर राजधानी आय गयीस। वा कहथय मोर तो पूरा दुनियय आय उजड़ गयीस। दुई दिन केर पुँछाई मा वा डकरी हनें राजमहल मा पहुँचिस।

वा डकरी हनें अक झन सिपाही ला कहिस मोला राजा महाराजा तक लई जा मोर आँखी मा दिखायी नहीं देवय। तफेर राजा हनें नियाय के नितन आए होही कहके वा डकरी ला भित्तर बलवाईस। वा डकरी घबारात-घबारात भये दरबार मा पहुँचिस। तफेर राजा हनें वा डकरी ला कहिस—कइसे दाई, कईसे आय हस।

तफेर वा डकरी हनें राजा ला कहिस—राजा महाराजा, मय जनम से अंधरी हों। मोर पति आज ले पनदरा साल पहले तोर पास हरवाही करत-करत मर गयीस। या बात ला मय अपने किस्मत के खेल ला समझके समझौता कर लेंव। मय अर मोर छोट हस टूरा नवल ला बड़े करँव। ओला पालंव पोशंव। ओही आय मोर अंधरी केर सहारा रहय।

अक दिन तोर दरबार ले पता आईस की नवलसिंह, तोला राजा साहेब बलाइसे। मोला तो कछु पता नहीं रहीस की राजा हनें काहे ला बलाइसे। ता बहोत दिना बाद मोला पता चलिस की तोर बेटा ला राजा सिपाही मा रख लइसे। तफेर मोर बेटा के अभी-अभी के लराई मा मरन केर पता चलिस।

तफेर मोर तो मरना हय गयीस। मय केखर आधार मा जीहों। अइसना कहके वा डकरी हनें रोवन लागिस। तफेर राजा हनें ओला धीरज धरे ला कहके कहिस—दाई, तोला नियाय जरूर मिलही। तफेर राजा हनें अपन मन्त्री ला सलाह पूँछ के कहयं—या डकरी, ला जिए खाये ला राज दरबार ले खरचा मिले करही, या बात ला सुनके वा डकरी हनें आधा मा कह डारीस। राजा महाराजा मोला पता हवय कि मोर पति, अर मोर टूरा तो जिनदा नहीं हय पावेंय। तबले तय अन्धीडकरी केर दुख ला दूर तो नहीं कर पाही। या दुख ला धन दौलत मा तो नहीं वापस लान सकय।

राजा कहीस—दाई तोर दुख ला दूर तो मय नहीं कर सकंव। तोर पति अर बेटा ला तो मय जिंदा नहीं कर सकौं। तय एला दाई सपना समझ ले। मय कहाँ

तक कहों मोर दाई–हओ बेटा, मोर दुख तोला अभी-अभी समझ मा आथय। एही ला आय सुनके राजदरबार मा सुनसान छाय गयीस।

तफेर राजा हनें अपन बेटा ला वा अंधरी डकरी ला दय दयीस सब झन अकबकाय गईंन। तफेर राजा हनें अपन बेटा ला पूँछिस-तोला या फैसला कईसे लगीस। तफेर राजा के बेटा हाँ कहके इशारा करीस।

तफेर वा टूरा डकरी के कांधा मा हाथ धरके कहिस कि घर मा चल दाई।

घर में चल दाई

एक गाँव में एक अन्धी बुढ़िया रहती थी। उसका एक बेटा था। जिसका नाम नवल सिंह था। नवल सिंह बहुत ज्यादा मेहनती और कमाऊ लड़का था। वह सभी की बात मानता था। लेकिन उसकी किस्मत में अपने पिता का प्यार नहीं था।

उसके पिता एक राजा के महल में चरवाहा का काम करते थे। उसने पूरा जीवन राजा के यहाँ चरवाहे के काम में बिता दिया। उसकी मृत्यु हो गई थी। जब नवल के पिता की मृत्यु हुई थी। उस समय नवल की उम्र दो-तीन साल की थी। उसकी माँ ने बड़ी मुसीबत से नवल को पाल-पोस कर बड़ा किया। वह उसके लिए खाना तैयार करती और उसकी देख-रेख करती थी।

अपनी माँ की हालत देखकर नवल को बहुत दुख होता था। नवल अपनी माँ के कष्टों को दूर करने की सोचता रहता था। उसने प्रण कर लिया था कि एक-न-एक दिन वह अपनी माँ के दुखों को दूर करके रहेगा। वह जवान हो गया था। वह अपने खेत-खलिहानों का काम तथा रिश्तेदारों के यहाँ उठने-बैठने के लिए आने-जाने लगा था। उसकी माँ उससे बहुत खुश थी।

एक दिन नवल की माँ ने नवल से कहा–बेटा नवल, अब तुम बड़े हो गए हो, मेरी इच्छा है कि तुम मेरे लिए घर में एक बहू ला दो। तो नवल कहता है–पता नहीं माँ, तुम्हें कैसी बहू मिलती है। इसलिए मैं अभी शादी नहीं करूँगा।

इस प्रकार की बातें माँ-बेटा दोनों में होती रहती थी। एक दिन गाँव का मुखिया अचानक नवल के घर आया और नवल से कहा–नवल, तुमको राजा साहब ने अभी अपने दरबार में बुलाया है इसलिए मैं तुम्हें लेने आया हूँ। यह बात जब नवल की माँ ने सुनी तो वह चिन्ता करने लगी कि राजा साहब ने नवल को क्यों बुलाया है। उसने मुखिया से कहा–मुखिया जी, राजा साहब ने मेरे बेटे को क्यों बुलाया है? तो मुखिया ने कहा–दाई, मुझे नहीं मालुम कि राजा साहब ने उसे क्यों बुलाया है। मेरे पास तो राजाजी की खबर आई थी इसलिए मैं बुलाने आ गया।

ऐसा कहकर मुखिया नवल को अपने साथ राजदरबार में ले गया। बहुत दिन हो गए। परन्तु नवल घर वापस नहीं आया तो नवल की माँ को चिन्ता होने लगी की उसका बेटा कहाँ चला गया है? बहुत दिनों बाद पता चला की उस राज्य में

युद्ध होनेवाला था। इसके कारण राजा ने अपने राज्य के शहर और गाँव के जितने जवान लड़के थे। उन सभी को अपनी फौज में भरती करने के लिए बुला लिया है। उस राज्य का राजा बहुत साहसी और बुद्धिमान था। उसके साहस की चर्चा पूरे राज्य में होती थी। इसलिए नवल की माँ ने भी अपने बच्चे की चिन्ता छोड़ दी थी। वह फिर से अपने घर में अकेले रहने लगी। जिसके कारण उसके खेत की पूरी फसल नष्ट हो गई। वह दाना-दाना को मोहताज हो गई।

तब उसने सोचा की राजा के पास मदद माँगने जाना चाहिए। जब से नवल गया है। तब से उसकी खेती-बाड़ी पूरी खराब हो गई है। वह सोचती ही रह गई और राजा अपने सैनिकों के साथ नवल को लेकर युद्ध के लिए चला गया। बहुत दिनों तक युद्ध चलता रहा। अन्त में वह राजा उस युद्ध में हार गया। उसके बहुत से सैनिक उस युद्ध में मारे गए।

जब उसकी माँ को पता चला की उसका बेटा युद्ध में शहीद हो गया। तो उसकी माँ विलख-विलख कर विलाप करने लगी। उसकी माँ ने अपने बच्चे की मृत्यु की खबर सुनकर राजा के पास न्याय माँगने के लिए जाने की सोची। वह उस राज्य के राजा की राजधानी में आ गई। वह राजा का पता पूँछने लगी। बहुत कठिनाई से वह राज महल पहुँची। उसने राजा के एक सिपाही से कहा—भाई, मुझे राजा से एक बार मिलवा दो। मुझे आँखों से नहीं दिखता है। मेरा लड़का युद्ध में मारा गया है। इसलिए में राजा से न्याय माँगने आई हूँ। सिपाही राज दरबार में गया और राजा से आज्ञा लेकर वापस आया।

उसने नवल की माँ को राज दरबार में हाजिर करवाया। उसकी माँ राज दरबार में राजा के सामने न्याय माँगने पहुँच गई। तब राजा ने कहा—माता राम, तुम राज दरबार में कैसे आई हो? तुम्हें क्या कष्ट है? तुम मुझे बतलाओ। तब नवल की माँ ने कहा—राजाजी, मैं जन्म से ही अन्धी हूँ। बेबस और लाचार औरत हूँ। मेरा पति आपके राज्य में पंद्रह साल पहले चरवाहा की नौकरी करते-करते मर गया था।

मैंने किस्मत का खेल समझकर अपने दिल से समझौता कर लिया। मैं अपने बच्चे नवल की देख-रेख करने लगी। उसका पालन-पोषण करके उसको बड़ा किया। वही इस अन्धी का एक मात्र सहारा था।

एक दिन आपके दरबार से खबर आई की आपने उसे अपने राज दरबार में बुलाया है। मुझे तो यह भी नहीं बताया गया की आपने क्यों बुलाया था। बहुत दिनों बाद मुझे पता चला की आपने उसे अपनी सेना में भरती कर लिया है।

फिर उसके बाद मुझे पता चला की आपने उसे युद्ध में लड़ने भेज दिया है और वह लड़ते-लड़ते युद्ध में शहीद हो गया है। अब मैं किसके सहारे अपना जीवन व्यतीत करूँगी। ऐसा कहकर नवल की माँ रोने लगी।

तब राजा ने उसे धीरज दिलाया और कहा—माता राम, तुम्हें न्याय जरूर मिलेगा। राजा ने नवल की माँ को राज दरबार में सम्मान से बैठाया और अपने मन्त्री से कहा—मन्त्रीजी, इनको राज्य की ओर से इनके जीवन भर खाने-पीने की व्यवस्था करो। इतना सुनते ही नवल की माँ बोली—राजाजी, मुझे पता है कि मेरा पति और मेरा लड़का तो अब वापस नहीं आ सकता। मेरे दुख को तो कोई दूर नहीं कर पाएगा। इस धन-दौलत से तो मेरा दुख दूर नहीं हो सकता।

तब राजा बोले—माता राम, यह सही बात है कि मैं तुम्हारे पति और बेटा को तो वापस नहीं ला सकता। तब वह बोली—ठीक कहते हो बेटा, मेरा दुख तो कोई दूर नहीं कर सकता। आप जरूर मेरे दुख को समझेंगे। इसलिए मैं आपके पास न्याय माँगने आई हूँ।

तब राजा ने कहा—माताराम, मैं तुम्हारा बेटा तो वापस नहीं ला सकता। परन्तु मैं आज से अपना बेटा तुम्हें देता हूँ। वह आज से तुम्हारी देख-रेख और सेवा करेगा। ऐसा सुनते ही पूरे राज दरबार में सन्नाटा मच गया। तब राजा ने अपने बेटे से पूछा—क्यों बेटा, कैसा रहा, मेरा न्याय? ऐसा कहते हुए राजा ने बेटे की ओर इशारा किया कि वह उस अन्धी बूढ़ी माँ के साथ चला जाए।

तब राजा के बेटे ने उस अन्धी बूढ़ी माँ के कंधों पर हाथ रखकर कहा—घर मा चल दाई।

34. चींटी अऊर फिफली

आज ले कई साल पहले की बात आय। जतना भी जीव जन्तु रहय। तेन अक दूसर के बातन ला समझयं। दूसरन केर दुखन ला जानें। अर वा जमाना तपसया अर साध करे के रहय।

ओही समय केर बात आय अक बहोत बढ़िया फिफली वा बगिया मा फिरत-फिरत आईस। वा बहोत फिरत रहय। अर फूलन के रस चुहकत रहय। वा अपन आप मा मस्त रहय। अक दिन वा फिफली फूलन केर रसा ला चुहकत-चुहकत। अक ठन डगाली मा बैठे रहीस। ता वा तरी डहर देखै। ता अक चींटी हनें चीखला हईनले दाना धरके जावत रहय।

तफेर वा फिफली अपन मन मा सोचिस की मैं कतका बड़े आंव कि मैं जेन फूल मा चुहंकथूं। तेन भगवान के चरन मा चढ़थयं। अर या चींटी ला देख चिखला मा सने हरा दाना ला खाथय। तफेर फिफली तरी उतरिस। अर कहिस की या दाना ला काहीन करवे। तफेर चींटी हनें कहयं—दीदी, बहोत परेशानी ले या दाना ला पाए हवं। मय एमा मोर अर मोर टूरा केर पेट ला भरहूँ। या बात ला सुन के मोर मन मा बहुतय घिन आथय। अर तोर टूरा बच्चा एही खाही। मोर पंखन ला देख एला देख के आदमी कतका दुरिया ले भगत भय आथय। मैं आकाश मा उड़थूं।

अर फेर कतका फूलन के रस ला चुहुंकथूं। जेन ला कोई नहीं पाय सकय अइसना झय कह बहिन मोर तोर या माटी ले हमार जीव के सेवा होय। अर फेर तोर नितन फूल उगाथय। तफेर फिफली हनें कहथय—ते धरती मा रेंगइन या मोला ज्ञान झय बतावे। मैं फूल मा जीथूं अर रस पीय-पीय के रहथूं। आखिर ते अपन हाल ला तो देख जहाँ जाथस दाना-दाना खाँ तरसथय।

तफेर चींटी हनें कहथय—मैं जइसना हवों बहुतय अच्छा हवों। तफेर फिफली कहय—जा ते अपन काम कर तोर कस ज्ञान बतईया बहुत देखे हय। ऐखर बाद फिफली हनें उहाँ ले उड़ गयीस। ऐखर बाद कई दफे फिफली अर चींटी मिलिस। अर फिफली कई बार चींटी केर निंदरा करत रहय। अर फेर चींटी चुपचाप ओखर बातन ला सह लेत रहय।

अक दिन बहुत जोर ले हवा चलिस। तफेर वा फिफली के पंखा अक कांटा वारे पेड़ ले टकराय के ओखर पंख टूट के धरती मा बिखर गयीस। वा आंधी तूफान के साथ वा दिन धरती मा पानी भी गिरे रहीस। तेखर चिखला होवत रहय।

ता फिफली केर छोट-छोट पांव वा चिखला मा फँस गयीस। वा पीरा मा कूलहत रहय। तफेर ओखर दुख भरे हरा आरो ला सुनईया कोई नहीं रहय। ओही चींटी हरें दाना धरके ओमा आवत रहय। फिफली ओला देख के अपन मूड़ ला लुकावय। तफेर चींटी दाना ला मड़ाय के ओखर लिंगहा आईस। अर कहिस बहिना तोर या हालत कइसना हय गयीस। ते हिम्मत रख मैं तोर दुख मा भी संगदेहूँ। तफेर फिफली कहय की मोला आजय पता चलिस कि ते कतका भला आदमी हवस।

चींटी हनें फिफली ला निकारवे मा अपन पूरा जान लगा छयिस। अर ओखर टाँग ला खींच के चिखला ला निकार दयीस तेखर बाद ओला अच्छा सुख्खा जगहा मा बैंठार दयीस।

जब तक ले फिफली केर पंखा ठीक नहीं हयस। तबले चींटी हनें ओखर खाना-पानी केर इन्तजाम करत रहय। बहोत दिनन बाद फिफली के पंखा ठीक हयीस।

तफेर वा फिफली हनें अपन मूड़ ला झुकाय के चींटी ला कहिस–बहन, मैं तोर बहोत निंदरा करत रहय। मोला घमंड हय गए रहीस। ते मोला क्षमा कर दे। फिफली अपन सिर ला झुकाय के खड़े रहय। अर फेर वा चींटी ला माफी माँगिस। तफेर चींटी हनें ओला हँस के माफ कर दयीस। तफेर फिफली अर चींटी दुनों झन अक दूसर के गले मिलिस। आ फिफली फुर्र ले उड़ गयीस।

कोईच ला सही कहे हस, घमंडी के घर मा भैंस बियाय।

चींटी और तितली

बहुत पुराने समय की बात है। उस समय संसार के सभी जीव जन्तु एक-दूसरे की बात समझते थे। वे एक-दूसरे के दुख को समझते थे। वह जमाना तप और सका था। उसी जमाने में एक बगीचे में एक सुन्दर तितली रहती थी। वह बाग बगीचों में फूलों का रस चूसा करती थी।

वह अपने आप में बहुत प्रसन्न रहती थी। एक दिन वह फूलों का रस चूसते-चूसते एक फूल पर बैठी आराम कर रही थी। उसी पौधे के नीचे एक चींटी कीचड़ में पड़े एक दाने को लेकर जा रही थी। उसे देखकर तितली ने सोचा की मैं कितनी बड़ी हूँ। मैं जिस फूल का रस चूसती हूँ। वह फूल भगवान के चरणों में चढ़ाया जाता है। इस चींटी को देखो यह कैसे कीचड़ में सने दाने को लेकर जा रही है। वह कितनी गन्दी है।

ऐसा सोचकर वह तितली उस पौधे से नीचे उतरी और चींटी से पूँछती है–क्यों बहन चींटी, तुम इस कीचड़ में सने दाने का क्या करोगी? चींटी कहती है–तितली बहन, मैंने इस दाने को बहुत कष्टों के बाद पाया है। इस दाने से मेरा और मेरे बाल-बच्चों का पेट भरेगा।

ऐसा सुनकर तितली का मन दुखी हो जाता है। वह चींटी से कहती है–यह गंदा दाना तेरे बाल-बच्चे खाएँगे। तुम मेरे पंख देखो कितने सुन्दर हैं। मेरे पंखों को देखकर आदमी चाहे कितनी दूर क्यों न हो वह भागते-भागते मेरे पास आ जाता है। मैं आकाश में उड़ती रहती हूँ और न जाने कितने फूलों का रस चूसती हूँ। जिन फूलों को कोई नहीं पा सकता, मैं उन फूलों तक पहुँचकर उनका रस चूस लेती हूँ।

तो चींटी कहती है–ऐसा नहीं है बहन, यह धरती माता जीवों की रक्षा करती है। इसलिए वह तुम्हारे लिए भी फूल उगाती है। तो तितली घमंड में आकर कहती है–चींटी बहन, तुम धरती में रेंगनेवाली मुझे ज्यादा ज्ञान न बताओ। मेरा पूरा जीवन फूल में ही है, मैं फूल में ही जीती हूँ और उसका रस पीती हूँ। आखिर तुम अपना हाल तो देखो तुम दाने-दाने को तरसती रहती हो। तो चींटी कहती है–तितली बहन, मैं जैसी भी हूँ, बहुत अच्छी हूँ।

तो तितली घमंड में आकर कहती है—जा जा, तुम अपना काम देखो। मेरे को ज्ञान बाँटने की जरूरत नहीं है। तुम जैसे ज्ञान बाँटनेवाले बहुत देखे हैं। ऐसा कहकर तितली वहाँ से उड़ गई।

इसके बाद तितली और चींटी कई बार आपस में मिलते तो हर बार तितली चींटी की निन्दा करती रहती थी। चींटी चुपचाप उसकी बातें सुनती रहती थी। एक दिन बहुत जोर से आंधी-तूफान आया और तितली उस तूफान में फँस गई। वह एक कांटेदार झाड़ी से टकरा गई। जिसमें उसके पंख टूटकर बिखर गए। थोड़ी देर बाद तितली घायल होकर पानी के एक डबरे में गिर गई। वह परेशान होकर सहायता के लिए गुहार लगाने लगी। उसके पंख कीचड़ में लथपथ हो गए थे। उसका दुख सुननेवाला कोई नहीं था।

उसी समय वही चींटी अपने मुँह में दाना दबाए वहाँ से निकली। तितली ने जैसे ही चींटी को देखा तो वह उसे देखकर छुपने लगी। परन्तु चींटी ने उसे देख लिया। उसने अपने मुँह का दाना एक साफ-सुथरी जगह पर रखा और तितली के पास आ गई। उसने आकर तितली से पूछा—तितली बहन, तुम्हारी यह हालत कैसे हो गई है? तुम चिन्ता मत करो। मैं तुम्हारी मदद करूँगी। तब तितली ने रोते-रोते कहा—तितली बहन, मुझे माफ कर देना। आज मुझे मालुम पड़ा की तुम कितनी भली चींटी हो। मैं वे-बजह तुम्हें अपना दुश्मन समझती रही। तब चींटी ने अपनी पूरी ताकत लगाकर तितली की टांग पकड़कर उसे कीचड़ से बाहर निकाला। उसने उसे एक साफ जमीन पर लाकर बैठा दिया।

जब तक तितली के नए पंख नहीं ऊग आए। तब तक चींटी उसके खाने-पीने की व्यवस्था करती रही। बहुत दिनों बाद तितली के नए पंख उगे और तितली उड़ने लायक हो गई।

तब तितली ने अपना सिर झुकाकर चींटी से कहा—बहन, मैं तुम्हारी बहुत बुराई करती थी। मुझे अपने पंखों पर बहुत घमंड था। मुझे इस गलती के लिए माफ कर देना। तितली ने चींटी से माफी माँगने के बाद उससे भेंट भलाई की, उसके गले मिली और फुर्र से उड़कर फूलों पर जाकर बैठ गई। वह फिर से फूलों का रस चूसने लगी।

किसी ने सही कहा है की घमंडी के घर भैंस बियाए।

35. जादूवारे सुआ

अक गाँव मा अक गरीब टूरा रहत रहय। वा भीख माँग के अपना पेट भरे करत रहय। अक दिना वा टूरा भीख माँगत-माँगत अक शहर माँ पहुँच गयीस। वा शहर सफा उजड़ गए रहीस। उहाँ अक ठन दानव रहय। तेन सब मनसेन ला खाय ड़ारे रहीस।

उहाँ अक राजकुमारी भर बचे रहय। ओला वा दानौं अपन डयकी बनाय के राखे रहय। वा टूरा जइसे राजा के महल मा पहुँचिस। ता वा राजकुमारी महल के छत मा घूमे फिरय। वा राजकुमारी वा टूरा ला बलाईस। अर कहथय भईया ते ईहाँ काहे आए हस। ते नहीं जानस ईहाँ जेन आथे तेन ला दानौं खाय ड़ारथै। वा ईहाँ आतय आत तोला खाय ड़ारही। ते चाहत हय की मोला दानौं खाय ड़ारै कहके। या ते मोला बचान चाहथस। ते मोला कोई अच्छा जघा मा लुकाय दे। ता मैं बच जाहूँ कहथय। राजकुमारी वा टूरा ला महल के भीतर ले गयीस। राजकुमारी वा टूरा ला खाना-पीना खवाईस। दानौं के आयके समय भये। ता वा राजकुमारी वा टूरा ला लोहा के कोठी अनाज वारे रहीस। तेमा लुकाय दयीस।

जब दानौं घर मा आईस, तो आतय आत वा किर्रावत हय। दानौं कहथय मोला मनसे के गंध गंधयावत हय। ता वा राजकुमारी कहथय–ईहाँ कोई मनसे, हवै तो महिच आंव। ते मोला अर खाय ड़ार तो अच्छा रहही। तफेर वा दानौं राजकुमारी के बात ला सुन के कहथय–तोला खाय से पहले तो मैं अपन हाथ-पाँव ला खाय लेहूँ। तफेर वा दानौं चले गयीस। वा टूरा अन्न के कोठी ले निकरिस। वा टूरा राजकुमारी ले कहिस–अब जब वा दानौं फेरय आही तो ते ओला पूछवे की वा अपन जीव ला कहाँ ले धरिसे। तफेर वा टूरा नहाय धोय के आईस। ता राजकुमारी ओला अच्छे स्वाद वारे भोजन कराईस। फिर दुन्नों झन अक बिस्तरा मा सोय गईन। अर दुन्नों झन पति-पत्नी के शौक पूरा करीन। जब दुन्नों झन दानौं के आए के आरौ ला सुनिन। ता वा टूरा फेर से अनाज वारे कोठी मा लुक गयीस।

राजकुमारी दानौं ला बड़े परेम से बैठारिस। अर ओखर संग चीकन-चीकन बात करन लागिस। अईसना बतात-बतात राजकुमारी कहथय–ते हरमेशा दुरिहा-दुरिहा जाथै। अर मैं तोर बारे मा सोचत रहथूं। ते आज मोला बताय दे की ते अपन जीव

ला कहाँ धरथस। ता वा दानौं कहथय—मोर जीव, वा समुद के तीर मा अक ठन सेम्हर केर रुखवा तरी धरे हवय उंहाँ अक ठन सोन के पिजरा लयकेथै। उंहय मोर जीव आय।

दानौं फेर से भग गयीस। टूरा अनाज के कोठी से बाहर निकर गयीसी। ता राजकुमारी हनै ओला बताईस। दानौं के जीव के बारे मा। वा टूरा समुंदर के तीर मा जान लागिस। ता राजकुमारी ओखर खाय पिये के समान जोर दयीस वा टूरा दानौं के जीव ला खोजे ला निकर गयीस। वा अक डोंगर ला नकिस, फिर दूसर डोंगर ला नकिस वा करिया अर हरियर डोंगर के बीच घाट मा पहुँच गयीस। उहाँ हरियर बाँस हवा मा सरसरावय, सुख्खा बाँस कड़कड़ावय अइसना आवाज करय। उहाँ बोर के रुखवा जादय आय फरे रहय। डारा टूटत ले। अर जब वा पठार मा रैंगय ऊपर। ता वा अइसना लगै कि वा भीत्तर से खोखला हवै। धरती मा पाँव धरत भर मा अईसा चिपकय जयसना मोम के बना हरा अस हवय वा रसदा मा ओला आइन सौ नदिया, उर दुई हजार नाले नकेला परय। वा पठार मा भालू बाघ के आरो गूँजै। जब डोंगर मा जात रहय। तो रात हय जाय। तो वा दादर के घाट मा सोय जाय। अर घाटी मा रात हय जाय तो पठार मा सोय जाय। आखिर मा वा टूरा सब विपत्तिन ला काट के समुंदर के तीर वा सेमर केर रुखवा तीर पहुँच गयीस।

ऊँहा पहुँच के वा भोजन करिस। जेन ला राजकुमारी बाँधे रहय। वा कोना अस मा अक पिंजरा मा अक सुआ रहय। वा सोन के पिंजरा रहय। जयसे ही वा टूरा सुआ ला छुईस कि दानौं कस अवाज सुनाईस। वा टूरा सुआ ला पकरिस। अर ओंखर अक टांग ला तोड़ दयीस दानौं लँगड़ा हय गयीस। दानौं फिर उठके आय ला होवय कि वा टूरा ओखर पंख उखाड़ दयीस दानौं के दुन्नों हाथ उखड़ गयीस। टूरा जईसे वा रुखवा के लिंघा पहुँचथै। ओखर गरे ला मुरेड़ दयीस जईसे ओखर गरे ला तोड़ के फैंकिस की दानौं मर गयीस।

वा टूरा वा रुखवा ले उतर के वा सुआ ला लेस दईन। अर सोन के पिंजरा ला धरके व उजड़े हरा नगर मा आय गयीस। उहाँ पंहुच के राजकुमारी से बिहाव कर लईस। फेर उहाँ बहोत लोग आन के बसन लगीन। अर आनंद से रहन लागिस। किस्सा रहे ता असर गए।

जादूई तोता

एक गाँव में एक गरीब लड़का रहता था। वह भीख माँगकर अपना जीवन-यापन करता था। एक दिन वह भीख माँगते-माँगते एक शहर में जा पहुँचा। वह शहर पूरी तरह से उजड़ चुका था क्योंकि एक दानव ने वहाँ के सभी निवासियों को खा लिया था।

केवल एक राजकुमारी बच गई थी। जिसे दानव ने अपनी पत्नी बनाकर रखा था। वह लड़का जैसे ही घूमते-फिरते राजा के महल के सामने पहुँचा। तो उसने राजकुमारी को महल की छत पर बैठे देखा। उस राजकुमारी ने उस लड़के को बुलाकर कहा–अरे, तुम यहाँ पर क्यों आए हो? क्या तुमको मालुम नहीं कि यहाँ पर जो भी आता है। उसे दानव मारकर खा जाता है। वह यहाँ पर आते ही तुमको भी खा जाएगा। तब उस लड़के ने कहा–तुम चाहती हो कि दानव मुझे खा जाए या कि तुम मुझे बचाना चाहती हो? क्या तुम मुझे किसी सुरक्षित स्थान में छिपाकर बचा सकती हो?

राजकुमारी ने उस लड़के को महल के भीतर बुलाया। राजकुमारी ने उसे अच्छा-अच्छा भोजन कराया और जब दानव के आने का समय हुआ। तो उस लड़के को लोहे से बनी अनाज की कोठरी में छिपा दिया।

जब दानव घर वापस आया तो वह आते ही चिल्लाने लगा–मुझे मनुष्य की गंध आ रही है। तब राजकुमारी ने कहा–यदि यहाँ कोई मनुष्य है तो वह मैं हूँ। बेहतर हो कि तुम मुझे भी खा लेते तो अच्छा रहता। दानव ने कहा–नहीं-नहीं, तुमको खाने से अच्छा तो मैं अपने हाथ पैर ही खा लूँ। थोड़ी देर के बाद दानव पुनः बाहर चला गया। लड़का अन्न की कोठी से बाहर निकल कर आ गया। उस लड़के ने राजकुमारी से कहा–जब वह दुबारा आए तो तुम उससे पूछना कि वह अपनी आत्मा को किस स्थान पर रखता है।

इसके बाद उस लड़के ने स्नान किया और राजकुमारी ने उसे फिर से स्वादिष्ट भोजन कराया। फिर उन दोनों ने साथ-साथ शयन किया और आनन्द प्राप्त किया। जब उन दोनों ने दानव के आने की आवाज सुनी तो लड़का तुरन्त जाकर अन्न की कोठरी में छुप गया।

राजकुमारी ने दानव को प्यार से बैठाया और उससे मीठी-मीठी बातें करते हुए कहा—तुम हमेशा दूर-दूर स्थानों पर चले जाते हो और मुझे तुम्हारी ही चिन्ता सताती रहती है। मुझे यह बतलाओ की तुम अपने प्राणों को कहाँ रखते हो? दानव ने कहा—उस समुद्र के किनारे जो एक सेमल का वृक्ष है। उसमें एक सोने का पिंजरा लटकता है, उसी में मेरे प्राण हैं।

दानव जब वहाँ से पुनः बाहर चला गया। तो वह लड़का अन्न की कोठरी से बाहर आ गया। तब राजकुमारी ने उसे दानव की बताई हुई सभी बातें बता दीं। वह लड़का समुद्र के किनारे जाने लगा तो राजकुमारी ने उसके लिए भोजन बनाकर बाँध दिया। वह लड़का दानव के प्राण ढूँढ़ने के लिए निकल पड़ा। वह चलता गया, चलता गया। उसने एक जंगल पार किया, फिर दूसरा जंगल पार किया। वह काले और हरे पर्वत के बीच घाटी में जा पहुँचा। वहाँ हरे बाँस हवा में सरसरा रहे थे और सूखे बाँस कड़कड़ाहट की ध्वनि उत्पन्न कर रहे थे। वहाँ बेर के वृक्ष बेरों से लदे हुए थे। उस वृक्ष की शाखाएँ बेरों के बोझ से झुकी जा रही थीं। जब वह उस पठार के ऊपर चलता तो ऐसा लगता की वह पठार अंदर से खोखला है। जमीन पर पैर पड़ते ही वे इस प्रकार से चिपकते की मानों वह मोम की बनी हो।

उस मार्ग पर उसे आइन सौ नदियाँ और दो हजार नाले पार करने पड़े। उस पठार पर भालूओं और बाघों की दहाड़ गूँज रही थी। जब पहाड़ों पर रात हो जाती तो वह घाटी में ही सो जाता था और जब घाटी में रात होती तो पहाड़ों पर विश्राम करता। अन्त में वह लड़का सभी बाधाओं को पार करते हुए। समुद्र के किनारे उस सेमल के वृक्ष के पास पहुँच ही गया।

वहाँ पहुँच कर उसने भोजन किया जो राजकुमारी ने उसके लिए बाँध दिया था। उस सोने के पिंजड़े में एक तोता था। परन्तु उसने ज्योंही उस तोते को स्पर्श किया। तो उसे दानव की आवाज सुनाई पड़ी। लड़के ने उस तोते को तुरन्त पकड़ा और उसकी टांग तोड़ दी, तो दानव लंगड़ा होकर गिर पड़ा। परन्तु वह उठकर पुनः आगे बढ़ने लगा। फिर उस लड़के ने तोते के पंख उखाड़ डाले। जिससे उस दानव की भुजा उखड़ गईं। ज्योंही दानव वृक्ष के पास पहुँचा तो उस लड़के ने उस तोते की गर्दन पकड़कर मरोड़ दी। उसको तोड़कर फेंक दिया। उसी समय दानव जमीन पर मृत होकर गिर पड़ा।

फिर उस लड़के ने वृक्ष से उतरकर दानव और उस तोते को जलाया। वह लड़का उस सोने के पिंजरे को लेकर उस उजड़े हुए नगर में पहुँचा। वहाँ उसने राजकुमारी से विवाह किया। फिर से लोग उस नगर में आकर बसने लगे और आन्नदपूर्वक रहने लगे।

36. राजा अऊर बैगिन टूरी

अक राज मा अक गोंड राजा राज करत रहय। ओखर अक झन टूरा रहय। वा अक झन टूरी ले बिहाव करिस। अर घर मा ले लानिस।

राजा केर लड़का रोज दिना डोंगर मा शिकार खेले ला जाएँ। अर जब शिकार खेलके घर लहुटै। ता अक बरतन मा धरे हरा पानी मा अपन हाथ-पांव धोवैं। अयसना करत-करत बहोत दिना हय गयीस।

अक दिन वा राजा के टूरा अपन ड़यकी ला तलवा केर तीर मा ले जाके मार ड़रिस। ता राजा बहोत दुखी हय गयीस। अर अपन टूरा ला कहथय। ते वा टूरी ला मारे ला शादी करे रहस। वा टूरा कहथय—मोर पीछू अइसना कई झन टूरी घूमत रहथय राजा कहथय कम-से-कम अक ठन टूरी तो लान के दिखा।

तफेर वा टूरा अपन घोड़ा ला कसिस। अर खाय पिये के समान धरिस। खूब अस पइसा धरिस। अर निकर गै डोंगर के रसदा धर के। ता सबले अगारु वा अक बैगा गाँव मा गयीस। वा गाँव मा अक झिरया रहय। राजा के टूरा वोही झिरिया के तीर मा बैठ के सुस्तावय।

ओहिच दिना संझा के अक बैगिन टूरी ओहिच झिरिया मा पानी भरेला आईस। राजा के टूरा ओला बड़े प्यार से देखिस। अर वा बैगिन टूरी के पीछे-पीछे ओखर घर तक पहुँच गयीस। अर ओखर घर मा रहन लागिस। कछु दिनन बाद राजा के टूरा वा टूरी केर बूढ़े माँ-बाप ला कहिस—दादा, तुम अपन टूरी ला मोला दय दे। अर तुमन ला जोन चाही तोला दे देहूँ। तब बैगा कहिस—या डोंगर, मा मय अकेले रहथूं। ते राजा के टूरा आय। मोर बेटी केर संग मा तोर बिहाव कैसे मा हो सकथै।

ता राजा के टूरा कहथय—अगर ते अपन टूरी मोला नहीं देवे। ता मय अपन जान ला इहय दे देहूँ। अइसना सुन के बैगा अपन टूरी ला राजा के टूरा संगभेज दयीस वा बैगिन टूरी के जीव सात समुंदर, सोला नदियापार अक बमूर के झाड़ मा धरे रहीस। बैगिन टूरी अपन जीव ला लाने ला राजा के टूरा ला भेजथैं। राजा के टूरा सात समुंदर अर सोला नदिया पार करके ओखर जीव वा झाड़ ला ले जाथय।

राजा के टूरा वा बैगिन ला धर के अपन राज मा आय गयीस। अक दिन वा टूरी-टूरा से कहिस—मैं बहोत दिन हय गए मयके नहीं गए आंव। मोला मोर

भाई-बहनी केर जादय सुरता लागिसे। तेखर मारे मैं अपन मयके जाथूँ। वा टूरी केर तीन बहनी रहीस। जेन जादय खुले हरा रहय। राजा के टूरा अपन डयकी संगअपन ससुरार आय गयीस। ओखर घर मा रहन लागिस। टूरी अपन संग बहनिन ला देख के जादय खुशी मनाय। राजा के टूरा उंखर उप्पर मोहीत हस गयीस। वा हुन तीनों टूरिन ले पियार करन लागिस।

अक दिना वा बैगिन टूरी। राजा के टूरा ला कहिस–ते ऐहिच कोठा मा सोवे। ईहाँ से कहूँ बाहर झय जाएँमय तोर बाजू के कोठा मा सोहूँ। ते रात मा मोर कोठा के दरवाजा झय खोलवे।

अइसना कहके बैगिन टूरी भग गयीस। अर हुन चारों बहनी अपन कोठा मा आय गैन। अर रात मा हुन चारों बहनी भगवान संग मा नाचन लगीन। ओहिच रात मा राजा के टूरा उठके अपन सालीयों उनखर नाच देखन लागिस। वा डहर ओखर डयकी नहीं रहीस। तफेर वा दूसर कोठा मा देखथय। ता अक बैंदुला घोड़ा बंधे रहय। राजा के टूरा वा घोड़ा मा सवार हयके भगवान के पास आय गैस़। अर चुपचाप हुन टूरिन केर नाच देखन लागिस।

सकरहा बैगिन टूरी अपन बड़ी बहनी से कहिस दीदी हमू रहवो तोर पति के संगमा। ता बड़े बहन कहथय–वा तुम्हार भांटो, आय रे। मगर टूरी नहीं मानय। हुन टूरी अपन बड़े बहनी ला अक बारी मा ले जाके मार ड़ारिनन।

अर तीनों बहनी ओखर पति के संगमा खुशी-खुशी से रहन लागिन। किस्सा रहीस ता असर गए।

राजा और बैगिन लड़की

एक राज्य में एक गोंड राजा राज्य करता था। उसका एक लड़का था। उसके लड़के ने एक लड़की से विवाह किया और उसे घर लेकर आ गया। उसका लड़का प्रतिदिन जंगल में शिकार खेलने जाता था। वह जब जंगल से शिकार करके लौटता तो घर आकर बर्तन में रखे पानी से अपने पैर धोता था। ऐसा करते-करते बहुत दिन हो गए।

एक दिन राजा के लड़के ने अपनी पत्नी को एक तालाब किनारे ले जाकर मार डाला। इससे राजा बहुत दुखी हो गए। राजा ने अपने लड़के से कहा—क्या तुमने इसे मारने के लिए ही शादी की थी। लड़के ने कहा—मेरे पीछे ऐसी बहुत-सी लड़कियाँ घूमती रहती हैं। राजा ने कहा—बहुत अच्छा, तुम कम-से-कम एक लड़की तो ढूँढ़ कर लाओ तो जानें।

राजा के लड़के ने अपना घोड़ा कसा, साथ में खाने के लिए राशन और बहुत सारा धन लेकर वह घर से निकल गया। वह सबसे पहले एक बैगा के गाँव में गया। उस गाँव में एक झील थी। राजा का लड़का उस झील के किनारे बैठकर आराम करने लगा।

उसी दिन शाम को एक बैगा लड़की उस झील में पानी लेने आई। राजा के लड़के ने बड़े प्यार से उसे देखा। राजा का लड़का उस बैगिन लड़की के पीछे-पीछे उसके घर तक आ गया। वह उसके घर में रहने लगा। कुछ दिन बाद राजा के लड़के ने उस बैगिन लड़की के बाप से कहा—मुझे तुम्हारी लड़की चाहिए। इसके लिए तुम जो माँगोगे, मैं तुमको दूँगा।

तब उस बैगा ने कहा—इस जंगल में मैं अकेला रहता हूँ। तुम एक राजा के लड़के हो। मेरी बेटी की शादी तुम्हारे साथ कैसे हो सकती है? तब राजा के लड़के ने कहा—यदि तुम मुझे अपनी लड़की नहीं दोगे तो मैं यहीं पर अपनी जान दे दूँगा।

ऐसा सुनकर बैगा ने अपनी लड़की को राजा के लड़के के साथ भेज दिया। उस बैगा लड़की के प्राण सात समुद्र और सोलह नदी के पार एक बबूल के पेड़ में रखे थे। बैगिन लड़की ने अपने प्राण लेने राजा के लड़के को भेज दिया। राजा का लड़का

सात समुंदर और सोलह नदी पार करके बबूल के पेड़ से उसकी आत्मा लेकर वापस आ गया।

राजा का लड़का उस बैगिन लड़की को लेकर अपने राज्य में आ गया। एक दिन बैगिन लड़की ने कहा—बहुत दिन हो गए। मैं अपने मायके नहीं गई, मुझे मेरे भाई-बहनों की बहुत याद आ रही है। इसलिए मैं अपने घर जा रही हूँ। उस लड़की की तीन बहनें थीं। जो बहुत ही सुन्दर थीं। राजा का लड़का भी उस लड़की के साथ अपनी ससुराल आ गया। उसने अपनी तीन सालियों को देखा तो उन पर मोहित हो गया। वह अपनी तीनों सालियों से प्रेम करने लगा।

एक दिन उस बैगिन लड़की ने राजा के लड़के से कहा—तुम इसी कमरे में सोना, इस कमरे से कहीं बाहर मत जाना। मैं बाजूवाले कमरे में सो रही हूँ। तुम रात को मेरे कमरे का दरवाजा मत खोलना। ऐसा कहकर बैगिन लड़की अपने कमरे में चली गई। वह चारों बहन एक कमरे में आ गईं। वे चारों बहन रात को भगवान के साथ नृत्य करने लगीं।

उसी समय राजा का लड़का उठा और दरवाजे से अपनी तीनों सालियों को देखने लगा। पर वे वहाँ नहीं थीं। फिर वह एक-दूसरे कमरे में गया, वहाँ एक घोड़ा बंधा था। उस घोड़े का नाम बेंदुला था। राजा का लड़का उस घोड़े पर सवार होकर भगवान के पास आया। वह चुपचाप उन लड़कियों का नृत्य देखने लगा।

सुबह बैगिन लड़की की तीनों बहनों ने अपनी बड़ी बहन से कहा—दीदी, हम भी आपके पति के साथ रहना चाहती हैं। तो बड़ी बहन ने कहा—वह तुम्हारे जीजा हैं। लेकिन लड़कियाँ नहीं मानीं। उन लड़कियों ने अपनी बड़ी बहन को एक बाड़ी में ले जाकर मार डाला। इसके बाद तीनों बहनें राजा के लड़के के साथ खुशी-खुशी रहने लगीं।

37. पनकू अऊर हाथी

बहोत पुरान समय के बात आय। अक गाँव मा अक डकरी रहय। ओखर अक ठन बेटा रहय। ओखर नाव पनकू रहय। डोकरी गाँव के कई घरन मा काम बूता करय, अर जाहिन मिले ओहिच मा अपन गुजर-बसर करै। डोकरी अपन बेटा ला कछु काम नहीं करवाय। पनकू ओखर लाड़न बेटा आय। ओला देख के डोकरी अपन सब दुख ला बिसर जाय।

अक दिन के बात हवय पनकू अपन घर के अंगना मा बैठे रहीस। ओहिच समय मा राजा केर हाथी निकरिस। पनकू दौरत-दौरत जायके ओखर पूँछी ला पकड़ लईस। वा हाथी के पूँछी ला झींकन लागिस। हाथी ऊँहा रुक गयीस। हाथी रोज दिना ओखर घर के सामने से निकरै। अर पनकू रोजय वा हाथी के पूँछी ला पकड़ के झींकै। पनकू ला या काम अक खेल जईसे हय गयीस। वा हाथी दूबर पातर होन लागिस।

राजा अक दिना अपन हाथी ला अयसना हालत मा देखिस। ता वा महावत से पूँछिस-मोर हाथी दूबर-पातर कस के हय गईसे। ता महावत कहथय—महाराज, जब मैं हाथी ला पानी पियाये ला ले जाथूँ। ता अक टूरा ओखर पूँछी ला पकर के झींकथय। शुरू मा हाथी वा टूरा ला दुई चार ड़ग घसीट के ले जात रहय। अब तो वा हाथी टस से मस नहीं होय।

राजा अपन सिपाही ला पनकू ला बलाय के भेजिस। ता पनकू राजदरबार मा आईस। ता राजा कहथय—पनकू, हम तोर बहादुरी से बहोत खुश हन। हम तोला नौकरी देवो। ता पनकू कहिस—महाराज, मोर से तो कछु काम नहीं बनै। अर मोर महतारी मोला नौकरी करे के आज्ञा नहीं देही। ता राजा कहथस—पनकू, मय तोला बहोत छोट काम देहूँ। वा काम के तोला रोज दिन सौ ठन मोहर देहूँ। ता तोर माँ भी खुश हय जाही। अर तोला काम करेला मना भी नहीं करही। राजा कहथय—पनकू, तोला रोज दिन राज मन्दिर मा जायके दिया बारे ला परही। बस अतका काम तोला रोज करेला हय।

अब पनकू ला रोज दिना सौ ठन मोहर मिलन लागिस। ओला रोज मन्दिर मा दिया बारे के चिन्ता रहे करय। अक दिन ऐहिच फिकर मा पनकू बैठे रहय। ओहिच

बखत उहाँ से वा हाथी निकरिस। पनकू जोर से हाथी के पूँछी ला पकर लईस। अर अपन पूरा बल भर झींकन लागिस। परन्तु आज हाथी पनकू ला झींकत-झींकत बहोत दुरिहा ले गयीस। अर जितना हाथी ओला घसीटै अतनय मस्ती करय। अक छोट अस चिन्ता पनकू के ताकत ला छिन्न-भिन्न कर दयीस।

ऐहिच ला आय कहथय की चिन्ता से चतुराई घटय कहके। किस्सा रहीस ता असर गयीस।

पनकू और हाथी

बहुत पुरानी बात है। एक गाँव में एक बुढ़िया रहती थी। उसका एक बेटा था। जिसका नाम पनकू था। बुढ़िया गाँव के लोगों के घर में काम करती और उससे जो मिल जाता उसी से गुजर-बसर करती थी। बुढिया अपने बेटे को कोई काम नहीं करने देती थी। पनकू उसका दुलारा बेटा था। उसे देखकर बुढ़िया अपने सब दुख भूल जाती थी।

एक दिन की बात है पनकू अपने घर के आँगन में बैठा था। उसी समय उसके घर के सामने से राजा का हाथी निकला। पनकू ने दौड़कर उसकी पूँछ पकड़ ली। पनकू हाथी की पूँछ खींचने लगा। हाथी वहीं पर रुक गया। हाथी रोज उसके घर के सामने से निकलता और पनकू रोज उस हाथी की पूँछ पकड़कर खींचता। पनकू के लिए मानों यह एक प्रकार का खेल हो गया। हाथी दुबलाने लगा और उसकी ताकत दिन-प्रतिदिन घटने लगी।

राजा ने एक दिन जब अपने हाथी को इस हाल में देखा तो राजा ने महावत से पूँछा की हाथी क्यों दुबला हो रहा है। महावत ने कहा—महाराज, जब में हाथी को रोज नदी में पानी पिलाने ले जाता हूँ, तो एक लड़का इसकी पूँछ पकड़कर खींचता है। पहले तो हाथी उस लड़के को दो चार कदम घसीट कर ले जाता था। परन्तु आजकल हाथी टस से मस नहीं होता।

राजा ने अपने सिपाही भेजकर पनकू को राजदरबार में बुलवाया। राजा ने पनकू से कहा—पनकू हम तुम्हारी बहादुरी से बहुत खुश हैं। हम तुमको नौकरी देना चाहते हैं। तब पनकू ने कहा—महाराज, मुझे तो कोई भी काम नहीं आता और मेरी माँ मुझे नौकरी करने की आज्ञा नहीं देगी। तब राजा ने कहा—पनकू, हम तुमको बहुत अच्छा काम देंगे। उस काम के लिए हम तुमको प्रतिदिन सौ मोहरें भी देंगे। इससे तुम्हारी माँ भी खुश हो जाएगी और तुमको काम करने के लिए मना भी नहीं करेगी। थोड़ा रुककर राजा ने फिर से कहा—तुमको प्रतिदिन राज मन्दिर में जाकर दीपक जलाना है। बस इतना-सा ही काम तुमको रोज करना है।

अब पनकू को प्रतिदिन सौ मोहरें मिलने लगीं। उसे रोज मन्दिर में दीपक जलाने की चिन्ता रहने लगी। एक दिन इसी फिकर में पनकू बैठा था। उसी समय वहाँ

से हाथी निकला। पनकू ने जोर से हाथी की पूँछ पकड़ ली और पूरी ताकत से उसे खींचने लगा। परन्तु आज हाथी पनकू को खींचते-खींचते ले गया और जितना ही हाथी उसे घसीटता उतना ही मस्ती में आता। एक छोटी-सी चिन्ता ने पनकू की ताकत को छिन्न-भिन्न कर दिया। इसलिए कहते हैं की चिन्ता करने से चतुराई घटती है।

38. बाघ टूरा

अक गाँव मा अक बैगा अपन बैगिन के साथ मा रहय। ओखर डयकी के लरका हुवैया रहीस। ता ओखर डयका कहीस–हमार घर मा टूरी पैदा होन चाही। अखर टूरी होही ता वा हमार घर के काम बूता करही। अगर ते टूरा जनमायेस ता ओला खपल देहौं। अर ओला मार के जमीन मा गड़वाय देहौं। ओखर डयकी कहथय–ठीक हवै, जैसना ते कहवे। हम वैसनइच करवो। जब ओला जचकी भइस। ता वा अक टूरा ला जनमिस।

तफेर वा बैगा अपन टूरा ला गड़वाय केर लाने डोंगर मा ले गयीस। वा डोंगर मा अक बाघिन हुनन ला अक झाड़ के पीछे से देखत रहय। तफेर वा बैगा अपन टूरा ला दफनाय के अपन घर चले गयीस। ता वा बाघिन वा टूरा ला, वा खुदरा ला निकार लईस। वा टूरा भुकआए रहय। ता बाघिन ओला अपन दूध पिवाईस। वा बाघिन केर दुई ठन बाघ टूरा रहीस। हुन बैगा के टूरा संग खेलें। जब वा बैगा टूरा बड़े हय गयीस। ता बाघिन कहथय टूरा से तोर खा ड़यकी खोजे ला परही। वा टूरा कहथय–दाई, तैं सही कहथय। मोर बिहाव कर दे। बिहाव मा खूब पहुना-पहुनिन आहैं। ता उनखर खाना-पीना के विवसथा करेला परही। ता बाघिन कहथय–मोला काहिन करेला परही। तफेर बैगा के टूरा कहिस–दाई मोला चौबीस झन के बरोबर धनुष-बान लै दे। अतका मोला लायके दये। तब मैं भोजन केर सब पिरकार से विवसथा कर लेहूँ।

तफेर बाघिन अगरियन के गाँव में गयीस। उहाँ अक अगरिया ला पकर लईस। अर कहथय–मैं, तोला खाय जाहूँ। ता अगरिया कहथय–मोला, छोड़ दे। बदला मा ते जाहिन कहवे ताहिन देहूँ। ता बाघिन कहिस–ते, मोला आइन दिनन के भीत्तर अतका बड़ धनुष-बान दे की जेला चौबीस झन उठाय के ले जाय।

अगरिया अपन बात पूरा करिस। वा आइन दिनन के भीतर चौबीस झन के बराबर धनुष-बान बनाय के ओखर घर मा पहुँचा दयीस वा टूरा धनुष-बान रखके शिकार खेलन चले गईस। वा टूरा जंगल मा गईस अर बहोत शिकार करिस। बाघिन ओखर लाने डयकी ढूँढ़न निकर पड़ीस।

अक राजा अपन टूरा केर बिहाव करके अपन बहू ला पालकी मा बैठार के लात रहीस। राजा अर ओखर टूरा पालकी के आगू-आगू घोड़ा मा बैठ के जाएँ। बाघिन हुन सबन ला मार ड़रिस।

अर जेन पालकी उठाय के चले। हुनन ला रोक के ड़ोली मा बैठे हरा दुल्ही ला अपन घर ले गयीस। ऐखर बाद सब जंगल भर के बाघ, भालून ला न्यौता दयीस तेदुआ अर हाथी ला भी न्यौता दयीस दुल्हा-दुल्ही मंड़वा के तरी बैठ गयेन। जंगल के सब जानवर खुशी मा किरावन लागे। ता वा टूरा डराय गईस। डोंगर के सब जानवर ओखर मुँह ला चूमन लागिस। ता वा टूरा कहथय—मोर माथा झय चूमो मोला सिरिफ टीका लगाय दो।

तफेर अक बुढ़वा बाघ कहथय—टीका लगान भर से काम न चलही। मैं तोर सुआगत अच्छे से करहूँ। वा बाघ ने वा टूरा के दाढ़ी ला अपन पँजा से छुईस। ता ओखर दाढ़ी के बाल उखड़ गयीस वा दुल्ही के पास जादू के ताकत रहय। वा अपन हाथ वा टूरा के दाढ़ी मा छुवाईस। ता फेर से ओखर दाढ़ी जईसे रहय। वैसनच फेर से हय गयीस। बिहाव के बाद बाघ-बाघिन ने सब पहुनन ला अच्छा-अच्छा खाना खवाईस। अर हुनन ला बिदा करिस।

रसदा मा अक बाघ अर तेंदुआ अपन-अपन बतायें कि हम उनखर बिहाव मा अच्छा-अच्छा खाना खायिन। अखर दुलहा-दुल्ही ला नहीं खाये आंव। अइसना सोच के दुन्नों झन रसता के किनारे छुप गयेन।

जब बिहाव के रसम पूरे हय गयीस। ता टूरा-टूरी वा बाघिन ला कहथय—दाई, हम जाथन मनसेन के बीच रहवो। पर हम दुन्नों तुमहन ला कभू नहीं भूलवो। अइसना कहके दुन्नों झन जान लगिनस। रसदा मा हुनन ला बाघ अर तेदुआ घेर लईन। ता हुन अक रुखवा के उप्पर चढ़ गैन। अब सब जानवर वा रुखवा तरी जुर गैन। अर अक के पीठार मा अक खड़े हय गयीस। अर जतका उप्पर हुन टूरा-टूरी रहय। उतना उप्पर पहुँच गैन। ता वा टूरा अपन टूरी ला कहथय—तै अक हाथ ले मोर बाल ला पकर ले। अर दूसर हाथ से रुखवा के डार पकर लेवे। तफेर वा टूरा अपन धनुष-बान से अइसना मारिस के सब जानवर मर गैन।

तफेर हुन दुन्नों अपना रसदा धर के जान लागिस। ता वा रसदा मा अक नाई मिलिस। ता वा टूरा वा नाई से अपन पूरा बाल मूड़े ला कहीस। ता ओखर ड़यकी नाई से कहथय—मय तोला अक सोन के मोहर देहूँ। अइसना कहके डयकी मोहर लेन लाजे अपन घर गईन।

वा नाई टूरा वा टूरा केर बाल बनात-बनात ओखर मारे ला सोच डारिनस। ता वा टूरा उहाँ से भग के अक अगरिया के घर चले गयीस। वा नाई वा टूरा के कपरन ला पहर के ओखर भेश धर लईस। ऐखर बाद वा नाई टूरा वा टूरी के घर मा

पहुँचिस। ता टूरी ओला पूँछिस–तोर धनुष-बान कहाँ गयीस। ता नाई टूरा कहथय–मोला, वा अच्छा नहीं लागे। ता मय ओला ओहंय छोड़ दये हवों। वा टूरी जान गए रहीस की या मोर डयका नहोय। वा टूरी अपन राजा पिता के घर गईन। अर कहथय या लुगवा मोर ड़यका होही। ता या डोंगर केर सब बाघन ला मार डारही। तफेर वा राजा अपन टूरी संग डोंगर मा गईस। राजा वा नाई ला धनुष-बान दयीस जब बाघ आईस ता वा नाई निशाना चूक गयेस। तफेर वा बाघ नाई के उप्पर झपटिस अर ओला खाय डारीस।

तफेर राजा वा धनुष ला ले लानिस। अर सब परजा ला कहथय–जौन या धनुष ला चढ़ाय देही। तेखर संग अपन बेटी के बिहाव कर देहूँ। बहोत झन आईन अखर कोनों नहीं चढ़ाय पाईन। आखिर मा वा टूरा अगरिया घर ले निकर के आइनस। अर वा धनुष ला चढ़ाय दयीस राजा अपन बेटी के बिहाव वा टूरा संग कर दयीस हुन दुन्नों डयका-डयकी खुशी-खुशी रहन लगीन। किस्सा रहीस ता असर गये।

बाघ लड़का

एक गाँव में एक बैगा अपनी पत्नी के साथ रहता था। उसकी पत्नी जब पहली बार गर्भवती हुई, तो उसके पति ने कहा—हमारे यहाँ लड़की पैदा होनी चाहिए। यदि बेटी हुई तो वह हमारे लिए भोजन और धन लेकर आएगी। यदि तुमने बेटा पैदा किया तो मैं उसे जिन्दा गाड़ दूँगा। उसकी पत्नी ने कहा—ठीक है, हम ऐसा ही करेंगे। जब प्रसव का समय आया तो उस बैगिन को लड़का पैदा हुआ।

कुछ दिनों बाद बैगिन का पति अपने बच्चे को गाड़ने जंगल ले गया। उस जंगल में एक बाघिन झाड़ी के पीछे से उसे देख रही थी। जब बैगा अपने बच्चे को दफन करके चला गया। तब उस बाघिन ने उस बच्चे को उस गड्ढ़े से बाहर निकाला और अपना दूध पिलाया। उस बाघिन के दो बच्चे थे। वे बच्चे बैगिन के बच्चे के साथ खेलने लगे। जब वह लड़का बड़ा हो गया तो बाघिन ने उससे कहा—मुझे तुम्हारे लिए पत्नी खोजनी पड़ेगी। उस लड़के ने कहा—माँ, तुम सच कह रही हो, तुम मेरी शादी करा दो। परन्तु विवाह में तो बहुत सारे मेहमान आएँगे। हमें उनके भोजन की व्यवस्था करनी होगी। तब बाघिन ने पूछा—मुझे इसके लिए क्या करना होगा? तब बैगा के लड़के ने कहा—माँ, मुझे चौबीस लोग जितने धनुष और बाण ले जाते हैं, उतने मुझे लाकर दो। तब मैं भोजन की संपूर्ण व्यवस्था कर लूँगा।

बाघिन अगरियों के गाँव में गई, वहाँ उसने एक अगरिया को पकड़ लिया। उसने कहा—मैं तुमको खा जाऊँगी। तो अगरिया ने कहा—मुझे छोड़ दो। इसके बदले में तुम जो कहोगी मैं तुमको दूँगा। तब बाघिन ने कहा—तुम आइन दिन के भीतर मुझे इतना बड़ा धनुष-बाण दो। जिसे चौबीस लोग उठा कर ले जा सकें। अगरिया ने अपने वचन का पालन किया। उसने आइन दिन के अदंर चौबीस लोगों के बराबर धनुष-बाण उसके घर पहुँचा दिए। वह लड़का उन धनुष बाण को लेकर शिकार खेलने चला गया। जंगल में उसने बहुत शिकार किया। बाघिन उसके लिए बहू ढूँढ़ने निकल पड़ी।

एक राजा अपने बेटे का विवाह संम्पन्न कराके अपनी बहू को पालकी में बैठाकर ला रहा था। राजा और उसका बेटा पालकी के आगे-आगे घोड़ों पर बैठकर जा रहे थे। बाघिन ने आक्रमण करके उन लोगों को मार डाला। बाघिन डोली में

बैठी दुल्हन को अपने साथ ले गई और अपने बेटे की शादी रचाने की तैयारी करने लगी। उसने जंगल के सभी जानवरों बाघों, भालुओं, तेंदुओं तथा हाथियों को विवाह का निमन्त्रण दिया। सभी जानवर दूर जंगलों से वहाँ पहुँच गए। वर और वधू को मंड़प में लाया गया। सभी जानवर उनका अभिनन्दन कर रहे थे। इतने सारे जानवरों को एक साथ देखकर लड़का बहुत डर गया। जंगल के सभी जानवर उस लड़के का चुम्बन लेने लगे। तब उस लड़के ने कहा–इन जानवरों को हमारा चुम्बन मत लेने दो। वे केवल हमारे माथे टीका भर लगाएँ।

परन्तु एक बूढ़े बाघ ने कहा–सिर्फ टीका लगाने से काम नहीं चलेगा। मैं तुम्हारा विधिवत स्वागत करूँगा। उस बाघ ने लड़के की दाढ़ी को अपने पंजे से स्पर्श किया। जिससे उस लड़के की दाढ़ी उखड गई। परन्तु वधू की अंगुलियों में जादुई शक्ति थी। उसने उसकी दाढ़ी पर हाथ फेरा तो दाढ़ी फिर से अपनी जगह पर आ गई। विवाह के बाद बाघिन ने सभी अतिथियों को शानदार भोज देकर उन्हें विदा किया तो रास्ते में एक बाघ और तेंदुआ आपस में चर्चा कर रहे थे–हमने इनकी शादी में अच्छा भोजन किया पर हमने दूल्हा-दुल्हन को तो खाया ही नहीं। इसलिए वे दोनों रास्ते के किनारे छुपकर दुल्हा-दुल्हन की प्रतिक्षा करने लगे।

जब विवाह की रस्में पूरी हो गईं। तो वर और वधू ने बाघिन से कहा–माँ, हम चलते हैं और अब हम लोग जाकर मनुष्यों के बीच रहेंगे। परन्तु हम तुम्हें कभी नहीं भूलेंगे। हम लोग हमेशा तुम्हारे लिए उपहार भेजेंगे। ऐसा कहकर दोनों जाने लगे तो उनको रास्ते में बाघ और तेंदुआ ने घेर लिया। परन्तु वे एक वृक्ष पर चढ़ गए। सब जानवर वृक्ष के नीचे एकत्र हो गए। वे एक की पीठ पर एक खड़े होकर लगभग इतनी ऊँचाई तक पहुँच गए। जहाँ से वे उन दोनों पति-पत्नी को पकड़ सकते थे। लड़के ने अपनी पत्नी से कहा–तुम एक हाथ से मेरे बालों को पकड़ो और दूसरे हाथ से वृक्ष की शाखा पकड़ो। तब उस लड़के ने अपने धनुष के एक भीषण प्रहार से सारे जानवरों को मार डाला।

वे फिर से अपनी राह चल पड़े। तो रास्ते में उनको एक नाई मिला। उस लड़के ने नाई से अपनी हजामत करके पूरे बाल मूंडने को कहा। उसकी पत्नी ने कहा–मैं तुमको इसके मेहनताने के रूप में एक सोने की मोहर दूँगी। वह ऐसा कहकर अपने घर मोहर लेने चली गई।

नाई ने उस लड़के की हजामत बनाते-बनाते उसकी हत्या करने का प्रयत्न किया। परन्तु लड़का वहाँ से भागकर एक अगरिया लोहार के घर में छुप गया। उस नाई ने उस लड़के के कपड़े पहनकर उसका वेश धारण कर लिया। परन्तु जब वह उस लड़की के घर पहुँचा तो उस लड़के की पत्नी ने उससे पूछा–तुम्हारे धनुष-बाण कहाँ रखे हैं? नाई ने कहा–वे मुझे अच्छे नहीं लग रहे थे। इसलिए मैं उन्हें वहीं छोड़कर आ गया हूँ। परन्तु वह लड़की जानती थी की वह व्यक्ति उसका पति नहीं

है। वह लड़की अपने राजा पिता के पास गई और उनसे कहा—यह व्यक्ति अगर सचमुच मेरा पति होगा तो यह तुम्हारे जंगल के संपूर्ण बाघों को मार डालेगा। अतः वे उस नाई लड़के को लेकर जंगल में गए। राजा ने उस नाई लड़के के हाथ में धनुष-बाण दे दिया। परन्तु जब बाघ आए तो नाई लड़के का निशाना चूक गया। बाघों ने आक्रमण करके नाई को मार कर खा लिया।

फिर राजा उस धनुष को ले आया और उसने घोषणा करवा दी की जो कोई व्यक्ति उस धनुष की प्रत्यंचा चढ़ा देगा। वह उसके साथ अपनी बेटी का विवाह कर देगा। बहुत से लोग आए पर वे उस धनुष की प्रत्यंचा चढ़ाने में असफल रहे। अन्त में अगरिया के घर से वह लड़का निकल कर आया और उसने धनुष की प्रत्यंचा चढ़ा दी। राजा ने अपनी बेटी का विवाह उस युवक से कर दिया।

दोनों पति-पत्नी सुखी-सुखी रहने लगे।

39. मोती केर टोपी

अक गाँव मा अक बहुतय कंजूस सेठ रहत रहीस। वा निसन्तान रहीस। गाँव वारे ओखर डयकी ला बांझ कहत रहे। ऐखर मारे सेठ बहोत परेशान रहत रहय। वा सेठ सन्तान के काजे बहुत गुनियाई दिखाइर्नस। अक दिना अक गाँव वारे ने सेठ ला कहीस—गणेशजी, के मन्दिर मा जायके गणेश जी ला विनती करे। अर मानता माँगे। ता ओखर घर मा सन्तान पैदा हय जाही। सेठ-सेठानी दुन्नों झन गणेश जी के मन्दिर गयन। मन्दिर जाकर गणेश जी की पूजा करीन। अर अक जोड़ा नरियल लेकर मानता की कि हमार घर बेटा हय जाही तो तोला मोती की टोपी पहनाहूँ।

नौ महिना बाद सेठानी केर अक ठन लरका जनम लईस। सेठ-सेठानी ने वा लरका के नाम मोती रखे। सेठ-सेठानी ने पूरे मुहल्ला मा मिठाई बाँटीस। अक दिना सेठानी ने सेठ से कहिस—गणेश जी ने हमार मानता पूरी कर दये हवय अब ओखर मानता पूरी कर दो। सेठ रहीस कंजूस। वा कहीस जब या टूरा अपन पाँव से चलन लगही। तब ओखर मानता पूरी कर देव। देखत-देखत सेठ के टूरा बड़े हय गयीस। अर जवान हय गयीस। सेठानी ने सेठ ला फिर याद दिलाईस की अब तो टूरा जवान हय गयीस हवै। ओखर मानता पूरी कर देत। तब सेठ ने कहिस कछु दिना बाद ओखर बिहाव होही ओही टैम देवी-देवतन ला पूजवो तो ओखर मानता पूरी कर देवो।

कछु दिना बाद सेठ के टूरा केर बिहाव हय गयीस। तफेर सेठानी सेठ ला याद दिलाईस। ता सेठ जी ने गणेश जी के मन्दिर मा जायके भगवान की पूजा करीस। मन्दिर मा नरियल फोड़िस। अर अक ठन सफेद खादी की टोपी गणेश जी के सिर मा पहनाय दयीस।

गाँव वारेन ला बहोत अचरज भएस। हुन सेठ जी से पूँछेन सेठ जी ते तो कहे रहीस की मोर मानता पूरी हय जाही। ता गणेश जी ला मोती केर टोपी पहनाहूँ। तफेर सेठ कहीस भईया मैंने तो मानता के हिसाब से ही गणेश जी को मोती की टोपी पहनाई है। मोर टूरा के नाम मोती हवै या ओखरय पहनत के टोपी हवै। ऐखर मारे या मोती केर टोपी कहाईस की नहीं। किस्सा रहे ता असरगै।

मोती की टोपी

एक गाँव में एक कंजूस सेठ रहता था। उसकी कोई सन्तान नहीं थी। गाँव के लोग उसकी पत्नी को बांझ कहते थे। इससे सेठ बड़ा परेशान रहता था। उसने सन्तान के लिए कई प्रकार के जादू-टोना और सभी प्रकार की दवाईयाँ करके देखी। परन्तु उसकी पत्नी की कोख हरी नहीं हुई। गाँव के किसी जानकार व्यक्ति ने उसे सलाह दी कि गाँव के किनारे गणेश जी का मन्दिर है। वहाँ जाकर मनौती करोगे तो तुम्हारी मनोकामना पूरी हो जाएगी। सेठ-सेठानी दोनों गणेश जी के मन्दिर गए। वहाँ जाकर मन्दिर में झाड़ू लगाई, सिन्दूर लगाया और अगरबत्ती जलाकर आरती करके पूजा-पाठ किया। एक जोड़ा नारियल भेंट करके मनौती माँगी–हे गणेश महाराज, आप मेरे यहाँ लड़का दे दें तो मैं आपको मोती की टोपी पहनाऊँगा।

देवयोग से नौ माह बाद सेठानी की कोख से एक बच्चे का जन्म हुआ। सेठ-सेठानी ने उसका नाम मोती लाल रखा। घर में बधावे गाए गए। मोहल्ले में मिठाईयाँ बाँटी गई। उस समय सेठानी ने सेठ से कहा–अब तो गणेश जी ने आपकी सुन ली है। उनकी मानता अब पूरी कर देनी चाहिए। सेठ बड़ा कंजूस था। वह बोला अभी इतनी जल्दी क्या पड़ी है। मोती को जरा बड़ा तो हो जाने दो उसे अपने पैरों से चलने दो। वह अपने पैरों से चलने लगेगा तब मोती को साथ ले जाकर मानता पूरी कर देंगें। दिन बीतते देर नहीं लगती। सेठ का लड़का जवान हो गया। फिर सेठानी ने सेठ को याद दिलाया–अब तो मोती जवान हो गया है। देवी-देवताओं के काम में बिलंब करना कोई अच्छी बात नहीं है। सेठ बोला–जब मोती की शादी होगी तब सभी देवी-देवताओं की पूजा करनी ही पड़ेगी। अतः उसी समय हम लोग गणेश जी की मानता पूरी कर देंगे।

आखिर वह दिन भी आ गया। मोती की शादी हो गई। तब सेठानी ने सेठ जी को याद दिलाया, अब तो आपके लाड़ले की शादी भी हो गई है। आप कहें तो गणेश जी के दरबार में चलें।

सेठानी ने पूजा-पाठ की तैयारी कर ली, ढोल, नगाड़े के साथ गाँव में जलूस निकाला गया। गाँव के सभी लोग गणेश जी के मन्दिर में जमा हो गए। सेठ जी ने मन्दिर में झाड़ू लगाई, पानी छिड़का, तेल और सिन्दूर चढ़ाया, होम धूप दी,

नारियल चढ़ाया। इसके बाद सेठ जी ने सफेद खादी की एक टोपी गणेश जी को पहनाई और साष्टांग प्रणाम किया।

गाँववालों को बड़ा आश्चर्य हुआ। वे बोले सेठ जी यह क्या? आपने तो मानता की थी कि मेरे घर में यदि लड़का होगा तो मैं गणेश जी को मोती की टोपी पहनाऊँगा। सेठ जी ने बड़ी गंभीरता से कहा—भईया मैंने तो मानता के हिसाब से ही काम किया है। मेरे बेटे का नाम मोती है और इस टोपी को मोती ही पहने करता था। इसलिए यह मोती की ही टोपी है। गाँववालों ने अपना सिर पीट लिया।

40. किस्सा केर किस्सा

अक झन गोंड ढ़िंगा अक नौकर रहत रहय। वा नौकर खेती-बारी के काम करय। अक दिन हुन दुन्नों झन वा गोंड के बेटा ला मिलन गए। वा गोंड के बेटा बहोत दुरिहा अक गाँव मा अपन डयकी के संग मा रहत रहय। हुन दुन्नों रसता मा अक झाला मा आराम करिस। जब हुन दुन्नों रात मा खाना खाय लईस। ता वा नौकर अपन गोंड मालिक ले कहथय—मोला तै किस्सा बता गोंड लटे रहय। ता सोय गईस। नौकर जागत रहीस। वा जानत रहीस की ओखर मालिक ढ़िंगा चार किस्सा हवंय। अखर वा अतना सुस्त रहय की ओला सुनाय नहीं।

जब वा गोंड किसान सो गईस। तफेर ओखर पेट के चारों किस्सा निकर के बाहर आय गैन। अर किस्सा ओखर पेट के उप्पर बैठ के बतयान लागिन। अक किस्सा कहथै—या गोंड मोला अच्छे से जानत हवैं अर मोर बारे मा या कोईच ला नहीं बतान चाहे। फेर हम काहिन ला ऐखर पेट मा बिन काम के पड़े हवंय। चलो हम या किसान ला मार डारवो। अर दूसर जघा कहूँ रहवो। वा गोंड किसान के नौकर चुपचाप पड़े रहय। अर उनखर बाते सुनत रहीस।

तफेर पहले किस्सा कहिस—जब या किसान अपन बेटा के घर मा जाही। अर खाना खावे बैठही। ता मय ऐखर कौर मा सुई बनके आ जाहूँ। जब वा कौर ला निगलही। ता ओखर हत्या कर देहों।

दूसर किस्सा कहिस—मय ऐखर रसता मा अक बड़े अस पेड़ बनके खड़े हो जाहूँ। जब वा मोर पास से निकरही। ता मय ऐखर उप्पर गिर जाहूँ। जेसे या मर जाही।

तीसर किस्सा कहिस—मय सांप बनके ऐखर पैर मा डस लेहूं।

चौथा किस्सा कहिस—या जब नदी मा पार करही। ता मय अक धारा बनके ओला बहाय के ले जाहूँ।

दूसर दिन वा गोंड किसान। अपन नौकर के साथ अपन बेटा के लिघन पहुँचिस। ओखर बेटा अर बहू ओला देख के बहोत खुश हयेन। ओखर बहू अपन ससुर के लाने खाना रांधिस। अर ओला बैठार के थाली मा खाना परसिस। अर जईसे ही वा किसान ने खाना के पहला कौर उठाईस। ता ओखर नौकर ओला हाथ

मारके अलग कर दयीस। अर कहिस तोर खाना मा अक कीड़ा देखे रहय। अर जब वा किसान वा भात ला देखिस। ता ओखर पूरे भात मा सुईयां रहीस।

दूसर दिन वा गोंड किसान अपन नौकर के साथ अपन घर ले वापस हयैन। रसता मा हुनन ला अक बड़े हस पेड़ दिखाईदयीस। ता वा नौकर अपन मालिक से कहिस–मालिक दौड़ लगाके निकर जावे या पेड़ गिरही। जैसई हुन दुन्नों वा पेड़ के नीचे से निकलैन। वा पेड़ धम्म ले गिर गईस। हुन दुन्नों कछु अऊर आगे बढ़िन ता रसता मा हुननला अक साँप मिलिस। ता किसान के नौकर ने ओला लाठी से मार डारीस। ऐखर बाद हुन दुन्नों झन अक नदीया तीरे पहुँचे। अर जईसे हुन नदी मा घुसे हवय ओहिच समय अक लहर आयीस। तफेर नौकर वा लहर से अपन मालिक ला बचा लईस।

ऐखर बाद नदिया पार करके ओखर नौकर अर किसान सुस्तावें ला अक जघा बैठिन। ता वा किसान कहिस–तुमने मोर चार बार जान बचाईस। तोला कईसे मालुम रहीस की मोर उप्पर विपत्ति आन वारे हवय ता वा नौकर कहिस–मालिक, मैं तोला ऐखर भेद बता देहूँ। ता मैं पथरा के हो जाहूँ। तब वा किसान कहिस–ते कसके पथरा के हय जाही। तय मोला पूरी बात बता। तफेर वा नौकर कहिस–ठीक हवय मालिक, जब मय पथरा के हय जाहूँ। ता ते अपन बहू अर नातिन ला लायके मोला छिवाय देहौ। ता मय फेर से आदमी के रूप मा आ जाहूँ।

तफेर वा नौकर अपन मालिक ला चारों किस्सा वारे किस्सा बताईस। ता वा नौकर तुरतई पथरा के हय गईस। अर वा गोंड किसान ओला ओहिंच छोड़ के भग दयीस। तफेर वा किसान के बहू ला मालुम पड़ीस। ता वा अपन टूरी के साथ आयके वा पथरा से टकराय गईन। ता वा नौकर फेर से आदमी बन गईस।

तफेर वा गोंड किसान अपन नौकर ला अपन घर मा नहीं घुसन देय। ऐहिच ला कहिन की कोईच के उप्पर विश्वास नहीं करन चाही। किस्सा रहीस ता असर गईस।

कहानी की कहानी

एक गोंड किसान के यहाँ एक नौकर रहता था। वह उस किसान के खेतों में काम करता था। एक दिन वह किसान अपने बेटे से मिलने अपने नौकर के साथ उसके गाँव गया। उस किसान का बेटा बहुत दूर दूसरे गाँव में अपनी पत्नी के साथ रहता था। रास्ते में उसे सड़क के किनारे बनी एक झोंपड़ी में विश्राम करना पड़ा। जब उन दोनों ने रात्रि में भोजन कर लिया। तब नौकर ने किसान से कहा—मालिक, कोई कहानी सुनाओ। परन्तु गोंड किसान थका हुआ था। जिसके कारण वह सो गया। परन्तु उसका नौकर जागता रहा क्योंकि उसको मालुम था कि उसके मालिक के पास चार कहानियाँ हैं। लेकिन वह इतना सुस्त है कि उन्हें सुना नहीं पाता।

उस किसान के सोने के थोड़ी देर बाद ही वे चारों कहानियाँ उसके पेट से निकलकर बाहर आ गईं। वह उसके पेट के ऊपर बैठकर बातें करने लगीं। वह कहने लगीं कि यह किसान हमें अच्छी तरह जानता है। परन्तु यह हमारे बारे में किसी को नहीं बतलाता हैं। हम व्यर्थ ही क्यों इसके पेट में पड़ी हैं। चलो हम इसे मार डालें और चलकर कहीं अन्यत्र रहें। नौकर सोने का बहाना करके पड़ा रहा पर उसने उन कहानियों की पूरी बातें सुन ली थीं। जो वे आपस में कर रही थीं।

तब पहली कहानी ने कहा—जब यह किसान अपने बेटे के घर जायेगा और रात में भोजन करने बैठेगा तो मैं उसके पहले कौर को पैनी सुईयों में बदल दूँगी। इसके बाद जब वह उस कौर को निगलेगा तो मैं उसकी हत्या कर दूँगी।

इसके बाद दूसरी कहानी ने कहा—मैं रास्ते के किनारे एक बहुत बड़ा पेड़ बनकर खड़ी हो जाऊँगी। जब वह उसके पास से गुजरेगा। तो मैं उसके ऊपर गिर जाऊँगी। इस तरह मैं उसे मार डालूँगी। इसके बाद तीसरी कहानी ने कहा—मैं सर्प बनकर उसके पैर में डस लूँगी। तो चौथी कहानी ने कहा—जब वह नदी पार करेगा। तो मैं पानी की एक बड़ी लहर बनकर उसे बहाकर ले जाऊँगी।

दूसरे दिन सुबह वह गोंड किसान अपने नौकर के साथ अपने बेटे के घर पहुँचा। उसका बेटा और बहू उसको देखकर बहुत प्रसन्न हुए। उसकी बहू ने तुरन्त भोजन तैयार किया। किसान और उसका नौकर भोजन करने को बैठ गये। जैसे ही किसान

ने खाने के लिये पहला कौर उठाया। तो उसके नौकर ने उसके हाथ को धक्का देकर भात गिरा दिया। उसने कहा–उसके भात में एक कीड़ा दिखा था। जब वह भात का कौर जमीन पर गिरा तो वह ढेर सारी सुईयों में बदल गया।

किसान और उसका नौकर दूसरे दिन अपने घर वापसी के लिये रवाना हुए। रास्ते में उन्हें एक विशाल वृक्ष सड़क पर झुका हुआ दिखाई पड़ा। तब उसके नौकर ने कहा–जल्दी-से-जल्दी दौड़कर हमें इस वृक्ष से आगे निकल जाना चाहिये। ज्योंही वे वृक्ष के आगे बढ़े थे कि वृक्ष तीव्रध्वनि के साथ टूटकर गिर पड़ा। परन्तु वे दोनों बाल-बाल बच गये। वे थोड़ा और आगे बढ़े तो उन्हें रास्ते में एक सर्प मिला। परन्तु नौकर ने उसे अपनी लाठी से मार डाला। इसके बाद वे दोनों नदी के किनारे पहुँचे। ज्योंही वे नदी पार करने लगे उसी समय एक भयानक लहर उठी और उसकी ओर आई। परन्तु नौकर ने उस किसान का हाथ पकड़कर खींच लिया। जिसके कारण वह बच गया।

वे दोनों नदी के किनारे विश्राम करने बैठ गये। तब उस किसान ने अपने नौकर से कहा–तुमने चार बार मेरे प्राणों की रक्षा की है। तुमको कैसे पता चला कि ये घटनाएँ घटनेवाली हैं? तब उस नौकर ने कहा–यदि मैं तुमको इस रहस्य के बारे में बता दूँगा तो मैं पत्थर का हो जाऊँगा। तब किसान ने कहा–तुम पत्थर के कैसे हो जाओगे। तुम मुझे सब कुछ ठीक-ठीक बतलाओ। तब नौकर ने कहा–अच्छा सुनो, पर जब मैं पत्थर का हो जाऊँ तो तब तुम अपनी बहू की बेटी को लाकर मुझसे टकराना। तब मैं पुनः मनुष्य रूप में लौटकर आ जाऊँगा।

इसके बाद नौकर ने चारों कहानियों की कहानी उस किसान को सुनाई। कहानी के सुनाते ही नौकर पत्थर में परिवर्तित हो गया। परन्तु वह किसान अपने नौकर को वहीं छोड़कर चला गया। इसके कुछ समय बाद जब उस किसान की बहू को इस बात का पता चला तो वह स्वयं ही अपनी बेटी को लेकर उस पत्थर के पास आई। उसने अपने बच्चे को उस पत्थर से छुआ दिया। जिससे वह नौकर पुनः मनुष्य रूप में जीवित हो गया। जब वह नौकर उस किसान के घर गया तो उस किसान ने उसे अपने घर में घुसने से मना कर दिया।

इसलिये किसी ने ठीक ही कहा है कि किसी के ऊपर एकदम से विश्वास नहीं करना चाहिए।

बैगा जनजाति की कहानियाँ

1. नगरिया केर नागर

अक गाँव मा डकरी-डकरा रहय। ओखर अक लरका रहय। ता उं फाँदे रहय। नागर। ता नागर फाँदे-फाँदे संझा हय गयीस। ता वा नागर दूसर बंधिया मा फाँद लयीस। ता दूसर बंधिया केर भींट मा नागर फाँद न के बाद वा बैलन ला छांड दयीस उंहले गाँव मा आवे। ता अक दूसर गाँव के अनजान मनसे वा डहर आय रहीस। वा मनसे नागरवाले लरका ला कहीस–तोर नागर मा कीड़ा हय गैस। या नागर ला मोर खेत मा लै चल। तफेर वा लरका कहीस–ते मोर नागर ला नकाय दे। हुन दुन्नों नागर ला बह के नकाय दैन। तफेर वा मनसे बोलिस–हम तोर गाँव जावी अर तोर गाँव की बचाय लेवी। तफेर वा लरका, वा मनसे ला कहीस ते बन्ने करीस। अर वा दूसर गाँव मा चले गयीस।

तफेर ओखर गाँव मा आदमी मरे ला चालू हय गैन। फटा-फट बीस-पच्चीस आदमी मरै के बाद फेर गाँव वारेन के खियाल आयीस। ता फलाने गाँव के आदमी या गाँव मा आय रहीस ओला बला के लानों। तफेर वा गाँव के मनसे परोसी गाँव गैस। अर ओला लानिन। तफेर वा गुनिया कहिस–जियादा टाडा-फोड़ा झैय करो। अकठी छिरिया, अर अकठी सुरा, पाँच ठन कुकरी, अर पाँच बोतल महुआ के दारु लगही। तफेर मय तोर गाँव के झाड-फूंक करहूं। तफेर वा गुनिया पूजा-पाठ करीस। ता ओखर गाँव के बीमारी ठीक हय गयीन। किस्सा खतम है गयीस।

नगरिया का नागर

एक गाँव में एक बूढ़ा और बुढ़िया रहते थे। उनका एक बेटा था। एक दिन उसका बेटा अपने खेत में नागर चला रहा था। नागर चलाते-चलाते उसे शाम हो गई। वह अपने खेत के बाद दूसरे खेत में नागर फाँदने लगा। जब वह अपने नागर के बैल छोड़ रहा था। तब उसने देखा की एक अजनबी आदमी उसकी तरफ आ रहा है। उस अजनबी ने आकर उस नागरवाले से कहा—भाई, तुम्हारे नागर में कीड़े लग गए हैं। तुम इस नागर को हमारे खेत में ले चलो। तो वह नागरवाला कहता है—भाई, मैं अकेला इतने बड़े नागर को कैसे ले जाऊँगा। तुम भी मेरा सहयोग करो। तब उन दोनों ने मिलकर नागर को दूसरे खेत में ले जाकर रख दिया। इसके बाद नागरवाले ने कहा—मैंने तो नागर को ला कर रख दिया। तब उस अजनबी आदमी ने कहा—मैं तुम्हारे गाँव जाऊँगा और तुम्हारे गाँव में फैली बीमारी के लिए झाड़-फूंक करूँगा। इसके बाद वह आदमी नागरवाले को धन्यवाद देकर दूसरे गाँव चला गया।

उस गाँव में संक्रामक बीमारी फैली थी। एक ही दिन में वहाँ बीस, पच्चीस आदमी मर गए थे। तब गाँववालों को याद आया की अपने गाँव में एक आदमी आया था। उसी ने गाँव में टोना-टोटका किया है। वह पड़ोस के गाँव में गया है। उसे बुलाकर लाया जाए। तभी बीमारी पर रोकथाम हो सकेगी। उस गाँव के लोग पड़ोस के गाँव गए और उसे बुलाकर ले आए, तब उस गुनिया ने कहा—तुम लोगों को ज्यादा खर्च नहीं करना पड़ेगा, बस एक बकरी, एक सूअर, एक मुर्गा और पाँच बोतल महुआ की शराब लेकर आ जाओ। जिससे में पूजा-पाठ करके गाँववालों को बचा लूँगा। तब उस गुनिया ने पूजा-पाठ किया जिससे गाँव की बीमारी ठीक हो गई। कहानी समाप्त हो गई।

2. पईसा की घमंड

अक झन डोकरी अर डोकरा रहय। ओखर अक झन टूरा रहय। ओखर संगमा अन्न धन बहुत जियादा रहीस। ता अन्न-धन के घमंड मा ओखर बहुत घमंड रहय। अर पिसी के दाना उं टूरा उसने रहय। वा दाना ला बैंच-बैंच के ओखर दारु पियाय में रहें।

ता अक दिन ओखर दाय कोठी ला देखिस तो घबराय गयीस कोठी मा दाना नईको रहय। वा दूसर कोठी मा देखिस उहां भी दाना नईको रहय। वा अपन लरका ला गधारिस। ता वा डांटत-डांटत लसत हय गैस। तफेरय नइको पावे। तो आय गयीस। ता वा कोठी के पास अक दाना पड़े रहीस। वा दाना कोदों दाना ला कहीस—बहेन दाना मिलिस की नईको। नईको मिलिस बहेन। लरका दाना बैंच-बैंच के ओखर दारु पियाय कर लैसी। मैं आज नरमदा जाहूं।

अक दिन कोदों दाना दिन बूडती मा घर आ रहीस। तो अक झन टूरा की पायस। तो उं तलाब मा नोहाय गै रहै। तहाँ आय पायस कोदों दाना अच्छा लड़की रूप धर के कहथय राम-राम भईया। तो टूरा कहथय राम-राम बहेन, लड़की कहथय—मैं अकेले अहव भईया मोए राख ले कहथय। ता टूरा कहथय—हाँ बहेन चल कहथय।

ता घर मा गैयन तो ओखर दाय रहैं। तो लड़की कहथय भूख लागे दाय कहथै। तो ऊ डोकरी कहथय—पेज नइको आय बेटी तो वा लड़की कहथय। जैके ऊँ हाड़ी में देख दाई कहथै। जैके ऊँ हांड़ी मा देखिस बासी भरे रहय। तो दयीस तो खालेस। तो उंहले ऊ लड़की कहथय—मैं नहीं जांव दाई। तो डोकरी कहथय—तो हम का कहथन बेटी।

तो लड़की कहथय—ते अक ठन अच्छा-अच्छा कोठी बनाय के राखवो। अऊर कोठी मा अगरबत्ती लगाय देवो। मय आधा रात मा आहूँ। ऊँ तो कोदों दाना रहीस। तो ऊँ लड़की रूप माँ रहै। तौन कोदों दाना आ गयीस। आके पूरो दाना ने कहनौ चलो बेहनी। अक झन गरीब टूरा की पाय हों। पूरो दाना कोदों, कुटकी, पिसी, धान सब दाना चलो कहके भागन लगीन।

दुफर माँ वा दाना वारे दरूवा लरका रोत-रोत हार गयीस। तबले दाना नइको लौटिस। बीच गली मा अपन फेंटा की लमाय दयीस तब तक नइको लौटिस। तो वा दरुवा रोत-रोत मर गयीस।

तो उंहले आधा रात के समय माँ ऊँ कोठी माँ जैके पूरो दाना पैठ गैन। तो ऊँ कोदों दाना फेरय लड़की रूप धरके कहथय। लड़काय भईया कुट्टर काटी। अऊर उंहा बोयी कोदों फेर कुट्टर कोदों बोय। अतना होयस कोदों हद से जियादा। लड़की कहथय–बनिहार ड़ाह के आन भईया कहथै।

तो बनिहार नून के अर आन दैन। उहले मिसीन हो मिजे के बाद माँ कोदो कहथय–कारी पड़िया, अर अकठी घेटवा आनबी कहथै। तो ऊँ लड़का गयीस घेटवा अऊर पडिया लानिस। तो कोदो केर रास माँ पूज के अऊर कोठी मा लहू की चुहो दै। कोठी केर पूजा-पाठ करीस। एखर बाद वा गरीब लरका धनवान हय गैस। वा दरुवा लरका केर घर बरबाद है गैस।

ओखर बाद गरीब लरका धनवान हय गयीस। अपन परीवार के साथ अच्छा से जीना अऊर खाना बस किस्सा खतम।

पैसों का घमंड

एक गाँव में एक बूढ़ा और बुढ़िया निवास करते थे। उन दोनों को अपने धन पर बहुत घमंड था। वे बहुत धनवान थे। उस बूढ़े का एक लड़का था। जो हमेशा अपने घर से धान, गेहूँ निकालकर बाजार में बेचकर उससे शराब पी लिया करता था।

एक दिन उसकी माँ ने अनाज की कोठी में जाकर अनाज देखा तो कोठी खाली पड़ी थी। उसमें एक दाना भी अनाज नहीं था। उसने दूसरी कोठी खोलकर देखी, उसे वहाँ भी बिलकुल अनाज नहीं मिला। ये देखकर उसकी माँ ने अपने लड़के को खूब डांटा और जब वह डांटते-डांटते थक गई तो वहाँ से वापस आ गई। उसी कोठी के पास अनाज का एक दाना पड़ा था। वह दाने कोदों के दाना से कहता है—क्यों बहन, कुछ अनाज मिला क्या? तो कोदों दाना कहता है—नहीं बहन, यहाँ तो एक भी दाना नहीं मिला। उस शराबी लड़के ने सब दाना बेचकर शराब पी ली है। मैं आज नर्मदा जी स्नान करने जाऊँगी।

एक दिन कोदों दाना दिन डूबते-डूबते घर वापस आ रही थी तो रास्ते में उसे एक गरीब लड़का मिला। वह लड़का तालाब से स्नान करके वापस आ रहा था। तब कोदों दाना ने एक सुन्दर लड़की का रूप धारण किया और उस लड़के के पास जाकर कहती है—राम-राम भईया, तो लड़का भी कहता है—राम-राम बहन। तब लड़की उस लड़के से कहती है—भईया, मेरा इस दुनिया में कोई नहीं है। मुझे अपने पास रख लो तो लड़का कहता है—ठीक है बहन, तुम हमारे साथ रह सकती हो।

वह लड़का उस लड़की को अपने घर ले गया। घर में उसकी माँ भी थी। तब वह लड़की उसकी माँ से कहती है—माँ, मुझे भूख लगी है। तब माँ कहती है—बेटी, घर में खाने को कुछ भी नहीं है। तब लडकी कहती है—माँ, तुम हाँडी में तो जाकर देखो, कुछ न कुछ भोजन बचा ही होगा। तब उसकी माँ ने हाँडी में जाकर देखा तो पूरी हाँडी खाने से भरी हुई थी। उसकी माँ ने हाँडी से खाना निकालकर उसको दिया। तब उस लड़की ने भर पेट खाना खाया और लड़के की माँ से कहा—माँ, मैं यहाँ से नहीं जाऊँगी। मैं यहीं रहूँगी तब उस लड़की की माँ कहती है—बेटी, मैं क्या कहूँ जैसी तुम्हारी मर्जी।

तब उस लड़की ने उसके लड़के से कहा—तुम एक अच्छी अनाज की कोठी

बनाकर और उसमें अगरबत्ती लगाकर पूजा-पाठ की तैयारी करके रखना। मैं आधी रात को आऊँगी। वह लड़की तो कोदों दाना थी। जिसने लड़की का रूप धर लिया था। तब वह लड़की उस धनवान के घर गई और वहाँ पर सभी प्रकार के अनाजों कोदों, कुटकी, गेंहू, धान सहित सभी से कहा—यहाँ से चलो। इस घर में हमें सम्मान नहीं मिलता है। ऐसा सुनते ही सभी अनाज उस लड़की के पीछे भागने लगे।

उस धनवान के शराबी लड़के ने जब देखा की उसके घर से सभी अनाज भाग रहे हैं। वह यह देखकर घबरा गया और रो-रोकर उन अनाजों को रोकने लगा। अन्त में वह शराबी लड़का रोते-रोते मर गया।

वहाँ दूसरे लड़के के घर में आधी रात को पूरा अनाज उसकी कोठी में भर गया। तब वह कोदों का दाना लड़की का रूप धरकर कहती है—भईया, अब तुम इस अनाज को खेत में बो दो तब उस लड़के ने पूरा अनाज अपने खेत में बो दिया। समय आने पर जब कोदों की फसल पकी तो कई गुना ज्यादा कोदों उसके खेत में पैदा हो गई। मजदूरों ने उसके खेत में कोदों की कटाई की तथा मींज कर उसके दाने निकाले।

जब कोदों को मींज दिया तब वह लड़की कहती है—भईया, तुम एक काली पड़िया और एक सूअर का बच्चा लेकर आओ। देवी को खुश करने के लिए उसकी बली चढ़ाएँगे। तब वह लड़का एक काली पड़िया और सूअर का बच्चा लाया। तब उन दोनों को बली देकर कोदों के अनाज और कोठी में उनके खून से तर्पण किया। इसके बाद उसने अपनी अनाजवाली कोठी की पूजा की। कुछ दिन बाद वह गरीब लड़का धनवान हो गया और उस शराबी लड़के का पूरा खानदान बर्बाद हो गया। गरीब लड़का अपने परिवार के साथ सुख से जीवन-यापन करने लगा।

3. सुरही गाय केर किरपा

हाँ तो अक झन डकरा अर डकरी रहय। ओखर अक झन टूरा रहय। ओखर बाप मर गयीस रहीस। ता माय बेटा रहीस। ता उंहला टूरा के दाई ओला हर काम बूता मा ओला पठोंय। उं टूरा नह जाय। ता अक दाम केर हरी दाय हर गधार दय स। ता उं टूरा कहथय दाई ते मोला काहे ला गधारिस। ता वा रिसाय गयीस।

टूरा कहथय मर जाव अखर काम बूता मा नहीं जाव। ता अक दिन केर हरी टूरा नींद मा सोय गयीस। ता ओखर दाय उठाय देखिस। ता उं रहय। नहको उठैं। तो दाय हर कहथय मय गधारे हंव। हो कछु खाय के झय मर जाय। दाय हर ओखर हाथ छीखें देखिस कि नारी आरी चलथय की नहीं।

ता ओखर नारी आरी का पते ही नहीं। तफेर डोकरी कहथय अकोझन गुनिया की तो बलाय के लानों। ता गुनिया के बलाय के गयीस। कहथय की चल दाव लरका ला गधार दए हौ। ता उं सोय गयीस फरीया ओढ़ के मय देखों ता ओखर नारी के पता नहीं चलिस। तो आय तोही बलाय के आवेय। ता चल दाव हाथ नारी छी देखवी। उंहले छियीसनारी तो उं सही मा तो जीवें।

तफेर गुनिया कह दयीस मर गयीस। ता उतरी सुनिस दाय हर हों कहथय। गाँव केर आदमी की बलाय के आनिस। ता दफन केर जुगाड़ बनाइस। ता उंहाले चिता बनाय के लेजी। ता लेजा के चिता मा चढ़ाय दै। अर आग लगाय दैन। तफेर आग लगाय की लगाय। ता आग रहय। ता बिझय गयस। ता उंहा लें दुई तीन झनकी पड़ोयन आग बहै। ता वा जांय फेर दूसर की पड़ोयव। हून कहथय की कांहीं नहीं कांहीं मरे है। ता हम नहीं जान जावो। ता सब झन जायी नहीं तो नह जान ता सब झन कहथय की सबै घर मा आग लहे।

ता उं टूरा तौन निकड़िस चिता ले अर उंहाँ दस-बारा बेल चिता माँ करके अऊर दुरिया ले जै के देखैय। तफेर आग वारे आय। तफेर चिता मा आग लगाय। ता जस-जस आग समरै। तस-तस बेल फटा-फटी फूटैय। ता आधा झन कहथय नह देखस का नहीं का रोग माँ अर कहव अक दुयी झन की जाव कहके। ता टूरा तेन दुरिया ला देखै। गाँव भर के आदमी ऊँहा रहय। तोंन दफन दैय के भगीन। ता टूरा कहथय जब मोए तक दफन दै देन। ता मैं दूइ बारा घर मा का जांव। ता अइसने

कहके टूरा बैरंग भागिस। भगत-भगत बहुत दुरिया भगिस। अर भारी डोंगर मा पंहुंचिस। जहाँ चिड़ैय ना चुनगुन बसैय। तहाँ पहुँच गयीस। ता उंहाँ सुरही गाय रहय। तहाँ पहुँच गयीस। ता उंहाँ रुखवा मा चग गयीस। नान नान बछिया उनखर दाय बाबा चरे फिरे भगिन। ता रुखवा ले उतर के टूरा बछियाने ताड़के। उनखर हगना मुतना रांफ के फटक दय स। ता उं फेरय रुखवा मा चग गयीस। ओखर चघे के बाद सुरही गाय आई। ता जघाय देखिन ता साफ। ता सुरही गाय कहथय की अऊर दिन ता गचड़-पचड़ मा बैठिन न। आज तौन साफ सकीयत कर दै। ता बछियाकहथय उं की मारो ना पीटो झय। तो हम गुठेंवो।

तो सुरही गाय कहथय–नहीं बेटी, नहीं उंकी हम मारन न पीटन। अखर हमार नजर मा दिखा देव। तफेर बछिया दिखाइनस। उं टूरा ऊहय अक रुख ऊपर अहय। तौन आय साफ करके चग गयीस। ता सुरही गाय कहथय। तोकी मारन न पीटन ना खान नहीं। एतक हमार जगह के साफ सफइयत करे हस तो तैं कम से कम उतर तो टूरा।

तफेर उतरिस तो उंकी पाँव पलोटा पड़िन। ओतक दिन तो उइसनें रहय। तफेर ओखर लायक सुरही गाय घर बनाइस। उंकी खुद उंकी अपन टूरा बनाइन। उंकी फेर खाना पीना दयीस तोला दूध खाना हय तो दूध खा घीव खा। तो उं टूरा कहथय–हाँ दाय। तो ईतरी कहिन अर बिहान हयगे। बिहान होन बाद हुन रहय। सो सकरा होयस। अर भगिन चरें फिरै। फेरै साफ सफियत करिस बछियाहो की नहाय के फैर अपनो गैस। बड़े अकन नदिया मा नहाय दोहाय के आयके बासी खायस पीस। उंहले फेर आय गेन सुरही गाय। तो उहले कहथय सुरही गाय तोय का चाही बेटा कहथय। ता टूरा कहथय मोए अकठी सुक बाँसरी अर अकठी दुख बाँसरी दे दैव।

सुरही गाय कहथय हम तो बाँसरी नहीं दै सकन बेटा तोला हम गुठेथन हैं नाहाय-दाहाय के आबी अर लोटिया मा दूध धर के ते बंमोहण माँ चुहेबी। तो नोहाय के दोहाय के आय के रोज सकरहा-सकरहा चढ़ावें। तफेर बंमोहण ले निकड़िस। अकठी सुक बाँसरी अर दुख बाँसरी। तफेर घर मा धर के आनिस। तफेर टूरा कहथय आने की आने दाय तुम्हार कहना माँ तो एकर तुम गुठेवो। कसना-कसना बजाहूँ। ता सुरही कहथय अक बाँसरी के सुक पडही तो बजाबी। अर यहा बाँसरी दुख पडही तो बजाबी। चाही तोय दुख पड़य तो चाही हमर बछियादुख पड़ें तैं अब हाय तो तोए गुठेंय दैय। अर हम तो चरे की भगथ हान। उसने कहिन अऊर चरे के भगिस। उनखर डेरा की साफ सफैयत कर दयीस। अर नहाय के भगिस। उंहले खाना-पीना खायस पीस। उंहले टूरा कहथय दाय मन तो गुठेय देथैन है। अखर दुख बाँसरी की तो बजाय के तो देखो तो बजाय के देखिस। उंहय पाँव गाय दौड़ के आगैन। अर कहथय का हो गैय बेटा। तो कहीस नै दाय मोए तो कछु नहको होए आय ना

बछियाने कछु होय आय। फेर बजाय के तो देखो कहके बजाय रहंव। ता सुरही गाय कहथय आज बजायस तो बजाय अखर झय बजावो। इतरी कहके चरे फिरे भगिस।

तफेर बढ़िया गोबर ला झाड-पोंछ के, बछिया ने नहाय धुवाय के फेर अपनो भगिस नोहाय। ता उं दिन केर हरि मूंड कोर ले कहथय टूरा कोरते कोरते चूंदी टूटे रहय। तौनें कहाँ फटकों अपनै कहथय कि नहीं टिकरा मा फटकहूँ तो दियार खिड़ाही। ताखर सेती अकठी पान मा पोत काय के नदी मा बोहो देवें।

तो तड़ी तोन घटोंदा मा अकठी कनया नहावय की छांड़ के पोटली पकड़े की गयीस। उंकी पकड़ के आन के खोलिस पोटली की तो ओतक मा रहय। तो मूर्छित खांय गयीस। उंहले पोटली की चिमोट के घर मा लेगें। अर उंहाँ जैके कोनों संग गुठयावें ना बतावें। रिसाय गयीस। अर उं टूरा तौन नहाय दोहाय के घर आ गयीस। अर आय के खाना पीना खायस पीस तो उंहाँ ले सुरही गाय फेर भगिन चरें फिरें। ता उं दिन केर हरि बड़े अकन बछिया केर बाघ खायके नाने आवें। तौन टैम मा दुख बाँसरी की बजाय दयीस उंहय पाव गाय दौड़ के आगै। अर उं बाघ की खूंद कचड़ गायन हो सुरही गाय कहथय ईसनें दुख पड़ही। तौन टैम मा बजाबी। उंसने कहिन अर फेरय चरय फिरे भगिस।

फेरै सकरहा उंहिस टूरा अर राफ-झाल करके गोबर बछिया ने नहाय दोहाय के फेर भगिस। अपन नाहाय की कनिया तौन रिसाय रहय। तेखर मारे उं राजा कहथय कसिमा रिसाय है बेटी। तो रानी कहथय–जहाँ ले नोहाए गैहे। तहाँ ले आय रिसाय है। तो राजा कहथय अपन चपड़ासी की जाव ढ़िमरा की डाटो। अऊर नह की घर के खेलावत खेलावत नदी मा चघही ऊपर की तो चघावत-चघवत चघाय गयीस। टूरा केर घटोदा माँ तो चडके देखेले। टूरा कहथय नहीं मोय दाय मन गधारहीं ढ़िमरा कहथय–अक घंटा तो चढ़ के देख ले तफेर टूरा चढ़िस। अर ढ़िमरा तौन चघाय के खेलावत-खेलावत तड़ी छोर ले उतारिस। उहुय टाइनम मा दुख बाँसरी की बजाय दयीस।

उतरी की सुनतई गाय दौड़ती नदीक पार मा पोहैंच गयीस। सुरही गाय टिकरा पाड़े पार उतरगै। तो टूरा की पहुँच गैन ढ़िमरा की कहथै सुरही गाय कहाँ ले जाथस। ढ़िमरा कहथय राजा संगमा लेजथूं। सुरही गाय तौन ढ़िमरा संग जाथै। अब टूरा हो की राजा की घर मा जैके सुरही गाय को राजा के घर माँ पहुँच गैन। अर कहथय की गाय ईहाँ टूरा की करन आनेव। निकाड़ो नहीं हम खुद कचड़ ड़ारवो। राजा कहथय–तोर टूरा की हम मारन ना पीटन शादी करे के नाने आन हेन। उंहले बिहाव केर जुगाड़ बनाथैं। बिहाव करे के बाद तोर टूरा ले जाबी। अर तोर बहूँ उंहले बिहाव करिन करे के बाद अपन टूरा अर लड़की ले जावे। राजा जतक लड़की की दै रहे। ततक टूरा होय दयीस। अर भेंट भलाई करके बिदा करिस। उंहले सुरही गाय हाय तो अपन घर आन गएस।

उंहले सुरही गाय कहथैं की ईतरी दिन केर तोर अर हमार रहै बेटा। तोर देश ते देख हमार देश राज पाट हम देखी। सुरही गाय टूरा की जोंन हमर इक्षा मा तोय वरदान देथन। अब हाय तो ते राजा दै रहें रथ तहाँ चढ़के अपन राज गयीस। पोहोंचते-पोहोचते अपन गाँव केर मेंडों माँ पहुँचिसन। अर सुहतायन-सुहताय के बाद फेर रेंगिन पोहेंच गैन घर। घर पोहेचिन अर तुरते दुय मंजल के घर बन गयीस।

अब दाय हर कहथय–मोय चीनथस दाय। दाय हर कहथय–मय नईको चीनों बेटा। मैं आव बड़ दाय तबले ओखर दाय हरा चीनथ नहीं। फेर गुठेस मोय काम बूता मा पठोअस। तो नइको जाव तो मोए मार दैय रहीस। ता मैं सोय गय रहंव। ते उठाय देख रहीस सांस बन्द करके आरो न पता न करूँ। मैं तो गुनिया बलाय ले गै रहत। तो मोर हाथ छींस। तो नारी केर पतय नहीं चले। तो ते कह दैय की चलो अब दफन दय दईन। तो गाँव केर जुड़िन अर मोए ले गेन तौन आंव लेज के मोए चिता मा चढ़ायव। ता आग बुझाय गयीस। तो तीन झन की पठोओ। तो उंन तौन जाय नहीं कोंनों नहीं जाय। सब झन आगै। घर मा तो दस-बारा ठीं बेल झवाय के चिता मा उर दुरिया ले मैं देखो। तफेर आन के आग लगाईन आग समरिस। अर बेल फटा-फटी फूटिस। तो गाँव केर आदमी कहय की अहुय का नहीं का रोग मा मरहें तो आय फुटथैं। कहके कहंय तौन मैं दुरिया ले देखों। तोआय जब एतक दफन दै देय। तो दुइबारा घर मा का जांव कहके बैरंग भगे रहंव। तौन दाय तोर टूरा आँव। किस्सा रहीस ता असर गयीस।

सुरही गाय की कृपा

एक बुढ़िया थी। उसका एक लड़का था। उस लड़के का बाप बचपन में ही मर गया था। घर में सिर्फ माँ-बेटा दोनों थे। उस लड़के की माँ अपने लड़के को काम पर जाने को कहती रहती पर लड़का कहीं नहीं जाता। वह घर में बैठा रहता था। एक दिन उसकी माँ ने उसे खूब गालियाँ दीं। जिससे वह लड़का गुस्सा हो गया। वह गुस्से में अपनी माँ से कहता है—मैं मर जाऊँगा पर काम पर नहीं जाऊँगा। एक दिन वह लड़का सो रहा था।

तब उसकी माँ ने उसे उठाया पर वह नहीं उठा। उसकी माँ जब उसे उठा-उठा कर परेशान हो गई तो उसने सोचा मैंने इसे कल खूब गालियाँ दी थीं। कहीं इसी के कारण यह जहर खाकर मर न गया हो। उसकी माँ ने उस लड़के की नाड़ी छूकर देखी। तो उसकी नाड़ी का पता नहीं चल रहा था। उसकी नाड़ी चलनी बन्द हो गई थीं तब उसकी माँ सोचती है की इसके इलाज के लिए किसी गुनिया को बुलाया जाए।

तब वह एक गुनिया को बुलाने गई। लड़के की माँ ने गुनिया से कहा—मैंने अपने लड़के को डांटा था। तो वह नाराज होकर चादर ओढ़कर सो गया है। उसे उठाया देखा, तो वह उठता ही नहीं। इसलिए तुम्हें बुलाने आई हूँ। तब गुनिया आया और उस गुनिया ने उस लड़के की नाड़ी देखकर बताया की उसका लड़का तो मर गया है। तब उस लड़के की माँ गाँववालों को बुलाती है और उसके अन्तिम-संस्कार की तैयारियाँ करने लगती है। इसके बाद उस लड़के के शव को उसी के घर में चिता बनाकर उस पर लिटाते हैं।

इसके बाद गाँव के लोग उसकी चिता में आग लगाते हैं। तो आग लगते ही बुझ जाती थी। तब गाँव के लोग अपने-अपने घर आग लेने जाते हैं। उसी समय वह लड़का चिता से उठकर घर से बाहर आ जाता है और दस-बारह बेल के फल उस चिता के ऊपर रख देता है और वहाँ से भागकर दूर खड़ा हो जाता है।

तब गाँववाले आकर उस चिता में आग लगा देते हैं। चिता जलने लगती है और जैसे ही उस चिता की आग सँभलने लगती है उसी समय चिता में पड़े बेल के फल जोर की आवाज के साथ फूटने लगते हैं। तो गाँव के लोग कहते है यह लड़का

बीमारी से मरा है। इसलिए चिता में से फूटने की आवाज आ रही है। वह लड़का दूर से खड़ा होकर यह सब देख रहा था।

इसके बाद गाँव के लोग जलती चिता छोड़कर अपने-अपने घर आ गए। तब वह लड़का सोचता है कि जब मुझे मरा समझकर जला ही दिया है। तो मैं अब घर जाकर क्या करूँगा। ऐसा सोचकर वह लड़का उस गाँव को छोड़कर भाग जाता है। वह भागते-भागते बहुत दूर एक जंगल में पहुँच गया।

उस जंगल में पशु-पक्षी कुछ भी नहीं थे। वह जंगल बिलकुल सुनसान और वीरान था। उस सुनसान जंगल में एक सुरही गाय रहती थी। वह लड़का उस सुरही गाय के बाड़े में पहुँच गया। वहाँ सुरही गाय के छोटे-छोटे बछड़े थे। तब उस लड़के ने सुरही गाय के बछड़ों को एक जगह बाँधा और पूरे बाड़े की साफ-सफाई की। जब शाम को सुरही गाय आई तो उसने देखा की उसका बाड़ा बहुत साफ-सुथरा है। वह अपने बाड़े को देखकर आश्चर्य में पड़ गई कि उसके बाड़े की सफाई किसने की है तब सुरही गाय ने अपने बछड़े से पूँछा हमारी बाड़ी में किसने हक जमा लिया है। उस समय वह लड़का एक पेड़ के ऊपर चढ़ गया था। बछड़े ने सोचा की कहीं उसकी माँ उसे मारे-पीटे न। तब सुरही गाय ने फिर से पूछा—यह सफाई किसने की है? मैं उसे कुछ नहीं कहूँगी मुझे सिर्फ यह देखना है की इतना अच्छा काम किसने किया है?

तब बछड़े ने बताया की एक लड़का आया है और उस पेड़ पर चढ़ा है। उसी ने पूरे बाड़े की सफाई की है। तब सुरही गाय उस लड़के से कहती है—बेटा, तुम पेड़ से नीचे उतरकर आ जाओ। हम तुमको कुछ नहीं कहेंगे। तुमने हमारे घर की साफ-सफाई की है। तब वह लड़का पेड़ से उतरा और उतरकर उसने सुरही गाय के पैर पकड़े।

तब सुरही गाय ने कहा—बेटा, तुमने हमारा बाड़ा साफ किया है। इसलिए मैं तुमको यहाँ से नहीं जाने दूँगी। तुम यहीं मेरे पास रहो। इसके बाद सुरही गाय ने उस लड़के के लिए रहने के लिए घर बनाया और उसको खूब घी-दूध पिलाया। तब तक रात हो गई और लड़का वहीं सो गया।

दूसरे दिन सुबह सुरही गाय जंगल चरने चली गई। तब उस लड़के ने फिर से उसके बाड़े की साफ-सफाई की और सुरही गाय के बछड़े को नहलाकर खुद नहाने नदी पर चला गया। वहाँ से नहाकर आने के बाद उसने खाना खाया। तब तक सुरही गाय जंगल से चरकर आ गई। तब सुरही गाय ने उस लड़के से पूछा—बेटा, तुमको क्या चाहिए तब लड़का कहता है—माँ, मुझे एक सुख बाँसुरी और एक दुख बाँसुरी चाहिए।

तब सुरही गाय कहती है—बेटा, हम तो तुमको बाँसुरी नहीं दे सकते परन्तु मैं तुम्हारे बारे में जरूर सोचूंगी। तुम फिर से स्नान करके आओ। तुम एक लोटा

में दूध ले जाकर बंम्होण में चढ़ाकर आ जाओ। तब वह लड़का रोज सवेरे स्नान करके उस बंम्होण में दूध चढ़ाने लगा। ऐसा करते-करते उसे कई दिन हो गए। तो एक दिन उस बंम्होण से एक सुख बाँसुरी और एक दुख बाँसुरी निकली।

वह उन बाँसुरियों को लेकर अपने घर वापस आ गया। जब शाम को सुरही गाय जंगल से घर वापस आई, तब वह लड़का कहता है–दाई, तुम्हारे कहने पर मैंने उस बंम्होण में रोज दूध चढ़ाया। जिससे उस बंम्होण से आज दो बाँसुरी निकली हैं। तुम इसके बारे में बताओ की मैं इसको कैसे बजाऊँ। तब सुरही गाय कहती है–बेटा, जब तुमको सुख हो तो सुख बाँसुरी बजाना और जब तुम पर कोई दुख पड़े तो तुम दुख बाँसुरी बजाना। ऐसा कहकर सुरही गाय जंगल चरने चली गई।

तब उस लड़के ने फिर से बाड़े की सफाई की और स्नान करके खाना खाया। खाना खा कर वह सोचने लगा की सुरही दाई ने तो कहा है, जब सुख हो सुख बाँसुरी बजाना और दुख हो तो दुख बाँसुरी बजाना। तो क्यों न मैं दुख बाँसुरी बजाकर देखूँ। इससे क्या होता है, तब उस लड़के ने दुख बाँसुरी बजाई। सुरही गाय ने दुख बाँसुरी की आवाज जैसे ही सुनी वह जंगल से भागी-भागी आई। वह उस लड़के से पूछने लगी–बेटा, तुमको या मेरे बछड़े को कौन-सा कष्ट हो गया है, मुझे बतलाओ। तब वह लड़का कहता है–सुरही दाई, न तो मुझे कोई दुख है न ही आपके बछड़े को कोई दुख है। मैंने वैसे ही यह बाँसुरी बजाकर देखी थी कि इसके बजाने से क्या होता है। तब सुरही गाय नाराज होकर कहती है–बेटा, आज तो यह बाँसुरी बजाई लेकिन आगे नहीं बजाना।

ऐसा कहकर वह फिर से जंगल चारा चरने चली गई। दूसरे दिन सुबह वह लड़का अपनी बाड़ी की साफ-सफाई करके नदी में नहाने चला गया। वह नदी में अपने सिर के बाल धो रहा था। उसी समय उसके सिर के कुछ बाल टूटकर उसके हाथ में आ गए। अब वह लड़का सोचने लगा की मैं ये बाल अब कहाँ फेंकूँ। यदि मैं इसे मिट्टी में फेंकता हूँ तो यहाँ की मिट्टी खराब हो जाएगी। इसलिए इसे पानी में ही फेंकना चाहिए। तब वह लड़का एक पेड़ से पत्ते तोड़ता है और उन पत्तों के अंदर अपने बालों को रखकर नदी में फेंक देता है। उसके बाल पत्तों में लिपटे-लिपटे नदी में बहने लगते हैं। बहते-बहते उसके बाल नदी के एक घाट पर पहुँचते हैं।

उस घाट पर एक लड़की स्नान कर रही थी। उसने नदी में तैरती एक पोटली देखी तो उसने वह पोटली नदी से निकाल ली। उसने जब उस पत्तों की पोटली को खोलकर देखा तो वह उसे देखते ही मूर्छित होकर गिर गई। थोड़ी देर बाद जब उसकी मूर्छा खत्म हुई तो वह बिना किसी को बताए उस पोटली को अपने घर ले गई। घर जाकर वह चुपचाप घर में गुस्सा होकर बैठ गई। उसने सभी से बात करना बन्द कर दिया।

वह लड़का नदी में स्नान करके घर वापस आ गया। खाना खाकर वह बाहर बैठा रहा। सुरही गाय जंगल में चरने गई थी। बाड़े में उसका बछड़ा अकेला था। उसी समय उस बाड़े में एक बाघ आया और वह उस बछड़े को खाने के लिए उसके पास दौड़ा।

उस लड़के ने जैसे ही देखा की बाड़े में बाघ आया है। उसी समय उसने दुख बाँसुरी बजाना चालू कर दी। सुरही गाय ने जैसे ही दुख बाँसुरी की आवाज सुनी। वैसे ही वह दौड़कर बाड़े में आ गई। उसने उस बाघ को अपने सींगों से मार-मार कर भगा दिया। उसे भगाने के बाद सुरही गाय उस लड़के के पास आई। उसने कहा—बेटा, तुमने ठीक समय पर बाँसुरी बजाकर मेरे बछड़े की जान बचा ली। इसी प्रकार जब कोई दुख हो तभी तुम बाँसुरी बजाना। ऐसा कहकर वह फिर से जंगल चरने चली गई।

वह लड़की जिसे उस लड़के के बालों की पोटली मिली थी। वह उस राज्य के राजा की लड़की थी। वह नाराज होकर चुपचाप एक कमरे में आकर बैठ गई थी। जब राजा को मालुम पड़ा की उसकी लड़की नाराज होकर कमरे में बैठी है। तब वह राजा अपनी लड़की के पास आया और बोला—बेटी, तुमको क्या हो गया है? जो आज तुम किसी से बात नहीं कर रही हो। जबसे तुम नदी से नहा कर आई हो तबसे तुम नाराज हो, क्या कारण है?

तब राजा ने अपने सैनिकों को बुलाकर कहा—तुम लोग नदी पर जाओ और नदी से ढीमरों को बुलाकर लाओ। उसी से मालुम पड़ेगा की मेरी लड़की क्यों नाराज है। तब सैनिक ढीमरों को बुलाकर लाए। तब राजा ने उन ढीमरों से कहा—तुम सभी जाकर पता लगाकर आओ की उस पोटली में किस लड़के के बाल हैं?

तब एक ढीमर नदी के किनारे-किनारे बहुत दूर तक गया तो जंगल में नदी किनारे उसे वह लड़का दिखा। वह ढीमर उस लड़के को बुलाने लगा। वह उस लड़के से कहने लगा—आ, मेरी नाव में आकर बैठ जा। लड़का कहता है—मैं नहीं आ सकता, मेरी सुरही माँ मुझे गाली देगी।

तब ढीमर कहता है—बेटा, थोड़ी देर के लिए आकर मेरी नाव में बैठ जाओ। फिर चले जाना तो वह लड़का आकर उस ढीमर की नाव में आकर बैठ गया। उसके बैठते ही उस ढीमर ने अपनी नाव बहुत तेजी से चलाना चालू कर दी। वह उसे उसी घाट पर ले गया। जहाँ राजकुमारी स्नान कर रही थी।

तब उस लड़के ने दुख बाँसुरी बजाना चालू कर दी। जिसे सुनकर सुरही गाय भागते-भागते उस घाट पर आ गई। वह उस ढीमर को मारने लगी।

तब वह ढीमर कहता है—मैं, इसे राजा के पास ले जा रहा हूँ। इसे राजा ने बुलाया है। तब सुरही गाय भी उस लड़के के साथ राजा के पास जाने लगी।

तब ढीमर उस लड़के को लेकर राजमहल में चला गया और गाय महल के बाहर खड़ी रही। जब बहुत देर हो गई तो गाय चिल्लाकर कहती है—मेरे बच्चे को जल्दी बाहर भेजो, नहीं तो मैं सबको अपने पैरों से कुचल दूँगी।

तब राजा कहता है—दाई, हम तुम्हारे लड़के को मारने-पीटने नहीं लाए हैं। हम तुम्हारे लड़के की शादी अपनी लड़की के साथ करने के लिए लाए हैं। तब राजा ने अपनी बेटी की शादी उस लड़के के साथ कर दी। वह लड़का अपनी बहू लेकर सुरही गाय के साथ जंगल में आ गया।

तब सुरही गाय कहती है—जाओ बेटा, अब तुम जाकर अपना राज पाट देखो और हमें हमारे जंगल में रहने दो। मैं तुमको वरदान देती हूँ कि तुम एक दिन इस राज्य के राजा बनोगे। जाओ बाहर तुम्हारा रथ खड़ा है। उसमें बैठकर अपने देश जाओ। तब वह लड़का उस रथ में अपनी पत्नी के साथ सवार होकर अपने राज्य में आ जाता है। राज्य की सीमा पर पहुँचकर दोनों कुछ देर सीमा पर विश्राम करते है। फिर वे अपने घर पहुँचते हैं।

वह जैसे ही अपने घर के पास पहुँचता है। तो उसके टूटे-फूटे मकान की जगह एक दो मंजिल का महल तैयार होकर खड़ा हो जाता है।

वह अपनी माँ के पास पहुँचकर कहता है—माँ, तुमने मुझे पहचाना कि नहीं। तब उसकी माँ ने कहा—बेटा, मैं तुमको नहीं पहचानती, मेरा तो एक ही लड़का था। वह काम नहीं करता था। एक दिन मैंने उसे डाँटा। तो वह कुछ खाकर मर गया। उसे हम लोगों ने यहीं झोंपड़ी में जला दिया था।

तब उस लड़के ने बताया कि माँ मैं मरा नहीं था। मैंने अपनी चिता के ऊपर बेल रख दिए थे। जब बेल फूट रहे थे उस समय मैं चिता से उठकर बाहर खड़ा हुआ था। ऐसा कहकर उसके साथ जो-जो घटना घटी उसने सब गाँववालों के सामने बता दी। तब उसकी माँ और गाँववालों ने उसे फिर से अपना लिया। फिर वह लड़का राजा बनकर अपनी पत्नी के साथ अपना जीवन-यापन करने लगा। कितना बड़ा किस्सा है।

4. बितनू अऊर नदिया

अकठी भिरही चिणैय रहय। तो ओखर दुय ठई डीम रहय। ता उं सेती की बैठ रहय। ता दुयी तीन दिन बैठ पाइस। अर उं कहथय की इसना माँ नहीं बैठे-बैठे मोए खाये की तो नहीं मिलेय। तो मैं ड़ीम के छाँड़ के भगूँ।

डीम मा तौन छौआ पड़ गय रहींस। तो दुई ठो डीम कहथय–भईया, दाय हाय तो हमला छांड़ के चले गईस। तफेर दुय तीन रोज केर बाद फूट गएस डीम। अक दुई दिन पाला मा रहीन। उहले कहथय–हमार दाय तो हमन ला छांड़ भागिन। अर हमहो भागी।

तफैर अक डीम केर नाव बितनू रहय। ता वा आदमी रूप मा रहय। अकठी डीम तौन नदिया हुन दियो भाय-भाय आय। ता हुन कहथय। दुओ भाई हमार संग खाना ना पानी नहीं। तो कहथै चल भईया नदिया। उंहले भगते-भगते बोहोत दुरिया भागिन।

दुरिहा भग के बाद मा उंहाँ तौन छह बहिन रहय। तौन छेना बीनें ता हुन तौन दुयो भाई गलीच-गलीच जाँय। ता हुन छयों बहिनी कहथै–कहाँ जाथों भईया, हुन कहथै–हम दुयी भाई हनें हम तो जहाँ राखहीं उंहो रहवो।

लड़की तौन छेना की बीन के ओड़ी मा जोड़ राखिस। तो हुन लड़की अकले उठाय नहीं सकय ता कहथै लड़की, लड़का की आव भईया हमनें उठाय देव। ता बितनू अर नदिया कहथै–नहीं दीदी, हमने तो जायकी हाय बहुत दुरिया। तो हुन लड़की कहथै–कम से कम हमने उठाय तो दैव। हमार या बहिन की लेजन हो। तफेर बितनू उठाय दयीस पाँचों बहिन केर। अर नान बहेन की हाय तो लेगे। तफेर पाँचों लड़की घर मा भागिन।

अर उन भी भागिन। दोनों तो भगत-भगत बोहोत दुरिहा भागिन। तो उहाँ जायके राजा केर बोहोत बड़े घर रहय। बितनू कहथय हम जायी। तो या हरवाहा राखही। तफेर बितनू अपन डयकी ला लयके राजा ढिंगा गईन। अर बितनू केर डयकी तौन बहुत खुलै।

तेखर मारे राजा रहय। ता वा ललचाय गयीस। तो बितनू कहथय–हरवाह राख ले भईया, ता राजा कहथय–ठीक हय। मोए तो घाटा होथेंच। तफेर हुन उंहाँ

तीनों माय छौवा रहन लगै। तफेर राजा अपन घर ले दुरिहा उनला घर दै रहय। ता बितनू तो उहाँ नोकड़ी बजाए। अर नदियाआय ता घर मा रहय। अर बितनू केर डयकी हार मा रहय।

तफेर राजा केर अर नौवा केर बहोत दोस्ती चले। ता उं नौवा कहथै। राजा अपन दोस की जैके अर कहीस—दोस, बितनू केर ड़यकी तो तोर जीभ अर तोर एड़ी तसना हय। ता नौवा अर राजा कहथय की बितनू की अर नदियाकी मार ड़ाँरतें ता ओखर लड़की की हाय तो अपनाय लेत। ता नौवा कहथै। राजा की ऐखर ते उपाय गुठेंव।

तो राजा कहथै—मैं, उपाय गुठेंथूं। तफेर राजा कहथय—मोर रानी आगंम माँ हाय तो बितनू की हाय तो भाँवर केर रस लायके पठोयी। जेमा सारी उंकी मादी खेलावें। ता राजा चपड़ासी की आदेश दै दयीस तो जाव बितनू की बलाय के आनों। तफेर राजा के आदेश मा बितनू गैस। तो राजा कहथय—जा रे बितनू लोटिया धर। अर भाँवर के रस आनवी। तो बितनू बहोत किरोद छाय गयीस।

अऊर बितनू अपन नदिया संगमा आय गयीस। अर आयके बितनू नदिया की कहथै मोय तो भईया राजा बोहोत कठिनाइ गुड़ेहे। ते भंवर के रसा आनवी कहके कहे है।

ता नदिया कहथै—तै एक किलो शक्कर आन अर अक काम करवी जहाँ भंवर रहीस तौन रूखवा चुपके-चुपके चढ़के भांवर कर ऊपर ले भुलिवी। तफेर उसने भुकोथस तो माछी कहथै—अरे हैय इसना काम करथस मनसुतिया। तो बितनू कहथै—राजा मोय कह दै हवे की मोर रानी आगम माँ हय। तो वा भंवर के रसा खाही कहके कहथै ताखर मारे मय आय हेंव।

तो माछी कहथय—तैं भुकूथस आए के है। मनमाने हेण के नैया। फेर लटिया उं पूरो भरके अर खायकी मिल गयीस खैलेंइस। अर भगिस। तो भांवर कहथय—चल तोय होतक ले पड़ोय दैई। आगू-आगू बितनू जाय। तेखर पीछू पूरो भंवर जांए। अब बितनू कहथय—तुम इंहिले अब तुम भग देव मैं जात रहहूँ। तो भंवर कहथय—कहाँ भगवो चल तोय घरै ले पठोय दैयी। उइले घर मा पहुँचगै।

तफेर राजा कहथय अपन चपरासी की जाव रे देख के आहो बितनू आयहे का नहीं। फेर चपरासी देख के भगिन जैके कहथय—राजा की कहीस राजा महाराजा उं तो रस झयली आन है अर माछी हो की आन हे। फेर बितनू पठोय की गयीस रस की तो कहथय राजा की—रस तो आन हैंव राजा महाराज, फेर माछी हो आय गेन माछी कर ते डेरा गुठेदे।

तफेर राजा गुठे दयीस फेर माछी नइको भगें। फेर रात होइस रात होय के बाद बिहान होइस। अर नौवा अर राजा कर बातचीत फेर होयस। तो नौवा कहथै—राजा की खैलाही कहके भांवर लायके पठोय रहन तो उं तो माछी हो की आन वास

तो अब कैसे करे जाय। तो राजा कहथै–अब भंवर केर रस तो आन लास उंकी पठोई बाघ केर दूध अर नाने। उहाँ हाय तो बाघ खैलाही एहाँ दुहे दयीन।

तो राजा फेर पठोय दयीस चपरासी की बितनु के लाके कहथय की–चल तोय राजा महाराज बलाए हय। तफेर गयीस बितनू। तफेर राजा कहिस जा रे बितनू बाघ केर दूध आनवी। नदिया संगमा फेर आयस तो नदिया कहथै–कहाँ भईया मोए तो बाघ केर दूध आनबी कहके कहे हव। नदिया कहथय–ढ़िमरिन संगहै जैके अक परश लाय आन अर ते जा। लाय आनिस अर लोटिया धरिस अर डोंगर केर नाने भागिस फिरते-फिरते खिसे गयीस।

तफेर अक जाघा आणा मा बाघ केर छौवा रहय। ओखर दाय तौन चरै की भग रहय। बितनू तौन छौवा की लायन खवावत रहय। तफेर ओखर दाय हर आयस। बितनू तौन रूख मा चढ़ गयीस। फेर चग के देखें बाघ तौन छौवा के दूद पियावे। छौवा तौन लाय खाय हरे आय। नहीं पीवें दूद तो बाघ कहथै–अऊर दिन तो झटक के पीवो बेटी फेर आज कसी माँ नइ पीवो। तो छौवा कहथय की–ते झय खावी दाय तोए हम गुठेवो। उं मनसुतिया आय बोहोत संकट मा आय है। राजा आय उंकी पठोहे।

मोर रानी की आगम मा हाय ओखर मारे आय। बाघ केर दूद आनवी कहके पठोहे। तो आय आए हव। बाघ कहथय कहाँ हय बेटी छौवा कहथय की–हौव रूख माँ हाय। तो बाघ कहथय की–उतर मनसुतिया का काम रूख ऊपर चढ़ेइस। आयके मनमाने दूद दुह ले। फेर उतर के दुहिस लोटिया मा धर के भगिस। बाघ कहथय–चल तोय होतक ले पठोय दैयी। फेर इंही ले जा भगो मैं हाँव तो जात रहूँ। बाघ कहथय–चले अब घरै ले पठोय दैयी। घर मा जैके हो।

राजा कहथय चपणासी की जाव रे देख के आहो बितनू आय हे या नहीं। तफेर देख के भगिन जैके कहथय राजा की–हाँ राजा महाराज दूद तो आनो। अखर छौवा लेत बाघों की आन ठाय। फेर बितनू दूद की पठोयस राजा बर घर मा। तो बितनू कहथै–दूद तो आनहेवं राजा महाराज फेर बाघ हो आय गैन है। तो इकी राखन हर घर गुठेंदे। तो राजा घर गुठै दयीस। तो उहाँ बाघ की राखिस।

राजा अर नौवा केर फेर भेंट हय गयीस। नौवा कहथय राजा की–बितनू की मरही कहके कहन दोस। अखर बितनू ई को मरें। तो राजा कहथय ओखर नान भाय हाय नदिया। तो उंकी मारी। तो आय सब दुओ झन की मारवो।

तो राजा कहथय की–नहीं मोर अकठी बहोत पुराना बैहा हाथी हय। तेखर संग उंकी भिड़ेवो। उंहाँ हाय तो नदिया मर जाही। तो राजा चपरासी की कहथय। जाव फलाने दिन है तक तारिक मैं राजा केर बैहा हाथी, अर बितनू केर नदिया लणाव होंहीं। कहके चपरासी की पूरो रेरी पिटा दयीस तो उं दिन तारिक आय गयीस। सारी आदमी दिखैया जुडगै। हाथी निकणिस अऊर नदिया निकणिस

मैदान माँ। अर तीन तीन भंवर किंजरिन अपनाहिन। अर फेर लडीन नदियारहय। सो। राजा केर हाथी केर मार ड़रिस। उहाँ दिखइया कहथय। की राजा केर हाथी की बितनू केर नदियामार ड़रिस। राजा रहय। तो आधा गुसा आधा लाज मा उं रहय। घर मा भगिस।

तफेर आइन रोज केर बाद फेरय रेरी पिठोयस। अपनी चपरासी की राजा की अपन दादी पंती केर खाम हय। तेखर से नदिया संगलणाव होही। बितनू की नदियाकह दै रहय की मैं मर गैए। तो मोर कान अर पुंछी ते काट के धर लेवी। जौन दिन टीवा रहय। तौन दिन फेर आदमी जुड़ गएन राजा केर खाम की आइन रोज केर आगयू गाड़ दैयस रहय।

फेर नदिया तीन भंवर करिस। अर फेर खाम की मारिस। तो खाम रहीस जब भागिस अग्गास की। नदियाकी तनको दुखे रहय। तो उं डेरा ले अकोरिया नइको हरकय। तो दुयो जोठान सींग कर बीच मा खंबा गिरिस नदियारहय। मर गयस। तो बितनू रहय। कान पूंछी की काट के धर लेस। उतरी की भांवर अर बाघ सुनिन अऊर राजा केर जेतक परिवार रहय। तौने खैड़ाय। तो बितनू अर बितनायन उहुय राजा केर राज मा जीयन खाय।

इतरी बड़ किस्सा आय जानवो तो तोर आय। अर नहीं जानवो तो मोर आय।

बितनू और नदिया

एक जंगल में एक भिरही चिड़िया रहती थी। उसने दो अंडे दिए। वह अपने अंडे को सेने के लिए तीन दिनों तक अंडों के ऊपर बैठी रही। एक दिन वह सोचती है कि मैं भूखी-प्यासी रोज इन अंडों के ऊपर बैठी रहती हूँ। क्यों न मैं इन अंडों को छोड़कर भाग जाऊँ।

उन अंडों में उस चिड़िया के दो बच्चे पल रहे थे। चिड़िया अपने अंडों को छोड़कर भाग गई। तब दोनों अंडे आपस में बातचीत करते हैं—हमारी माँ तो हमको छोड़कर भाग गई है। अब हम क्या करेंगे? उसके दो-तीन दिन बाद वे अंडे फूट गए। उन अंडे में से नन्हें-नन्हें बच्चे निकले। दो-तीन दिन वहीं पड़े रहे। उन अंडों से जो दो बच्चे निकले थे। वे मानव रूप में थे। उन बच्चों में एक बच्चे का नाम बितनू और दूसरे बच्चे का नाम नदिया था।

वे दोनों भाई थे। वे दोनों आपस में बातें करते हैं—भईया, हमारे पास खाने-पीने के लिए कुछ भी नहीं है। क्यों न हम लोग यहाँ से भाग कर कहीं और चलें।

ऐसा कहकर बितनू और नदिया वहाँ से भागे और भागते-भागते बहुत दूर तक आ गए। वे दोनों एक गाँव में पहुँचे। उस गाँव में छह बहनें एक साथ रहती थीं। वे बहनें अपने गाँव में गोबर के कंडे बीन रही थीं। वे दोनों भाई अपने रास्ते जा रहे थे। तब उन छह बहनों ने बितनू और नदिया से कहा—तुम लोग कहाँ जा रहे हो? तो बितनू कहता है—हम लोगों को जो भी प्यार से रखेगा। हम लोग उसी के पास रुक जाएँगे।

उन लड़कियों ने कंडे बीन कर एक जगह एकत्र करके रखे थे। तब वे लड़कियाँ बितनू और नदिया से बोलीं—भईया, ये कंडे मेरे सिर के ऊपर रख दो। तो बितनू ने कहा—दीदी, हम लोगों को बहुत दूर जाना है। तब एक लड़की ने कहा—यदि तुम हमारे कंडे उठा दोगे तो हम तुम्हारी शादी अपनी एक बहन के साथ कर देंगे। तब बितनू ने पाँचों बहनों के सिर पर उनके कंडे रख दिए। इसके बाद बितनू ने उन छह बहनों में से सबसे छोटी बहन को अपने साथ रख लिया। इसके बाद वे पाँचों लड़कियाँ अपने घर चली गईं।

बितनू और नदिया उस लड़की को अपने साथ लेकर बहुत दूर तक आ गए। एक जगह पर उन दोनों भाईयों को एक राजा का बहुत बड़ा महल दिखा। तब बितनू ने सोचा कि मैं राजा के यहाँ जाकर राजा से हरवाहा का काम माँग लूँगा। मैं अपनी पत्नी के साथ अब यहीं रहूँगा। तब बितनू अपनी पत्नी के साथ राजा के पास गया।

बितनू की पत्नी बहुत सुन्दर थी। जब राजा ने उसकी पत्नी को देखा तो उसकी सुन्दरता पर राजा का दिल आ गया। बितनू राजा के पास जाकर बोला–राजाजी, मुझे अपने महल में हरवाहा की नौकरी दे दो। तब राजा ने बितनू को नौकरी पर रख लिया। राजा ने अपने महल से कुछ दूर बितनू के रहने के लिए एक घर दे दिया। बितनू की पत्नी भी राजा के खेत में काम करने जाने लगी। अब घर में नदिया अकेले रहा करता था।

उस राजा की दोस्ती एक नाई से थी। नाई और राजा बहुत अच्छे दोस्त थे। एक दिन वह नाई राजा से कहता है–राजा साहब, बितनू की पत्नी बहुत सुन्दर है। वह आपके पैर की एड़ी और आपकी जीभ के समान गोरी और गुलाबी है।

तब वह नाई और राजा सोचते हैं कि बितनू और नदिया को मार डालें तो बितनू की पत्नी मिल सकती है। तब नाई राजा से कहता है–राजाजी, बितनू की पत्नी को अपनाने का कोई उपाय सोचो। तब राजा कहता है–मैं ही कोई उपाय सोचता हूँ। मेरी रानी गर्भवती है। ऐसा करते हैं बितनू से कहते हैं कि वह जंगल जाकर रानी के लिए शहद लेकर आए।

तब राजा अपने सैनिकों को आज्ञा देता है कि जाकर बितनू को बुलाकर अभी हाजिर करो? तब सैनिक राजा के आदेश से बितनू को बुलाकर ले आए तब राजा बितनू से कहता है–बितनू, तुम एक बरतन लेकर जाओ और जंगल से रानी के लिए शहद लेकर आओ? राजा की यह बात सुनकर बितनू को बहुत क्रोध आ गया।

तब बितनू राजा के पास से अपने भाई नदिया के पास आया। तब वह अपने भाई से कहता है–नदिया भाई, राजा ने बहुत कष्ट में डाल दिया है। उसने कहा, है कि तुम जंगल जाकर रानी के लिए शहद लेकर आओ।

तब नदिया बितनू से कहता है–बितनू, तुम जाकर एक किलो शक्कर लेकर आ जाओ। दोनों भाई उस शक्कर को घोलकर भंवरा के छत्ते के पास ले गए। वे भंवर के छत्ते के पास जाकर भंवर से कहते हैं–भंवर रानी, तुम यह शक्कर का घोल रख लो और मुझे अपनी शहद दे दो क्योंकि राजा की रानी गर्भवती है उसे तुम्हारा शहद देना है। तब वह भंवर कहती है–ठीक है, तुमको जितनी शहद चाहिए ले जाओ और शक्कर यहीं पर रख दो। तब बितनू ने पेट भरकर शहद खाई और रानी के लिए एक लोटे में शहद रख लिया। वह शहद को रखकर अपने घर की तरफ आने लगा। तो भंवर कहती है–बितनू भईया, मैं तुमको महल तक

छोड़ने को चलती हूँ। बितनू ने कहा–ठीक है बहन। तब भंवर रानी अपनी पूरी फौज के साथ बितनू के पीछे-पीछे चल दी। तब बितनू घर के पास आकर कहता है–भंवर बहन, तुम लोग वापस चले जाओ। यहाँ से मैं महल तक अकेला चला जाऊँगा। तब भंवर कहती है–नहीं, हम लोग नहीं जाएँगे। हम लोग तुम्हारे साथ राजा के महल तक चलेंगे।

राजा अपने सैनिक से कहता है–तुम बितनू के घर जाकर देखो, बितनू शहद लेकर आया है कि नहीं। तब सैनिक बितनू के घर आकर उसे देखकर चला गया। उसने राजा के पास आकर बतलाया–राजाजी, बितनू शहद लेकर घर आ गया है। उसके साथ भंवरों की पूरी फौज साथ में आई है।

उसी समय बितनू शहद लेकर राजा के पास आ गया और राजा से कहता है–राजाजी, मैं तो शहद लेकर आ गया हूँ। उसके साथ उसकी भंवर रानी अपनी पूरी फौज के साथ आ गई है। उनको ठहराने के लिए जगह चाहिए। तब राजा ने कहा–मैंने तो शहद मंगाई थी। भंवरों की क्या जरूरत है? इनको यहाँ से भगा दो। परन्तु भंवर कहीं जाने के लिए तैयार ही नहीं थीं।

इसके बाद रात हो गई। बितनू अपने घर जाकर सो गया।

दूसरे दिन सुबह राजा और नाई आपस में मिलते हैं। तब नाई कहता है–राजाजी, बितनू तो शहद लेकर आ गया है। उसके साथ भंवर की पूरी फौज आ गई है। अब क्या किया जाए?

तब राजा कहता है–बितनू, शहद तो लेकर आ गया है। अब उसे बाघिन का दूध लेने के लिए जंगल भेज दो। तब राजा ने फिर अपने सैनिक को बितनू के पास भेजा और कहा–बितनू, को बुलाकर ले आओ। तब सैनिक बितनू के घर गया और बितनू को लेकर राजा के पास आ गया। तब राजा ने कहा–बितनू, तुम जाकर रानी के लिए बाघिन का दूध लेकर आओ। तब बितनू राजा के पास से लौटकर घर आया और घर आकर उसने अपने भाई से कहा–भईया, राजा मुझे बाघिन का दूध लाने के लिए कह रहे हैं।

तब नदिया कहता है–भईया, तुम ढ़िमरिन के पास जाओ और एक लोटा तथा लाई लेकर आ जाओ। तब बितनू ढ़िमरिन के घर से एक लोटा और लाई लेकर जंगल चला गया।

बितनू जंगल में यहाँ-वहाँ घूमकर बाघिन को देख रहा था। उसी समय उसे जंगल में एक बाघिन का बच्चा दिखा, वह वहीं पर खेल रहा था। उसकी माँ शिकार करने जंगल गई थी। बितनू उस बाघ के बच्चे को लाई खिलाने लगा। जब बितनू ने देखा की बाघिन आ रही है तो वह एक पेड़ के ऊपर चढ़ गया। वह उस पेड़ पर चढ़े-चढ़े। उस बाघिन को देख रहा था कि वह कैसे अपने बच्चे को दूध पिलाती है।

बाघिन जब बच्चे को दूध पिला रही थी तो बच्चा दूध नहीं पी रहा था। उसको तो बितनू ने लाई खिलाकर उसका पेट भर दिया था। तब उस बाघिन ने अपने बच्चे से कहा–बेटा, तुम आज दूध क्यों नहीं पी रहे हो? तुम तो रोज मेरे आते ही दौड़कर दूध पीने आ जाता था। तब उस बाघिन का बच्चा कहता है–माँ, मैं इसके बारे में बाद में बात करूँगा। वहाँ बितनू बहुत संकट में पड़ा है। उसे राजा ने भेजा है कि उसकी रानी गर्भवती है। उसे किसी वैद्य ने तुम्हारा दूध देने को कहा है। तो वह तुम्हारे पास आया है। तब बाघिन कहती है–बेटा, कहाँ है बितनू? तो उसका बच्चा कहता है–माँ, वह उस पेड़ पर चढ़कर बैठा है। तो बाघिन कहती है–बितनू बेटा, नीचे उतर। क्यों वहाँ पेड़ पर चढ़कर बैठा है। तुमको जितना भी दूध चाहिए, दुह लो।

तब बितनू पेड़ से उतरा और उस लोटे में बाघिन का दूध दुह कर भर लिया। बितनू अपने घर वापस आने लगा तो बाघिन कहती है–बेटा बितनू, रुको, मैं तुमको छोड़ने तुम्हारे घर तक चलती हूँ। इसके बाद बितनू के पीछे-पीछे बाघिन भी बितनू के घर तक आ गई।

तब राजा ने अपने सैनिक को बुलाया और कहा–जाओ, देखकर आओ कि बितनू बाघिन का दूध लेकर वापस आया कि नहीं।

तब सैनिक बितनू के घर जाकर बितनू और बाघिन को देखकर राजा के पास आ जाता है। सैनिक राजा के पास आकर कहता है–राजाजी, बितनू और बाघिन अपने बच्चे के साथ घर पर है।

उसी समय बितनू बाघिन का दूध लेकर राजा के पास आता है। बितनू के साथ बाघिन और उसके बच्चे भी राजमहल में आ जाते हैं। तब बितनू राजा से कहता है–राजाजी, मैं जब इस बाघिन के पास दूध लेने गया तो यह मेरे साथ अपने बच्चों को भी लेकर आ गई। इसके रहने का इन्तजाम कर दें। ऐसा कहकर बितनू ने उस बाघिन के दूध का लोटा राजा को दे दिया। राजा ने उस दूध के बरतन को रानी के पास भेज दिया।

राजा ने अपने नाई दोस्त को बुलाया और उससे कहा–दोस्त, हमने ने तो सोचा था कि इसे शहद लेने भेजेंगे तो भंवर इसको काटकर मार डालेगी। लेकिन वह तो भंवर को ही साथ लेकर आ गया। फिर सोचा की इसे बाघिन का दूध लेने भेजो तो इसे बाघ खा जाएगा। परन्तु वह बाघिन का दूध तो ले ही आया साथ में बाघिन और उसके बच्चों को भी लेकर आ गया। वह मर नहीं रहा है।

तब नाई कहता है–हम लोग बितनू और नदिया को मार डालते हैं। तो राजा कहता है–ऐसे नहीं, मेरे पास एक पागल हाथी है। बितनू को उससे लड़वाते हैं। तब राजा ने पूरे राज्य में मुनादी करा दी की राजा का पागल हाथी बितनू और नदिया से लड़ेंगे।

राजा के आदेश से पूरे राज्य की प्रजा एक दिन राजदरबार के सामने के मैदान में हाजिर हो गई। पूरे राज्य की प्रजा हाथी और बितनू की लड़ाई देखने के लिए एकत्र हो गई। राजा ने पिंजरे से अपने पागल हाथी को बाहर निकाला तो हाथी चिंघाड़ते हुए मैदान में आ गया। राजा के पागल हाथी ने मैदान के तीन चक्कर लगाए और नदिया से भिड़ पड़ा। कुछ ही देर में नदिया ने उस पागल हाथी को मार डाला। सब लोग कहने लगे—राजा के पागल हाथी को बितनू के भाई नदिया ने मार डाला।

राजा ने जैसे ही देखा कि उसके पागल हाथी को नदिया ने मार डाला है। तो राजा आधे गुस्से और आधे शर्म से अपने महल के अंदर चला गया।

इसके आइन दिन बाद राजा ने फिर अपने सैनिक को बितनू के पास भेजा कि जाकर बितनू को बुलाकर ले आओ। सैनिक बितनू को बुलाकर ले आया। तब राजा ने बितनू से कहा—नदिया को मेरे खानदान के देवताओं के खाम (खम्बा) से लड़ाई करना पड़ेगी। तुम नदिया को बता देना। नदिया ने बितनू से कह दिया था कि यदि मैं मर जाऊँ तो तुम मेरे कान और पूँछ को काटकर रख लेना।

जिस दिन राजा के खाम से नदिया को लड़ना था। उस खाम को राजा ने एक मैदान में आइन दिन पहले गाड़ दिया था। तब पूरी प्रजा फिर से एकत्र हुई। राजा के खाम और नदिया की लड़ाई देखने। तब नदिया आया और खाम के तीन चक्कर लगाए और खाम को ऐसा धक्का मारा कि राजा का खाम आकाश की ओर भाग गया। नदिया को थोड़ी चोट लगी। वह वहीं पर खड़ा हो गया। उसी समय राजा का खाम आकाश से जब जमीन की तरफ आने लगा। वह नदिया के सिर पर आकर गिर गया जिससे नदिया मर गया।

तब बितनू ने तुरन्त नदिया के कान और पूँछ काटकर अपने पास रख लिए। इतने में भंवर और बाघिन ने जब सुना की नदिया को खाम ने मार दिया तो वे दौड़ते हुए आए और राजा के पूरे परिवार को दौड़ा-दौड़ाकर उसके राज्य से भगा दिया। इसके बाद बितनू और उसकी पत्नी उस राज्य पर राज्य करने लगे। दोनों के दिन खुशी-खुशी कटने लगे।

इतना बड़ा किस्सा है, जानोगे तो तुम्हारी, नहीं जानोगे तो हमारी।

5. अक राजा अर तीन रानी केर कहनी

अक राजा अर रानी रहय। तो उं रानी के टूरा नहीं रहे रहस। ता अकठी रानी अऊर बनाइस। ओखरय हो लरका छौवा नइको रहय। तो उंहले अक रानी फेर बनाइस। जौन आखरी मा तीसर रानी बनाय रहीस। तौन आगम मा रहय।

तो राजा रहय। तो ड़ोंगार मा रोज शैल शिकारी खेले जाएँता कोन टैम मा का होवे राजा का जाने। ता अखरी समय मा रानी केर नोहाय केर रहय। ता उं टैम मा फेर राज भर की खबर कर दे कहके रानी कहथस। तो राजा की खबर दै दो वा कहके रानी कह दय स। तो राजा की खबर दै दैन। तो उहले फेर पहली केर रानी भर दुसर केर रानी तिसार रानी की नोहायल टेम मा उं रानी केर मूड़ के कोठी कर अवना मा भित्तर भर दैयीन।

अर उं रानी केर बच्चा पैदा दे रहेय। ता हून बच्चा ने हुन दुन्नों रानी गोबर कर लेवादर मा डालते जांय। ता रानी केर छह लरका, अर अक लरकी जनमिस। उं टैम मा लोढ़ा-सिलौटा की मड़ाय दैन रहीस। रानी केर सामनू, ता हुन दुन्नों रानी टिटहा पाड़ के हँसय। ता दुन्नों रानी कहथय राजा से-सब केर डयकी, केर बाल बच्चा होथय। ता ई रानी के तो लोढ़ा-सिलौटा होवथय। तफेर राजा घर मा नइको बैठिन स बाहर बैठ गयीस।

तफेर राजा अपन चपरासी की कह दयीस की—जाव रे ई रानी की मूड़ की चार पाटी मुड़ाय के अर मुट्ठा भर चन्ना धराय के अमरैया मा पठोय देवे। उंहाँ जायके कौआ हाँकही। ता उं रानी कौआ हाँक रहय। हय। वा का करतिस बैठे-बैठे। ता हुन लरका लेवादर मा फटके हर पवन मा फुर्रावे। अर घाम मा रुठावे। भगवान केर लीला तो आय।

फेर हुन टूरा बड़े हय गईंन। उंहले लड़का-लड़की की लेवादर ला निकार के हुन रानी कुआँ मा फटक दैय। अैसे गति की राजा का जाने। उंहले फेर हुन टूरा उंहा हो नइको मरैं। कहूँ तणी जायं कहूँ उप्पर खेलें कूंदे। अक दिन ओखर नाना कुंए मा झांक के देखिस ता छैः लरका अर अक लरकी खेलत दिखिस।

ता नाना हर कहथै—केखर लरका आव। कोनाय आन दैहं। ता लरका कहथय नाना दाय की तो अमरैया मा मुट्ठा भर चन्ना धराय के कौआ हकोय रहे राजा।

अर हमने दुयो बड़े दाय लेवादर माँ फटक दै रहय। ता उंहाँ हो नइको मरीन। तफेर कुआँ मा फटक दैन।

तफेर नाना हर रस्सी आनोयस। अर माची तफेर बाद मा कुँए मा उतारिस। रस्सी की पकड़ के माची मा सब टूरा की निकारिनस। तफेर नाना हर निकार के अपन घर मा ले गयीस। ता हुन दुयो रानी नाना हर केर घर मा ले गयीस कहके जान गैन। तफेर दुयो रानी हुन नाना हर केर घर मा मिरचा केर आण मा गैन की मिरचा देव कहके। फेर टूरा जान के गधारे की ये नाना अर नानी मिरचा साफ झय दयो कहके गधारें। ता नाना हर कहथय की–हाँ ठीक कर लेवें बाई आय गए हवय लड़कान की तुम ले जावो। ता रानी कहथय–राखे ला तो राखे रहन दादा। फेर कोन नहीं कोन आय लेवादर माँ कर देय रहय। उंहले कुँए मा फटक दैय रहय। रानी कहथय की–अब हम लहे की आन हैंन की नाना हर केर घर मा पता चले रहय। तो आय आयहे।

तफेर दुओ रानी कहथय चलो दाउ चलो बाई घरमा। ता लड़का कहथय तुमही अइसना करै रहंव पहली बार गोबर मा डार दयेरहय। इहले फेर कुँए मा फटके रहय। तौन तुमही आव। हम साफ घर मा नहीं जान। हमने तो परदयीस दैन रहंव। ता हम काकम जावो। हुन टूरा कहथै। नाना से की अकठी चिट्ठी भेज दे दादा केर पास की इन दूनों रानी की उं घर केर दुवार केर सामने अंगनाँ मा अक झन के मूड़ ले। अक झन केर गोड़ खुदरा खोद के डाल दैं। उप्पर से माटी बराबर करके तोप दैं। तफेर राजा हन हिन दूनों रानी की उं घर केर दुवार केर सामने अंगनाँ मा अक झन के मूड़ ले। अक झन केर गोड़ खुदरा खोद के डाल दैन। उप्पर से माटी बराबर करके तोप दैन।

तफेर राजा गयीस लड़कान केर लायन। लडकान की फेर राजा आनीस। ता आवत धनी हुन टूरा छाती बहे रेंगत घर मा पैठ गए। उहले राजा फेर चपरासी की भेजिस की अमरैया मा कौआ हकाले टूरान केर दाय हर की चपरासी से बलाइस। ता रानी घर माँ आय गयीस। तफेर राजा रानी अर टूरा लेत बढ़िया से जियन खाय। इतरी बड़ा किस्सा जानवो तो तोर नह जानवी ता मोर।

एक राजा और तीन रानियों की कहानी

एक राज्य में एक राजा राज्य करता था। उसकी एक भी सन्तान नहीं थी। तब राजा ने दूसरी शादी की पर उससे भी कोई सन्तान नहीं हो पायी। तब राजा ने एक और रानी से शादी की। कुछ दिनों बाद तीसरी रानी गर्भवती हो गई।

राजा प्रतिदिन जंगल में शिकार खेलने जाया करता था। उसे तीसरी रानी के गर्भ में हो जाने की कोई जानकारी नहीं थी। कुछ महीनों के बाद जब रानी के गर्भ के दिन पूरे हो गए। तो उस दिन रानी को स्नान करना था। रानी ने पूरे राज्य में खबर कर दी कि उसे स्नान करना है। तब रानी ने अपने सैनिकों से कहा–वो राजा को खबर कर दें कि–रानी स्नान करने जा रही है।

सैनिकों ने राजा को खबर कर दी कि रानी आज स्नान करने जा रही है। तब राजा की पहली और दूसरी रानी राजा की तीसरी रानी को स्नान कराने ले गईं। स्नान करने के बाद रानी को प्रसव पीड़ा होने लगी। तब पहली और दूसरी रानी ने राजा की तीसरी रानी के सिर को एक कोठी में घुसेड़ दिया और उसे प्रसव पीड़ा लेने के लिए कहने लगीं। कुछ देर बाद रानी को बच्चे होने लगे। तब वे दोनों रानी, तीसरी रानी के बच्चों को गोबर के कूड़े में फेंकते जा रही थीं। रानी ने छह लड़कों और एक लड़की को जन्म दिया।

इसके बाद उन दोनों रानी ने तीसरी रानी के सामने एक लोढ़ा और एक सिलौंटा रख दिया। उसके बाद दोनों रानी ने तीसरी रानी का सिर कोठी से बाहर निकाला और दोनों रानी हँसने लगीं। दोनों रानी राजा के पास गईं और उन्होंने राजा से कहा–राजाजी, सभी औरतों को तो बच्चा होता है पर तुम्हारी रानी ने लोढ़ा-सिलौंटा को जन्म दिया है। तब राजा महल से बाहर आकर बैठ गया और चिन्ता में पड़ गया कि रानी को लोढ़ा और सिलौंटा कैसे हुआ। तब राजा ने अपने सिपाहियों को बुलाया और कहा–जाकर इसी समय रानी के सिर के बाल काट दो। उसे एक मुट्ठी चना देकर उसे आम के बगीचा में छोड़ आओ। वह वहाँ जाकर कौओं को भगाएगी।

सिपाही रानी को आमों के बगीचा में ले गए और रानी के बाल काटकर उसे वहीं बगीचा में छोड़ आए। अब रानी उस आम के बगीचे में बैठकर पेड़ों से कौओं

को भगाने लगी। तीसरी रानी के छह बच्चे और एक बच्ची जिसे गोबर के कूड़े में फेंक दिया था। वे हवा में बड़े और धूप में कड़े होने लगे।

उन बच्चों के ऊपर भगवान की कृपा रही। वे कुछ दिनों में और बड़े होने लगे। जब दोनों रानी ने देखा की बच्चे गोबर के कूड़े में बड़े हो रहे हैं। तब रानी ने उन बच्चों को उस गोबर के कूड़े से निकालकर उन्हें एक गहरे पानीवाले कुँए में फेंक दिया। इस बात को राजा नहीं जानता था। तीसरी रानी के पिता ने एक दिन कुँए में झाँककर देखा तो उन्हें बहुत आश्चर्य हुआ कि उस पानीवाले कुँए में छह लड़के और एक लड़की खेल रहे थे। वे कभी ऊपर आते तो कभी नीचे जाते कभी-कभी तैरने लगते।

इस प्रकार वे सभी बच्चे उस कुँए में मजे से खेल रहे थे। तब रानी के पिता ने कुँए में आवाज लगाई–कौन आव रे, कुँआ के अंदर खेल रहे हो। तो बच्चों ने आवाज लगाई–हम लोग हैं नाना जी, आपके नाती। हमारी माँ को राजाजी ने आम के बगीचे में रखवाली करने के लिए एक मुट्ठी चना देकर छोड़ दिया था। हम लोगों को दोनों माँ ने गोबर के कूड़े में फेंक दिया था। जब हम कुछ बड़े हुए तो हम लोगों को इस कुँए में डाल दिया। तभी से हम लोग इस कुँए में पड़े हैं।

तब उन बच्चों के नाना ने एक रस्सी और एक मचिया बुलवाई। फिर मचिया में रस्सी बाँधी और उसे कुँए में उतार दिया। उस मचिया में बैठकर सभी बच्चे एक-एक करके ऊपर आ गए। उसके बाद नाना उन बच्चों को अपने घर लेकर आ गए। यह बात जब दोनों रानियों को पता चली कि नाना जी उन बच्चों को कुँए से निकालकर घर ले आए हैं। तब दोनों रानी नाना के घर मिर्चा माँगने गईं। तब उन दोनों रानी को देखकर बच्चे उन्हें गाली देने लगे। इतने में उन बच्चों के नाना आ गए। लड़कों ने अपने नाना-नानी से कहा–नाना, इनको मिर्चा नहीं देना। तो नाना कहते हैं–ठीक है बेटा, हम लोग ऐसा ही करेंगे। तब नाना ने उन रानियों से कहा–तुम इन बच्चों को ले जाओ। तो रानियों ने कहा–रखने को तो हम इन बच्चों को रख लेंगे परन्तु किसने इतने अच्छे बच्चों को गोबर के कचरे और कुँए में फेंक दिया था। अब हम इन्हें लेने आए हैं। हम लोगों को पता चला था कि बच्चे आपके पास आए हैं।

तो रानियों ने बच्चों से कहा–चलो बच्चो, अपने घर चलते हैं। तो बच्चों ने कहा–तुम लोगों ने ही तो हम लोगों को पहले गोबर में फिर कुँए में फेंक दिया था। अब कैसे लेने आई हो? हम लोग तुम्हारे साथ घर नहीं जाएँगे। तुम लोगों ने तो हमें घर से निकाल ही दिया था। फिर बच्चों ने अपने नाना से कहा–नानाजी, आप एक चिट्ठी लिखकर भेज दो कि इन दोनों रानियों ने हम दोनों को बहुत सताया है। इसलिए दोनों रानियों में से एक रानी का सिर और एक रानी

के पैर दरवाजे के सामने सामने गड़वा दें।

तब नाना ने राजा के पास पत्र भेजा। तब राजा ने एक रानी का सिर और एक रानी का पैर दरवाजे के सामने खुदवाकर गड़वा दिया और उसके ऊपर मिट्टी डलवा दी। उसके बाद राजा अपने बच्चों को लेने नाना के पास आया। तब बच्चे खुशी-खुशी अपने राजा पिता की गोद में बैठकर राजमहल में चले गए। तब राजा ने तीसरी रानी को बुलवाया। जिसे उसने घर से बाहर निकाल दिया था। वह बाग की रखवाली कर रही थी। राजा ने अपने दरबान से कहा कि वह जाकर रानी को उस बाग से लेकर आ जाए। दरबान रानी को लेने बाग गया और रानी से बोला–रानी साहिबा, आपको राजा ने बुलाया है। तब रानी खुशी-खुशी दरबान के साथ वापस राजमहल में आ गई।

फिर राजा-रानी राजी खुशी-खुशी अपने बच्चों के साथ राजमहल में रहने लगे। राजा और रानी का जीवन फिर से खुशियों से भर गया। इतनी बड़ी कहानी, समझ गए तो तुम्हारी और नहीं समझे तो हमारी।

6. सत बहनी केर बिहाव

अकठी ड़करा अऊर डकरी रहय। ता ओखर सात बेटी रहय। हुनन ला जीते-खाते, बहोत दिन हय गए। अर हुन लड़की फुर्राय गैन। तो कोनों के लाने पुछैया नहीं आवें। ता सब झनन ले नान बेहेन केर नाने पुछैया आयीस।

तफेर बहोत दिन हय गयैस पूँछे। ता बिहाव के टीवा बनायन। ता ओखर ता बिवाह होही करके उंहीं छः बेहेन सोचिस की लैघिन की बिहाव होथै। ता ओला मछली खवाय देतन कहिस। तफेर केर हरि सींचें लेजी। ता सींचत-सींचत मछली नहीं पावें। ता छयों बहिनें कहथय नदी से की–हमले मछरी, दै दे नदी। तो हमार नान बेहेन की ते मूड़ा फोड़ही तौन सहित हम पकड़ के डाल देवो। तफेर मछली पकड़िन नह सकय तक। फेर भगती बेरा मा अपन बहेन की जाखर बिहाव होवैया रहय। तौन की पकड़ के दाब के अर ऊपर ले छाती मा खूंटा गाड़ के अर साँप केर बेनी गुथके। अर ऊपर मूड़ मा बीछी केर कलगी खोंच के छयों बहेन घर मा भागिन। तफेर रात हय गयीस। ता ओखर दाय बाबा नान गुाी की कहाँ छाँड के आय गयेव।

ता हुन बेटी हर कहथय की–नहीं बाबा, उ तो आगुच आवै। हमार संगमा नइको आए आय। ता मछली ओछड़ी की रात के खाय। अर सोय गयस। ता भियान भैए ओखर बारात आयगै। ता माई बाप बाहर बाड़ी मा पणघांय। तफेर पणघाय के बैठारिन। तफेर उं लड़की की बलाए के गयीस। ओखर ले बड़े बहेन हर तो जैके कहथय। आव वो तोर बा बिहाता आनैं आव वो। तोर बर बिहाता आने हय।

ता उं नदी केर टिकरा माँ गड़र रहय। तौन कहथय कइसे आहूँ वो। छाती मा खूंटा गाड़े साँप के बेनी गुथे। बिछी के कलगी खोंचे कहथय। ता उं बलाय देखिस। नह आय तफेर आय रहस। तेखर ले बड़े बेहेन हर आयके कहथय। कैसे आहूँ गा छाती मा खूटा साँप के बेनी गुथे। बिछी के कलगी खोंचे हय कहथय। ता उं आय रहय। ताखर ले बड़ी बहेन हर फेर आइनस। आयके कहथय–आव वो तोर बर बिहाता आने हय। तफेर अक झन बहेन आइनस। अर कहथय आव वो तोर बर बिहता आने हय। तफेर अइसना बलाते-बलाते सब बहेन असर गए। तो ओखर

दाय हरा आइनस। अर आयके कहथय—आव तो तोर बर बिहाता आइनने। आखिर माँ बारात लौट के भग गैस। अर अंधेर पचतावत-पचतावत रोवत भागिन। तफेर लड़की केर दाय बाबा हर लड़की की अंधेर गधारिस। अर अपन दुन्नों जीए खायिन।

इतरी बड़ी किस्सा जानबी तो ताोर न जानवे तो मोर। मैं सोयंव खाटे ते सोएं भूंए, तोर कान की काटे छू-छू।

सात बहनों का विवाह

एक बूढ़ा और बुढ़िया एक गाँव में रहते थे। उनकी सात बेटियाँ थीं। वे दोनों अपनी बेटियों के साथ अच्छे से जीवन-यापन कर रहे थे। कुछ सालों बाद सातों लड़कियाँ जवान हो गईं। उनके माता-पिता को अपनी बेटियों की शादी की चिन्ता सताने लगी। परन्तु उन सातों बहनों की शादी के लिए कोई भी उनके घर पूँछने नहीं आता था।

बहुत दिनों बाद सबसे छोटी बहन की शादी के लिए, देखनेवाले आए। उन लोगों ने सबसे छोटी बहन को पसंद कर लिया और उसकी शादी पक्की हो गई। तब उसकी छह बहनों ने सोचा की हमारी सबसे छोटी बहन की शादी हो रही है। तो क्यों न उसे मछली खिला देते हैं। ऐसा सोचकर सभी बहनें नदी में मछली पकड़ने गईं। परन्तु उनको एक भी मछली नहीं मिली। तब उन बहनों ने नदी से कहा–हे नदी, हमारी छोटी बहन की शादी हो रही है। उसे मछली दे दो। तब नदी बोली–तुम लोगों को मछली तभी मिलेगी जब तुम लोग अपनी छोटी बहन को हमारे पास लाओगी और उसे लाकर इस नदी के किनारे उसका सिर फोड़कर यहाँ गाड़ दोगी।

तब वे बहिनें अपने घर भागीं और सबसे छोटी बहन को पकड़कर नदी किनारे ले आईं। उन बहनों ने अपनी सबसे छोटी बहन को जमीन में पटककर उसे दबाकर उसके सीने में खूंटा गाड़ा और उसके बालों में साँपों की वेणी गुँथकर उसके सिर में बिच्छू की कलगी लगाकर उसे नदी के किनारे गाड़ दिया और नदी से मछली पकड़कर घर वापस आ गईं। उनके आते समय तक रात हो गई। तो उन लड़कियों के पिताजी ने पूछा–क्यों री लड़कियों, तुम्हारी छोटी बहन कहाँ गई है? तब उन लड़कियों ने कहा–बाबा, वह तो सबसे पहले घर आ गई है। वह यहीं-कहीं घर पर ही होगी। वह हम लोगों के साथ नहीं आई। इसके बाद सभी बहनों ने उस मछली की सब्जी बनाकर खा ली। खाना खाकर सभी बहनें सो गईं।

उसके दूसरे दिन सुबह सबसे छोटी बहन की बारात आ गई। तब उन लड़कियों के माता-पिता ने उन बारातियों का खूब आदर-सत्कार किया। इसके बाद बारातियों ने कहा–लड़की को बुलाओ। तब उन लड़कियों के माँ-बाप ने अपनी सबसे बड़ी

लड़की से कहा—जाकर अपनी सबसे छोटी बहन को बुलाकर लाओ। तब सबसे बड़ी बहन नदी के किनारे जाकर आवाज लगाने लगी-आ जा ओ छोटी बहन, तुम्हारे ब्याहता आ गए हैं।

सबसे छोटी बहन तो नदी के किनारे गड़ी पड़ी थी। वह कहाँ से आती। उसकी छोटी बहन वहीं नदी के किनारे से बोलती है—दीदी, मैं कैसे आ पाऊँगी? मैं तो यहाँ नदी के किनारे में गड़ी पड़ी हूँ। मेरी छाती में खूँटा गड़ा है। बालों में साँप की वेणी और सिर में बिच्छू की कलगी लगी है। मैं कैसे आऊँगी? इसके बाद दूसरी बहन बुलाने आई। उससे भी उसने वही कहा। बारी-बारी से सभी बहनें बुलाने आईं। लेकिन छोटी बहन ने सभी को वही उत्तर दिया।

सबसे आखिर में उन लड़कियों की माँ नदी किनारे आई। वह सबसे छोटी लड़की से बोलती है—बेटी, आ जा रे, तेरे ब्याहता आए हैं। परन्तु लड़की कहाँ से आती। उसकी छाती में तो खूंटा गड़ा था। इसके बाद सभी बाराती वापस लौट गए। उन लड़कियों के माता-पिता बहुत पछताए उन्होंने अपनी लड़कियों को बहुत बुरा भला कहा। इसके बाद उनके माता-पिता दोनों ने उस घर को छोड़ दिया। वे अलग से अपना मकान बनाकर रहने लगे। वहीं पर अपना जीवन-यापन करने लगे।

इतनी बड़ी किस्सा जानोगे तो तुम्हारी नहीं जानोगे तो हमारी।

मैं सोता हूँ खाट पर
तुम सोयो जमीन पर,
तुम्हारे कान को काटे चूहा।

7. नेवरा अऊर सतभईया

अकठी डोकरा अर डोकरी रहय। ता ओखर सात टूरा रहय। ता अक झन सब ले नान भाय। तौन नेवरा रहय। ता उसने जीते खाते हुन केर दाय-ददा मर गए।

अक दिन हुन छयों भाई शिकार खेलन गएस। हुन शिकारन ला मार-मार के खावत रहय। अक दिन केर हरी रहय। ता शिकार खेलत-खेलत बहोत दुरिहा निकर गए। ता उं डोंगर मा अक ठन रकशिन रहय। ता ओखर छैय बेटी मनसे केर रूप मा रहय। अर अक रकशिन बेटी रहय। ता उंहाँ पहुँचिसन। ता हुन रकशिन केर बेटी हुन लड़कन की मोहाय के रख लेइस। ता उंहाँ नेवरा हो पीछू-पीछू गैय रहय। ता उनखेर शादी होय गयीस। ओहिच जियत खात रहीस।

अक दिन केर हरी रहय। ता रकशिन लरकी अपन दाय हर कहथय के-हुन लरकन, के शिकार खाहूँ। ता दाय हर कहथय–वो सोय दैं तब खावे। ता वा चुप्पे-चुप्पे छुरी ओंटें। तौन ला नेवरा देखिस। ता नेवरा कहथय–छुक-छुक, छुरी औटथैं, नेवरा बाबू देखथै। रकशिन ओखर मारे चुप्पे रह कह कहथै। अक केर हरी फेर कहथय शिकार खाहूँ दाय। तफेर छुरी औटौं ता नेवरा कहथय–छुक-छुक, छुरी औटथैं नेवरा बाबू देखथैं। तफेर अपन लरकी ला गधारिस चुप रह कहके।

ता अक दिन केर हरि नेवरा कहथय अपन बड़े भाय से-दादा आज तुम बहुन केर कपड़ा लत्ता की तुम पेहेर लेहो। अर तुम्हार कपड़ान की बहू मनै दै देहो नहीं तो तुम नहीं बचो। मैं रोज चार-पाँच दिन तक ले उस निन्दा हवंय। ताखर मारे मय आज नहीं देखूँ। मैं सोहू कहथय। ता हुन भाय हरा कहथय। हाँ कहके। तो जसना नेवरा गुठैतय रहय। तसना काम करिन। पूरो आप अपन-अपन ड़ौकी केर फरियान की अपन पेहेर ले। अर अपन फरियान की अपन ड़ौकिन की दै देय।

तफेर उं रात सोयीस। नेवरा उं दिन देखै। तबले चुप्पे रहय। तफेर रकशिन चुप्पे-चुप्पे छुरी की ओंटा के अर चुप्पे-चुप्पे जै के अर अपन बेटी हर केर मूंड़न की काट लेइस। अर सोय गए। अर कहथय–चुप्पे रहवो। बिहाने कतक खावी शिकार कहथय। तफेर सकरहा हयीस। अर छयों भाई ऊँहा कसेड़िन की धरिन। अर कुँए मा फटक के जब भगिन ता बहोत दुरिहा भगीस ओखर पीछू-पीछू नेवरा हो भगिस।

तफेर सकराहा हुनले देखथैं रकशिन। ता पूरो छयों बेटी केर मूड़न ला काट लाइस। अर कुँआ मा जा के देखथै। तो हाड़िन के पटक-पटक के भगिन। ता रकशिन कहथै–कतक बड़ जाहो बैरी। मोर बेटिन की मार ड़ारव। तुमहर धोका मा अब तुमहने हो मैं बिना खाय रहय। नहीं। असने कहिस अर अपन रकशिन बेटी की धरिस। अर पिदापैल धौड़ती जाय। तफेर हुन छयों सातों भाय पलट के देखै। ता पीछू-पीछू रकशिन आवें।

ता बडे भाई हर कहथय नेवरा की–कसी बची भइया, कहथय। ता नेवरा कहथै–हाय सैमड़ तुम इंहीं चढ़ जाओ। अर मय हों तो माड़ा मा पैठ जाहूँ कहथै। तफेर हुन दुन्नों भाय सेमड़ की कहथय–नव भव रे सुर्री सेमड़, धरमिक होवी तो नव जावी। अर पापी होही तो नहीं नवही कहथय। तफेर सेमण सक ले नव गैस। अर छयों भाय चढ़गै। ता चढ़े के बाद कहथय–उठ-उठ रे सुर्री सेमड़ तफेर सकने उठगै। अर नेवरा तोन फेर माड़ा मा पैट गए।

ता उंहले आत-आत रकशिन पहोचगै। अर फेर पोहोच के अपन लड़की की जहाँ नेवरा पैठे रहय। तहाँ उंही बैठाय के अर अप्पन सेमण मा रोल-पोल, रोल-पोल चढ़य। तफेर उंहयं नेवरा। उं लड़की केर कूला की कठाव करा दयीस ए दाई वो कहके रोवै। तो उंहयं सहित रकशिन कहथै–तोए का होथै। वो तो आय किरयाथय, मरथस कहके फेर उतर गयीस। आय के माड़ा मा टेंहैगे के देखै। तो उंहाँ कछु नहीं दिखै। अर कहथय–अब चुप्पी रहवी तोए खवाहूँ शिकार। अकठि बचाय रहंव। तफेर चढ़य, चढ़त-चढ़त फेर तनक बचाय रहय। अक हाथ बचाय रहय। तौन सहित नेवरा फेरै कूला की कठाव कराय दयीस तो उं लड़की ए दाई वो कहके रोवै।

तफेर रकशिन खर-खर उतर गयीस। अर उतर के कूला केर सामने माड़ा मा देखै। ता उं रकशिन चूंदी उं माड़ा मा अक तरी पैठगै। उंहयु टैम मा नेवरा उं चूंदी ला पकड़ लेस। अर पकड़ के कहथस–आहो रे दादा, नहीं तो नइ बचन कहथै। हुन छयों भाई सेमण की कहथै–नव-नव रे सेमण, धरमिक होवे ता नव जावी। अर पापी केर होवी, ता नह नववी कहथै। तफेर सेमण सप-सप ना नव गयीस। तफेर उतर के छयों भाई जुब मराय मारी। जुब मराय मारीन की मड़ायन फेर रकशिन मर गयस। ता नेवरा कहथै–लेव दादा, मोर पूछी मा आग लुवाठी बाँध देव कहथै। तफेर बाँध दैन ता नेवरा जुब मारीस, जुब मारिस। उं नान हस लड़की रकशिन की कह नव जाव तसना मारिस। तो ओहे तो मार ड़रिस। फेर मार के नेवरा कहिस–अब चलो दादा कहथै। तफेर भगत-भगत बोहोत दुरिया भगिन। उंहाँ जयके अपनाहिन ड़यकी फेर बनाय लेने। नेवरा तौन बेचारा अकले रहय। अर फेर उसने जीते-खाते, जीते-खातेउंह तो अपनाहिन कुटेला काट ले। नेवरा तेन देखै।

तफेर नेवरा कहथय बड़े दादा हरे की–मोर पूँछी मा बांदे दादा टंगिया। सब झन कहथों। तो मैं अको जहाँ काटतैंव। तो नेवरा की कहथय। ये हम तो अच्छा हाथ वारे काट नहीं सकय। ता ते नेवरा रे का उसने सब भाई हर संगले देखिस। कौनउं नहीं बाँधंय। ता अपन ले बड़े हस भाई संग गयीस। ता उं बाँध दयीस नेवरा जब कटाय काटिस, जुब कटाय काटिस। सब भाई ले जादा तो हुन सब बोवै। ता मैं हूँ बोहूँ कहके नेवरा जायके बीज माँग देखिस नइको दैं। ता सूप धर के खूंटा मा गयीस। ता उन्हा पहलीस तो तूमा केर दुइठी दाना पाइस।

ता उं दुयीठी दाना तूमा की लइस के बीचै-बीच मा ड़ोब छयिस। तफेर उं तूमा केर बेला पूरो कुटेण भर फैल गयस। अर दुंय फाड़ी फाड़िस तो पाके छय लेस। अर तोड़ के आनिस। अर आन के तूमा की फोड़ दयीस। ता अक फोड़ी ले दानय दना निकरिस। अर अक फोड़ी मा सोना, चाँदी, बरतन, निकलिस।

ता उं नेवरा चका-चक होय गयीस। अर हुन छयों भाय भूखों मरें। तफेर नेवरा बलाइस की गयीस की–चलो दादा मोर तूमा चानी की आज खैलवे कहके गयीस। ता हुन कहथय–हमर बासी की छांड़ के तोर तूमा चानी की खाय की जाबो रे कहथय। तों कोनों नई जांय। तो अपन ले बड़े हर केर घर मा फेर गएस। अर कहथै–चल दादा, मोर तूमा चानी की खैंलें रे कहथय। ता उं कहथै–चलो कहके गयीस। ता घर मा देखै। ता चकय चक रहय। अर गिर गए गयैस।

ता नेवरा कहथय–देख दादा, कइसना होत हस रे कहथस। तफेर अच्छा धान केर बासी। अर चना केर दाण खवाइस। अर भगत धनि देखैं ता लोटिया। अर टठिया की दै दयीस। ता आधा भाई भगत घनि देखैं। ता लोटिया टठिया धर के जाथैं। कहके हुन पाँचो भाई गैन। अर देखैं ता चकाचक रहय। ता देखके पाँचौं भाई गिर गैन। ता नेवरा हाथ पकड़ के उठाइस। अर ऊँहाय के धान केर बासी। अर चना केर दाण खवाइस। अर खवाय के उननहों की लोटीया, टठिया बरतन दै दयीस। अर फेर भगिन अर अपन-अपन जियन खाय। ईतरी बण किस्सा आय।

नेवला और सात भाई

एक गाँव में एक बूढ़ा और बुढ़िया रहते थे। उनके सात लड़के थे। उनमें से जो सबसे छोटा लड़का था। वह नेवले के रूप में था। वे सभी खुशी-खुशी अपना जीवन व्यतीत कर रहे थे।

एक दिन उनके माता-पिता का स्वर्गवास हो गया। तब एक दिन सभी भाई शिकार खेलने गए। वे जहाँ-जहाँ शिकार करते उस शिकार को वहीं मार कर खा जाते थे। एक दिन वे शिकार करते-करते एक घने जंगल में पहुँच गए। उस जंगल में एक राक्षसी निवास करती थी।

उसकी छह लड़कियाँ थीं। वे सभी मानव रूप में थीं। उस राक्षसी की लड़कियों ने जब इन छह भाईयों को देखा। तो वे इनके ऊपर मोहित हो गईं। उन लड़कियों ने सभी भाईयों को अपने पास रख लिया। सबसे छोटा भाई जो नेवला था। अपने भाईयों के पीछे-पीछे जंगल गया था। इसके बाद उस राक्षसी की लड़कियों ने उन छहों भाईयों के साथ अपनी शादी कर ली। वे खुशी-खुशी अपना जीवन-यापन करने लगे।

एक दिन वे राक्षसी लड़कियाँ अपनी माँ से कहती हैं—माँ, हम इन लड़कों का शिकार करके खाएँगी। तो उनकी माँ कहती है—बच्चों, रात में उन्हें सो जाने दो। जब वे सो जाएँगे। तब तुम अपना शिकार करना। तब रात में वे लड़कियाँ उन लड़कों को मारने के लिए चुपके-चुपके चाकू में धार बना रही थीं।

नेवला भाई उन्हें छुरी में धार करते देख रहा था। तो नेवला ने कहा—छुक-छुक छुरी औंटत हों, नेवला बाबू देखत हैं। तो राक्षसी अपनी लड़कियों से कहती है—लड़कियों, तुम लोग चुपचाप चाकू में धार बनाओ। बिलकुल आवाज नहीं करना। तो लड़कियाँ कहती हैं—माँ, आज तो शिकार करके ही खाएँगे। ऐसा कहकर वे फिर से छुरियों में धार बनाने लगीं। तब नेवला बाबू फिर से कहते हैं—छुक-छुक छुरी औंटत हो, नेवला बाबू देखत हैं। तब राक्षसी अपनी लड़कियों को गाली देने लगी और कहने लगी—लड़कियों, तुम लोग चुपचाप क्यों नहीं रहती हो। उन लोगों को सो जाने दो तब मारना।

यह बात सभी भाईयों ने सुन ली। तो वे रात-भर जागते रहे। तब नेवला अपने

भाईयों से कहता है—भाइयों, तुम लोग बहुओं के कपड़े पहन लो और बहुओं को अपने कपड़े पहना दो। यदि तुम लोगों ने ऐसा नहीं किया। तो आज तुम लोग किसी भी हालत में नहीं बचोगे। मैं चार-पाँच दिनों से जागकर इनकी बातें सुन रहा हूँ। मुझे नींद आ रही है। इसलिए मैं आज रात नहीं जागूँगा। तुम लोग अपना-अपना ख्याल रखना।

तो उन भाईयों ने नेवले की बात मान ली। उन्होंने अपनी-अपनी औरतों के कपड़े पहन लिए और अपनी-अपनी औरतों को अपने कपड़े पहना दिए। रात को जब सब सो गए। लेकिन नेवला चुपचाप, सोए-सोए इनकी करतूत देख रहा था। उसी समय आधी रात को राक्षसी ने चाकू में धार लगाई और दामाद समझकर अपनी बेटियों के सिर काट दिए और सो गई। राक्षसी मन-ही-मन कहती है—चुपचाप रहो, कल शिकार खाएँगे।

दूसरे दिन छहों भाई महिला के वेश में हंडी और कसेंडी लेकर घर से बाहर निकले और हंडी और कसेंडियों को कुँए के पनघट पर छोड़कर वहाँ से भागे। भागते-भागते वो लोग गाँव से बहुत दूर आ गए। उनके पीछे-पीछे नेवला भाई ने भी दौड़ लगा दी। सुबह उठकर राक्षसी जब उनके सिरों को देखती है तो आश्चर्य में पड़ जाती है। उसने अपने दामादों के धोखे में अपनी ही लड़कियों के सिर काट दिए थे।

फिर राक्षसी कुँए की ओर भागती है। वहाँ वह कुँए के पनघट पर पड़ी हंडियों को देखकर तिलमिला जाती है। राक्षसी दहाड़ते हुए कहती है—कहाँ जाओगे बैरी, तुमने मेरी बेटियों को मरवा डाला। तुम्हारे धोखे में मैंने अपनी ही बेटियों के सिर काट डाले। मैं तुम सभी को खाए बिना नहीं रहूँगी। इतना कहकर राक्षसी उन भाईयों के पीछे दौड़ी। सभी भाई राक्षसी को अपने पीछे दौड़ते देख घबरा जाते हैं।

तब बड़ा भाई नेवले से कहता है—नेवला भाई, अब कैसे बचेंगे? तो नेवला कहता है—तुम लोग यहीं सेमर के पेड़ के ऊपर चढ़ जाओ। मैं यहीं नीचे छुपकर बैठता हूँ। तब सभी भाई सेमर के पेड़ से कहते हैं—सेमर भाई, अगर तुम धार्मिक होगे तो झुक जाओगे। यदि पापी होगे तो नहीं झुकोगे। इतना सुनते ही सेमर का पेड़ तुरन्त झुक गया। सेमर के झुकते ही छहों भाई उसके ऊपर चढ़कर सेमर के पेड़ से कहते हैं—उठ-उठ रे सुर्री सेमर? तब सेमर का पेड़ तुरन्त खड़ा हो गया। नेवला भाई उसी पेड़ के नीचे झाड़ियों में छुपकर बैठ गया।

इतने में राक्षसी दहाड़ती हुई वहाँ पहुँच गई। उसने अपनी लड़कियों की लाश वहीं पेड़ के नीचे रखकर पेड़ के ऊपर चढ़ने लगी। तो नेवला उनकी लड़कियों के बाल पकड़कर खींचने लगा।

उसी समय छहों भाईयों ने सेमर से फिर कहा—ऐ सुर्री सेमर, तुम धार्मिक होगे तो झुक जाओगे और पापी होगे तो नहीं झुकोगे। ऐसा सुनते ही सेमर का पेड़ तुरन्त

नीचे झुक गया। उससे छहों भाई नीचे उतरकर आए और सब ने मिलकर जब राक्षसी को मारा तो राक्षसी के प्राण पखेरु उड़ गए।

इसके बाद नेवला अपने भाई से कहता है—दादा, तुम मेरी पूँछ में आग लगा दो। तब उन्होंने नेवला की पूँछ में आग लगा दी। तब नेवले ने उन लड़कियों को जला डाला। उनको जलाने के बाद नेवले ने कहा—चलो दादा, यहाँ से भाग चलो। तब सभी भाई वहाँ से बहुत दूर आ गए। वहाँ आकर छहों भाईयों ने अपनी-अपनी शादी फिर से कर ली।

बेचारा नेवला अकेला कुँवारा रह गया। एक दिन नेवले ने अपने भाईयों से कहा—दादा, मेरी पूँछ में हँसिया बाँध दो। जिससे मैं खेत में धान की कटाई कर लूँ। तो उसके भाईयों ने कहा—जब हम अच्छे-अच्छे हाथोंवाले कटाई नहीं कर पा रहे हैं। तो तुम अपनी पूँछ से कितना काट लोगे। नेवले ने सभी भाईयों फिर से कहा कि उसकी पूँछ में हँसिया बाँध दें। पर किसी भी भाई ने उसकी पूँछ में हँसिया नहीं बाँधा। तब नेवले ने अपने बड़े भाई से कहा तो बड़े भाई ने उसकी पूँछ में हँसिया बाँध दिया।

इसके बाद जब नेवले ने अपनी पूँछ से फसल काटना चालू किया तो सभी भाईयों से ज्यादा फसल काट डाली। इसके बाद खेत में अनाज बोने का समय आया तो नेवला ने अपने भाईयों से कहा कि मैं भी अपने खेत में बीज बोऊँगा। परन्तु किसी भी भाई ने उसे बीज नहीं दिए। तब नेवला मजबूरी में हाथ में सूप रखकर खलिहान गया। तो वहाँ से लौकी के दो दाने मिले। उसने उन दानों को वहीं खेत में बो दिया।

उस लौकी के दानों से जब बेल निकली तो उसकी बेल पूरे खेत में छा गई। जब लौकी पकी तो नेवले ने दो लौकी तोड़ीं और जब उनमें से एक लौकी को काटा तो उसमें से अनाज के दाने ही दाने निकले। इसके बाद दूसरी लौकी काटने के बाद उससे सोना, चाँदी, हीरा, जवाहरात और बरतनों का भंडार निकला। इतना ढेर सारा धन पाकर नेवला धनी हो गया।

कुछ दिन बाद उसके छहों भाईयों के ऊपर ऐसी गरीबी आई की वे दाने-दाने को मोहताज हो गए। फिर एक दिन नेवले ने अपने भाईयों से कहा—दादा, चलो आज आप लोगों को लौकी की सब्जी खिलाएँ। तो भाईयों ने कहा—हम अपनी बासी छोड़कर तुम्हारी लौकी की सब्जी खाने नहीं जाएँगे। ऐसा कहकर कोई भी भाई उसके घर नहीं गया।

तब नेवला अपने सबसे बड़े भाई के घर गया और उससे कहा—चलो भाई, हमारे घर लौकी की सब्जी बनी है, आपको निमन्त्रण है। तो नेवले का बड़ा भाई नेवले के घर खाना खाने पहुँचा। तो देखा की उसका भाई बहुत धनवान हो गया है। ऐसा देखकर बड़े भाई को चक्कर आ गया। वह जैसे ही जमीन पर गिरने लगा,

तो नेवले ने उसे सँभाला और कहा—दादा, आपको क्या हो गया? आप कैसा कर रहे हो? ऐसा कहकर नेवले ने बड़े भाई को आराम से बिस्तर पर बैठाया।

फिर नेवले ने अपने बड़े भाई को अच्छे धान का चावल और चने की दाल खिलाई। खाना खाने के बाद जाते समय नेवले ने अपने बड़े भाई को एक लोटा और थाली भेंट की। बड़े भाई को लोटा, थाली ले जाते हुए जब छोटे भाईयों ने देखा तो वे आश्चर्य में पड़ गए।

वे तुरन्त नेवले के घर गए। तब नेवले ने सभी पुराने बैर भुलाते हुए अपने सभी भाईयों को भी अच्छी धान का चावल और चने की दाल खाने को दी। खाना खाने के बाद उन भाईयों को भी एक-एक लोटा और एक-एक थाली भेंट की। लोटा, थाली पाकर सभी भाई खुश होकर अपने घर वापस आ गए और अच्छे से अपना जीवन-यापन करने लगे।

इतनी बड़ी किस्सा समझोगे तो तुम्हारी न समझोगे तो हमारी।

8. डोकरी अऊर खणहा

अकठी डोकरा अर डोकरी रहय। ता हुन दुन्नों अच्छा जीवें खावें। तो उसनय जीते खाते रहय। अक दिन केर हरि डोकरी हर सूप धरके डोंगर केर पाण माँ उंधे गयीस। तफेर उंहाँ उंधते-उंधते बोहोत टैम हय गयीस।

ता डोंगर केर पाण लें खणहा कहथय डोकरी की—तोर ड़करा रहतिस ता मोला मारतिस। कहय खणहा। ता डोकरी चुप्पे के सुनैं। तफेर अकदारी कहथय—खणहा मारती-खणहा मारती। तोर डोकरा रहतीस ता मोला मारतिस।

तफेर अच्छा सुन लेस। ता फेर उं डोकरी घरै भागिस अर कहथै अपन डोकरा की ऐ डोकरा काल गय रहय। तो डोंगर केर पाण का नहीं का अच्छा बाँसे। ता डोंगर केर पाण लें खणहा कहथय—तोर ड़करा रहतिस ता मोला मारतिस। ता डोकरा की कहथय—चल डोकरी, बिहाने जावो। मैं उसनय कोठार मा फेरै आतहूँ कहथय।

तफेर डोकरा कहथय चल डोकरी कयाय बाँसथै। तौने मैं दबे रहय। ते तौन उहवी तो मैं जैके मारहूँ। ता बिहान भय फेर डोकरी डोकरा गैन उं डोकरी फेरय उंधै। अर डोकरा कर पाड़ा माँ दबे रहय। ता अक घंटा बाद माँ खणहा फेरै बाँसे की तैयार हय गयीस। तफेर कहथय—खणहा मारती, खणहा मारती। तोर डोकरा रहतीस तो मोला मारतीस कहथय। ता डोकरी कहथय डोकरा की सुने हो डोकरा बाँसथै। तौन कहथय। फेर अक दारी बाँसे खणहा मारतिस, खणहा मारतिस खणहा। तोला ड़करा रहतिस ता मोला मारतिस कहिस। तौन सांहित डोकरा दौण के खणहा की पकड़ लैस। अर रम-रम मार णायस।

अर मार के डकरी अर डोकरा आन गएस। अर आन के भूँज-भांज के काट-कुटाय के अर गाँव छो फिरिस भगिस। तो उंहले डोकरी शिकार के रांध के अर पूरो की खा ड़रिस। अर अपन कूला की चान के अर तेलाय मा रांध दएस। अर रांध रुंधाय के अर पूरो शिकार की खायके अर सोय गयीस।

तो उंहले गाँव ले डोकरा आय। अर कहथय डोकरी की—दे डोकरी, बासी कहथै। तो डोकरी कहथय—ते हैण के खाय लेय। तौन सांहित ओखर पोसेहर कुकुर कहथय—डोकरा की झय खा डोकरा, डोकरिन कूला, झय खा डोकरा डोकरिन कूला कहथय। ता डोकरा कहथय—कस्सी मा आय अइसना कहथय। नै कहथै तो

फेरय अकदारी कहथै–झय खा डोकरा, डोकरिन कूला कहथै। ता उं डोकरा काकम आय इसना कहथय। उठाय के कुटेला मा जब मारिस तो कुकर मर गयीस।

अर कूकर मरे के बाद उं डोकरा खाना खायीस। अर खाय के बाद माँ डोकरी पास गयैस अर देखै उंघाड़ के कूला की तो पूरो कूला चाने हर रहय।

तो डोकरा कहथय। उंहुय माँ आय कुकर कहय ता मैं नइको जान रहय। तो मार णड़व। डोकरा बहूत पचतायस। अर कुकर की फटक छयिस। अर फेर अपन डोकरी की अंधेर गधारिस की मोए तोर कूला की खवाए कहके। अंधेर मारिस। अर डोकरी फेर मर गयीस। ता डोकरा फेर दफन दै छयिस। अर ओखर काम करिस। अर डोकरा फेर दूसर डौकी आन के अर जीन खायन ईतरी बण किस्सा।

बुढ़िया और खरगोश

एक गाँव में एक बूढ़ा और बुढ़िया रहते थे। दोनों पति-पत्नी सुखपूर्वक अपना जीवन-यापन कर रहे थे। एक दिन बुढ़िया एक सूपा रखकर जंगल कुछ बीनने गई। उसे बीनते-बीनते बहुत समय हो गया।

उसी समय जंगल से एक खरगोश की आवाज आती है—तेरा बूढ़ा रहता तो मुझे मारता। ऐसा सुनकर बुढ़िया चुप होकर फिर ध्यान से सुनने लगी। तभी फिर से आवाज आती है—खरगोश मारता, खरगोश मारता, तेरा बूढ़ा रहता तो मुझे मारता, तेरा बूढ़ा रहता तो मुझे मारता।

बुढ़िया ने जब अच्छी तरह से सुन लिया कि यह आवाज खरगोश की है। तब बुढ़िया सूपा उठाकर अपने घर वापस आ गई। घर आकर उसने अपने बूढ़े से बतलाया की मैं जंगल गई थी तो वहाँ जंगल में आवाज आ रही थी। तेरा बूढ़ा रहता तो मुझे मारता, तेरा बूढ़ा रहता तो मुझे मारता। न जाने वह आवाज कहाँ से आ रही थी। तो बूढ़ा बोला—बुढ़िया, मैं कल तेरे साथ जंगल चलुंगा देखता हूँ वह आवाज कहाँ से आती है। मैं दिन-भर घर में बिना काम के घूमता रहता हूँ।

इसके बाद दूसरे दिन बूढ़ा-बुढ़िया के साथ उसी जंगल में गया। वे जंगल में जाकर एक जगह छुपकर बैठ गए। तब एक घंटे बाद खरगोश की आवाज फिर से आने लगी। तब बूढ़ा बोला—चुपचाप सुनो। तब एक बार फिर खरगोश बोला—तेरा बूढ़ा, रहता तो मुझे मारता। खरगोश मारता, खरगोश मारता। उसी समय बूढ़े ने दौड़कर खरगोश को पकड़ लिया और उसे मार डाला। बूढ़ा और बुढ़िया उस खरगोश को लेकर घर आ गए। तब बूढ़ा किसी काम से बाहर गया तो बुढ़िया ने उस खरगोश को भूँजकर काटा और तेल में पकाया। फिर पूरा खरगोश बुढ़िया ने अकेले ही खा डाला। इसके बाद बुढ़िया ने बूढ़े के लिए अपनी जांघ काटकर तेल में डालकर पका दी। फिर उस मांस को एक बर्तन में ढँककर सो गई।

कुछ देर बाद बूढ़ा वापस आया और बुढ़िया से बोला—मुझे खाना परोस दे। तो बुढ़िया बोली—वहीं ढका रखा है, निकालकर खा लो। बूढ़ा खाना निकालकर खाने लगा। तो उसी समय घर का पालतू कुत्ता बूढ़े से बोलता है—बूढ़े बाबा, इसे मत खाओ। यह बुढ़िया की जांघ है। ऐसा सुनकर बूढ़ा आश्चर्य में पड़ गया। यह

कुत्ता ऐसे कैसे बोल रहा है। बूढ़ा फिर खाना निकालने लगा। तो कुत्ता फिर बोला—बूढ़े बाबा, इसे मत खाओ। इसमें बुढ़िया की जांघ है। ऐसा सुनकर उस बूढ़े को गुस्सा आ गया। उसने गुस्से में एक लकड़ी उठाकर उस कुत्ते को मारी। जिससे कुत्ता वहीं मर गया।

कुत्ते को मारने के बाद बूढ़े ने बरतन से खाना निकाला और खाना खाया। बुढ़िया ओढ़कर सो रही थी। बूढ़ा खाना खाकर बुढ़िया के पास गया। बुढ़िया कपड़ा ओढ़कर सो रही थी। बूढ़े ने जाकर बुढ़िया के शरीर से कपड़ा हटाया तो उसकी एक जांघ गायब थी।

तो बूढ़ा कहता है। मैंने कुत्ते की बात नहीं मानी। कुत्ता सच कह रहा था। बूढ़े को बहुत पछतावा हुआ। उसने कुत्ते का अंतिम-संस्कार किया। बूढ़ा घर आकर बुढ़िया को मारने लगा। उसने बुढ़िया को बहुत मारा जिससे बुढ़िया मर गई। कुछ दिन बाद बूढ़े ने एक दूसरी बुढ़िया से फिर शादी कर ली। फिर दोनों अच्छे से जीवन-यापन करने लगे। कितनी बड़ी कहानी है।

9. अक राजा अऊर चार चोर

अकठी राजा अर रानी रहय। वा जियत खावत बोहोत दिन हय गयीस। अक दिन केर हरि राजा कहथै रानी की–आज तैं मोर नाने बासी रांध के दे। हांव तो पूरा ई रजवाड़ा देखे की जावो।

तफेर रानी राजा केर अच्छा खवाय दयीस। अर राजा की अपन देश मा पहरा दैन के नाने पठोय छयिस। ता राजा आधा रात मा चक्कर लगाय की गै रहय। अर राजा अपन पूरो कपड़ा लत्ता की बलदाय के गै रहय। ता उ दिन केर हरि चार झन चोर, चोरे की उं शहर मा आंय रहय। तफेर अपन भेस की बदल के राजा होय गै रहय।

ता हुन चारों की राजा पाय दैव। ता उंकी देख के हुन भगय। ता राजा कहथय–कोंनाव आर कोंनाव, कहथै। तफेर चारों चोर आयगै। ता राजा कहथय–तुम कोंन आव,तोला काहेन कहथै। हुन कहथय–मैं हो आंव चोर आर कहथय। ता उं राजा हो कहथै मैं हो आंव चोर आर कहथै। ता राजा कहथय–हम पाँचों, चोर चलो चोरे की। ता हुन कहथय–चलो कहके।

तफेर राजा कहथय–चारों चोर, की जब चोरे की जाहो। ता चोरे केर कछु गुन होंही। हुन चोर हाँ कहथय। तफेर पहली चोर कहथय–जौन रात के कछु जिवाद या पक्षी बाँसही। ता मैं उंकी जान जाहूँ की का कहथै। दुसरैया चोर की कहथय राजा-तोर का गुन आय कहथै। ई शहर मा अखर कोन्नों घरे टूरा जनम लेही। अर रोही तौने मैं जान जाहूँ की ई का कहथय तौन। अब राजा पूँछथै तीसरैया चोर की तोर का गुन हाय। ता तीसरा चोर कहथै–रात केर टैम मा छी लेयव या देख लेयव। ता उंकी मैं दिन मान के चीन लेहूँ कहथय। ता राजा कहथय चौथा चोर की कहथै की तोर का गुन हाय। ता उं कहथय–मैं अखर चोरी करके पैठहूँ। ता पइसा वारे अर सोना चांदी वारे घर की मैं जान जाहूँ कहथै। चारों चोर कहथय। ते तो हमार गुन पूँछे अब तोर का गुन हाय तौने ते गुठेवे।

ता राजा कहथै–तुम चोरी करत मा अगर पकणाय गैयव। ता मैं बुचकाय सकथूं। अक दाम की या गुन मोर संग हाय। ता उं राजा कहथय–तो अब चलो चोरे की कहथै। जात के टैम मा आधा रात के कुलिहा बासिस। ता राजा कहथय

पहली चोर ई का आय बासिस। तौन कहथै ता उं चोर कहथै-ई बात हाय तौन कहथै, चार चोर अक राजा, चार चोर अक राजा कहथै। ता जात-जात मा नौवा घरेंमाँ अकठी नौवा टूरा जनमिस। अर एहँव-एहँव रोवै। ता राजा पूँछथै दुसरैया चोर की ई कयाय कह दयीस ई रोवै तौन। ता उं चोर कहथय–ई टूरा कहथय की राजा की मार के राज करहूँ। राजा की मार के राज करहूँ, कहथै।

ता राजा कहथै–इसना कस्सी होही। ई सब गलत हाय। कहथय राजा। तफेर ता जात-जात राजा अपन घरैखों पोहचाय णायस। ता राजा कहथय चौथा चोर की–कती घर मा पैठी कहथै। ता चौथा चोर कहथय की–अकठी कोठा की छांड़ के दुसरैया कोठा मा घुसो कहथै। अर सारी सोना-चाँदी उहुव कोठा मा रहय। फेर घुस गैन चारों चोर।

अर राजा तौन भागिस अपन महल माँ, अर जैके राजा विसिल मार दयीस। ता पूरे महल केर लाल बत्ती बणगै। तो पूरो सिपाही दौड़ की महल की गेर लेन। ता उंखर घर मा चार झन चोर की पाय। ता पकड के सकरहा राज की राजा केर सभा मा दाखिल करिन। तफेर राजा कहथय–क्यों रे, कैसे चोरी की पैठवे। किसके कहना मा तुम पैठव।

तफेर हुन तीनों चोर कहथय। अक झन चोर तिसरा चोर की। ते तोर गुन की नइको गुठेयास। ता जल्दी हय गुठेव। नहीं ता हम नाहीं जानें कहथै। ता उं तीसर चोर कहथै–नै राजा, मैं रात केर समय तोली पाय भर छी रहंव तौन। ते आस अर राजा महाराज। ता राजा चुपचाप हय गयीस।

तफेर चोर कहथै राजा की–तैं जर कह रहीस की चोरत मा हम पकणाय जावो। ता अक दाम की बुचकाय देहूँ। कहे रहस हय। तफेर राजा हाँ कहिस।

अर राजा कहथय चोरन की आज चोरे की आएव तो आएव। अब आज दिन ले चोरे की कोई गाँव या घर मा झय जहो कहथै।

तफेर राजा हुन चोर की दुयीठी संदूक दै दयीस। अर बुचकाय दयीस। तफेर हून चोर हँसत-हँसत भागिन। अर फेर अपन घर मा जै के जीन खाय। तफेर राजा हो अपन राज पाट ला देखिस। अर काम करिस। ईतरी बण किस्सा।

एक राजा और चार चोर

एक राजा और एक रानी अपने राज्य में रहते थे। वे अच्छे से अपना जीवन-यापन कर रहे थे। एक दिन राजा, रानी से कहता है—रानी जी, आज तुम मेरे लिए जल्दी खाना बनाकर दे दो। मैं आज पूरा राज्य देखने जाऊँगा। तब रानी ने राजा को अच्छा-अच्छा खाना खिलाया। फिर राजा अपने राज्य में पहरा देने चला गया।

राजा आधी रात में अपने राज्य का चक्कर लगाते हुए घूम रहा था। उसने महल से निकलते समय अपनी पूरी वेश-भूषा बदल ली थी। वह साधारण प्रजा की वेश-भूषा में घूम रहा था। उस दिन-रात के समय में उस शहर में चार चोर चोरी करने आए थे। तो राजा की भेंट उन चारों चोर से हो गई। वे चोर राजा को देखकर भागने लगे। तो राजा ने आवाज देकर उन्हें रोका। राजा ने उनसे पूछा—भाई, आप लोग कौन हो? ऐसा सुनते ही चारों चोर राजा के पास आ गए। तब राजा ने एक बार फिर उन चोरों से पूछा—भाई, आप लोग हैं कौन? चोरों ने कहा—हम लोग चोर हैं। फिर उन चोरों ने राजा से कहा—तुम बतलाओ, तुम कौन हो? तो राजा ने कहा—मैं भी चोर हूँ यार।

तब राजा ने कहा—चलो हम पाँचों चोर मिलकर इस शहर में चोरी करें। लेकिन राजा कुछ सोचने लगा और फिर राजा ने चोरों से कहा—मैंने तो मान लिया कि तुम लोग चोर हो पर यह तो बतलाओ तुममें चोरी करने के कौन-कौन से गुण हैं? तो पहला चोर कहता है—रात में कोई जानवर या पक्षी जो भी बोलता है, मैं उसकी आवाज को पहचान जाता हूँ कि वह क्या कह रहा है। तब राजा दूसरे चोर से कहता है—तुममें चोरी के क्या गुण हैं? तो दूसरा चोर कहता है—आज रात को इस शहर में यदि कोई लड़का जन्म लेगा और जन्म लेकर जब रोएगा तो रोते समय वह क्या बोलेगा मैं उसकी भाषा समझ जाऊँगा। तब राजा तीसरे चोर से कहता है—यार, तुममें चोरी के कौन-कौन से गुण हैं? तो तीसरा चोर कहता है—मैं रात में यदि किसी को छू लूँगा तो मैं उसे दिन में देखकर पहचान सकता हूँ।

तब राजा चौथे चोर से पूछता है—यार, तुम बताओ, तुम मैं कौन-कौन से गुण हैं? तो चौथा चोर कहता है—मैं चोरी करने उसी घर में घुसता हूँ जिस घर में सोना,

चाँदी का भंडार भरा रहता है। मैं घर देखकर पहचान जाता हूँ कि यह घर किसी अमीर का है या किसी गरीब का।

इसके बाद चारों चोर राजा से पूछते हैं–यार, तुमने तो हम सबसे चोरी के गुण पूछ लिए। अब तुम बताओ, तुममें चोरी के कौन-कौन से गुण हैं? तो राजा कहता है–मेरे पास सिर्फ एक ही गुण है। वह यह है कि यदि तुम लोग चोरी करते पकडे गए। तो मैं तुम्हें एक बार सजा होने से बचा सकता हूँ।

तब राजा कहता है–चलो, अब हम लोग चोरी करने चलते हैं। तब चारों चोर और राजा चोरी करने शहर में प्रवेश करते हैं। उनके शहर में प्रवेश करते ही आधी रात को लोमड़ी ने हुआँ, हुआँ की आवाज की तो राजा ने पहले चोर से पूछा–क्यों यार, यह लोमड़ी क्या कह रही है? तो पहला चोर कहता है–लोमड़ी, कह रही है–चार चोर, एक राजा, चार चोर, एक राजा कह रही है। अब वे शहर के अंदर प्रवेश करते हैं। वहाँ एक नाई के घर में एक बच्चे ने जन्म लिया था। वह ऐंहँव-ऐंहँव करके रो रहा था। तब राजा ने दूसरे चोर से कहा–क्यों मित्र, यह बच्चा क्या कहकर रो रहा है? तो दूसरा चोर कहता है–यह बच्चा कह रहा है–मैं राजा को मार कर राज करूँगा, मैं राजा को मार कर राज करूँगा। ऐसा कह रहा है। राजा कहता है–ऐसा कैसे होगा? यह सब गलत है। ऐसा कहकर राजा चारों चोरों के साथ आगे बढ़ गया।

अब सभी चोर महल के पास पहुँच जाते हैं। तब राजा चौथे चोर से कहता है–अब तुम बतलाओ, हमें किस महल में चोरी करनी है? चौथा चोर कहता है–मित्र, एक घर छोड़कर दूसरे घर में चोरी करनी है क्योंकि उस घर में खूब सारा सोना, चाँदी और हीरा, जवाहरात भरे पड़े हैं। ऐसा कहकर चारों चोर उस महल में चोरी करने पहुँच गए।

राजा बाहर खड़ा था। उसने उन चोरों से कहा–मैं बाहर खड़े होकर तुम्हारा इन्तजार करूँगा। यदि कोई खतरा हुआ तो मैं बाहर से तुम्हें बिसील मारूँगा। जिससे तुम लोग सर्तक हो जाना। तब राजा ने तुरन्त महल की ओर प्रस्थान किया। महल जाकर राजा ने खतरेवाली सीटी बजा दी। सीटी के बजते ही पूरे महल में लाल बत्ती जलने लगी। राजा के सिपाही दौड़कर महल की ओर भागे तो उन्हें चार चोर मिले।

सिपाहियों ने चारों चोरों को पकड़ लिया। दूसरे दिन चारों चोर को सिपाहियों ने राजदरबार में हाजिर किया।

तब राजा कहता है–तुम लोग इस महल में चोरी करने कैसे पहुँचे? किसके कहने से यहाँ चोरी की? तब सभी चोर अपने तीसरे चोर से कहते हैं–मित्र, अब तुम अपने गुण बतलाओ। तुमने तो उस चोर को छुआ ही होगा। तब तीसरा चोर राजा से कहता है–राजाजी, रात को चोरी करते समय मैंने आपको छू लिया था।

इसलिए महाराजा रात में आप ही हमारे साथ चोरी करने गए थे। यह सुनकर राजा चुप हो गया।

सभी सिपाही राजा को देखने लगे। तब चोरों ने राजा से कहा—राजाजी, आपने कहा था कि हम लोग यदि चोरी करते पकड़े गए तो आप हम लोगों को एक बार बचा लेंगे। यह बात आपने कही थी की नहीं। तब राजा ने कहा—हाँ, मैंने कहा था। तब राजा ने चोरों से कहा—हाँ, मैंने तुम लोगों को छुड़ाने के लिए कहा था। इसलिए मैं आज तुम लोगों को माफ करता हूँ। लेकिन आज के बाद तुम लोग यदि किसी गाँव या शहर में चोरी करते पकड़े गए तो मैं तुम्हें कड़ी से कड़ी सजा दूँगा। ऐसा कहकर राजा ने उन चोरों को सोने, चाँदी की दो पेटी भेंट में दी। तब वे चोर हँसते-हँसते दोनों पेटी उठाकर अपने घर चल दिए। वे चारों चोर घर जाकर ईमानदारी से जीवन-यापन करने लगे। राजा अपने राजपाट को सँभालने लगा।

इतनी बड़ी कहानी है।

10. लक्ष्मी बड़े कि सत

अक डोकरा अर डोकरी रहय। ओखर दुयी ठौ लरका रहय। ता हुन लरकान केर नाव लक्ष्मी, अर अक झन केर नाव सत्य रहय। हुन दुयो भाई बहोत झगड़ा होवय।

तफेर अक भाय कहय—मय आव बड़े। अर अक भाय उं कहय—मय आंव बड़े। ता हुन बहोत मारपीट होवैं। ता डोकरी-डोकरा कहथय हुन टूरानें-झय होवो झगड़ा रे कहथय। अखर डोकरा-डोकरी की बातें झय मानें। तफैर नान भय कहथय बड़े भाय की—चल हम अक गाँव जाही कहथय। ता बड़े भाय लक्ष्मी आगू-आगू जाय। ता जात-जात गल्ली मा परऐ भीम की। ता भीम पूँछथैं उनकी—तुम कहाँ जाथौं लरका, कहथय भीम। ता नान भाय सत्य कहथय—नहीं भगवान, हम बहोत झगरा होवत हयं। तो आय हम अक गाँव जाथन। अब भीम हो संगमा जाथै। तफेर जात-जात गल्ली मा बिसनू भगवान की पाय दैन। ता बिसनू भगवान कहथय—ते कहाँ जाथहस भीमसेन कहथय बिसनू। ता भीम कहथय—हैन लरका, झगरा होथैं। ता फैसला करे जाथूँ।

ता बिसनू भगवान ठीक हय कहथै। मैं हो जाहूँ कहथै। बिसनू भगवान। अर पीछे-पीछे ओहू चल दयीस तो जाते-जाते गाँव की पहुँचगै। अर रात हय गयीस। ता भीम कहथय—रात हय गयीस ता कहाँ रहीन। ता बिसनू भगवान कहथय—ईही गाँव मा रहवो कहथय।

बिसनू भगवान लक्ष्मी ला कहथय—जा रे डेरा डाटे की कोनोक कोनकी घर कोनक परछी माँ देख के आयगै। जहाँ रहय। तहाँ, अब बिसनू भगवान पूँछथैं लक्ष्मी की—डेरा पाये की नहीं? ता लक्ष्मी कहथय—नइको पाँव मोए डंडा मार के भगाथैं। ता बिसनू ठीक हय कहथै। अब चलो चारों झन डेरा डाटे जायी। तफेर डेरा डाटे की गैन।

तफेर गाँव की घूमथैं। अक गरीब घर मा डेरा पाइन। उहूँ माँ उं घर मा अक लरका रहय। अर दाय हर तो लरका पूँछथै-दाय हरे, हमार घर मा पहुना आंथन। तो दाय हर कहथय—काहे खवायवो पियायवो बेटा कहथै। ता अकी सुन पायस बिसनू भगवान। गरीब हाय कहके बिसनू भगवान जानगैं। ता भीम कहथय—उं

गरीब लरका ले जा लरका ते अक चिलम गांजा ड़ाट के लानवी। ता लरका कहथय–हमार संग पइसा नइको आय। न कछु नइको आय। ता मय काही आनवी कहके भीम कहथय। तफेर लरका गाँव मा गयीस। अर अक घर मा पूँछथै-मोला अक चिलम गांजा दे कहके माँगथस, ता वा अक पत्ती दयीस। ता उकी धर के आय गयीस। अर भीम की दै दयीस भीम चढ़ाय के पीयन लागीस।

अर उं गाँव मा राजा घरें बिहाव होवै। तो रात के उं घरवारे के निमंतरन रहय। चलो राजा केर बुलाव हय। कहके कहय ता उं घर केर बेदाय की पइसा ना दाम नइको रहय। तो नहीं जायं तो बिसनू भगवान कहथय–जाव राजा घर बिहाव होथै। तो बेदाय आवो ता टूरा के दाय हर कहथय–हमर संग पइसा नइको न कछु नइको। हम कस्सी जायी।

तफेर कहथय बिसनू भगवान-तुम्हार घर मा लोढ़ा-सिलोंटा हय। तौनय धर लेव। अर बँदाय आंव। ता उंहले टूराय दाय हर पखनाये कस्सी बँदायों। कहके बिसनू भगवान कहथय।

ता बिसनू भगवान कहथै–तुम तो धर लेव। अर बँदाय के आव जाव। तफेर टूरा के दाय हर लोढ़ा-सिलोंटा की धर की अर टूरा गैन रातय के बँदाय के तुरते आय गैन। हम पखनाये बँदाय हैं। तो दिन के राजा देखही तो कोनाय हो कहय सिलोंटा मा बँदाय कहे कही कहके रातय के आय गैन घर मा। ता बिसनू भगवान पूँछथैं। बँदाय के आय गैन कहथय।

तफेर रात केर गए दिन मान हय गए। तो राजा उं के बँदाय हर समान की देखथैं अर कहथै–लोढ़ा-सिलोंटा, कौनाय बँदाय हय, या हीरा मोती के आय कहथै राजा। राजा पूँछथैं चपरासी की पीछू कोंन आय आय रहय। बँदाय की कहथै तो चपरासी कहथै–उनहीं आय रहय। माय-बेटा अर रातय के भागिन। हम नइको देखन तो राजा कहथय–जाओ चपरासी बलाय के माय बेटा की लानों? तो चपरासी आयन अर माय बेटा की लेगै। हुन नयी जांय फेर लेगै। ता राजा फेर हीरा, मोती के लोढ़ा अर सिलोटा बँदाय हय कहके नारा लगायस। अर हुन माय बेटा ला आधा राज दै दयीस माय बेटा ने तां उं राज मा आधा राज राजा करय। अर आधा राज माय बेटा करैं।

ओखर बाद मा फेर राजा के घर ले अपन घर आयगै। तो बिसनू भगवान कहथय–तुमहार बँदाय हर समान का होयस कहथय बिसनू। ता माय-बेटा बिसनू की गोड तरी पकण लेन। अर बिसनू भगवान कहय–आधा राज, तुम करो। अर आधा राज राजा करही, कहके बिसनू भगवान कह दयीस।

अब बिसनू भगवान अर भीम अर लक्ष्मी अर सत्य उं घर ले निकण गैन। अर पीछे कलत के फेर देखिन उनखर घरें देखिन। तो कै मंजिल केर महल

बनगै। लक्ष्मी दंग खैगै। अब आय लगीन अपन घर मा ता बिसनू भगवान पूँछथैं लक्ष्मी की–अब कौन आव बड़े कहथय। ता लक्ष्मी कहथय–सत्य आय बड़े कहथय। अब तुम्हार फैसला बनिस कहथय बिसनू। तफेर हाँ कहके लक्ष्मी कह दयीस। ता सबले बड़े सत्य आय जावो। दुयो भाय राज करो। ओहिच दिन ले बैगा मनसे झूठ नइको बोलत हाय। काहे ले की सत्य बड हवय इतरी बड़ किस्सा हवें।

लक्ष्मी बड़े कि सत्य

एक गाँव में एक बूढ़ा और एक बुढ़िया रहते थे। उनके दो लड़के थे। उनके एक लड़के का नाम लक्ष्मी और एक का नाम सत्य था। दोनों भाई आपस में बहुत लड़ते थे। एक भाई कहता था—मैं बड़ा हूँ। तो दूसरा भाई कहता था—मैं बड़ा हूँ। बूढ़े-बुढ़िया उन दोनों से कहते की तुम लोग आपस में मत लड़ा करो। परन्तु वे दोनों उनकी बात नहीं माना करते थे।

एक दिन छोटा भाई अपने बड़े भाई से कहता है—भैया, आज हम एक गांव में जाएँगे। तुम भी मेरे साथ चलना। तब दोनों भाई एक साथ गाँव से निकल पड़े। बड़ा भाई लक्ष्मी आगे-आगे जा रहा था। उसके पीछे-पीछे उसका छोटा भाई सत्य चल रहा था।

उन्हें रास्ते में भीमसेन मिला। तो भीम ने पूछा—ऐ लड़के, तुम लोग कहाँ जा रहे हो? तो छोटा भाई कहता है—भगवान, हम लोग आपस में बहुत लड़ते रहते हैं। इसलिए एक गाँव में जा रहे हैं। तब भीम भी उन लड़कों के साथ चलने लगे। चलते-चलते रास्ते में उन्हें भगवान विष्णुजी मिले। विष्णु भगवान ने भीम से पूछा—भीमसेन, तुम कहाँ जा रहे हो? तो भीमसेन ने कहा—भगवान, ये दोनों भाई आपस में बहुत झगड़ा करते हैं। इसलिए इनका फैसला करने इनके साथ जा रहा हूँ। विष्णु भगवान ने कहा—ठीक है, मैं भी तुम लोगों के साथ चलता हूँ।

इस प्रकार विष्णु भगवान भी उनके पीछे-पीछे चल दिए। इस तरह वे सभी चलते-चलते एक गाँव में पहुँच गए। उन्हें गाँव में पहुँचते-पहुँचते रात हो गई तो भीम उन तीनों से कहते हैं—अब तो रात हो गई, कहीं विश्राम किया जाए।

विष्णु भगवान लक्ष्मी से कहते हैं—लक्ष्मी, तुम किसी के घर जाकर हम लोगों के रुकने की व्यवस्था करो। तुम जाकर किसी के घर की परछी देखकर आओ। जिसमें रुका जा सके। तब लक्ष्मी पूरे गाँव में घूम कर आया। परन्तु उन लोगों के रुकने की कहीं भी व्यवस्था नहीं हो पायी। भगवान विष्णु लक्ष्मी से पूछते हैं—क्यों लक्ष्मी, कहीं रुकने की व्यवस्था हुई की नहीं? तो लक्ष्मी कहता है—नहीं प्रभु, गाँव के सभी लोग मुझे डंडा मारकर भगाते हैं।

भगवान विष्णु कहते हैं—ठीक है, चलो हम देखते हैं और किसी के घर में रात्रि विश्राम की व्यवस्था करते हैं। ऐसा कहकर विष्णु जी सभी को अपने साथ ले गए। तब विष्णु जी एक गरीब के घर के सामने रुक गए। उस घर में एक औरत अपने बेटे के साथ रहती थी। लड़के ने अपने घर मेहमानों को आते देखा तो अपनी माँ से कहा—माँ, अपने घर मेहमान आए हैं।

तो माँ कहती है—बेटा, हम लोग बहुत गरीब हैं। इन मेहमानों को क्या खिलाएँगे, पिलाएँगे। यह बात विष्णु भगवान ने सुन ली और सोचा कि ये लोग बहुत गरीब हैं। तभी भीम उसके लड़के से कहते हैं—जा रे लड़के, कहीं से एक चिलम, गाँजा लेकर आ। तो लड़का कहता है—भगवान, हमारे पास पैसा नहीं है। आपके लिए चिलम और गाँजा कहाँ से लेकर आएँगे।

भीम ने कहा—तुम गाँव में जाकर किसी से थोड़ा-सा गाँजा और चिलम लेकर आओ, मिल जाएगा। तब लड़का गाँव में गया और एक घर मालिक से थोड़ा-सा गाँजा माँगा। तो उसने उस लड़के को एक पत्ती गाँजा और चिलम दे दी। उसे लेकर लड़का वापस घर आ गया। लड़के ने गाँजा भीम को दिया। तब भीम ने चिलम जलाई और गाँजा पीने लगा।

उस दिन उस गाँव में राजा की लड़की की शादी थी। रात को राजा ने उस लड़के और उसकी माँ को निमन्त्रण पर बुलाया था। तो उसके पास लड़की को विदा में देने के लिए पैसा नहीं था। इसलिए वे लोग राजा के घर नहीं जा रहे थे। तब विष्णु भगवान ने कहा—तुम लोग जरूर जाओ। राजा के घर उसकी लड़की की शादी हो रही है। तुम लोग वहाँ जाकर निमन्त्रण खाकर आ जाओ।

तो लड़के की माँ भगवान विष्णु से कहती है—महाराज, हम लोग वहाँ कैसे जाएँगे? हमारे पास तो लड़की को विदाई में देने के लिए कुछ भी नहीं है। विष्णु भगवान कहते हैं—तुम्हारे घर में मसाला पीसने का लोढ़ा-सिलौंटा तो होगा ही। तुम लोग उसी को लेकर चले जाओ और उसी से लड़की के पाँव पखारकर आ जाना। भगवान विष्णु की बात मानकर वह लड़का और उसकी माँ लोढ़ा-सिलौंटा रखकर राजा के यहाँ शादी में गए और लड़की को लोढ़ा-सिलौंटा भेंट करके तुरन्त वापस अपने घर आ गए।

दूसरे दिन जब सुबह हुई तो राजा ने देखा की हमारी लड़की को कोई लोढ़ा-सिलौंटा से पाँव पखारकर गया है। तो उसने अपने चौकीदार से पूछा—क्यों रे, कौन यह लोढ़ा-सिलौंटा भेंट में दे गया है? तो चौकीदार कहता है—महाराज, वही हैं वे माँ-बेटा। वे ही लोढ़ा-सिलौंटा भेंट करके तुरन्त वापस चले गऐ थे। हम लोगों ने देखा तक नहीं। राजा कहता है—ये लोढ़ा-सिलौंटा हीरे-मोती के बने हैं।

राजा ने कहा—चौकीदार, तुम तुरन्त जाकर उन माँ-बेटा को सम्मानपूर्वक

लेकर आओ। चौकीदार माँ-बेटे के घर गया और उनसे कहा की तुमको राजा ने अभी बुलाया है। माँ-बेटा दोनों घबरा गए कि राजा ने क्यों बुलाया है। वे नहीं जा रहे थे तो चौकीदार ने उन्हें सम्मानपूर्वक चलने का आग्रह किया।

तब उन दोनों को चौकीदार ने राजा के सामने हाजिर किया। राजा ने पूछा–क्यों लड़के, तुमने यह हीरे-मोती से बना लोढ़ा-सिलौंटा भेंट किया है? लड़का और उसकी माँ आश्चर्य में पड़ जाती हैं। तब राजा ने खुश होकर उन माँ-बेटे को आधा राज्य उपहार में दे दिया।

अब आधे राज्य में उन माँ-बेटे का शासन तो आधे राज्य में उस राजा का शासन था। माँ-बेटे राजा के घर से अपने घर खुशी-खुशी आ गए। विष्णु भगवान ने उन माँ-बेटे से कहा–तुम्हारी दी हुई भेंट क्या हो गई? इतना सुनते ही माँ-बेटा ने भगवान विष्णु के पैर पकड़ लिए। तब विष्णु भगवान ने कहा–जाओ, हमारा आशीर्वाद है। आधे राज्य पर तुम शासन करना और आधे राज्य पर राजा शासन करेगा। ऐसा कहकर विष्णु भगवान, भीमसेन, लक्ष्मी और सत्य वापस आने लगे। तब विष्णु भगवान ने उस घर की ओर मुड़कर देखा तो वह छोटा-सा घर एक विशाल महल और कई मंजिलों की अटारियों में बदल गया।

यह देखकर लक्ष्मी दंग रह गया। तब विष्णु भगवान लक्ष्मी से पूछते हैं–क्यों लक्ष्मी, अब तुम बताओ कौन बड़ा है? लक्ष्मी या सत्य? तो लक्ष्मी ने कहा–महाराज, सत्य बड़ा है। तब भगवान ने लक्ष्मी और सत्य को आशीर्वाद दिया कि जाओ तुम लोग राज करो। उसी दिन से बैगा झूठ नहीं बोलते हैं। कितनी बड़ी किस्सा है।

11. बाँसणी केर बिहाव

अक डोकरी अर अक डोकरा रहय। अर उनखर सात बेटा अर अक बेटी रहय। तफेर छय भाय केर बिहाव होयगै रहय। नान भय अर बेहन हर बचे रहय।

तफेर अक दिन केर हरि छयों भाय फाँदे रहय। नागर, अर बेहेन घर की रहय। पेज रांधे की। तो उं घर मा लाल भाजी पारे आन रहंव बेचे की। फेर ले लैस। तफेर चानै तो हाथ की काट लैस। तो कहथै–कहाँ पोंचहूँ। बहू देखही ता भाजीच मा पोंच दैय कहके भाजीच माँ पौंच दयीस। अर रांध डारीसभाजी की। अर खेत मा ले गैस पेज।

तफेर छयों भाय की पेज दयीस। ता भाय हर कहथै बेहेन की–आज का केर के रांधे हेस तोआय इतुल मिठाथस कहथै। तफेर पी डारीस। अर नान भाय की बेला मा पड़ोय दैन। अर फेर बेहेन हरि की रगण-रगण की मारै। तो उं नान भाय हर बैला से देखें अर रोवै। तो उंहले मार णायन।

अर भूँज णायन ता नान भाय अर ककणा पकण ले अर मछणी। ता उं मछणी कहथै हाड़ चाबही तो मैं ककणा की खाहूँ। अर मांस की खाहूँ। तो मैं मछणी की खाहूँ कहथै। कहके पकण ले रहय। तफेर हुन खाय। तो उं ककणा की खाय अर मछणी की खाय। तफेर उं बेहेन हर केर शिकार बहना मा भरते जाय। ता उं टूरा उं बहना केर शिकार की हेण के अर लेज के बमीठा मा भर दयीस। ता उंहाँ उठ गयीस बाँस केर करिल।

तफेर ओखर टीवा करैया आयीन। ता भाय हर कह दैन की उं पैठे भागिस। कह दैन अऊर ओखर शिकार खेलें रहय। ता अकठी साधू मुट्‌ठी माँगे जाय। उहुय बमोठा बटे तो। तो उं बमोठ बैठ के अर हाय राम कहय। तफेर उंहुय ले उं लरकी कहथय। कहाँ जाथहस बाबा कहथय। ता साधू कहथय–मुट्‌ठी माँगे जाथौं कहथै। तो लरकी कहथय–मोए ले जा बाबा। अर ई बाँस की फूल की बोंगा की फटक लेबी। अर पेड़ बोंगा की अर माँझ बोंगा धर लेबी। अर उंहाँ अकठी खेलाय जावी। ता मैं गाहूँ। तफेर साधू वा लरकी ला अपन साथ धर लैस। अर जाय तो जाते जाते उहुय गाँव मा गयीस। तो भगत-भगत उं लरकी केर काकी हर घरैं गयीस। अर या गीत गाथैं-सातों भाय के अको बेहेन, ओ मोर काकी जोगी को भिक्षा दै दे कहथै।

तफेर उंहले माँग के सातों भाय हर घरें गयीस। सातों भाय केर अको बेहनी, ओ मोर भौजी जोगी के भिक्षा दै दे। ता उंसने माँगत-माँगत जौन घरै पूँछे रहय। तौन घरै गयीस।

सातों भाई के अको बहना ओ मोर मामी जोगी ला भिक्षा दे। तफेर उं दाय हर लरका की बलाय गयीस। जहाँ नागर फाँदे रहय। तहाँ जैके कहथय–चल रे गु॥। अक झन साधू आय हय। तौन अच्छा गीत गाथै कहथय। तफेर आय गैन घर मा फेर गा दे जोगी मोर टूरा सुन ले कहथय। वा फेर गाथें।

सातों भाय के अको बहना

ओ मोर मामी जोगी ला भिक्षा दै दे।

तफेर भिक्षा दे दैन। ता भगावे तेन फेर उं टूरा रिसायगै की बासरी की ले देव कहके। तफेर उं दाय हरें माँगैं बाँसरी की दै देन। जोगी अक सूप सोन लै ले।

ता साधू कहथय कहाँ दयहूँ बाय मैं तो ईहीच जीथूँ। रहन पकण दयीस की दैइच दे कहके। तफेर दै देइस। ता साधू कह दै रहय। की ते सोबी ताखर मुड़ोसा कर लेवी कहय। तफेर उसने बोहोत दिन होय गयीस। ता वा बाँस केर लड़की आधा रात केर टेम माँ सब झन की सोए दै लेस। अर बाँसणी ले निकर के घर की पूरो लीप छांड़ के अर फेर बासणी मा आय के पैठ गयीस। ता वा उसनेच करै रोज दिना तो दाय हर कहथय। ड़ाटा करबी तोरे कोनाय रोज पानी भरथै। अर घर की सरोंथैं। तफेर अक दिन केर हरि रहीस ड़ाटा तफेर निकणिस सुन्ना मा लीप छांड़ के अर पानी हाड़ी मा भरके बाँसणी मा पैठे की जाय तौन सांहित उं टूरा पकड़ लेस।

ता उं लड़की कहथय आंहाँ मोला जौन दिना बिहाव करवी। तौन दिन माँ आय मैं निकणहूँ। बिहाव फेर करैं ता बाँसणी संगमा भंवर निकणे। अर बाँसणी मा हड़द धंसय। ता उं लड़की की जैके पड़ैं। ता अऊर झन हँसय की सब झन लड़की लड़का भांवर निकणथैं। तो इन बाँसणी संग निकणथैं। कहके हँसयं। सात भंवर निकणिस। अर बाँसणी फक ने दुय फोड़ी फूट गयीस। ता उंहाँ के रहैया गिर गैन देख ओखरे मारे मै तो कहंवचे कहय अकझन। तफेर सब झन गाँव भरके बँदाय दै। अर उठाय दै।

तफेर हुन जीयन खायन इतरी बण किस्सा आय। जाणवे ता तोर न जानवे तो मोर।

बाँसुरी का विवाह

एक गाँव में एक बूढ़ा और बुढ़िया रहते थे। उनके सात लड़के और एक लड़की थी। उस लड़की के छह भाईयों की शादी हो गई थी। सबसे छोटे भाई और उस लड़की की शादी नहीं हुई थी। एक दिन सभी छह भाई अपने खेत में नागर फाँद रहे थे। उन भाईयों ने अपने घर पर बहन से कहा–तुम खाना बनाकर खेत में ले आना।

उस दिन एक सब्जीवाली लाल भाजी बेचने आई थी। बहन ने लाल भाजी खरीद ली। बहन हँसिया से लाल भाजी को काटने लगी। भाजी काटते-काटते हँसिया हाथ में लग गया। जिससे हाथ से खून बहने लगा। उसने सोचा यह खून कहाँ पोंछू। भाभी देखेंगी तो डाँटेगीं। ऐसा सोचकर उसने अपने हाथ का खून भाजी से पोंछ दिया। फिर उस भाजी की सब्जी बना ली। सब्जी बनाने के बाद पेज और भाजी लेकर अपने भाईयों को देने खेत में ले गई।

भाईयों ने जब उस खाने को खाया। तो उन्हें बहुत स्वादिष्ट लगा। उन्होंने बहन से पूछा–बहन, तुमने आज सब्जी में क्या डाला है। जो इतनी स्वादिष्ट लग रही है। ऐसा कहकर सभी भाईयों ने पेज पीया और सब्जी खाई। छोटी बहन ने छोटे भाई के लिए उसका खाना एक कटोरे में ढँककर रख दिया। सभी भाई बहन से पूछ रहे थे कि उसने सब्जी में क्या डाला है, पर बहन कुछ नहीं बता रही थी। फिर सभी भाईयों ने बहन को दौड़ा-दौड़ाकर पीटने लगे। छोटा भाई झरोखे से अपनी छोटी बहन को पिटते देखकर रो रहा था।

तब सबसे छोटे भाई ने नदी से एक मछली और एक केंकड़ा पकड़ा। तो वह मछली छोटे भाई से कहती है–तुम हड्डी खाओगे या मांस। हड्डी खाओगे तो केंकड़ा खाना और यदि मांस खाओगे तो मुझे खाना। तब छोटे भाई ने शिकार को वहीं भूँजा और मछली और केंकड़ा दोनों को खा लिया। वह फिर से शिकार करने लगा। उसकी बहन शिकार को टोकरी में डालते जा रही थी।

तब उसके भाई ने शिकार को निकालकर एक बमीठा में भर दिया। कुछ दिन बाद वहाँ एक बाँस का पौधा निकल आया। फिर उस लड़की की शादी पक्की करनेवाले आए। तो भाईयों ने उनसे कहा–बहन, कहीं बाहर गई है।

वहाँ बमीठे के पास एक साधु भिक्षा माँगने आया तो बहन ने उस साधू से कहा—बाबा, तुम कहाँ जा रहे हो? तो साधु ने कहा—मैं भिक्षा माँगने जा रहा हूँ। तो लड़की कहती है—बाबा, मुझे भी अपने साथ ले चलो। ऐसा कहकर लड़की उस साधू के साथ चल दी। उसने अपने साथ बाँस की टहनी रख ली। बाबा ने उस टहनी की एक बाँसुरी बना दी और उस लड़की से कहा—तुम इस बाँसुरी में घुस जाओ। तो लड़की उस बाँसुरी में प्रवेश कर गई।

साधू ने उस बाँसुरी को अपने साथ रखा। वह साधू के साथ भिक्षा माँगने दूसरे गाँव निकल गई। भिक्षा माँगते-माँगते वह अपने गाँव पहुँच गई। वह उस गाँव में अपनी काकी के घर के सामने खड़ी होकर भिक्षा माँगने लगी। वह भिक्षा माँगते समय यह गीत गाती है—सातों भाई की एक ही बहना, ओ मोरी काकी साधू को भिक्षा दो। ऐसा गा-गाकर वह सातों भाईयों के घर भिक्षा माँगने गई।

इसके बाद वह अपनी मामी के घर भिक्षा माँगने गई और कहा—सातों भाई की एक ही बहना, ओ मोरी मामी साधू को भिक्षा दो। तब मामी ने अपने लड़के को बुलाने भेजा। लड़के ने खेत में नागर फाँदा था। मामी ने अपने लड़के से कहा—अपने घर में एक साधू आया है। वह अच्छा गीत गाता है। तब लड़के ने साधू से कहा—बाबा, मुझे भी एक अच्छा गीत सुना दो। तो साधू फिर से वही गीत गाता है—

सातों भाई की एक ही बहना
ओ मोरी मामी साधू को भिक्षा दे दो।

इसके बाद उन्होंने साधू को भिक्षा दे दी और उनसे कहा—जाओ बाबा, दूसरा घर देखो। तो उसका लड़का गुस्सा हो गया और कहने लगा—माँ, मुझे साधू की बाँसुरी चाहिए। उस लड़के की माँ ने साधू से बाँसुरी माँगी। तो साधू ने कहा—मैं यह बाँसुरी नहीं दूँगा माई। मैं इसी बाँसुरी के सहारे जीते-खाता हूँ। पर वह लड़का बाँसुरी के लिए अड़ ही गया। तब साधू ने उस लड़के को बाँसुरी दे दी और उस लड़के से कहा—इस बाँसुरी को सोते समय अपने तकिया के नीचे रखना। ऐसा कहकर साधू चला गया।

इस प्रकार बहुत दिन हो गए। उस बाँसुरी में से आधी रात को एक लड़की निकलती और सुबह तक पूरे घर को लीप-पोत कर सफाई करके और पानी भरके बाँसुरी के अंदर चली जाती। एक दिन घर में सुनसान था। लड़का छुपकर लड़की को देख रहा था। उसी समय बाँसुरी से लड़की निकली और घर की सफाई करने लगी। सफाई करके घर का पानी भर के फिर से बाँसुरी में घुसने लगी। उसी समय लड़के ने आकर उस लड़की का हाथ पकड़ लिया। तो लड़की ने कहा—जिस दिन तुम मुझसे शादी करोगे। उसी दिन में बाँसुरी से निकलूँगी। ऐसा कहकर वह फिर से बाँसुरी में घुस गई।

तब उस लड़की के माता-पिता ने उस लड़के की शादी उस बाँसुरी से कर दी। बाँसुरी के साथ भांवर पड़ते देख लोग हँस रहे थे कि बाँसुरी के साथ शादी हो रही है। जैसे ही लड़के की सात भांवर हुई, उसी समय बाँसुरी फटकर दो टुकड़ों में हो गई।

उसमें से एक सुन्दर लड़की निकलकर खड़ी हो गई। ऐसा देखकर लोग दहशत में पड़कर वहीं गिर गए। इसके बाद गाँव के सभी लोगों ने उनके पाँव पखारे और दहेज दिया। फिर दोनों लड़का-लड़की की शादी हो गई। वे दोनों अच्छे से जीवन-यापन करने लगे।

इतनी बड़ी किस्सा थी।

इसे समझोगे तो तुम्हारी नहीं समझोगे तो हमारी।

12. खरगोश केर बिहाव

अक नदी केर पाड़ मा खरगोश हाघ दै रहय। ता खरगोश कहथय—अव रे पानी, मोर लेंड़ी की बोहोय सकाही की नहीं। ता जुब अस, जुब अस पानी ओखर लेंड़ी की बोहोव दैव।

तो उंहले कहथय मछणी देकी लेंड़ी दे बैह के खरगोश कहथय। मछणी टीकरा माँ उचटके आ गयीस। उंहले मछणी धर के घर मा आ गयीस। अक झन रोटी पुड़वें। तो उंहले खरगोश कहथय—लेय बाय मोर रोटी ले पुड़ोय देवे। कहके खरगोश मै माँदी बैठके आय लेहूँ। मछणी चे खाहूँ कहके खरगोश तौन उतरी कैह के भगीस। तो रोटी पुड़ोवय के मछणी ओ पुड़ोतय के अब खरगोश की देखय। खरगोश अभिच तक नही अवइया। खरगोश केर मछणी खैड़ा ऐव उंहले आइनस। अर कहथय दे बाय मोर मछणी चें तो ये देरन देखव नहीं आवय नहीं तो मैं मछणी खैड़एंव कहके कहथैं।

ता खरगोश कहथय—मछणी, दे की रोटी दे कहके खरगोश कहथय। ता सातठी रोटी की दै दयीस वा रोटी की धर के भगिस। अर रोटी बोर केर तड़ी लुकोय। अर खरगोश कहुँ नहीं कहुँ भागीस। ता अक झन छेड़ी चरैया आइनस। अर कहथय—केखर रोटी पाएंव। केखर रोटी पाएंव। कैह के रोटी खैड़एव कैहके कहथय ले खरगोश आइनस। अर कहथय ईहाँ केर रोटी ऐ कोंन ले गयीस। कहके कहथय। ता टूरा कहथय—केखर रोटी पाएंव कहके मैं खाड़ाऐव। ता खरगोश कहथय रोटी दे की छेड़ी दे कैहके कहथय। तो टूरा छेड़ी ऐ दै दयीस। ता छेड़ी की धर के खरगोश भागिस। अकठी गली के पाड़ मा खुटे देव। ता उंहले गली मा बरथियां आइनसे। उंहले केखर बोकड़ा पायेंव। कैहके ले गयीस। उंहको खरगोश अस अर कहथय ईहाँ के बोकड़ा का कौन ले गयीस। तोर बोकड़ा ला हम भैजथन। ता खरगोश कहथय बोकड़ा दे की देल्ही दे कैहके कहाय। ता दुलहिए देवत हाय। उंहले घर बनायी अर उंहले दुलही ऐ तौन कुटाय।

तो खरगोश कहथय देख दुल्ही मोर मेंछा बुल-बुल कहथैं। उंहले दुल्ही अक मूसड़ा मारिस के खरगोश मर गयीस। ता बासी रांधीस। अर भूंजिस तफेर रांधिस। अर शिकार धरिस अर अपन मैके जाथय। उंहले अपन मायके पुहुंच गयीस। अर

कहथय ओखर दाय कहथय की बेटी कहाँ केर शिकार आय। नहीं दाय मोर बिहाव खरगोश कर हंवतो मोपे कहत की देख दुल्ही मोर मेंछा बुल बुल कहय। ता मैं माड़ऐंव ता ओखर शिकार आय। कैह के कहिस।

ईतरी बण किसा आय जानवी तो तोरच अर नहीं जानवी ता मोरय आय।

खरगोश की शादी

एक जंगल में एक खरगोश रहता था। एक दिन वह नदी के किनारे आया और वहीं पर उसने मल त्याग दिया।

उस खरगोश ने नदी के पानी से कहा—क्यों रे पानी, तुम हमारे मल की लेंडी को पानी में बहा सकते हो कि नहीं। तो पानी ने खरगोश की लेंडी को बहा दिया। तब खरगोश ने पानी से कहा—हमारी लेंडी हमें वापस कर दो। तो पानी ने कहा—वह तो पानी में बह गई। तो खरगोश ने फिर पानी से कहा—तुम मुझे मेरी लेंडी दो या मछली दो। तो पानी ने नदी से एक मछली को उचटा दिया। मछली नदी के किनारे आकर गिर गई।

खरगोश उस मछली को लेकर अपने घर आ गया। घर में खरगोशनी रोटी सेंक रही थी। तब खरगोश ने उसे मछली देते हुए कहा—ले बाई, मेरे लिए एक रोटी सेंक कर रखना। मैं माँद में बैठकर आ रहा हूँ। फिर आकर मछली को खाऊँगा।

ऐसा कहकर खरगोश वहाँ से चला गया। खरगोशनी ने मछली और रोटी पका ली। खाना पकाकर वह खरगोश का इन्तजार करने लगी। उसने खरगोश का बहुत इन्तजार किया पर वह नहीं आया। तो उसने वह मछली खा ली। थोड़ी देर में खरगोश वापस आ गया और आकर मछली माँगने लगा। तो खरगोशनी ने कहा—मैं तुम्हारा बहुत देर तक इन्तजार करती रही, तुम नहीं आए तो मैंने मछली खा ली।

तो खरगोश खरगोशनी से कहता है—मछली दे या रोटी दे। तो खरगोशनी ने खरगोश को सात रोटी दे दी। खरगोश रोटी लेकर जंगल की तरफ भागा और रोटियों को एक बेर के पेड़ के नीचे छुपा दिया और वहाँ से भाग गया।

उसी समय उस पेड़ के पास एक चिड़िया आई और रोटी को निकालकर कहा—मैंने किसकी रोटी पाई, मैंने किसकी रोटी पाई? तो वहाँ खड़ा एक चरवाहा लड़का कहता है—किसकी रोटी पाई है? ऐसा कहकर वह रोटी उस लड़के ने चिड़िया से छुड़ाकर खा ली।

कुछ देर बाद वह खरगोश वहाँ पहुँचा और उस लड़के से कहा—रोटी दे या बकरा दे। तो उस लड़के ने उसको एक बकरा दे दिया। बकरे को रखकर खरगोश

भागा। तो रास्ते में उसे कुछ बाराती मिले। खरगोश ने बकरे को एक खूंटे में बाँध दिया। वे बाराती बकरे के पास आए और बकरे को अपने साथ ले गए। खरगोश वहाँ आया तो देखा बकरा गायब है। तब खरगोश ने कहा—मेरा बकरा कौन ले गया? तो बाराती कहते हैं—तेरे बकरे को हम ले गए हैं। तो खरगोश ने बारातियों से कहा—तुम लोग अपनी दुल्हन दो या मेरा बकरा दो। तो बारातियों ने खरगोश को दुल्हन दे दी। खरगोश दुल्हन को लेकर अपने घर गया। उसने घर जाकर उस दुल्हन की खूब पिटाई की। तो दुल्हन ने खरगोश को एक मूसर उठाकर मारा। जिससे खरगोश मर गया। तब दुल्हन ने खाना बनाया। उस खरगोश को भूँजा, खाया और बचा हुआ खाना रखकर अपने मायके चली गई।

तो उस दुल्हन की माँ कहती है—बेटा, यह किसका शिकार है। तो दुल्हन कहती है। माँ, यह शिकार नहीं है, आपका दामाद है, इस खरगोश के साथ मेरी शादी हुई थी। तो मैंने इसे मार डाला। यह उसी का शिकार है।

कितना बड़ा किस्सा है। इस किस्सा को समझोगे तो तुम्हारा और नहीं समझोगे तो हमारा।

13. चार भाईन शिकारी

अक किसान रहय। ओखर चार झन लरका रहय। ता बहोत खेत मा काम करे की जाय। तो चार झन रहाय। तो कहथय आज चलो हम सांमर मारे की डोंगर मा जावो कहके कहथै। अर गैन ता डोंगर माँ अकोठी सांमर नैको मिले। उंहले घर माँ आय गैन। तो कहथय आजय बिहाने तो पावो आखर नहीं पावो। तो उं दिन ले हम शिकार नहीं खान कहके कहथय।

उहले चारों भाय तयार हय गै। तफेरय जाथयं तो डोंगर केर पाड़ मा कोलिहा भगथय। तो नान भाय दौड़त-दौड़त पहुँच गयीस। तो तीन भाय गेरते-गेरते अब अक्खा बचाने तो कहथय। अरे अरे छोट भईया कहथय या नोहो रे नोहो रे कहथय। बड़े भाय कहथहय कै या रे नोहो रे नोहो रे कहथय कोलिहा आय। रे दादा मारी की छोड़ देई। चलो इ बार आय दूसर बार मा सुरा चाही सांमर पावो देखो अच्छा मारवो झय बुचकावो। तयसना मारवो कहथयं।

कौन कहथय बड़े दादा कहथय। नान भाय की कहथै—हम रे दादा, नहीं रे दादा हुम ई बार माँ नैको आय। तो चलो कोड़ाण बार मा तो होही। उंहले तो कोई कहथय तो जाथय। जाते-जाते पहोच गैन। तो अक झन कह लेय नहीं रे अकू ते इहीं रहबी आकू कहथै—मैं जो रे कहा रहूँ। तो अवा ते मोर पाँछू-पाँछू आबे तोए गुठेहूँ। तोए कह कोय तो साड़ाप रुखकर तड़ी ते है छुला कर ते रहवी। मैं जो रे कहा रहूँ। कहलौव आव रे महूँ। ते इंहा रहबी कैहके गुठे दयीस तो ओहो रह गयीस।

अब बड़े भाय बच गयीस। ता ओखर नाम लहकू सबले तड़ी रोड़निया रह गैयन। अब कहथय हिरण ऐ दिखणाय तो दौड़ते-दौड़ते भिय ढाला डोंगर माँ पोहोंचगै। तो मारी के दौड़य।

तो हिरण केर आगू-आगू शंकर भगवान भी रगड़ैय। तो उं कहथय। मोर सांमर ऐ मारबी तो हम तोर संग झगड़ा होय जावो। कहके कहथय। हुन चारों भाय कहथय। ते तो अकले आयस तोकी हम जीत जावो। ते ते हमार सांमर ते उन छैड़ी को नहीं ते कातक ताकत पारे हस। तो शंकर भगवान कहथै की—तुम कातक ताकत वारे हो। तो चारों भाय की मैं पाँच मिनट माँ माँड़हूँ कहके कहथय। तेथे

पाँच मिनट माँ हमलें मार लेबी ता कहथय। चलो ऐखर संघ बात नहीं करयं। चलो हमार सांमर की मारीय कैह के भगी।

तो दौवड़ते-दौवड़ते गैन तो शंकर भगवान युद्ध करन लागे। तो शंकर भगवान की बड़े भाय मारिस। तो जायके छाती मा पाय दैन। तो शंकर भगवान मूरछित हय गयीस। अहा तो मर गयीस रे चलो फेरय। दवड़ी तो फेरय सांमर ए पायथै। मारते-मारते जद अऊर दवड़ाते जांयन। तो हिरणें जाय के पादै। तो सांमर मर गयीस।

तो फेरय शंकर भगवान आ गयीस। तो मोर सांमर तुम मार ड़ाएव। अर मोहे मार ड़ाएव कैह के कहलेय। अब युद्ध करौ। अर चारों भाय की मार ड़रिस। अर शंकर भगवान सांमर की धरके माटी दयीस शंकर भगवान कहथय ए जाय रे हिरण ते आके भाय की बलदा लेबी।

चार भाई शिकारी

एक किसान था। उसके चार लड़के थे। वे सभी खेत में एक साथ काम करने जाते थे। एक दिन चारों भाइयों ने सोचा की आज जंगल साँभर का शिकार करने जाया जाए। ऐसा सोचकर वे चारों भाई शिकार करने जंगल चले गए। परन्तु उन्हें जंगल में एक भी साँभर नहीं मिला। वे वापस घर लौट कर आ गए। दूसरे दिन फिर चारों भाई शिकार करने जंगल जाने लगे। तब उन्होंने आपस में प्रण किया कि यदि आज हमें जंगल में शिकार नहीं मिला तो हम लोग कभी भी मांस नहीं खाएँगे।

ऐसा प्रण करके चारों भाई जंगल जाने के लिए तैयार हो गए और जैसे ही जंगल के किनारे पहुँचे तो उन्हें एक लोमड़ी दिखाई दी। तब छोटा भाई उस लोमड़ी के पीछे भागा। छोटे भाई के पीछे-पीछे तीन भाई भी गिरते, पड़ते उसके पीछे भागे। छोटा भाई कहता है—नहीं है रे, यहाँ कुछ नहीं है। तो बड़ा भाई कहता है—क्या है रे! तो छोटा भाई कहता है—कुछ नहीं है रे, लोमड़ी है। बोलो, इसे मार दें कि छोड़ दें। तब बड़े भाई ने कहा—चलो, इस बार इसे छोड़ देते हैं। अब सूअर या साँभर जो भी दिखे उसे मार गिराना, चूकना नहीं। चलो कोई बात नहीं, इस बार शिकार बचकर भाग गया। कभी न कभी तो पकड़ा ही जाएगा।

वे लोग शिकार ढूँढ़ते-ढूँढ़ते एक घने जंगल में पहुँच गए। तब एक भाई ने कहा—तुम यहीं, रुको मैं अभी आता हूँ। तब दूसरे भाई ने कहा—मैं भी तुम्हारे साथ चलता हूँ। आपस में बात करते चलेंगे। तब सभी भाई उनके पीछे चल दिए। परन्तु सबसे बड़ा भाई लहकू वहीं रुक गया। उसने वहीं एक हिरण देखा। वह हिरण को पकड़ने के लिए उसके पीछे भागा। बड़ा भाई दौड़ते-दौड़ते एक घने जंगल में पहुँच गया।

उस हिरण के पीछे-पीछे शंकर भगवान भी दौड़ रहे थे। बडा भाई और शंकर भगवान दोनों दौड़ते-दौड़ते जंगल की कगार में पहुँच गए। तो शंकर भगवान वहीं रुक गए। वे बड़े भाई से कहते हैं—यह मेरा साँभर है। इतने में चारों भाई वहाँ पहुँच जाते हैं। तब शंकर भगवान कहते हैं—यदि तुम लोग इस साँभर को मारोगे। तो तुम लोगों को मेरे साथ युद्ध करना पड़ेगा।

तो चारों भाई कहते हैं—तुम अकेले हो, यहाँ से भाग जाओ और हमारा साँभर

छोड़ दो, नहीं तो हम लोग तुम्हें मार देंगे। तो शंकर जी कहते हैं–तुम लोग कितने ताकतवाले हो, मैं तुम सभी को पाँच मिनट में मार डालूँगा। तब चारों भाई कहते हैं–चलो, इससे बहस नहीं करते। अपना साँभर भागा जा रहा है, उसका पीछा करो। ऐसा कहकर वे सभी साँभर के पीछे भागे। तो शंकर भगवान ने उन्हें रोका तो बड़े भाई ने शंकर भगवान की छाती पर वार कर दिया। जिससे शंकर भगवान बेहोश होकर नीचे गिर गए।

तब भाईयों ने सोचा की यह तो मर गया है। अब चलो, साँभर पकड़ने चलते हैं। तब वे साम्भर पकड़ने को दौड़ते हैं और साम्भर को पकड़कर मार डालते हैं।

उसी समय शंकर जी फिर प्रकट हो जाते हैं। तब शंकर जी कहते हैं–तुम लोगों ने मेरे साँभर को मार डाला और मुझे मरा समझकर वहाँ छोड़ आए। अब तुम लोग मुझसे युद्ध करो। तब शंकर जी ने चारों भाइयों से युद्ध किया और चारों भाईयों को मार डाला। इसके बाद शंकर जी ने उस साँभर को वहीं मिट्टी में दफना दिया।

14. सत भैया

अक राज मा अक राजा राज करत रहय। ओखर दुयी ड़ौकी रहय। ता बड़की ड़ौकी केर टूरा अक झन रहाय। उंहले छटकी ड़यकी केर छय झन टूरा रहय। ता छटकी ड़यकी के टूरा रोज-रोज गिल्ली डंड़ा खेलें। ता बड़की ड़यकी केर टूरा के नहीं खलाय।

अर उंहले टूरा जाय के रोज दिन देखय। अर ओहे नहीं खिलवाय। ता पाँच झन के पांछू के टूरा कहथय–जाय भगदे नहीं तो मारही। तो मैं नहीं देख सकूँ। विश्राम तोर सांघ मैहों बिगड़ जाहूँ। हम भैया मैं भगथूं पर कहूँ जाहूँ। तो मोए गुठेय लहो। तो ओकी नैको गुठेय रहाय। टूरा जौनें नहीं मिलायथ। तौन टूरा जदले देखय। ता बाजार जाय तो जौन या करैं। तौन आज हमउ बाजार जावो। कह दयीस जब मैहों तयार होहूँ। सब भगहीं तो ते अगारे लेबी। कैह के भगीस।

जयके अपन दाय की कहथय–दाय, मैं बाजार जाहूँ। तो मोर लेतक खाना बना दीबी कहके टूरा नहाए भगीस। अर कपड़ाए उतार के नदी मा नहावय। उंहले कपरा पहन के घर मा आके खाना खाय के कहय–दाय, मोर लाने घोड़ा ड़ाट दे। भइया मन सब घोड़ा धरहीं। ता मैंहो धर लेवों नहीं माँ हे छिड़ही देही। तो विश्राम बेटा चना धरलावी अर घोड़ा ने चना खवावे जौन घोड़ा चना पाही तो बसही। तौनेच सदबी। तो टूरा गयीस। अर घोड़ा ला चना खवाइस। तो अकठी घोड़ाय के खवाइस तो उं मुंगर ने पादिस। ई गड़बड़ हाय। दूसर घोड़ाय फेरय खवाइस। तो उं खैड़ायस।

एहो घोड़ा गडबड़ हाय। तिसरइया घोड़ा फेरय खवाइस। तो उं खाय लइस। तफेर वा घर मा आय के कपरा की पहराय। अर ओखर दाय कहथय–तोर बड़े भइया, मन भगथय। तो जलदी तयार होके निकड़ नहीं पिदे जाबी। ता टूरा सकने तयार हयके निकणिस। अर घोड़ा मा बैठिन स। अर घोड़ा ला जब मारिस। ता दौवड़ते-दौवड़ते पहुँच गयीस।

तो उनखर घोड़ा अनती-तनती भगवय। तो आगू लेजै कहबैय। ता आगू-आगू भगवय। ता बाजार मा पहुँच गयीस। तो अब खड़े कर दयीस। ता छय झन भाय कहथय–चलो हम अलग-अलग जावो। ता अक भाय कहथय–नहीं हम छयों झन

अकठी गली मा जावो। अर ते विश्राम जब तलक हम नहीं भेंट होबो। तब तक तेहो ड़ाहवी डयकी। ता सब छय झन भगीने। अब अकले बच गयीस। तो ओहे सब ड़ौकी ड़ाटे जाथय। जाते-जाते, वा अकठी डोंगर मा पहुँच गयीस।

ता उं डोंगर मा साधू रहय। ता साधू घरे गयीस अर कहथय—बाबा, मैं लड़की ड़ाटे आहेव। तो मिलही की नहीं। ता साधू कहथय—हे बच्चा, अवस्य मिल जाही। तो ते जैसना कहवो ता कर देहूँ कहथय लड़का। ता साधू कहथय—विश्राम सात समुन्दर मा सात कन्या रहथैं। ता ओखर कपड़ा की धर के ते आनबी हुन कछु कहीं तबले ते कलथके झय देखवी कहकोय। तो जाथय चुपे-चुपे गयीस। अर टप ने धरके भगबी। उंहले हुन देख ड़ारे। तो ऐ रे, ऐ रे, कहकौय। उं लडका कलत के देख लइस। तो कपड़ाय छड़कौंन उंहले आइनस साधू कहथय—ते बच्चे, काम गलती कर दैएन। अब फेर से जाना पड़ही। ता लड़का कहथय—हे बाबा, मैं अवस्य जाहूँ। कहके कहकौय। तो आज्ञा दे बाबा कहथय लड़का फेर से जायके चुपे-चुपे पहुँच गयीस।

अर फेरय कपड़ाय धरके दौड़वत-दौड़वत पहुँच गयीस। तो सात कन्या साधू घरें पहुँच गयीस। अर कहथय—कोई मनसे, इंहाँ आने की नहीं। तो साधू कहीस—ईहाँ अको झन नइको आएवेय। तो मैं सात बेहेन केर सबसे नान बेहनी की छयो ता मैं गुठेहूँ। कहकोय ता साधू गुठे दयीस तो कपड़ाए मंग लेन अर हुन भगीन। अर कहकौय की चलो। हम सबसे नान बेहेन की दै देवो। जौन नगरा ड़ाहे जाही। अर कहकौय जौन नौ रात नौ दिन नागारा बजाही। तौन हम नान बेहेने दे देवो। जुब-जुब बजाइस दो रात मा सो गयीस।

तो साधू केर घर अक झन टूरा रहय। तौन कहथय—बाबा, मैं कहाँ नहीं कहाँ नगरा बजथय। मैं जाथूँ कहके, ता साधू कहथय—जा बेटा, जीत के आनबी। हार के झय आनबी। तो लडका गयीस। अर देखय तो नगरा बजइया सो गै रहीस। तो उं टूरा जायके नगरा के डंडा की धरिस अर बजाइस। नव रात अर नव दिन तक बजाइस। तो कहथय। अब तोय हमार नान बेहनी की दे दैंय कहथय। जाव दीदी अब तुम्हार जोड़ी बना दैयन कहकौय। तो उं टूरा साधू घरै आनीस। अर कहथय बाबा मैं ड़यकी पाए दवों।

अब ते देखवी मैं नागारा बजाहूँ कहके कहथय। अर जुब-जुब बजाइस ता सात बेहन, ओखर नागारा मा नाँचें। ता लड़का कहथस—कहाँ देखथस बाबा, तो ओ-ओ कहके कहें कोई। तो विश्राम अब मैं तोर जिनगी बनाय देवों कहके साधू आसीरवाद दै दैयिरा।

ता वा घोड़ा मा बैठ के जुब सोंटा मारिस। तो घोडा फेर से बाजार लाने आथय। तो छय झन भाय कर लावो नैको पाएव। तो हुन छय भाय उंए देखण न आगू-आगू चल भइया। हम पाँछू-पाँछू हम आवो कहके कहथय। तो आते-आते गली केर पाड़

मा अक कुवाँ रहय। तो छय भाय कहथै–भईया पानी पिवा देवी कहके कहथय। तो पानी झींकीया तो तो हुन बड़े भाय ओए कुवाँ मा ढकेल दयीस। ता बिचारा गिर गयीस।

उं ड़ौकी छय भाय ले बड़े रहय। तौनय ओखर संगमा बैठ गयीस। उंहलो घर मा पहुँचिस। अर उं लड़की कहथय–मैं इनखर संगमा नइको आएव। तो कहथय–बेटी, ते केखर संगमा, मैं कहवेव अक झन संघ मोहेव कैहके कहलेय। तो जाय बेटी उं लड़का निकाण के आनबी कहकौय। तो गयीस तो रस्सी कुवाँ मा उतार दयीस तो उं टूरा रस्सी मा लपट के पहले आ गयीस। तफेर घोड़ा मा बैठ के घर आथय। तो देखिन विश्राम आयीस।

ता छैवौ भाय केर लाने कुंवा खनीस। अर छयों भाय की कुँदा-कुँदा के माणिस।

इतरी बड़ किस्सा आय तो जानवी, तो तोराय अर नहीं तो मोर आय।

सात भाई

एक राज्य में एक राजा राज्य करता था। उसकी दो रानियाँ थीं। पहली रानी का एक लड़का और दूसरी रानी के छह लड़के थे। छोटी रानी के लड़के रोज मैदान में गिल्ली डंडा का खेल खेलने जाते थे। वे बड़ी रानी के लड़के को अपने साथ नहीं खेलने देते थे।

जब वे छह भाई खेलते तो बड़ी रानी का लड़का विश्राम दूर से खड़े होकर उन्हें देखा करता था। एक दिन पाँच भाईयों के पीछेवाला सबसे छोटा छठवाँ भाई विश्राम कहता है—तुम यहाँ से भाग जाओ, नहीं तो मेरे भाई तुमको मारेंगे और तुमको मार खाते मैं नहीं देख सकता। विश्राम, मैं भागता हूँ। यदि मेरे भाईयों ने मुझे तुम्हारे साथ देखा तो वे मुझे डाटेंगे। इसलिए मैं चलता हूँ। विश्राम से कोई भी भाई बात नहीं करता था।

एक दिन छहों भाई बाजार जाने के लिए तैयार हुए। तब विश्राम भी अपनी माँ के पास गया और माँ से बोला—माँ, मैं भी बाजार जाऊँगा। ऐसा कहकर विश्राम स्नान करने नदी चला गया। उसने नदी में जाकर अपने कपड़े उतारे और नदी में कूद गया। वह नहाकर घर आया और खाना खाकर अपनी माँ से बोला—माँ, मुझे बाजार जाने के लिए एक घोड़ा दिला दो। मैं उस पर बैठकर बाजार जाऊँगा। मेरे सभी भाई अपने-अपने घोड़े लेकर बाजार जा रहे हैं।

तब विश्राम की माँ ने कहा—जा बेटा, घोड़े के लिए तुम चना रख लो। तुम ये चने घोड़े को खिलाओगे तो घोड़ा खा लेगा। जो घोड़ा चना खा ले उसे अपने साथ ले जाना। तब उसने अपने साथ चने रखे और घुड़साल में गया। उसने घुड़साल में पहले घोड़े को चना खिलाया। तो उस घोड़े ने पाद दिया, दूसरे को खिलाया तो वह चुपचाप खड़ा रहा। तब उसने तीसरे घोड़े को चना खिलाया तो उसने चना खा लिया। तब उसने उस घोड़े को निकाला और बाजार जाने के लिए तैयार हो गया। उसके सभी भाई अपने-अपने घोड़ों पर बैठे और उसे एक चाबुक मारा तो घोड़े ने दौड़ लगा दी और दौड़ते-दौड़ते बाजार पहुँच गए।

विश्राम अपने घोड़े पर सवार होकर सब भाईयों से पहले बाजार पहुँच गया। तब उनके भाई कहते है कि—भाई, हम लोग अलग-अलग बाजार जाएँगे।

सब भाई चले गए तो विश्राम अकेले बच गया। विश्राम घोड़े पर बैठा तो घोड़ा दौड़ने लगा। घोड़ा दौड़ते-दौड़ते एक जंगल में पहुँच गया।

उस जंगल में एक साधू महाराज रहते थे। विश्राम उस साधू की कुटी में पहुँच जाता है। उसने साधू से कहा—बाबा, मुझको एक लड़की चाहिए। वह मिलेगी कि नहीं। तो साधू ने कहा—बेटा, तुमको लड़की मिलेगी पर मैं जैसा-जैसा कहूँ, तुम वैसा-वैसा करना। तुम सात समुंदर पार जाओ, वहाँ पर तुमको सात लड़कियाँ मिलेंगी। तुम जाकर उनके कपड़े लेकर आ जाना। वे कुछ भी कहें, तुम बोलना मत, न ही तुम पीछे मुड़कर देखना।

विश्राम वहाँ से सात समुंदर पार गया और वहाँ से उन लड़कियों के कपड़े लेकर भागा। उसी समय उन लड़कियों ने विश्राम को देख लिया। वे विश्राम को देखकर चिल्लाने लगीं—ऐ रे लड़का, हमारे कपड़े लेकर, कहाँ भाग रहा है? तो विश्राम ने जैसे ही पलटकर देखा। तो उन लड़कियों के कपड़े वहीं पर छूट गए।

वह लौटकर फिर उसी साधू बाबा के पास आया और बाबा से कहा—बाबा, मैं एक बार फिर से वहाँ जाऊँगा। आप मुझे आज्ञा दें।

तब इसके बाद विश्राम एक बार फिर उन लड़कियों के पास गया और चुपके से उनके कपड़े उठाकर भागा। तब वे लड़कियाँ विश्राम के पीछे-पीछे भागीं और भागती हुई बाबा के घर तक आ गईं। वे बाबा के घर में आकर पूछती हैं—साधू बाबा, यहाँ कोई लड़का आया है?

तब साधू बाबा कहते हैं—जब तक तुम अपनी सात बहनों में सबसे छोटी एक बहन नहीं दोगी। तब तक मैं तुमसे बात नहीं करूँगा। तब उन लड़कियों ने साधू से कहा—बाबा जी, हमारे पास एक नगाड़ा है। जो भी उस नगाड़े को बिना रुके नौ रात और नौ दिन बजा देगा। उससे हम अपनी सबसे छोटी बहन की शादी कर देंगे। ऐसा कहकर लड़कियों ने अपने कपड़े लिये और वहाँ से चल दीं।

उस साधू के घर में विश्राम रहने लगा। एक दिन विश्राम ने कहा—साधूबाबा, यहाँ कहीं पर नगाड़ा बजने की आवाज आ रही है। तब साधू ने कहा—जा बेटा, देखकर आ जाना। जब वह लड़का नगाड़ा बजानेवाले के पास गया। तो उसने देखा की नगाड़ेवाला सो रहा था। तो विश्राम ने नगाड़े का डंडा उठाया और नगाड़ा बजाने लगा।

विश्राम नौ रात और नौ दिन तक उस नगाड़े को बजाता रहा। तब उन लड़कियों ने अपनी छोटी बहन को विश्राम के पास छोड़ दिया।

उस लड़की को लेकर विश्राम साधू बाबा के पास आ गया। उसने साधू से कहा—बाबा, मैंने अपने लिए पत्नी पा ली है। तब साधू ने विश्राम को आशीर्वाद दिया और कहा—जा बच्चे, मैंने तुम्हारी जोड़ी बना दी है।

इसके बाद विश्राम अपने घोड़े पर बैठकर उसे चाबुक मारता है तो घोड़ा

दौड़ते-दौड़ते बाजार में आ जाता है। तब विश्राम के भाईयों ने देखा कि यह तो शादी करके लड़की ले आया है।

तब उसके भाईयों ने कहा—चलो भईया, तुम आगे-आगे चलो, हम लोग पीछे से आते हैं। विश्राम अपनी पत्नी को लेकर चल दिया। कुछ दूर पहुँचने के बाद वे भाई भी विश्राम के साथ चलने लगे तो रास्ते में उनको एक कुआँ मिला। उसके भाई कहते हैं—विश्राम, हम लोग थक गए हैं। यहाँ थोड़ा रुककर पानी पी लें।

तब विश्राम उस कुँए से पानी खींचने लगा तो उसके सबसे बड़े भाई ने उसे धक्का मार दिया। विश्राम कुँए में गिर गया। उसकी घरवाली सबसे बड़े भाई के पास आकर बैठ गई। वहाँ से सभी भाई घर पहुँचे। लड़कों ने अपनी माँ से कहा—माँ, हम लोग तुम्हारे लिए बहू लाए हैं।

तो वह लड़की कहती है—मैं इनके साथ नहीं आई हूँ। तो माँ कहती है—बता बेटी, तुम किसके साथ आई हो? तब वह बोली—मैं विश्राम के साथ आई थी। उसे इन्होंने कुँए में ढकेल दिया है। तब माँ ने कहा—जा बेटी, विश्राम को निकालकर ले आ।

वह लड़की कुँए में गई और उसमें एक रस्सा डाला। उस रस्से को पकड़कर विश्राम ऊपर आ गया। विश्राम घोड़े पर बैठकर घर पहुँचा। तब विश्राम ने अपने छहों भाईयों के लिए एक कुआँ खोदा और उस कुएँ में अपने भाईयों को कुदा-कुदा कर मारा।

इसके बाद वह अपनी पत्नी के साथ खुशी-खुशी रहने लगा। कितनी बड़ी किस्सा है। जानोगे तो तुम्हारी नहीं जानोगे तो हमारी।

15. सतबहनी

अक गाँव माँ अक झन ड़करा अर डकरी रहय। तेखर सात बेटी रहय। तफेर हुन अपन दाई दादा ला पूँछके डोंगर गईंन चार खाय ला। अर अप्पन साथ मा पानी धरेला अक ठन तूमा धर लेवी। जब हुन डोंगर खाँ निकर गइन न। ता रस्ता मा अक ठन बंदरा पाइन। ता ओला पूँछथय-चार के रुखवा कहाँ मिलहीं। तफेर वा बंदरा कहथय–चार के रुखवा या डोंगर मा नहीं मिले बहिना। तुम माँझे डोंगर मा जात रहवो। तुम कहाँ ले आथों। तफेर अक चौथा नंबर के बहनी रहय। तेन कहथय–हम रितवार गाँव ले आथन। हमार दाई-दादा कहिने कि जाओ चार खाय के आहो। अर हमार खाँ लानहो। ता हम सातों बहनीं जाथन।

तफेर अऊर आगू मा भालू मिलिस। ता भालुव लां पूँछथन-चार कहाँ पावो। ता भालू कहथय–तुम डुंड़ा डोंगर मा जाहो। ता चार पाहो। तफेर सातों बहिनी उहाँ ले फिरय रेंगिन। अर इथि हुन टूरिन के दाई-दादा कहथय–आज सुन्ना हवय डकरी। आज कुकरी के शिकार खाय लेवी। तफेर डकरी हनें कुकरी बनाइस। अर महुआ के दारु मनागाइस। अर दारु पीय कुकरी खान लागिस। ता ड़करा-डकरी मा बहस हय गयीस। ता डकरी कहथय–डकरा, तैं मोला अको झन लरका नहीं छयिस। तफेर ड़करा कहथय–तोर कोख मा लरका नहीं आय। ता मैं का करों। तोर कोख खराब हय गैस। अइसना-अइसना डकरा हनें डकरी ला मार दयीस। अर हुन अलगे भग दयीस उखर भात के पैना मा रखे सिकार मांस ला कुत्ता बिलाई खाय डारिनन।

अब जब भालू के बात ला सुन के हुन सातों बहनी डुंडा डोंगर पहुँचिसन ता उहाँ के रानी हिरन ला पाइन। ता ओला हुन पूँछथय-हमार दाई-दादा, हमन ला चार खाऐला भेजिन। अर हमन ला चार के रुखवा नहीं मिले। ता हम काहिन ला खावो। अर काहिन ला ले जावो। तफेर वा रानी हिरन कहथय–तुम तुम्हार दाई-ददा ला लिखवाय के लाने रहतव कि चार के रुखवा कहाँ-अर कइसना अर कैठन रहथय तुम सुरु के डोंगर मा जातव ता पाय जातव। तफेर सबले बड़े बहिनी कहथय–दीदी, चलो शुरू के डोंगर मा ईहाँ नहीं आय कहथय। ता बेकार मा समय नहीं गवान।

तफेर सातों बहिनी अक तालाब तीर गयीस। ता तालाब के जइसे-जइसे लिखटा

आवय। तइसे-तइसे पानी ला डोंडिया हनें आवत रहय। तफेर वा हाथजोड़ के खड़े हय गयीस। अर कहय–हमन ला, बहुतय जोर से पियास मरिने। मोला पानी देय दे। ता वा डोंडिया कहथय–तुम्हार सबले बड़े बहनी ला बिहाव करहूँ। तफेर पानी देहों। तफेर वा बहनी उहाँ ले वापस आय गयीस। अर डोंडिया के बात ला कहिस। ता जेन छठन्वा नंबर के बहिनी रहय। तेन पियास मा बिहोस हय गय रहीस। तफेर बड़ी बहिनी कहथय–एला अखर कछु हय गयीस। ता मोला दाई-दादा मार ड़ारहीं। तेखर ले अच्छा में बिहाव खा तययार हय जांव। तफेर सफा बहिनी वा तालाब मा पहुँन जहाँ डोंडिया रहय। तफेर फेर पानी खाँ कहथय ता डोंडिया कहथय–मोर डयकी लान देव मैं तुमन ला पानी-पानी कर देहूँ। तफेर बड़ी बहिनी ला हरदी, तेल, अर दुलही के पूरा सवागत पहराय के तलवा मा भेज दइनन। तफेर पहली बहिन कहथय–

तुम पानी ढ़िलो डोंडिया,
तुम पानी ढ़िलो डोंडिया।
आए हय दीदी हमार।।

तफेर डोंडिया हनें तनक हस पानी ला दिखावय। जइसे-जइसे वा बड़े टूरी तलवा मा घुसय। तइसे-तइसे पानी चहकय। अन्त मा वा टूरी ला डोंडिया झिंक लइस। अर फेरय ला पानी अटवाय दयीस। तफेर फेर बाहर आइनस। ता छहो बहिनी खड़े देखिस लालच मा वा डोंडिया छहों बहिनीन ला अपन बिल्ला के सहारे मा पत्तालपुरी केर नागलोक ले गयीस। जहाँ उंखर साथ अपन साथिन के बिहाव करवाय दयीस।

आखिर मा अक झन टूरी बचे रहय। तेन अपन तूमा धर के आवय। तो ओला अक सियार मिलिस। तेन ओला कहिस की चल मैं तोला चार के रुखवा दिखावत हों। तफेर वा ओखर साथ चार खाइनस। अर अपन घर खाँ आय गयीस। तफेर वा तूमा ला लान के परछी मा टांग दयीस। अर आरो करय दादा रे दादा, ता तूमा हनें भों-भों कहय। अर दाई वो कहय तो ठक-ठक कहय।

सात बहनें

एक गाँव में एक बूढ़ा और बुढ़िया रहते थे। उनकी सात बेटियाँ थीं। एक दिन सातों बेटियाँ अपने माता-पिता से पूछकर जंगल में चार खाने गईं। वे अपने साथ एक तूमा रखकर जंगल गई थीं। जब वे जंगल जा रही थीं। तो उन्हें रास्ते में एक बंदर मिला। सातों बहन उस बंदर से पूछती हैं—बंदर भाई, चार के पेड़ किस जंगल में लगे हैं? तब वह बंदर कहता है—बहन, चार के पेड़ इस जंगल में नहीं हैं। तुम पास के जंगल में चले जाओ। तुम लोग कहाँ से आ रही हो? तब चौथे नंबर की बहन कहती है—बंदर भाई, हम लोग रितवार गाँव से आ रहे हैं। हमारे माता-पिता ने कहा कि तुम जंगल जाकर चार खाकर आओ और हमारे लिए भी चार लेकर आना। इसलिए हम सातों बहनें जंगल चार लेने जा रही हैं। ऐसा कहकर वे सभी आगे बढ़ गईं। रास्ते में उन्हें भालू मिला। उन सातों बहनों ने उस भालू से पूँछा तो भालू ने कहा—तुम लोग डूंड़ा पहाड़ पर जाओ। वहीं तुम्हें चार के पेड़ मिलेंगे। तब सातों बहनें वहाँ से आगे बढ़ गईं।

यहाँ घर पर बूढ़ा और बुढ़िया अकेले थे। तब बूढ़ा कहता है—बुढ़िया, आज घर में हम दोनों अकेले हैं। क्यों न आज घर में मुर्गा बनाया जाए। तब बुढ़िया ने घर में मुर्गा बनाकर महुआ की शराब मँगा ली। रात में दोनों ने मुर्गा खाया और शराब पी जिसके कारण दोनों को शराब का नशा चढ़ गया और दोनों में बहस होने लगी। तब बुढ़िया बूढ़े से कहती है—तुमने लड़की ही लड़कियाँ पैदा की हैं। हमारे वंश चलाने के लिए एक लड़का तक नहीं दिया। तो बूढ़ा कहता है—तेरी कोख में लड़का बदा ही नहीं है तो मैं क्या करूँ। तेरी कोख खराब है। बहस होते-होते बूढ़े को गुस्सा आ गया और उसने उस बुढ़िया को मार डाला। बुढ़िया को मारने के बाद बूढ़ा घर से भाग गया। उसके घर में जो मुर्गे का मांस रखा था। उसे सूना घर पाकर कुत्ता-बिल्ली खा गये।

यहाँ जंगल में भालू की बात सुनकर सातों बहन डूंड़ा पहाड़ पर गईं। उस पहाड़ की रानी हिरन उन्हें मिली। वे लड़कियाँ हिरन रानी से कहतीं हैं—हिरन रानी, हमारे माता-पिता ने हमको चार खाने भेजा है। हम लोगों ने बहुत पेड़ खोजे पर चार का पेड़ नहीं मिला। हम लोगों को भूख लग रही है। क्या खाकर अपनी भूख शाँत करें।

तब हिरन रानी कहती है—तुम अपने माता-पिता से लिखवा कर लाते की चार का पेड़ कैसा होता है? तुम लोग यहाँ-कहाँ आ गई हो? चार का पेड़ तो पहलेवाले पहाड़ पर है। तब सबसे बड़ी बहन कहती है—चलो दीदी, सबसे पहले पहलेवाले पहाड़ पर चलते हैं। इस पहाड़ पर चार के पेड़ नहीं है। क्यों समय बरबाद करती हो। जल्दी चलो।

सातों बहनों को जोर से प्यास लगी थी। वे सभी एक तालाब के किनारे गईं। वे जैसे ही तालाब के किनारे पहुँची, उसी समय पानी में रहनेवाला डोंडिया साँप तालाब से निकलकर किनारे पर आया। तब वे सातों बहनें हाथ जोड़ कर तालाब के किनारे खड़ी हो गईं और उस साँप से कहने लगीं—हम लोगों को बहुत जोर से प्यास लगी है। हमें पानी पीने दो। तब वह पानीवाला डोंडिया साँप कहता है—मैं तुम्हारी सबसे बड़ी बहन से शादी करूँगा। तभी तुम लोगों को पानी पीने दूँगा। तब वे बहनें वहाँ से वापस आ गईं। उसी समय छठवीं नंबर की बहन प्यास के कारण बेहोश हो गई। तब बड़ी बहन सोचती है। यदि इसे कुछ हो गया तो मेरे माता-पिता मुझे बहुत मारेंगे। इससे अच्छा है कि मैं इस साँप के साथ विवाह करने के लिए तैयार हो जाऊँ।

इसके बाद सभी बहनें उस तालाब के पास पहुँची। जहाँ वह डोंडिया साँप रहता था। वहाँ पहुँचकर वे बहनें उस साँप से पानी माँगती है। तो डोंडिया कहता है—तुम मुझे मेरी पत्नी दे दो। तो मैं तुम्हें पानी पीने दूँगा। तब सभी बहनों ने अपनी बड़ी बहन को हल्दी लगाकर, उसका दुल्हन का श्रृंगार करके तालाब में भेज दिया।

तब सबसे छोटी बहन कहती है—डोंडिया, तुम पानी छोड़ो, हमारी दीदी आ रही है। इसके बाद डोंडिया ने थोड़ा-सा पानी तालाब से निकाला। इसके बाद जैसे-जैसे बड़ी बहन तालाब में घुसती जाती, तालाब का पानी बढ़ता जाता। जब बड़ी बहन बीच तालाब में पहुँची। उसी समय तालाब में लबालब पानी भर गया। तालाब में पानी भरते ही बड़ी बहन को डोंडिया ने पानी में खींच लिया।

उसके बाद पानी में भँवर पड़ने लगा। जिससे पानी में भूचाल आ गया। इसके बाद वह डोंडिया बाकी बहनों के पास आया और लोभवश उन बहनों को अपने बिल से पाताल लोक ले गया। पाताल लोक के नागलोक में उसने अपने साथियों के साथ बाकी बहनों की शादी करवा दी। अन्त में एक बहन बच गई थी। जो अपना तूमा रखकर आई थी। उसे एक सियार मिला। तब उस सियार ने उससे कहा—चलो मैं तुम्हें चार का पेड़ दिखाकर लाता हूँ। तब उसने सियार के साथ चार खाये।

उसके बाद वह अकेली अपने घर वापस आ गई। तब उसने उस तूमा को लाकर अपने घर के आँगन में टांग दिया। उसके बाद उसने अपने माता-पिता को आवाज लगाई दादा रे, दादा। तो तुमा से भों-भों की आवाज निकली, जब वह लड़की दादी ओ, दादी कहा तो तूमा से ठक-ठक की आवाज निकली।

बैगा जनजाति में प्रचलित मिथ कथाएँ

बैगा जनजाति के मिथक पुरानी परम्पराओं को प्रतिबिम्बित करते हैं। इनके मिथकों में संसार आदिम महासागर से सीधा विकसित होता है और पहले के संसार के नष्ट होने का कोई संकेत नहीं मिलता है। इनके अधिकतर मिथकों में कहानी की शुरुआत–जल के नीचे, पृथ्वी के डूबने और मानव जाति के रहने के लिए नयी पृथ्वी की रचना की जरूरत से होती है।

बैगा गाथा के प्रारंभ का स्वर एकदम शास्त्रीय है।

पृथ्वी

शुरू में सभी जगह पानी ही पानी था, पानी के सिवाय कुछ भी नहीं था। पानी की सतह पर कमल का एक फूल तैर रहा था। जिस पर महादेव जी बैठे थे। जब महादेव जी ने देखा की सब जगह पानी है। तब महादेव जी ने अपने शरीर के मैल से एक कौआ बनाया। उस कौआ को धरती खोजने के लिए भेज दिया। कौआ उड़ता रहा, उड़ता रहा अन्त में वह जाकर ककरामल क्षत्री नामक कैंकड़े की पीठ में जाकर बैठ गया। जैसे ही कौआ ने कांव-कांव की आवाज लगाई। तो कैंकड़ा खुशी से चिल्लाया और कहा–कई दिनों बाद मुझे कुछ खाने को मिला। तब कौआ ने कहा–काका, मेरे पिता ने मुझे आपके पास भेजा है। तब कैंकड़े ने कहा–भतीजे तुम क्यों आए हो, मुझे जल्दी बतलाओ। तब कौआ ने कहा–मेरे पिताजी ने मुझे धरती बनाने के लिए मिट्टी लाने के लिए भेजा है।

तब दोनों सिंगार द्वीप गए। वहाँ नल राजा और नल रानी के पास मिट्टी थी। काफी समय तक ढूँढ़ने के बाद कौआ और कैंकड़ा नल राजा और रानी के पास गए। वे दोनों उनको काका और काकी कहकर मिट्टी माँगने लगे। तब नल राजा ने उसको धरती की मिट्टी देने के वायदा किया और कहा–कुछ भोजन कर लो फिर चले जाना। नल रानी ने मेहमानों के लिए भोजन में जहर मिला दिया। जब उन्होंने भोजन किया तो उनको नशा चढ़ गया। जिससे वे थोड़ी देर बाद बेहोश हो गए।

जब नल राजा और रानी ने उनको सोते देखा तो वे मिट्टी लेकर भागने लगे। उसी समय कैंकड़ा जाग गया और उसने उनको अपने पँजों से पकड़ लिया। जब कैंकड़े ने नल राजा की गर्दन दबाई तो उसके मुँह से मिट्टी निकली। उस मिट्टी को उसने कौआ को दे दिया।

उस मिट्टी को कौआ महादेव जी के पास ले गया। तब महादेव जी ने कमल के पत्तों से सात दोनें बनाए। उन सभी में मिट्टी रख दी। उसने प्रत्येक दोने की मिट्टी हिलाई और मकड़ामल क्षत्री को बुलाया। उसने उससे कहा—अब तुम समुद्र के ऊपर अपना जाला बुनो। तब मकड़ी ने जाला बुना। तब महादेव जी ने वे सातों दोनें उस जाल में रख दिए। फिर वे कमल के पत्ते से हवा करने लगे। जिससे मिट्टी उस जाले के ऊपर गिर गई। जिससे सात तरह की धरती बन गई। काली धरती, लाल धरती, दूध धरती, वीरान धरती, कंकड़वाली धरती, कुंवारी धरती और कीचड़वाली धरती।

जब सब कुछ तैयार हो गया, तब महादेव ने भीमसेन से कहा—मैंने धरती तो बना दीया है पर मुझे यह मालुम नहीं कि यह ठोस है कि नहीं। भीमसेन खुश होकर बोला—मैं जाकर देखूं, नागा। जैसे ही वह गया। उसके पैर धरती में धंस गए। जिससे वह जमीन में लेटकर लुढ़कने लगा। जिससे पहाड़ बन गए।

एक अन्य मिथक के अनुसार शुरू-शुरू में पूरे संसार में जल ही जल था। न भगवान थे, न भूत, न हवा, न चट्टान, न जंगल, न पेड़ सिर्फ ऊपर आकाश और नीचे जल था। एक दिन कमल के फूल पर ब्रह्मा जी बैठे थे। वहाँ जल ही जल था। न फल थे न फूल थे। तब ब्रह्मा जी ने अपनी भुजा को रगड़कर मैल निकाला। उससे एक कौआ बनाया। उससे कहा—तुम जाओ और पृथ्वी का पता लेकर आओ। मैं पृथ्वी का निर्माण करना चाहता हूँ। कौआ वहाँ से उड़ा और पूरे संसार के चक्कर लगाया। परन्तु पृथ्वी उसे कहीं नहीं दिखी। तब वह निराश होकर लौटने लगा। तभी उसे किकरामल कुँवर का स्थान मिला। किकरामल कुँवर का एक हाथ आकाश और एक हाथ पाताल की ओर था।

किकरामल कुँवर ने कौआ से उसके आने का प्रयोजन पूछा तब कौआ ने कहा—मैं अपनी छोटी बहन धरती को खोजने आया हूँ। वह कहाँ पर मिलेगी। किकरामल कुँवर ने कहा—वह किचकमल रानी के पास है क्योंकि वह धरती को खा रही है। मैं तुमको लुगंड़ी राजा के पास भेज रहा हूँ। वह तुम्हारी मदद करेगा। तब किकरामल कुँवर कौआ को लुगंड़ी राजा के पास ले गया। लुगंड़ी राजा के बारह भाई लोहारसुर और तेरह भाई तमेसुर तथा चौदह भाई अगयासुर थे। उन्होंने मिलकर एक बहुत बड़ी लोहे की कोठी बनाई। उसमें एक खिड़की

भी बनाई। इसके बाद किकरामल कुँवर और कौआ उस कोठी के अंदर घुस गए। लुगंड़ी राजा ने उस कोठी को एक लोहे की चैन के सहारे समुद्र में डाल दिया। उसने कहा—जब तुम दोनों इस चैन को हिलाओगे तो मैं इसे ऊपर खींच लूँगा।

जब किकरामल कुंवर और कौआ समुद्र के नीचे जमीन पर पहुँचे तो किचकमल रानी सो रही थी। उनके सिर के पास वह लोहे की कोठी जाकर गिरी। इससे किचकमल रानी की नींद खुल गई। उसने नाराज होते हुए कहा—किसने मुझे उठाया है। मैं बारह वर्ष तक सोती हूँ। तुमने मेरी नींद खोल दी। मुझे भूख लगी है। अब मैं तुम दोनों को खाकर अपनी भूख मिटाऊँगी। तब किकरामल कुँवर ने किचकमल रानी से कहा—तुम किसकी बेटी हो? तब किचकमल ने कहा—मैं ब्रह्मा जी की बेटी हूँ। बोलो क्या काम है? तब किकरामल ने कहा—हम लोग धरती का पता लगाने आए हैं। हमें धरती की मिट्टी चाहिए। हमें तुम्हारे पिताजी ने भेजा है।

वे समुद्र के ऊपर धरती का निर्माण करना चाहते हैं। किचकमल रानी बहाने बनाने लगी। तब किकरामल कुँवर ने कहा—यदि तुम मुझे धरती की मिट्टी नहीं दोगी। तो मैं तुमको काट दूँगा। ऐसा कहकर किकरामल कुँवर ने कूदकर किचकमल रानी की गर्दन को अपने जबड़े में दबा लिया और कहा—तुम मुझे धरती की माटी दो। नहीं तो तुम्हारा सिर धड़ से अलग कर दूँगा। ऐसा कहकर किकरामल कुँवर किचकमल रानी की गर्दन दबाने लगा। उसकी गर्दन दबाते ही किचकमल रानी के मुँह से धरती की मिट्टी निकलने लगी। किकरामल कुँवर ने किचकमल रानी की इक्कीस बार गदन दबाई।

पहली बार गर्दन दबाने से धरती माता, दूसरी बार में पीली धरती, तीसरी बार में काली धरती, इसी प्रकार पापी धरती, मुँहमुड़ी धरती, मूठ मिली धरती, छुतहाँई धरती, दुधिया धरती, धरनी धरती, चमकन धरती, बैरी धरती, लाल धरती, नंगी धरती, गोरी धरती, पठारी धरती, बारा धरती, शहरी धरती, बहरी धरती, आनाकुराई धरती, उटकन धरती, कुंवारी धरती निकली। धरती निकलने के बाद किकरामल कुँवर और कौआ ने जंजीर हिलाई। तो लुगंड़ी राजा ने उनकी कोठी को चैन के सहारे खींच लिया।

तब कौआ उस धरती को लेकर भगवान के पास पहुँचा। ब्रह्मा जी ने साजा वृक्ष की पत्तियों से एक बर्तन बनाया। उसमें धरती को रख दिया। फिर उस धरती को ब्रह्मा जी ने आइन दिन नौ रात तक खूब गूँथा। धरती के गुँथ जाने के बाद उस धरती की मिट्टी को ब्रह्मा जी ने बेलकर एक रोटी का रूप दे दिया। धरती रुपी रोटी को समुद्र के जल में बिछा दिया। जैसे ही धरती की मिट्टी को समुद्र के जल में बिछाया तो वह कीचड़ बनकर बहने लगी। तब भगवान ने पवन दसेरी और

भीमसेन को बुलाया। तब पवन दसेरी ने अपने मुँह से गर्म हवा फेंकी। भीमसेन ने धरती का भार अपने ऊपर उठाया। जिससे धरती की मिट्टी सूख कर जम गई पूरी पृथ्वी कड़ी हो गई। तभी से पृथ्वी का जन्म हुआ।

एक अन्य मिथक के अनुसार। बहुत समय पहले चारों ओर समुद्र था। उसमें जल ही जल था। उस जल में एक कमल का फूल और कुछ पत्ते थे। कमल के फूल के ऊपर ब्रह्मा जी बैठे थे और पत्तों पर देवतागण बैठे थे। एक दिन हवा और पानी एक साथ आए। जिससे कमल और पत्तों पर बैठे देवतागण भींग गए। जिससे उनको गुस्सा आ गया। तब ब्रह्मा जी ने अपने मन में खूब सोचा विचारा और समुद्र के पानी से पृथ्वी बनाने की सोची।

परन्तु उस समय पृथ्वी का कहीं भी पता नहीं था। समुद्र में एक जम्बू द्वीप था। जिसमें नागा बैगा निवास करता था। सभी देवता-गण नागा बैगा के पास गए। उन्होंने नागा बैगा से विनती की कि वह जाकर धरती का पता लगाकर आए। तब नागा बैगा ने वचन दिया की वह धरती का पता जरूर लगा कर आएगा।

नागा बैगा को भी धरती का पता ज्ञात नहीं था। उसने मंत्र शक्तियों से कौआ कुँवर का आह्वान किया। कौआ कुँवर आया तो नागा बैगा ने देवताओं से हुई बात बतलाई और उससे कहा—तुम धरती का पता लगा कर ही लौटना। तब कौआ कुँवर ने अपने शरीर को बादल के समान बढ़ाकर बड़ा कर लिया। वह आकाश में कई सालों तक उड़ता रहा। परन्तु उसे धरती का पता नहीं मिला। एक दिन जब वह निराश होकर वापस आ रहा था। तो उसे एक जगह कैंकड़ा की पीठ दिखाई दी। कैंकड़ा उस समय सूर्य भगवान की अराधना कर रहा था। कौआ जाकर उस कैंकड़े के ऊपर बैठ गया। जिससे उसका जबड़ा टूट गया। कैंकड़े ने कौआ से क्रोधित होकर पूछा—तुम मुझे क्यों परेशान कर रहें हो? तब कौआ ने कहा—ब्रह्मा जी ने मुझे धरती का पता लगाने को भेजा है। तब कौआ कैंकड़े की पीठ पर सवार होकर हाड़न राजा के पास पहुँचा। वहाँ एक तालाब और उसके पास पहाड़ था।

उस तालाब में एक नाग कन्या स्नान करने आई। वह अति सुन्दर थी। दोनों ने उसे पृथ्वी समझा। कैंकड़े ने हाड़न राजा की बुराईयां बतलाकर उसे अपने जाल में फँसा लिया। कौआ और कैंकड़ा उस नाग कन्या को लेकर चले तो उसे रास्ते में केंचुआ नामक दानव मिला। उसने नाग कन्या को निगल लिया। कैंकड़ा और कौआ दोनों परेशान हो गए। इतने में वहाँ पर एक गिलहरी आई। उसने कैंकड़ा से कहा—तुम अपने नुकीले दांतों से केंचुआ दानव का पेट फाड़ दो। तब कैंकड़े ने अपने जबड़े को केंचुआ दानव के पेट में चुभा दिया। जिससे केंचुआ ने बीट कर नाग-कन्या को छोड़ दिया। तब कैंकड़ा और कौआ नाग-कन्या को लेकर देवताओं के पास गए। देवताओं ने एक सुन्दर कन्या को देखकर उनका खूब

स्वागत किया।

देवताओं ने समुद्र के ऊपर उस नाग कन्या का विवाह रचाने की सोची। परन्तु कन्या को कोई भी वर पसंद नहीं आया। तब देवताओं ने जम्बू द्वीप से नागा बैगा को आमंत्रित किया। नागा बैगा निर्वस्त्र साधू के वेश में था। नाग कन्या ने नागा बैगा के गले में वरमाला डाल दी। जिससे नागा बैगा नाराज हो गया। उसने कहा–इस कन्या को तो मैं बेटी मान चुका हूँ। उसने कुल्हाड़ी से उस नाग कन्या के दो टुकड़े कर दिए। उस कन्या का रक्त पूरे समुद्र में फैल गया। जिसे नागा बैगा और देवताओं ने थपथपाया। जिससे वह रक्त जम गया तथा उस जगह पर पृथ्वी की सतह बन गई। ज्वार-भाटा की लहरों के कारण उंचे स्थान पहाड़ बन गए और नीचे स्थान झील तथा समुद्र बन गए।

बादल और तारे

पहले आकाश में बादल नहीं थे। एक दिन बिंझवार बैगा ने लाडू सूअर की बलि दी। गाँव में एक अगरिया रहता था। लाडू सूअर को मारने के बाद बैगा ने अगरिया को भोज पर बुलाया। उन्होंने ढेर सारी शराब पी और राजाओं की तरह मतवाले हो गये। बैगा की पत्नी महलौन की पत्तल पर चावल लाई और उसे अगरिया के सामने रख दिया। वहाँ झगड़ा होने लगा। बैगा और अगरिया जोर-जोर से चिल्लाए और एक-दूसरे को गाली देने लगे। अगरिया आपे से बाहर हो गया और उसकी खाने की पत्तल उठाकर हवा में फेंक दी। वह ऊपर आसमान में चली गई, पत्तल बादलों में बदल गई और चावल के दाने तारे बन गए।

एक और अन्य मिथक के अनुसार संसार बन गया था पर वह अस्थिर था। भगवान ने भीमसेन को बुलाया और उसे जगह पर जमा देने को कहा। भीमसेन ने कहा–मुझे पहले चिलम पी लेने दो। फिर मैं देखूँगा कि मैं क्या कर सकता हूँ। उसने चिलम पीकर उसका धुआँ दूर फेंका। धुँए के बादल उड़ते हुए ऊपर चले गए और वे बादलों में बदल गए। जलती हुई तम्बाखू की चिनगारियां ऊपर उड़ीं और वे तारे बन गए।

हवा

उन दिनों में कहीं हवा नही थी। एक बैगा साफ धान को लेकर जंगल में उसे बोने गया। जब फसल तैयार हो गई तो बैगा ने फसल अपने पाँवों से गाही पर

वह बिना हवा के कैसे उड़ावनी करता? तब वह पवन दसेरी को चढ़ाने बारह गाड़ी सरई की रार लाया। फिर उस बैगा की बूढ़ी सिर पर गुढ़नी रखकर बर्तन लायी। फिर बैगा ने कहा—'सुर-सुर हवा चले, भुर-भुर रास बढ़े, जैसे ही उसने ऐसा कहा—बूढ़ी औरत ने अपनी लंगोटी हटाई और पाद दिया। हवा बाहर इतने वेग से आई कि सारे संसार में तूफान आ गया और बैगा की धान की उड़ावनी हो गई। उस समय से सारे संसार में हवा हो गई। इसलिए बैगा औरतें अपने पैरों के बीच में कांछ नहीं लगाती।

एक और अन्य मिथक के अनुसार एक बैगा अपनी बैगिन के साथ रहता था। उसका नाम गोंड दवार था और बैगिन का नाम दुब्बुल छक था। वे अपने बेटे की शादी की व्यवस्था कर रहे थे पर हवा कहीं नहीं थी और मंडप सूखा था। मंडप गरमी के कारण मुरझा गया था। बहुत से मेहमान गर्मी के कारण बेहोश होकर गिर गए। तब उस बैगा ने बिंझवार बैगा को बुलाया तब उसने झाड़ू से गुनयायी की तब मालुम पड़ा की जलहालपुर में एक मनबोध मछली थी। जिसके पास हवा थी।

बिंझवार बैगा ने गोंड दवार से कहा—जाओ, जाकर एक ताजा बाँस लेकर आओ। गोंड दवार जंगल गया और एक ताजा कटनागा बाँस लेकर आ गया। तब बिंझवार बैगा ने उस कटनागा बाँस से एक जाल बनाया और अपने मछली के जाल के साथ जलहालपुर पहुँचा। उसने नदी में जाल डाला और मछली पकड़ ली। मछली को वह जाल से बाहर निकालने की कोशिश कर रहा था तो वह उस मछली को हिला तक नहीं सका। उसने अपने हाथ जोड़े और मछली से शादी की और हवा की असफलता की कहानी सुनाई। जिसने शादी के मंडप को सुखा दिया था और अब जब उसने जाल उठाने की कोशिश की तो जाल हलका हो गया और उसने उसे उठा लिया और मनबोध मछली को अपने साथ लेकर लौट गया।

मनबोध मछली ने जब अपना मुँह खोला तो संसार में हवा आ गई। सूखा मंडप फिर से पुर्नजीवित हो गया और बेहोश मेहमान ठीक हो गए। जब लोगों ने हवा की तोड़-फोड़ देखी। तो वे डर गए और उन्होंने गहरी सांस ली। उसी समय से लोग सांस लेने लगे।

बिजली

पांडव यह जानना चाहते थे कि जमीन के नीचे क्या है? वे भीमसेन के चरणों में गिरकर विनती करने लगे की उन्हें जमीन के नीचे ले जाएँ। तब भीमसेन ने उन्हें एक छोटी-सी बैठकी में बाँध कर जमीन के नीचे जाने दिया। वे आइन रात नौ दिन

में जमीन के नीचे पहुँचे। नीचे जाकर पांडव रोने लगे। वह सोचने लगे कि वह वापस कैसे जाएँ? तब वहाँ रहनेवाले एक पुराने नाग ने पांडव को एक बिजली का घोड़ा दिया। वह उसमें बैठ गए और थोड़ी देर बाद वे अपने घर वापस आ गए। इस आश्चर्यजनक सवारी के बारे में वे आश्चर्य करने लगे।

देवता गण भीमसेन को नौकरों की तरह रखते थे। देवता जब संसार को पानी देना चाहते थे। तब वे भीमसेन को भेज देते। भीमसेन घोड़े को चूहे की चमड़ी के साथ घसीटता। चमड़ी जब हवा से रगड़ती तब बिजली चमकती और कड़कने की आवाज आती। भीमसेन बिजली के घोड़े पर सवार होकर अपने पीछे चूहे की चमड़ी को घसीटते हुए संसार के चारों कोनों में चक्कर लगाता है। तभी बिजली चमकती है।

एक और अन्य मिथक के अनुसार हेमसिरी माता की एक लड़की थी। उसका नाम बिजलदईन कन्या था। वह बहुत सुन्दर थी। उसके शरीर से सूरज की किरणों के समान चमक निकलती थी। उसके पिता का नाम जालंधर था। उसने लक्ष्मण जी को अपने घर में लमसेना के रूप में रखा था क्योंकि उसके कोई लड़का नहीं था। लक्ष्मण जी ने बारह साल तक कठिन परिश्रम किया। तब जालंधर ने अपने शरीर से मैल निकाला और उससे एक बर्तन बनाया। इसके बाद उसने अपना पाँव काटा और उस बर्तन में अपना खून भर दिया। उसने लक्ष्मण से कहा—यह लो, तुम्हारा इनाम। इसे रास्ते में मत खोलना। इसे अपने घर जाकर दरवाजा बन्द करके खोलना। लक्ष्मण ने बर्तन लिया और उसे घर ले गया। दरवाजा बन्द करने के बाद बर्तन को खोला। बिजलदईन कन्या उचक कर बाहर आ गई। वह ऊपर इतनी जोर से उचकी और छत फाड़कर आकाश में चमकने लगी। लक्ष्मण जी ने अपना धनुष-बाण लेकर उसका पीछा किया। आसमान में लक्ष्मण के बाण टकराने लगे। जिससे बिजली कड़कने की आवाज होती है।

वर्षा

मेघ राजा और मेघ रानी भगवान के दरबार में रहते थे। भगवान ने उनसे तीन तुम्बे पानी माँगा और भीमसेन से पूरी दुनिया में पानी बिखेरने के लिए कहा—भीमसेन ने तूमा लिया और दूर चला गया। जब वह जंगल से गुजर रहा था। तब रात हो गई और वह एक जगह पर लेट गया। जब वह सो रहा था। तब एक दुरहा दानव आया। उसने भीमसेन का एक तूमा चुरा लिया। दूसरे दिन सुबह जब भीमसेन ने देखा की उसका एक तूमा चोरी हो गया तो उसने कहा—मैं

साल भर तक इस पानी को कैसे बिखरा सकता हूँ। मैंने चाहा था कि एक तूमा हर महीने फेंकूँ। आषाढ़, सावन और भादों पर दो तूमा से मैं क्या कर सकता हूँ। तब भीमसेन ने अपने दो तूमे को चार हिस्सों में बाँट दिया और उन्हें चार महीनों के दौरान बिखराया पर दुरहा दानव ने अपने तूमे से दूसरे आइन महीनों में पानी बरसाया।

आग और खाना

उस समय दुनिया में आग नहीं थी। एक दिन बिल्ली और भालू का विवाह हुआ। संसार के सभी जानवर बिल्ली की बारात में गए। बिल्ली शेर की मौसी का लड़का था। सभी जानवरों ने कहा—हम कच्चा मांस नहीं खाएँगे। हमें स्वादिष्ट खाना चाहिए। हमें आग लानी चाहिए।

तेंदुए ने कहा—तुम जाकर आग लाओ। लकड़बग्घा बोला—नहीं, तुम जाकर लाओ। चीता बोला—नहीं, आग लेने किसी और को भेजो। अन्त में शेर ने कहा—अच्छा, मैं यह आग लाऊँगा और वह आग लाने के लिए चल पड़ा।

उधर जुगनू संसार की सब आग को बटोरकर उसके ऊपर बैठी थी। शेर ने आकर जुगनू से लड़ाई शुरू कर दीया पर जुगनू ने उसे पत्ती बना दिया और हवा को बुलाया कि इसे उड़ा दे। पत्ती ने झिंझा गुरु का नाम पुकारा और वह फिर से शेर बन गया।

शेर फिर लड़ने के लिए लौटा और अब जुगनू ने उसे धूल में बदल दिया और उसे हवा उड़ाकर ले गई। शेर ने फिर झिंझा गुरु का नाम लिया और फिर शेर बन गया।

शेर फिर से लड़ने लौटा और इस बार वह जब जुगनू से जीतने हीवाला था। तब जुगनू बोली—मुझे जाने दो। मैं तुमको आग देती हूँ। शेर उसके साथ चला तो जुगनू ने अपनी तर्जनी काटी और उसके खून की बूँदें पत्ती पर गिरा दी। शेर खून लेकर चला गया। उसने घास का एक पूला बनाया और उस पर खून गिरा दिया। उसी समय आग जल उठी।

बारातियों ने अपना खाना आग में पकाया। एक दिन एक बिल्ली उस गाँव में आई। उसने एक घर में बर्तन में रखा दूध देखा। उसे आश्चर्य हुआ की यह क्या है? उसने थोड़ा-सा दूध पिया परन्तु उसे उसका स्वाद पसंद नहीं आया। उसने सोचा इस दूध को आग में पकाना चाहिए। वह एक लकड़ी लाई और उसमें आग लगाकर दूध को गर्म किया। उसी समय घर के लोग आ गए। उन्होंने वह उबला दूध पिया तो उन्हें वह दूध स्वाद में अच्छा लगा। तभी से मनुष्य अपना खाना पकाने लगे।

आग

उन दिनों आदमी कच्चा खाना खाते थे। एक भूत अपने बीमार बच्चे से परेशान था। वह गाँव गया और एक गुनिया को पकड़कर अपने घर ले आया तब गुनिया ने अपने सूपा-तूमा से देखकर बच्चे को चंगा कर दिया।

इससे भूत बहुत खुश हुआ। उसने आदमी से पूछा—उसे क्या इनाम चाहिए? उस आदमी ने कहा—मेरे पास जरूरत का सब कुछ है। ढेर सारा पानी पीने के लिए है। मेरी दो पत्नियाँ और बहुत से बच्चे हैं पर एक परेशानी यह है कि हमें अपना भोजन कच्चा ही खाना पड़ता है। जिसके कारण हमारे पेट में मरोड़ होती है। तब भूत ने उसे मिट्टी के दो बर्तन और लोहे की एक चूड़ी दी। उसने कहा—यह ले जाओ और जब तुम घर पहुँचना तब लकड़ियों का ढेर बनाकर उसके ऊपर बीच में चूड़ी रख देना उसके ऊपर बर्तन रख देना। तब तुम पाओगे की तुम्हारा खाना पक गया है। बढ़िया दाल और चावल।

एक और अन्य मिथक के अनुसार अग्निसुर दानव एक घने जंगल की गुफा में रहता था। एक दिन एक बैगा औरत पत्ती लेने उस जंगल में गई। जब उसने उस दानव को देखा तो वह उस दानव से प्यार करने लगी। क्योंकि वह बहुत खूबसूरत था और उसके शरीर के प्रत्येक अंग से उजाला आता था। उस बैगा औरत ने सोचा, मैं रोज इस दानव के साथ सोती हूँ। मुझे उसके मुँह से आग लेकर संसार को दे देनी चाहिए। एक दिन उसने उस दानव से कहा—मैं बहुत सालों से तुम्हारे पास हूँ। परन्तु तुमने अपना मुँह खोलकर कभी नहीं दिखाया। आज तुम अपना मुँह खोलकर बताओ कि इसके भीतर क्या है? दानव ने कहा—तुम नहा-धोकर आओ। तब मैं तुमको अपना मुँह खोलकर दिखाऊँगा। फिर वह नदी गई और नदी से स्नान करके गीले वस्त्रों में वापस आई। जब वह वापस आ रही थी। तब वह एक कपास के पेड़ के नीचे से निकली। कपास के फाहों ने उसके शरीर पर गिरकर उसे कपास से ढक दिया। जब दानव ने मुँह खोला। तो उसके मुँह से आग निकली और उस औरत के शरीर से चिपकी रुई ने आग पकड़ ली। उसने अपने शरीर से रुई के टुकड़े निकालकर फेंके जिससे जंगल में आग लग गई और इस प्रकार आग इस दुनिया में आई।

नागा बैगा और नागा बैगिन

प्रारंभ में पानी ही पानी और पानी के सिवाय कुछ नहीं था। प्रेत की आवाज नहीं थी। हवा नहीं थी, चट्टान नहीं थी, रास्ते नहीं थे, जंगल नहीं था। अभी जैसा आकाश है, वैसा तब पानी था। पानी में यहाँ वहाँ तैरते कमल के एक विशाल पत्ते पर भगवान बैठा था। उसके जीवन में कोई फल या फूल नहीं था, वह अकेला था।

बाबा वशिष्ठ मुनि भगवान के गुरु थे। तेरह साल तक उसने एक तुम्बी में पेशाब किया। तेरहवें साल तुम्बी टूट गई और नागा बाबा रोते हुए बाहर निकला। जब बाबा ने उसे देखा तो क्रोधित हो गए। उसने बच्चे को उठाकर जंगल में फेंक दिया। जैसे ही वह गिरा उसे एक नागिन ने पकड़ लिया और उसे अढ़ाई बूँद अपना दूध दिया। फिर उसने उसे चीटियों के बमीठे में छुपा दिया। इसके बाद काली नागिन ने नागा बैगिन को जन्म दिया। चीटियों के बमीठे के दो हिस्से थे। एक में लड़का रहता था और दूसरे में लड़की रहती थी।

एक दूसरे मिथक में भगवान ने पहले पानी के ऊपर एक बड़ा पत्ता रखकर दुनिया बनाई। एक दिन सूरज ऊगा और अपनी गरमी से उसने वह पत्ता नष्ट कर दिया। तब भगवान ने लाख से दुनिया बनाई। जब भगवान उस पर चलकर देखने लगे तो उसके हजारों टुकड़े हो गए। अन्त में भगवान ने अपनी छाती के मैल से एक कौआ बनाया। फिर उसे यह कहकर ढाई बार अपना दूध पीने दिया और कहा—अब तुमने मेरा दूध पी लिया है इसलिए अब तुमको कभी भी भूख और प्यास नहीं लगेगी। अब हम दोनों मिलकर पृथ्वी की तलाश करेंगे।

तब वह कौआ उड़ते-उड़ते बहुत-बहुत दूर तक गया। आखिर वह थक गया। उसने सोचा मेरा पिता मेरे दुश्मन हैं, उन्होंने मेरे प्राण लेने के लिए ही मुझे बनाया है। ऐसा सोचते-सोचते वह ककरामल क्षत्री नाम के एक बड़े कैंकड़े के ऊपर गिर गया। कौआ ने उससे पृथ्वी का पता पूछा। तब ककरामल क्षत्री पानी के नीचे गया और वहाँ उसने देखा कि नल राजा और नल रानी सो रहे हैं। वे बारह साल से सो रहे थे। उसने उन्हें हिलाकर जगाया। तब नल राजा ने कहा—पृथ्वी तो निजाम राजा के पास है। मेरे पास नहीं है। तब ककरामल क्षत्री ने उसका गला दबाया और तब तक दबाते रहा जब तक की उसने उल्टी करके छोटी-छोटी गोलियों के रूप में पृथ्वी को उगल नहीं दिया। तब कौआ पृथ्वी को अपने पिता के पास ले गया। तब भगवान ने इस दुनिया का निर्माण किया।

पाँच साल बीत जाने के बाद नागा बैगा और नागा बैगिन धरती की दरार से पैदा हुए नागा बैगा ने धरती माता से कहा—माँ, मेरा बाजे कहाँ है? धरती माता ने कहा—बेटा, मेरे पास तो अभी सिर्फ एक रस्सी है, तुमको बाजा की क्या जरूरत है? उसी दिन बासिन कन्या पैदा हो गई। तब नागा बैगा एक सांस में बाँस काटने लगा। उसने तार की जगह अपने बाल लगाकर बाँस से एक बाजा बनाया और उसे बजाया। बाजे की आवाज से भगवान का आसन डोल गया। तब भगवान को पता चला की बैगा पैदा हो गए हैं। भगवान ने बैगा को बुलवाया। जब भगवान के दूत बैगा को बुलाने गए। उस समय नागा बैगा एक सूप में सो रहा था। धरती माता ने कहा—बेटा मत जा। लेकिन नागा बैगा अपना बाजा लेकर चला गया। भगवान

ने उससे कहा–तुम अपने नाखून धरती में गड़ा दो। जिससे धरती हिले नहीं। लेकिन नागा बैगा के नाखून नहीं थे। इसलिए उसने अपने दाहिने हाथ की तर्जनी को काटकर उसे जमीन में गड़ा दिया। लेकिन भगवान इससे संतुष्ट नहीं हुए। भगवान ने कहा–मैं मजबूत खंभे चाहता हूँ।

तब नागा बैगा ने अगयासुर को बुलाया उसकी पूजा की जिससे अगयासुर से बड़ी-बड़ी लपटें निकलने लगीं। उस आग से अगरिया पैदा हुआ। इसलिए अगरिया आग से कभी नहीं डरते और अपने हाथ से जलते हुए लोहे को पीट लेते हैं। तब उस अगरिया ने कच्चे लोहे से बारह खंभे बनाए। उनको संसार के चारों कोनों में गाड़ दिया। जिससे धरती स्थिर हो गई। तब भगवान ने सब जगह बीज बो दिए।

एक मिथक में नागा बैगा की माँ बासमोती कन्या याने बाँस की कन्या थी। जिसने उसे अपना दूध पिलाया और उसे सोने की एक कुल्हाड़ी दी। एक बार देवताओं को बहुत भूख लगी। भूखे होने पर जड़ों को खोदने के लिए नागा पहाड़ गए। उन्होंने कुछ जड़ें खोदीं उसके छेद में से एक छोटा आदमी और एक छोटी औरत निर्वस्त्र निकले। वे सब हँसे और कहा–ये नागा बैगा और नगा बैगिन हैं।

हाथी

पुराने जमाने में हाथी उड़ा करते थे। उनके बड़े-बड़े पंख थे। एक दिन एक हाथी उड़कर झील में पानी पीने गया। झील में एक मगर था। उसने हाथी को पानी में देखा तो उसे बड़ा अचंभा हुआ कि इतना बड़ा जानवर कौन-सा है। वह पानी के भीतर तैर कर गया और हाथी का पैर पकड़ लिया।

हाथी ने उड़ने की कोशिश की पर वह न उड़ सका क्योंकि मगर उसे खींचकर गहरे पानी में ले गया था। वे दोनों बारह साल और तेरह युग तक लड़ते रहे। अन्त में हाथी ने भगवान को सहायता के लिए पुकारा। भगवान ने आकर देखा कि मगर ने हाथी के पंख फाड़ दिए हैं और वह विशाल हाथी थककर चूर हो गया है और मरने ही वाला है। उसकी नाक और कान छोड़कर उसका पूरा शरीर पानी में डूब गया है। भगवान ने उसकी नाक खींची तो वह खींचकर बहुत लम्बी हो गई। फिर भगवान ने उसके कान पकड़कर खींचे तो वे बहुत चौड़े हो गए। फिर भगवान ने उसके बचे खुचे पंख काटकर फेंक दिए क्योंकि हाथी हमेशा असमान से उड़कर नीचे आते थे। वे घरों और पशु-शालाओं को बरबाद कर देते थे। इसलिए भगवान ने कहा–अब से हाथी, नहीं उड़ सकेंगे।

कुत्ता

एक आदमी जंगल गया रास्ते में उसे जंगल में कुत्ते का एक पिल्ला मिला। वह उस कुत्ते के पिल्ले को उठाकर अपने घर ले गया। उसने उसे पालतू बनाकर खिलाया- पिलाया। जब वह कुत्ता बड़ा हो गया तो वह उस आदमी को इतना चाहने लगा कि वह अपने मालिक की हर बात की नकल करने लगा। जब वह आदमी खाँसता तो कुत्ता भी खाँसता। एक दिन बाहर एक सियार ने हुआ-हुआ किया तो उस कुत्ते ने उसकी नकल करने की कोशिश की लेकिन ठीक से वैसी आवाज नहीं निकाल सका। इसलिए अगली बार सियार ने हुआ-हुआ किया तो उस आदमी ने भू-ऊ ऊ किया तो कुत्ते ने भी अपने मालिक की तरह भू-ऊ ऊ किया। तब से कुत्ते भौंकने लगे।

बन्दर

एक दिन एक आदमी बाघ को अपना घोड़ा समझकर उस पर बैठ गया। बाघ डर कर जंगल की तरफ भागा क्योंकि उसने सोचा कि वह आदमी उसे खानेवाला है। वह आदमी भी डर गया था। जैसे ही बाघ एक पेड़ के नीचे से गुजरा। उस आदमी ने ऊपर लटकती एक डाल को पकड़ लिया और ऊपर झूल गया। वह पेड़ अंदर से खोखला था। वह आदमी उस पेड़ में घुस गया।

बाघ चलते गया रास्ते में उसे एक बन्दर मिला। बाघ ने उसे सारी बात बतलाई। उसने बंदर से कहा—यह आदमी नाम का जीव मुझसे भी बड़ा है क्योंकि वह मेरी पीठ पर बैठने से भी नहीं डरता। बन्दर बोला—वह जीव कहाँ है? मैं उसे देखना चाहता हूँ। बाघ उस बंदर को पेड़ के पास ले गया। बंदर पेड़ पर चढ़ गया। उसने अपनी पूँछ उस खोखले में डाल दी। खोखले के भीतर बैठे आदमी ने उस बंदर की पूँछ पकड़ ली और उसे जोर से खींचा। बंदर ने पेड़ की एक डाल पकड़ ली और उधर अदमी ने उसकी पूँछ खींची। उस खींचतान में बन्दर की चूतड़ पेड़ से रगड़ने के कारण लाल हो गई। तब से बंदर की चूतड़ लाल है।

बाघ और बैगा

धुतिया डोंगरी में लटिया नाम का एक बैगा रहता था। उसकी पत्नी गर्भवती थी। एक दिन बैगा और उसकी पत्नी कंद खोदने के लिए जंगल गए। बैगा ने एक जगह खोदा और उसकी पत्नी ने दूसरी जगह खोदा। जब वह कंद खोद रही थी उसी समय उसके पेट में दर्द शुरू हो गया और उसने चिल्लाकर बैगा से कहा—अरे देवार, मेरे

पेट में दर्द हो रहा है। जैसे ही उसने ऐसा कहा—बैगा, पर एक देव आ गया। वह ओच्छा-ओच्छा कह कर चिल्लाने लगा। उसने अपनी पत्नी से कहा—ए देवारिन, यदि लड़का पैदा हो तो उसे मेरे पास मत लाना। यदि लड़की पैदा हो तो ही लाना। दर्द के मारे रोती हुई वह बेचारी औरत बैगा से बोली—लड़का पैदा होने पर मैं तुम्हारे पास क्यों न लाऊं? बैगा ने जबाव दिया अगर उसे लड़का हुआ तो मुझे उसके लिए दुल्हन लाने के लिए दूसरे के घर जाना पड़ेगा और मुझे दूसरों के पैर छूने पड़ेंगे। अगर लड़की हुई, तो लोग मेरे घर आएँगे और मेरे पैरों पर गिरेंगे।

जब वे बात कर रहे थे। उसी समय बच्चा पैदा हो गया। उस बैगिन ने लड़के को जन्म दिया था। जब बैगा ने यह सुना तो वह गुस्से से लाल हो गया और उसने खोदने की लकड़ी से एक साजा के पेड़ की कुछ चिलफियां गिरायीं। उन्हें हाथ में पकड़कर उसने एक मंत्र पढ़ा और उन चिलफियों को बाघ और बाघिन में बदल दिया। जिससे वे बच्चों को खा लें।

जब माँ ने उसे देखा तो उसने बच्चे को जमीन पर छोड़ दिया और भाग खड़ी हुई पर जब बाघ और बाघिन को बच्चा मिला तो उन्होंने आपस में बातचीत की—इस छोटे से प्राणी का क्या उपयोग है? हम तो इससे अपना पेट तो भर नहीं सकते। ऐसा कहकर वे बच्चे को अपने साथ ले गए और उसे पाला पोसा।

जब बच्चा बड़ा हुआ तो उसने बाघ और बाघिन की अच्छी तरह देखभाल की क्योंकि वे भोजन की कमी के कारण बहुत दुबले-पतले हो गए थे। वह अपने तीर कमान से उनके लिए शिकार करता था और उनके मरने तक वह उनकी अच्छी तरह देखभाल करता रहा। बाघ को बैगा ने रचा था और बैगा बालक को बाघ ने पाल-पोस कर बड़ा किया था। तब से बाघ और बैगा दोस्त हैं। बैगा बाघ को अपना भाई मानता है।

बाल

जब इंसान के शरीर में बाल नहीं थे। तो उनके खेत में फसलें कम होती थीं। कुछ भी ठीक से नहीं पैदा होता था। धरती माँ ने बैगा देवार को एक सपना दिया। उसने कहा—जाओ और बारह साल तक महादेव की सेवा करो और जब वे प्रसन्न हो जाएँ तो उनसे ऐसा कुछ माँगो कि वे प्रसन्न हो जाएँ।

बैगा महादेव जी के पास गया और बारह साल तक उनकी सेवा की। जब महादेव ने उससे पूछा—क्या चाहिए? तो बैगा ने कहा—कम से कम मुझे कुछ बाल दे दो। भगवान ने अपने शरीर से कुछ बाल खींचकर निकाले और दे दिए। बैगा ने घर लौटकर महादेव के बालों को अपने सिर पर, कांख के नीचे, नाक में, ठोड़ी पर और कुछ अपने गुप्तांगों के आसपास लगा लिए। फिर वह बाहर गया और धरती

माँ को बलि चढ़ाई। उस साल कोदों कुटकी की फसल अच्छी हुई।

नमक

जब आदमी ने सबसे पहले नमक खाया तो उसको पसीना आया। पहले लोग मीठे और खट्टे में फर्क नहीं कर पाते थे। वे अपने भोजन के साथ नमक नहीं खाते थे। जब उन्होंने नमक खोज लिया और पहली बार नमक उनके पेट में गया तो वह पानी बन गया। फिर वह चमड़ी से बाहर आ गया। जिसके कारण पसीना भी खारा हो गया।

गुदगुदी

एक दानव था। उसका नाम बकरेंदा था। एक दिन वह थका हुआ अपने घर आया और अपनी पत्नी से बोला—मैं, बहुत थका हुआ हूँ। मुझे जल्दी से भोजन दो या अपने साथ लेटने दो। वह हर रोज अपनी पत्नी से इसी प्रकार बोलता था। एक दिन जब दानव आया तो उसकी पत्नी पेज बना रही थी। हमेशा की तरह उसने उससे भोजन माँगा। वह भोजन पकाने में व्यस्त थी। उसने जवाब नहीं दिया। इसलिए उसने कहा—उसे उसके साथ लेटना होगा। फिर भी उसने कोई जवाव नहीं दिया। दानव क्रोधित हो गया। उसकी आँखों से खून टपकने लगा। वह अकेला ही लेट गया। जब भोजन तैयार हो गया तो उसकी पत्नी सोचने लगी कि वह कैसे अपने पति को खुश करे? वह आसपास घूमती रही। तब उसे एक साँप की कैंचुली मिली।

उसने उस साँप की कैंचुली के टुकड़े अपने हाथ में पहन लिए। वह अपने पति के पास जाकर उसकी पसली को नीचे की तरफ से पकड़ लिया। जिससे उसे कैंचुली के कारण गुदगुदी होने लगी। कैंचुली रगड़े जाने से दानव की चमड़ी चमकदार हो गई। उसकी पत्नी रगड़ते-रगड़ते उसकी काँख तक पहुँच गई। जिससे दानव हँसने लगा। वह उत्तेजित हो गया और अपनी पत्नी को आलिंगन में ले लिया। इसके बाद उसने खुशी से अपना भोजन किया। इस प्रकार गुदगुदी की शुरुआत हुई।

अनाज

भैनगढ़ में बुल्ला नाम का बैगा भोई रहता था। उसके पास हर प्रकार के अनाज का भंडार था। इसलिए वह अमीर था। उसके पास नौ रंग की बकरियां, दस गायें, ग्यारह रंगों के बैल और तीन रंगों के घोड़े थे। उसके घर पर अनाजों से भरी टोकरियां हर तरफ रखीं थीं। इसलिए उसका घर तक नहीं दिखता था। इतना सब होने के बाद

भी गुल्ला बहुत कंजूस था। वह घी को केवल सूंघता था। उसने कभी भी किसी भूखे को खाना नहीं दिया। न कभी किसी भिखारी को एक पाई दी। उसने कभी किसी को अपने घर में बैठने के लिए तक नहीं कहा। उसने कभी किसी को पैसा नहीं दिया। जबकी उसकी सारी टोकनियां अनाजों से भरपूर थीं।

गुल्ला सिर्फ चावल खाता था। वह गेंहूँ और कोदों नहीं खाता था। यहाँ तक की वह कोदों को छूता भी नहीं था। कोदों बहुत समय से टोकनियों में अकेले ही पड़ी थीं। एक दिन वह देवी-देवताओं के समान ताकतवर होकर बोली–यह आदमी मुझे कभी भी छूता तक नहीं है। यह बहुत घमंडी हो गया है। यह अपने गुरूर में न बड़ों को पहचानता है न ही छोटों को, न तो यह खुद खाता है न ही दूसरों को खाने देता है। ऐसा सोचते हुए कोदों अपने मन में बहुत दुखी हुई। उसके स्तन दुख से फूट पड़े। उसके मूत्राशय से पीपल का पेड़ ऊगा। इसलिए पीपल कोदों की तरह दिखता है। चूंकि वह अनाज से पैदा हुआ है। इसलिए लोग इसे पवित्र समझकर पूजा करते हैं। कोदों छोटा पेड़ बन गई। इसलिए लोग उसे विभिन्न रूप में खाते हैं।

इसके बाद गुल्ला भोई बहुत गरीब हो गया और तब से कोदों दाई उससे नाराज हो गई। उसे जल्दी ही पता चल गया कि उसका कोई दोस्त नहीं है। उसकी मौत के बाद उसका पैसा बुरी आत्मा में बदल गया। उस बुरी आत्माओं ने उसके बच्चों और नातियों को बहुत सताया।

आम

पाऊरी गाँव में बहुत से बैगा रहते थे। असरु देवार का पुत्र गाथू था। वह जादूई विधा में इतना माहिर था कि वह घर में भगवान के दर्शन करवा सकता था। उसकी शादी सरमंड़ल की लड़की लेन्दवारी से बीजागढ़ में हुई थी। एक दिन भादों के महीने में फलोंवाले त्यौहार के समय गाथू अपने ससुर के पास बीजागढ़ अपनी पत्नी को विदा कराने गया। जाते समय वह बुरबुस ड़ौंगरी के जंगल से गुजर रहा था। उसके बीच में नकटी पाट नामक एक पवित्र स्थान था। कोई भी व्यक्ति जो इस जगह पर आता। उसकी मनौती पूरी होती थी। उसको मन चाहा वर मिल जाता था। चाहे वह औरत हो या कोई बूढ़ा आदमी। गाथू वहाँ से भागा नहीं। वह उन्माद से भरा एक चट्टान पर बैठकर चिल्लाया। अगर सिर्फ मेरी पत्नी यहाँ होती तो कितना अच्छा होता। उसका वीर्य जमीन पर गिर गया। तब उसने सोचा की इसे बेकार नहीं करना चाहिए। इससे मुझे कुछ कीमती चीज बनानी चाहिए।

गाथू इतना बड़ा जादूगर था कि वह हरे भरे पेड़ को भी मुरझा सकता था और सूखे पेड़ को हरा भरा कर सकता था। तब उसने अपने वीर्य से पहला आम का

वृक्ष बनाया। उसने आम के फल से कहा–आज से लोग तुमको आम कहेंगे और सभी व्यक्ति तुम्हारे फल का स्वाद लेंगे। फिर उसने उस आम के पेड़ से कहा–पुत्र, तुम यहीं रहो। मैं तुम्हारी माँ को लेने जा रहा हूँ। अगले साल मैं तुम्हारा विवाह रचाऊँगा।

गाथू अपनी पत्नी को घर लेकर आया और अगले साल उसने अपने बेटे आम के साथ इमली की शादी नकटी पाट में करा दी।

इमली

माता कंकालिन की बिन्दा नाम की एक लड़की थी। जब बिन्दा जवान हुई तो उसकी माँ को लड़की की शादी की चिन्ता हुई। परसू के लड़का का नाम मोहरसाई था। कंकालिन माता ने सारी दुनिया को निमन्त्रण भेजा। लड़की की शादी के स्वयंवर में सभी राजा, राजकुमार, देवार, बैगा और गोंड आए। जब सभी एकत्र हुए तो माता कंकालिन ने लड़की की शादी के लिए अपनी शर्तों की घोषणा कर दी। जो भी मेरी लड़की से शादी करेगा। उसे खूब गर्म थाली पर खड़े रहना होगा। उसे एक ही तीर से आसमान में लगे आम के पेड़ के आम पर निशाना लगाना होगा। फिर अपनी आँख से हाँड़ी में रखे ढेर से चावल को एक ही आँख से गिनकर बताना होगा। तीसरी शर्त थी कि उसे इमली के पेड़ की पत्तियों को गिनकर उसकी गिनती बतानी होगी।

मोहरसाई को माता हिंगलाजनी का आसरा था। उसकी कृपा से वह गर्म घी पर खड़ा रहा। एक तीर से आकाश में आम के पेड़ पर निशाना लगा दिया। जब वह हँड़िया के चावल गिन रहा था। तब माता कँकालिन ने अपने हाथों से ताली बजाई। जिससे वे चावल दस गुने बढ़ गए पर माता हिंगलाजनी बहुत ज्यादा ताकतवर थी। जिसकी सहायता से मोहरसाई ने सही गिनती बतला दी। वह इमली के पेड़ की ओर मुड़ा। उन दिनों इमली की पत्तियां बहुत बड़ी होती थीं। माता कंकालिन ने फिर से अपने हाथों से ताली बजाई। जिससे इमली की हर पत्ती एक दर्जन टुकड़ों में बँट गई। तब माता हिंगलाजनी ने उसकी सहायता की जिससे उसने इमली की पत्तियों की संख्या बतला दी। उसने अपने सभी सवाल पूरे किए। जिससे उसकी शादी बिन्दा बाई के साथ हो गई।

गुलाब का फूल

एक बहुत ऊंचा पर्वत था। उस पर इतनी ऊंचाई पर पेड़ लगे थे कि चोटी पर देखने से पगड़ी पीछे गिर जाए। पेड़ इतने घने थे कि कोई भी उनमें से होकर नहीं जा

सकता। वहाँ से एक बहुत बड़ी नदी निकलती थी। जिसमें साल भर तक छाती तक पानी भरा रहता था। कोई भी उसे पैदल पार नहीं कर सकता था। एक दिन राजा का नौकर नीचे नदी के किनारे शौच के लिए गया। जब वह निवृत हो गया तो वह धोने के लिए नदी में गया। उस नदी में पानी के ऊपर एक फूल तैर रहा था। नौकर ने उसे अपने हाथ से पकड़ लिया। उसने पाया की उस फूल में बहुत बढ़िया खुशबू है। वह वापस महल गया और उस फूल को राजा को दे दिया। राजा का कमरा खुशबू से भर गया।

राजा ने उससे पूछा—उसे यह फूल कहाँ से मिला है? तो उस नौकर ने राजा को सब कुछ बता दिया। इसके बाद राजा रोज आदमियों को फूल लेने के लिए भेजता पर उसे सफलता नहीं मिलती। फिर उसने सुना कि फूल सिर्फ आधी रात में ही प्राप्त किए जा सकते हैं।

राजा ने स्वतः एक नाव बनाई उसमें खाना रखा और तीन व्यक्ति अपने साथ रखे। वे उस झरने के ऊपर आइन दिन नौ रात तक रहे। एक दिन राजा एक मन्दिर के पास आया जो एकांत जगह में और सुन्दर था। उस मन्दिर में बहुत से साधू रहते थे। कुछ आग के बीच बैठे थे। कुछ अपने हाथ अपने सिर के ऊपर उठाए थे। कुछ एक पाँव पर खड़े थे। तो कुछ साधू काँटों के ऊपर बैठे थे। उनमें से कुछ साधू पेड़ पर उल्टे लटके हुए थे। उनके सिरों से बूँद-बूँद खून टपक रहा था। पहलेवाले साधू के खून से कंटीले झाड़ बन गए। दूसरे साधू के खून से प्यारा-सा खुशबूवाला गुलाब बन गया। साधू उन फूलों को भगवान को समर्पित करते थे। राजा ने उस गुलाब का पेड़ चुरा लिया। वह उसे जड़ सहित अपने महल तक घसीटते हुए ले आया। उसने आकर अपने बगीचे में रोप दिया और तभी से यह संसार गुलाब के फूलों से भरा हुआ है।

घास

जब धरती माता ने नागा बैगा के गले में फूलों की माला डाली, तब सभी देवताओं ने उसे गंदा करने के लिए उस पर गाय का गोबर फेंका। फिर नागा बैगा धरती माता को अपने घर ले गया। जब वे घर के आधे रास्ते में थे। तब धरती माता बोली—यह सच है कि मैंने तुम्हारे गले में माला डाली है पर तुमने खाम के फेरे नहीं लगाए हैं। उसी रास्ते में एक साल का पेड़ था। नागा बैगा ने धरती माता की चोटी पकड़ी और धरती माता ने उसके सिर के बाल पकड़े और इस प्रकार दोनों ने एक-दूसरे को जकड़ लिया। फिर उन्होंने उस पेड़ के फेरे ले लिए। सात बार उन्होंने जल्दी-जल्दी फेरे लगाए। जब वे रुके तो वे अलग-अलग दिशा में बुरी तरह गिर पड़े। वे इतनी बुरी तरह गिरे की धरती माता के सिर की चोटी

निकलकर बाहर आ गई और नागा बैगा के बाल उखड़ गए। दोनों को बहुत दर्द हुआ। वे एक-दूसरे के ऊपर नाराज होने लगे। धरती माता ने अपने पति नागा बैगा के बाल दूर फेंक दिए। इसी प्रकार नगा बैगा ने अपनी पत्नी के बाल दूर फेंक दिए। नागा बैगा के बाल नुकीली घास में बदल गए और धरती माता के बाल घास-फूस में बदल गए। बैगा ने नुकीली घास को फूस के ऊपर अपने छप्पर पर रखा। इसलिए औरतों को छप्पर पर नहीं चढ़ने दिया जाता क्योंकि यह घास नागा बैगा के बाल हैं।

जवाहरात

एक राजा की लड़की तोते की तरह सुन्दर थी। जब वह बड़ी हुई तो राजा ने उसके विवाह के लिए हर देश में संदेश भेजा। लड़की से विवाह की इच्छा रखनेवाले बहुत से लड़के आए। एक गरीब लड़का जिसका नाम चंदा उरिया एक टोकनी में कंदमूल और फल लेकर महल में बेचने आया। जब राजकुमारी स्वंयवर में आई। तो वह उस गरीब लड़के के पास गई और उसने अपनी माला उस गरीब लड़के के गले में डाल दी। लोगों ने कहा—वह पागल हो गई है। उससे फिर से ऐसा करने को कहा उस लड़की ने दोबारा और तिबारा भी ऐसा ही किया। हर बार वरमाला उसने चंदा को ही पहनाई।

राजा को बहुत गुस्सा आया। उसने अपने नौकरों से उसके और उसके पति के ऊपर गोबर डालने के लिए कहा और उन्हें महल से बाहर खदेड़ दिया।

चन्दा उरिया और उसकी विवाहिता साथ-साथ जंगल में गए। वहाँ पर उन्होंने एक झोंपड़ी बनाई। उस लड़की ने अपनी झोंपड़ी की सफाई की और उसमें पत्तियाँ और फूल तब तक बाँधती रहीं। जब तक वह झोंपड़ी महल के समान न दिखने लगे। उसे उस जगह पर रंगीन पत्थर और कई रंगों की मिट्टी मिली। एक दिन जब वह खाना बना रही थी। तब एक लाल रंग का पत्थर झोपड़ी की दिवारों से उसके चूल्हे की आग में गिरा और जब उसने उस पत्थर को आग में से निकाला तो उसमें सुन्दर चमक आ गई। इस प्रकार उसने जाना कि किस प्रकार पत्थरों को आग में तपा कर सुन्दर बनाया जा सकता है। उसने और उसके पति ने छालों से रस्सी बनाई और उससे पत्थरों को बाँध कर आग में तब तक रखा जब तक कि पत्थर खूबसूरत होकर फूलों की मालाओं की तरह न चमकने लगे।

इस प्रकार लड़की ने हीरा, पन्ना, सोने, चांदी के आभूषण बनाए। लड़का उनको शहर के बाजार में बेचने के लिए ले जाता था। जल्दी ही वे उस राजा से ज्यादा अमीर हो गए।

लोहा

जब महादेव और नागा बैगा ने यह संसार बनाया तो बहुत से लोगों ने जन्म लिया। नागा बैगा ने अपने शरीर से कुछ मैल घिसकर निकाला और उससे एक अगरिया और उसकी पत्नी को बनाया। उसने उन्हें सिखाया–कैसे गर्जन करके भट्‌टी बनाई जाती है। इस भट्‌टी से दौहा मार्स देव का जन्म हुआ। जब उसका जन्म हुआ। उसी समय लोहा उस भट्‌टी से बाहर आया। अगरिया ने उस लोहे से कुल्हाड़ी और हँसिया बनाया। कुछ समय बाद उस अगरिया और उसकी पत्नी के बारह लड़के हुए। अगरिया ने उनकी शादी कर दी। अगरिया ने उन सबके लिए बारह कुल्हाड़ी, बारह हँसिया और बारह गेंती बनाईं। जब यह सब काम खत्म हो गया। तब उसके समझ में आया कि समय कैसे बिताया जाएँ? वह नागा बैगा के पास गया और उससे पूछा–उसे अब क्या करना चाहिए? नागा बैगा ने उसे लोहे के ढेर सारे औजार बनाने की विधि बतलाई। जब औजार तैयार हो गए। तो अगरिया ने उन औजारों को एक काँवर में रखा। उसे वह झिन्झीगढ़ ले गया। यहाँ घुम्मासुर माई रहा करती थी। वह उस अगरिया के ऊपर गिर पड़ी। उसने उसे पकड़ लिया। जब नागा बैगा ने उसे भोग लगाया तो वह बोली–ये चीजें, गढ़ परसौली ले जाओ। वहाँ एक धोबा राजा रहता है। वह इनको खरीद लेगा और उसे पूरे संसार में बाँट देगा।

जब नागा बैगा और अगरिया गढ़ परसौली पहुँचे तो उसने देखा की धोबा राजा और उसकी रानी सोने के पानी में तैर रहे हैं। उसके नीचे मछलियों का बारह गज ऊँचा ढेर लगा है। जब धोबा राजा ने नागा बैगा को देखा तो वह तैरकर उसके पास आया। तब अगरिया ने उसे अपने लोहे के औजार दिखाए। उन्हें देखकर धोबा राजा बहुत खुश हुआ। उसने अगरिया का पूरा लोहा खरीद लिया। जिससे धोबा के पास लोहा हो गया। उसने हल जोतना प्रारंभ किया और बाकी लोहा जरूरतमंदों में बाँट दिया।

मधुमक्खी

एक बार मधुमक्खी जो बैलों के कान से पैदा हुई थी। वह जाकर एक बैगा देवार के खाना में जाकर बैठ गई। उसके खाने में जहर हो गया। देवार ने कहा–मेरे खाने में जहर हो गया है। तो तुम्हारे दांतों में भी जहर होगा। तुमने मुझे कष्ट दिया है। इसलिए तुम सात लाख मधुमक्खियों को एक ही घर में रहना होगा। तुम अपने ही बच्चों को खाओगी। उस दिन से मधुमक्खियाँ अपने खुद के बच्चों को खा डालती हैं। उनमें कुछ ही बच पाती हैं।

काकरोच

पटरान जी देवार झन्गी देवी की पूजा किया करता था। एक दिन पटरान देवार जी ने देवी से वरदान माँगा कि हम बैगा लोग जंगल में रहते हैं। हम नहीं जानते कब बरसात होनेवाली है। हिन्दुओं में ब्राह्मण होते हैं। जो अपनी पोथियों से उन्हें बता देते हैं। हमारी सहायता के लिए हमें भी ब्राह्मण दो।

झन्गी देवी उस समय मासिक धर्म से थी। जैसे ही मासिक धर्म का खून उसके पैरों से होकर नीचे गिरा। वह आकर एक सरकंड़े में गिर गया। देवी ने उसे दूर फेंक दिया और कहा—जब यह चिल्लाने लगे तो तुम जान जाओगे कि बरसात होनेवाली है। कुछ समय बाद बीज बोने का समय आया। तो वह सरकंड़ा काकरोच में बदल गया। तब से वह बैगा लोगों को बरसात आने की चेतावनी देता है।

जौंक

एक बैगा और उसकी पत्नी काँदा खोदने के लिए जंगल गए। जब वे काँदा खोद रहे थे। तब उनको ऐसी प्यास लगी जैसे नया मटका प्यासा होता है। उनको पास में एक छोटा-सा झरना मिला। बैगा ने उस झरने के पास सब्बल से खोदा। जिससे उसे थोड़ा-सा पानी मिल गया। वह अपनी पत्नी बैगिन के साथ वहीं पर बैठ गया। वहाँ पर दोनों ने कच्चा काँदा खाया और जी भर के पानी पिया। बैगिन ने अपने पति से कहा—यह तो एक दम ताजा और अच्छा पानी है। कितना अच्छा होगा की तुम इसमें रहने के लिए थोड़े से जीव बना दो। बैगा ने थोड़ी-सी रेत और कीचड़ उठाया और बुदबुदाते हुए कहा—पानी का साथी जलाहिन, जलाहिन का साथी सवात गुरु, गुरु का साथी बोड़ मछली। ऐसा कहते ही वह रेत और कीचड़ जौंक में परिवर्तित हो गई।

बैगा जनजाति की पहेलियाँ

अंधा नाचे संधा नाचे, संधा नाचे गसैया नाचे
तीन तिरपट बाजा बजै, सुनै अंड़वा पारे

—मथानी से मक्खन को निकालना

नौ नागर तेरा बैल पंदरा नगरिया

—नया नागर, टेढ़े सींगवाला बैल, पंड़रा नगरिया

कच्चा के रुंधना पक्का के बँधना

—पत्तल बनाना

तीतर पकरौं लावा बैचों, बैचों घीऊ धना
रौना भरत जब परही, किलोड़ भजाऊँ तब

—तीतर की जगह लावा बेचा और धान के भाव घी,
सोने की परतवाला लोढ़ा जब पत्थर के भाव बेचोगे तो रोना पड़ेगा

अंध कुँए कचनारी घाट बत्तीस पीपर एक ठौ पान

—पेट, दांत, जीभ

हार में नागर, पहार में जुआरी बैला है
गाय के पेट में पजराहित खाड़े है खेत में
तोर नगरिया के दर्रा नहीं है खेत में

—खेत के काम में एक बैल और जुआरी अतिक्ति रखना चाहिए

कारी गाय केर नागा बछड़ा ढील दे गाय उबर जाय बछड़ा

—बंदूक और गोली

गली-गली दो राड़ें जाए उसरा पदरी पादत जाय

—जूता

गू भरी लकरिया ओला चचोरे तोर डुकरिया

—शहद

एक के मारै एकई मरै, सुनतई मर गए दो
मारन वारो जब मरो जब घर से निकले दो

—श्रवण कुमार और राजा दशरथ

चार चौकड़ी आइन द्वार चौसठ घोड़ा एक सवार

—पुराना एक रुपया

घर बारा खौंपा चौबीस थंबा एक बड़ेरी तीस

—एक साल

पाँच भाई पंड़वा लखौं खजूर मैं जात हौं बड़ा दूर

—हाथ की पाँचौ अंगुलियों से खाना खाना

इक्कच-कुक्कच विक्कट बँधना

—कखई, कँघी

राजा के फैटा ला कोई नहीं नाप सकै

—राकेट

झूलती रे झूलती काहे आरे लामती
निकर के देख पाँच हाथ के नाग

—भटा, जौंक, हाथ का पँजा

कांसे के लोटा में दो रंग के पानी

—अंड़ा

बत्तीस थानागा एक पान

—जीभ और दांत

अठन्नी चवन्नी नौ ठौ, बंधे रुपैया कै ठौं

—तीन रुपया

हाथ पकरे तब राजी बाजी तब
दाई दादा कब आधा घुसही तब
निरख ला देखवे कब पूरा जाही तब

—चूड़ी का पहनना

बालापन में चौंथी के चौंथा जवानी में झांपा
बुढ़ापे में खल्लर खिल्लर होला नहीं छोड़ों मैं तोला

—चने का पौधा

सड़क संधड़ लाम डोर दस गोड़ तीन मुँह

—गाय, बछड़ा, दुहैया

सरर आवै, सरर जाए

—ढ़ंकनी

चोटी कूँद-कूँद फैंटा बाँधै

—मक्का की घानी

लाली बलावै, कोको ड़ाहावे

—बेर, बेई

सुक्खा तालाब में बकली फटफटाय

—मक्का का फूटना

फाँदा फटका भंवर जाल तीन हाथ पूँछी का बाल

—मोर के पंख

लम्बी पूँछ बानर नहीं चार पाँव ढ़ोर नहीं लाल केस मुरगा नहीं

—गिरगिट

छिन-छिन द्वार झूल किवार

—झूमर

तीन कटोरी में डिब्बा

—किरोड़ा का फल

तीन गोड़ धरनी धरे एक गोड़ अगाश
बिन बदरा बरसा करै शंकर जी के पास

—कुत्ते का मूतना

तड़ी मेढ़ा ऊपर कोठार

—कुकुरमुत्ता, पिहरी

लदरी घोड़ा लोहक पान चढ़ बैठिन स गुदुम दिवान

—चूल्हा, तवा, रोटी

गोल मोल बैला केर लम्बा गरदाना
घूम रहो मोर बाई चारौं मैदाना

—कछुआ

उद्‌द नगड़ भंई फोड़ बहाण भाजी रण भण

—रीछ का मिट्टी खोदना

पंड़रा खेत करिया बीज बीज बोवईया गावै गीत

—कागज, स्याही, अक्षर, आदमी

पुरुन के पट खोलना पिछोड़ लुकावे

—फीता

सेमर के पट खोलना पाँच भाई हच के पटक देना

—नाक छिड़कना

धन्न बगीचा ओही फल के बाहर गोही

—भिलवा

करिया पाट पै पंड़री पानी जहाँ नाचै घूम रानी

—मथानी

एक बात कहथौं पान तरी रहथौं

—भटा

भड़ भुरन्दर पुरन्दर नाती बेटा गुटके पार

—महुआ

फरै ना फूले नव ना ड़ोर ए फल खैहौं बारा मास

—नमक

अक डुकरा के झबला भर चिथरा

—केला

सुक्खा नाक मा सुक्खा किसी

—नाखून

रात के चरै दिन में बेढ़े जाय

—तारे

सब जरै बाबा के लनागोटी नजरै

—रास्ता

अक थारी मा कुही के अंड़वा

—तारे

अटपट बछियाके मुँह में कांटा निहुरै-निहुरै करै तमाशा

—बिच्छू

अकठी मन्दिर केर, नौ दुवार रहीस।

—आदमी

राजा केर सिकोसी की, कौनय नहीं सकय छोणे।

—साजा का फल

सलंगता मलंगता आधी रात के कैसे आए,
टिप टिपारी मोर कपाड़ी कैसे फोणे।

—साँप, महुआ

उप्पर के खोट खोलना, पाँच भाय दौड़ के फटक दैं।

—नाक

घर भर मा, अकठी बँधना।

—बरेंड़ी

ओकलो कोकलो धामन रुख, चिणै बैठै बाजन रुख।

—सन

बेटी पोलड़ी बेटा निघोट, माय झबंड़ी।

—महुआ

पेड़ नानस बेला, दुनिया मा फैले।

—महलान बेल

अकठी रुख मा, तीन तरकारी।

—मुनगा

डोंगर केर बोकणा हगत जाय।

—खेत की नारी

पाँच भाय केर अकैठी ड़ांड़ रहय।

—गदिया

काटे मा कटर जाथै बाँटे मा बटर जाथै।

—सिर के बाल

पान न पतौवा, लकड़ा धुत्ता।

—बमौंठ

पूँछी पकणै, तो घुर करै।

—जाता

राजा केर राजा नहीं, अर माली केर बाग मा नइको,
फोड़े मा गइन ली नइको, अर खाय मा मिठास नइको।

—ओला

तानी तानी पतालपुर पानी,
जा बंधी झींक लान, पूँछी पकण तानी।

—बालटी

अकठी गोवरु असी मतवाली, पूँछ से पानी पी आली।

—दीया, चिमनी

अकठी रुख केर फल फल खाऐ
ओखर लकड़ी केर आग नहीं बाणें।

—केला

साँप कस गेंड़ी मुराई कस पेड़, अर कूकर कस चूंर।

—महलौन

इंही रहवी थापक थुया, मैं जाहूँ गनागा हाट।

—खोज

खरखस अस पान, लहू कस फूल।

—राम फूल

नइको आय तौ ते खेले, रहतीस तो काए खातैं

—बैल की पूँछ

टेढ़ी मेढ़ी बसुरिया बजैया नइ कोय।
बेटी चली ससुरार रोकैया नहीं कोय।

—नदी

पाँचों भाय पंड़री पखना, ले पठोय जाय।

—पाँच अंगुली और दांत

अकठी डोकरी खारय खार पादें।

—जाता, चकिया

डोकरी के पिठछो दूद।

—सूपा

आदमी केर खोतरा मा छेदा।

—सूजी

न छिली पानी मा कप्पे लुकावें।

—परांठा

उपर ले गिरे लगड़ ढुम, ओखर कूला चाटो तुम।

—पका आम

है आथै हौ जाथै, उं कायाय जानथस।

—नजर, आँख

पंड़रा खेत मा कणिया बीज, बीज बोवैया गावै गीत।

—कागज, कलम

कणिया आदमी केर लाल टोपी,
उं लाल टोपी केर बहोत मिठास।

—भिलवां

जात की लाल बाल, आवत की छैड़ी का।

—छुला

लाली वलावें, कोको ड़रहौवे।

—बेर

खेत भर मी अकठी ठेला,
ओखर प्रकाश मा सब खेला।

—सूर्य

टिरकू टूरा कर, कहनियां भर पूरा।

—टेटका, मेढले

सुररी सेमर लाल बिजोरा।

—फुंदरा

साय सुय कब, आधा घुसै तब,
मजा आवै कब, पूरा घुसै तब।

—चूड़ी

अकठी डोकरा केर अंड़ा गुलगुलावे।

—उ

अकठी साँप केर दुयठी मूंड़।

—नोय, गाय के पैर में बाँध ने

तड़ी खोत्था ऊपर झोत्था, इ धंधा की जानके बियाणी खहो।

तड़ी चाकी ऊपर चाकी, केमा होय के निकणों काकी।

—चार की चि

अकठी ददरा मा बोकणा कूंदे।

—सन

नदी केर भित्तर मा कोदों केर रास।

—रेत

तणी मेंठी ऊपर कोठार।

—पिहरी

जाथस तो जा चिटुक दे के जा

—ताला-चाबी

झंझर झयला रतन पियारी या धंधा जानवे तो करले बियारी

—खुमरी

फुनगी फूले पांजर फरै जादा खाओ तो औगुन करै

—भुट्टा

कहाँ से आए रे जोगी कूला ठोंक बजाए पोंगी

—मुर्गा

●●●